ZHENGZHIXUE JICHU

政治学基础

◎ 严 强 孔繁斌 著

南京大学出版社

图书在版编目(CIP)数据

政治学基础 / 严强,孔繁斌著. — 南京：南京大学出版社,2013.10
ISBN 978-7-305-12252-1

Ⅰ.①政… Ⅱ.①严…②孔… Ⅲ.①政治学 Ⅳ.①D0

中国版本图书馆 CIP 数据核字(2013)第 234745 号

出 版 者	南京大学出版社
社　　址	南京市汉口路22号　　邮　编　210093
网　　址	http://www.NjupCo.com
出 版 人	左　健
书　　名	政治学基础
著　　者	严　强　孔繁斌
责任编辑	王其平
照　　排	南京紫藤制版印务中心
印　　刷	常州市武进第三印刷有限公司
开　　本	787×960　1/16　印张 23.75　字数 463 千
版　　次	2013 年 10 月第 1 版　2013 年 10 月第 1 次印刷
ISBN	978-7-305-12252-1
定　　价	48.00 元
发行热线	025-83594756
电子邮箱	Press@NjupCo.com
	Sales@NjupCo.com（市场部）

* 版权所有,侵权必究
* 凡购买南大版图书,如有印装质量问题,请与所购图书销售部门联系调换

目 录

第一章　绪论 ··· 1

第二章　政治学学科性质 ··· 14
　学习要点提示 ··· 14
　第一节　一门学科成为科学的条件 ··· 16
　　一、人类知识的存在形式 ··· 16
　　二、知识学科性与科学性 ··· 20
　　三、一般科学的本质规定 ··· 23
　　四、社会科学的基本要素 ··· 25
　　五、学科成为科学的途径 ··· 29
　第二节　反对政治学是科学的依据 ··· 32
　　一、政治学科充斥主观性 ··· 32
　　二、政治学科充塞价值性 ··· 34
　　三、政治学科充满争议性 ··· 35
　第三节　政治学能成为科学的理由 ··· 37
　　一、思维水准与学科差异 ··· 38
　　二、科学性与主观性 ··· 41
　　三、科学性与价值性 ··· 44
　　四、科学性与意识形态性 ··· 46
　　五、科学性与统一性 ··· 50
　本章小结 ··· 55
　关键概念 ··· 55
　研究与思考 ·· 55
　相关知识 ··· 56
　建议进一步阅读的文献 ·· 57

第三章　政治学理论传统 ··· 58
　学习要点提示 ··· 58
　第一节　政治学基础理论的历史发掘 ······································ 60

一、政治学发源地的基础理论养分 ……………………………… 60
　　二、轴心时期政治学中基础理论的颗粒 ………………………… 65
　　三、政治学革命对基础理论的建构 ……………………………… 73
　第二节　政治学基础理论的曲折演进 ……………………………… 76
　　一、行为主义对基础理论的严重偏离 …………………………… 76
　　二、理性政治学对基础理论的有限复兴 ………………………… 81
　　三、经济政治学对基础理论的再度弱化 ………………………… 85
　第三节　政治学基础理论建构的途径 ……………………………… 88
　　一、浅薄式操作会损害基础理论的研究 ………………………… 88
　　二、向自然科学看齐会背离基础理论的构建 …………………… 92
　　三、以开放创新的心态构建基础理论 …………………………… 94
　本章小结 ……………………………………………………………… 98
　关键概念 ……………………………………………………………… 98
　研究与思考 …………………………………………………………… 98
　相关知识 ……………………………………………………………… 98
　建议进一步阅读的文献 …………………………………………… 100

第四章　政治学研究活动 ………………………………………… 101
　学习要点提示 ……………………………………………………… 101
　第一节　政治学研究的组成 ……………………………………… 101
　　一、政治学研究活动的构成 …………………………………… 101
　　二、政治学研究活动的特点 …………………………………… 104
　　三、政治学研究活动的目的 …………………………………… 107
　第二节　政治学的研究取向 ……………………………………… 113
　　一、心理行为的研究取向 ……………………………………… 114
　　二、理性选择的研究取向 ……………………………………… 118
　　三、制度机构的研究取向 ……………………………………… 124
　　四、系统结构的研究取向 ……………………………………… 129
　第三节　政治学研究的道德 ……………………………………… 134
　　一、政治学研究中研究者的道德责任 ………………………… 135
　　二、政治学研究中研究者的道德防范 ………………………… 141
　本章小结 …………………………………………………………… 147
　关键概念 …………………………………………………………… 147
　问题与思考 ………………………………………………………… 147
　相关知识 …………………………………………………………… 148
　建议进一步阅读的书目 …………………………………………… 151

第五章 政治学研究手段 ······ 153
学习要点提示 ······ 153
第一节 政治学的量化研究 ······ 153
一、量化研究的实质与特点 ······ 153
二、量化研究的变量与测量 ······ 156
三、量化研究的样本与抽样 ······ 165
第二节 政治学的质化研究手段 ······ 174
一、质化研究的实质与特点 ······ 174
二、质化研究的信度与效度 ······ 177
三、质化研究的案例与抽样 ······ 183
四、质化研究者与研究对象 ······ 186
五、质化研究资料收集途径 ······ 189
本章小结 ······ 194
关键概念 ······ 194
研究与思考 ······ 194
相关知识 ······ 195
建议进一步阅读的文献 ······ 197

第六章 政治学理论构成 ······ 198
学习要点提示 ······ 198
第一节 政治学理论的性质与功能 ······ 199
一、政治学理论的性质 ······ 199
二、政治学理论的功能 ······ 201
第二节 政治学理论的形式构成 ······ 203
一、政治学理论概念 ······ 203
二、政治学理论通则 ······ 206
第三节 政治学理论的类别构成 ······ 208
一、政治学哲学理论 ······ 209
二、政治学规范理论 ······ 214
三、政治学经验理论 ······ 218
第四节 政治学理论的层次构成 ······ 222
一、政治学微观理论 ······ 223
二、政治学制度理论 ······ 227
三、政治学宏观理论 ······ 228
四、政治学理论的理论 ······ 231
本章小结 ······ 233
关键概念 ······ 233

研究与思考 ……………………………………………… 233
　　相关知识 ………………………………………………… 233
　　建议进一步阅读的文献 ………………………………… 236

第七章　政治学意义图景 …………………………………… 237
　　学习要点提示 …………………………………………… 237
　第一节　政治认识与意义图景建构 ……………………… 238
　　一、政治认识的主体与客体 …………………………… 238
　　二、政治现实与意义图景 ……………………………… 242
　　三、政治意义图景的建构 ……………………………… 244
　第二节　政治学范畴的性质与功能 ……………………… 246
　　一、政治学范畴的性质 ………………………………… 246
　　二、政治学范畴的功能 ………………………………… 250
　第三节　政治学范畴的要求与发展 ……………………… 254
　　一、政治学范畴的要求 ………………………………… 254
　　二、政治学范畴的类型 ………………………………… 259
　　三、政治学范畴的发展 ………………………………… 263
　第四节　政治学范畴的体系与原则 ……………………… 265
　　一、政治学范畴体系的客观基础 ……………………… 265
　　二、政治学范畴体系的构成原则 ……………………… 267
　　三、政治学范畴体系的初始范畴 ……………………… 269
　　本章小结 ………………………………………………… 273
　　关键概念 ………………………………………………… 274
　　研究与思考 ……………………………………………… 274
　　相关知识 ………………………………………………… 275
　　建议进一步阅读的文献 ………………………………… 276

第八章　政治学范畴体系 …………………………………… 277
　　学习要点提示 …………………………………………… 277
　第一节　政治关系类范畴 ………………………………… 277
　　一、政治关系 …………………………………………… 277
　　二、政治权益 …………………………………………… 283
　　三、政治权力 …………………………………………… 284
　第二节　政治主体类范畴 ………………………………… 297
　　一、政治主体 …………………………………………… 297
　　二、政治社会化 ………………………………………… 301
　　三、政治行为 …………………………………………… 302

第三节　政治制度类范畴 ······ 304
一、政治制度 ······ 304
二、政治机构 ······ 308
三、政治体制 ······ 308

第四节　政治文化类范畴 ······ 309
一、政治文化 ······ 309
二、政治心理 ······ 312
三、政治意识形态 ······ 313

第五节　政治系统类范畴 ······ 315
一、政治系统 ······ 315
二、政治形态 ······ 318
三、政治发展 ······ 320

本章小结 ······ 321
关键概念 ······ 322
研究与思考 ······ 322
相关知识 ······ 323
建议进一步阅读的文献 ······ 326

第九章　政治学理论范式 ······ 327
学习要点提示 ······ 327

第一节　政治学理论发展的源泉与动力 ······ 328
一、政治学理论发展的实践源泉 ······ 328
二、政治学理论发展的认识动力 ······ 331

第二节　政治学理论范式的实质与争论 ······ 333
一、政治学理论范式的实质 ······ 333
二、围绕政治学理论范式的争论 ······ 334

第三节　理论范式演变的影响因素与轨迹 ······ 336
一、理论范式演变的影响因素 ······ 336
二、理论范式演变的主要轨迹 ······ 338

第四节　政治学理论研究范式的类型 ······ 341
一、实证主义研究范式 ······ 341
二、诠释主义研究范式 ······ 344
三、批判主义研究范式 ······ 346

第五节　政治学理论范式转换的实例分析 ······ 350

第六节　政治学理论范式的区别与统一 ······ 360
一、政治学不同研究范式的区别 ······ 360
二、政治学不同研究范式的统一 ······ 362

本章小结 …………………………………………………… 363
关键概念 …………………………………………………… 364
研究与思考 ………………………………………………… 364
相关知识 …………………………………………………… 364
建议进一步阅读的文献 …………………………………… 368

后　记 …………………………………………………… 369

第一章 绪 论

政治生活是高贵的公民公共生活

对于今天的大多数中国人来说,整体社会生活分成经济、社会、文化和政治这四大领域已经是一个常识了。当然要让这一重要观念成为在人类生活中通行的常识并不是轻而易举的。在几年前,教科书上,学术刊物上,连同官方的正式文件上,都还只有政治、经济、文化三大领域的说法。以往所讲的社会是一个大社会,它只是相对于自然界,特别是相对于动物界而言的。至于和国家相对应的社会,则没有这一专门领域。

有人说,这种人类生活领域的新划分是社会学家们长期呼吁的结果。这也许有点道理。因为在传统的整体人类生活的领域划分上要补上的是社会这一领域,而社会似乎本应当就是社会学家们研究的专利,由社会学家提出要增加社会这个新领域,不仅有为社会科学做贡献的味道,也有为社会学专业增添光彩的意图。但是在中国这样一个历来不怎么重视知识,尤其不重视社会科学知识的地方,如果真有一门社会科学具有能将传统的整体社会划分来一个颠覆和创新的本领,那这门社会科学的功效可算是破天荒的奇特了。

其实,从传统的人类生活领域划分到新近的这一领域的重新划分,特别是突出了狭义的社会这一领域,可能更多的是中国社会转型到了今天,公民和民生社会建设的任务已经不以人的意志为转移地提上了国家治理的议事日程的缘故。虽然社会学家们对此再三呼吁过,但那终究只是学术研究。学科意义上的某种新的说法或新的思潮,充其量在同一学术圈子里能够被少数人知晓而已,其影响并不可能很大,至少不如某些社会学家们所想象的那么大。但是一种提法和观念能出现在执政党的代表大会的报告中,能够载入最高立法机关全国人大的文件中,情况就不一样了。经过全国范围的反复宣传和学习,这种提法和观念,就会成为家喻户晓的常识。连一些生活在国外的学者也迅速明白了凸现社会领域所反映出来的是执政党战略思想的重大变化。①

---

① "十七大尽管强调发展仍然是第一要务,但随着和谐社会概念的确立,标志着社会改革正式成为头等议程。社会改革一方面要纠正从前的经济发展模式,使得经济发展变得更具有可持续性,因此是深化经济改革。另一方面,社会改革也要为将来的主体政治改革创造条件。任何一个有效的民主政治必须具备有效的社会政治基础设施。这个设施是通过社会改革来实现的。"参见郑永年"谈中国改革:社会改革正式成为头等议程"(http://www.beelink.com/20071223/2457492.shtml)。

在中国,当由改革、开放所推动的社会转型已经历30多年,经济体制转轨也初见成效的时候,人们都在思量下一步的改革应该选择哪个领域作为新的突破口。按照惯常的理论,政治生活的改革必须提上议事日程。其理由再简单不过了:经济是基础,政治是上层建筑。有什么样的经济基础,就应当有什么样的上层建筑。一旦经济基础变革了,下一步要变革的必定就是政治上层建筑。而且经济改革的成就,还需要政治的变革来巩固、维护和推进。这一套话语,对于念过高中政治课本,对于上过大学公共哲学课程的人来说,是再熟悉不过了。大家几乎能背得滚瓜烂熟,可以不假思索地脱口而出。但是,为什么中国改革开放的现实发展轨迹却不是这样的呢?很多人都以此为依据,振振有词地责怪中国政治改革进展不快,甚至认为这是有人在故意阻拦政治民主化的进程。

其实,上述的那一套话语已经被过度教条化了,从而也逐渐失去了真理的成分。世界上许多经验事实和研究成果已经表明,经济和政治的关系并不是那般简单。在很多政治系统中,经济已经相当发达,但政治民主化程度却相当低。而相反的情况也很多。在不少政治系统中,政治上虽然已经学着西方发展出一套民主化制度,但经济却相当落后。现在人们已经看清楚,在政治和经济之间,存在着的、作为两者植根基础的是社会生活。经济要通过社会再和政治发生作用,政治也需要通过社会再和经济发生作用。

这种情况就和人们曾经在讨论政府和市场的关系时遇到的问题差不多。有相当一段时间,人们老是纠缠在一个问题上不能自拔:究竟是政府大一点、市场小一点好,还是市场大一点、政府小一点好。政府与市场两者似乎总是成反比,好像不会再存在其他关系类型了。但是,现实中存在的政府和市场的关系类型却是多种多样的,既有大政府、小市场的关系类型,也有小政府、大市场的关系类型,还有大政府、大市场的关系类型。原来,存在的并不是单纯的政府和市场两者的比例关系,这两者其实都植根于社会。一旦有了社会这一深厚的基础,政府与市场的关系就需要借助于社会这一重要变量来理解了。

中国改革开放的客观进展已经告诉人们,在经济体制改革提供了一定基础的条件下,下一步需要优先变革的不是政治,而是社会体制,需要建设和发展的是一个民生、公民社会。中国改革的递进路径不是经济—政治—社会,而是经济—社会—政治。这种改革开放领域的转换是和中国社会转型的起点有关系的。在中国作为社会转型起点的是一个被严重扭曲的政治生活结构。真正意义上的社会生活则几乎是一个空白,它被多年的政治挂帅无情地吞没了。中国的改革开放要继续下去,唯一可能的选择就是重建公民和民生社会。

尽管今天人们对刚刚划出的社会领域的认识还处在逐步深化的阶段上,对于社会的范围究竟有多大,其中应当装入什么内容,人们的看法还不统一,但是有一点是清楚的,社会就是普通大众生活的地方,或者说得更简明一点,新划出的社会领域就是和传统的国家、政府相对应的,并且作为其基础的民生社会,就是公民生活的社会。从表层来观察,这一社会首先是民生社会。建设好这一领域,就是要让住者有所居、病者有所医、老者有所养、能者有所劳、学者有所教。从深层来思考,更为重要的是这一社会是公民社会。建设好这一领域,就是要让公民从自利和私人生活中提升出来,成为作为国家主权载体的公民,并形成展现公民的利他性人格和自由创造性的真正高贵的公共生活,形成真正的民主政治。

公民和民生社会这一本来应当独立存在和发展的生活领域在新中国建立以后的30年中,不断地被挤压,最终极度萎缩,在20世纪70年代末以前,几乎到了消失的边缘。那时人们只知有国家,不知有民生社会。结果,一直联结在一起的"国计民生",只剩下"国计"而没有"民生"了。造成这一结果的是"政社合一"、"党政经社一体化"的制度安排。在当时的情况下,因缺乏公民社会作基础的政治生活,就不得不成为专供一批政治精英随心所欲的活动场所。政治的实践表现就是不断地发动和推进阶级斗争,政治的思想表现就是人治状态下的意识形态强制和灌输。搞政治挂帅,就成为年年、月月、天天、时时搞人斗人的阶级斗争,成为年年、月月、天天、时时讲僵化的极左的意识形态。因此,民生社会、公民社会的衰竭和消失与失去社会基础的政治化是互为因果的。一方面,已经没有太多基础的政治完全成为任人搅动而对社会加以破坏的力量,社会更为衰竭;而社会一旦衰竭并趋于消失,失去社会基础的政治又进一步沦落为专供一小部分人玩弄和操纵的领域。这是一种社会政治化过程,即社会生活不断地被政治蚕食,以至最后全部被政治侵占的过程。我们可以把这一过程称之为社会的强制政治化。

但千万不要将这种特殊时期出现的有着中国特殊印记的社会政治化与西方发达的政治系统中出现的社会政治化混为一谈。西方一些发达国家在20世纪60、70年代所讲的社会政治化,乃是学术界为反对西方现实政治的片面性,为追求公民政治参与而提出的一种理论。艾里斯·马里恩·扬(Iris Marion Young)在对20世纪70年代以后的美国政治学理论研究的发展做综述时,谈到这种政治观念的变化。他说:"在过去的25年里,政治理论家成为如下观念的守护者:政治是有关公民权的一种参与式的理性活动。这与大众舆论、新闻界以及许多社会科学所持有异议的更为常见的政治概念形成了对比。在后者看来,政治是精英们为赢得选举和获得影响力而进行的竞争,而公民是主要的消费者和旁观者。"[1]

艾里斯·马里恩·扬对这种已经兴起、正在流行的新观念做了概括,认为这

---

[1] 罗伯特·古丁、汉斯-迪特尔·克林格曼主编:《政治科学新手册》(下册),钟开斌等译,三联书店2006年版,第667页。

是由汉娜·阿伦特等人首先提出的社会政治化的理论。这种社会政治化是反对社会与政治隔绝的。一方面反对政治生活只被少数的政治精英们所控制和垄断，公民只被贬低为周期性的投票者；另一方面提倡公民自由地参与政治，创建自己真正的公共生活。正是这种健康、正向的社会政治化，能够培育和发展出一种高贵的、作为公民公共生活的政治。

我们在20世纪60、70年代经历的社会强制政治化是消极的、被扭曲的、反向的社会政治化。它不是代表着历史的进步和发展方向，而是一种倒退。改革开放终止了这种倒退。在社会渐进转型的30多年中，人权得到重申，人性获得复苏，个体的法定权益逐渐得到保护，一个公民活动的民生社会正在慢慢地成长起来。这正是经济改革取得进展，其他领域继续改革的重要基础。在这一基础上，方才能重新建构出真正属于公民的、科学合理的政治生活。在这一关键时期强调公民和民生社会建设，正体现了执政党战略选择的正确性。

但是在这一刚刚成长起来的公民和民生社会中，公民人性中利他性的一面还没有能够迅速地彰显，让人们从个体的利己性，从自身的狭隘的需求和苦难中解脱出来的作为集体性的公共生活还没有真正建立起来。因为人们刚刚从被强制政治化了的僵化状态下解放出来，又被淹没在经济的自利性中，淹没在仍旧不正常的政治行为之中，淹没在仍然强大的传统的政治实体和政治关系之中。在这种状况下，人们见到的政治生活还不是高贵的、具有集体精神的公共生活。再加上那些残留在人们头脑中的，以往计划经济模式下，特别是十年浩劫中遭到严重扭曲的、带有野蛮性政治的记忆还在隐隐地发挥着作用，人们对政治依然充满厌恶和冷漠。

人们不必为已经经过的苦难而丧失信念。人类具有创造良好政治生活的潜能和理想。远在2500年以前，在古希腊半岛的城邦中，一位智者就想象过理想的政治。亚里士多德曾经依据当时城邦中在今天看来实在是简陋和幼稚的公共生活，提出了人就其本性来说是政治动物的名言。但是在已经过去的20多个世纪中，人们都在不停地猜测这位古希腊智者讲话的真实涵义。人的本性不是劳动的动物，他们不能只知道一天到晚地劳动。人也不是积累金钱的利己的动物，他不能只知道为金钱而奋斗。人是致力追求公共生活的动物。这种高贵的、展现人的利他性的公共生活就是政治，因而，人就其本性来说是政治动物。

今天，我们已经意识到民生社会、公民社会的重要了，我们已经开始着手建设和发展这一生活领域了。我们终于站到了新的历史进步的起点上。这就有了前提，也就有了希望和理想。只要沿着健康的社会政治化的道路走下去，在社会转型的过程中，一定会产生出高贵的、体现集体精神的、作为公民公共生活的政治。

第一章 绪　　论

新的社会政治化呼唤政治学理论

但是,公民和民生社会的出现还只是为人们真正的政治生活的出现准备了基础。从公民、民生社会要上升到高贵的、充满集体精神的公共生活,需要加强和推进科学的、理智的社会政治化,这正是我们重新构建高贵的属于公民的公共政治生活的途径。但这种新的社会政治化决不是再搞政治挂帅,也绝不是重新回到与人斗其乐无比的阶级斗争时期。它需要科学合理的政治实践和科学合理的政治学理论研究。

真正的政治生活是需要经营和建设的。人类应当学会科学地、合理地经营和建设自己的政治生活。这种经营和建设既包括实践的,也包括理论的。人们长久以来被一种错误的见解所左右,以为只需要实践,就能创造一切。实践可以是盲目的,也可以是自觉的。只有自觉地运用和创造知识的实践才是重要的。人类自觉的政治实践发展和自觉的政治理论建构是相辅相成的。政治实践的大厦与政治理论的大厦应当是互为表里的。

在建构新的政治生活时,人们必须牢记已经经历过的野蛮政治的教训。以往的政治生活空间也是被政治实践破坏的。但那不是正确的、科学的政治实践,而是扼杀人性、剥夺人权的政治浩劫。这种没有人性、不是以公民为本的政治实践也是由一定的政治理论指导的,只是这种政治理论是错误的、荒谬的政治理论。这类充斥着极左思潮、形而上学和人治色彩的东西,曾经在中国的思想界整整猖獗、横行了几十年。现在要指出这些陈旧腐烂的理论的来历已经不难了。它其实只不过是从马克思、恩格斯、列宁的著作中为我所用地摘取了只言片语,再和主观的极左狂想拼凑起来,经过一些御用文人的特意加工制作,以动听的美妙言语表现出来的体系。这套东西其实是假马克思主义,就连那些制作者自己都不大相信。但是,十年浩劫却创造了一个奇迹,纯粹是错误和荒唐的东西,居然能在意识形态的强制下,让一个民族接受并为此而疯狂了整整十年之久。以至时至今日,仍旧有些遗老遗少,对那些错误和荒唐的东西,还念念不忘,舍不得抛弃,时不时还准备重新拾起。

总结以往的教训,人们也发现了另一个事实,那就是越是社会被反向地政治化时,作为政治系统的控制者们,就越不喜欢真正的政治学理论研究。凡是要推行由错误的理论指导的错误的政治实践时,就不允许甚至禁止一切真正的政治学理论研究。因为玩弄和垄断政治的小部分人知道,一旦让人们科学地研究政治生活,都去追求真理时,他们那一套陈旧腐烂的东西就会原形毕露,威风扫地。只有禁止科学的政治学研究,让人们永远愚昧下去,假的东西才能得到长久的维持。试想还有哪一个政治系统会以行政命令的方式宣布政治学是伪科学,并下令将它从科学知识的殿堂中驱逐出去？

虽然政治学作为一种知识门类，其存在性在有着13亿公民的政治系统中得到了允许和承认，但是，它是否是合法的，仍然有许多人在怀疑。政治学从恢复重建到今天，才短短的20多年，其间却经历不少波折。只要一有风吹草动，比如出现不同政见，或有了一点社会骚乱，一些人就会把责难的目光投向政治学。这样，在转型社会中就能经常看到两种景观既矛盾又相安无事地纠缠在一起：一边是政治腐败泛滥猖獗，急需政治学做出研究；一边又害怕政治学道出真相而限制这方面的研究。

政治学在恢复重建中，也暴露出自身的稚嫩和浅薄。检视一下20多年中出版的大大小小的政治学原理教本，除了少数的几个版本有一些新意外，都还是司空见惯的那些老套路。除了急匆匆地对一些新的提法和术语加以赶潮式的解读外，人们还热衷于翻译和解析西方的名篇名著，并用那些对于国人来说还是新的一套来表明自己知识的新颖和渊博。但是在动员式解读了一番，留下一大堆大同小异的文章以外，就一切归于静寂了。在介绍和评点了那些五花八门的流派、思潮之后，我们又该怎么办呢？除了摇头，说我们差得远了的之外，似乎什么也没有了。

政治学有了存在性，但它要进一步获得合法性和合理性，就必须依靠政治学研究专业团队的努力。在当今世界上，凡是政治学理论发展领先的国家，都会有一个合作进取的学术研究团队。发展出适合本国政治生活运行和发展的有自身特色的政治学理论是这支学术研究团队的任务。这支研究团队大体可以分成三部分：一部分是为政治实践设计服务的智囊型的政治研究者；一部分是为日常政治操作服务的宣传阐释型的政治研究者；还有一部分是相对独立的进行政治学知识的创新和积累工作的学术型的政治研究者。这三方面的政治研究都是重要的，只有三者有机地结合起来，科学的政治学研究才能产生出积极的成果。

中国社会转型已历经了三分之一个世纪，其间虽然经济体制的转轨走在最前面，但是，公民和民生社会的建设也已经迈出了坚实的步伐。另外，以往被丢失的宪政和民主，现在人们至少已经意识到了这种丢失，正在努力地找回并加以重新构建。伴随经济生活回归市场，社会生活回归民生，政治也正在回归民主和法治。我们已经行走在政治体制改革的道路上，虽然速度并不算太快，但步伐是坚定而谨慎的。已有的许多实践尝试应当成为政治学理论研究、解释、归纳、概括的宝贵材料。

越是高贵的公共生活，越是需要人类去认真经营和建构。因此，要恢复本来意义上的社会政治化，就需要创造条件，让政治学真正成为知识观照的对象。毛泽东当年曾经意识到哲学应当是普通人思维的依据，因此，主张哲学从哲学家的书本和课堂里解放出来。今天，政治再也不是少数政治精英的专利，要让政治生活从少数精英的垄断中解放出来,成为普通公民参与的生活,成为人们言说、论辩的对象和内容。

我们曾经闭关自守,两眼只向内看;曾经沉溺于理想,眼睛向上看。改革开放后,我们面向世界,学会了两眼向外看。但正确的做法是既要向外看,也要向内看,向下看。要发展出真正有用的、能够指导新的政治实践的政治学理论,就必须采取现实的形而上学的态度。这种形而上学,不是指那种机械式的搬用或套用现成原理,而是指揭示事物的本质,达到深刻的哲理化程度。但这种深入到本质的理论,又必须是贴近现实的,为现实的社会政治化服务的。只有用这种现实的形而上学的精神,我们才能建构出自己的政治学理论体系。

各个政治系统都有自己的历史,都有自身的政治生活故事,也都有致力于解决公共问题的政治实践。由此产生出来的政治学理论有一套特殊的话语体系,有一套特殊的范畴结构,也有一套特殊的研究途径。西方政治学理论有许多方法、范畴、流派和范式,但它们都是从西方的政治实践中慢慢总结出来的,对西方的政治实践来说,它们是活生生的。如果我们抽去了具体的政治实践的背景,那些流派和思潮只能成为一堆毫无生命的词语。把这套僵死的词语再套到与其发源地相关不太大的政治实践上,就会变得不伦不类。

其实我们用不着成天絮絮叨叨地诉说西方民主是如何如何,我们应该从已经出现的村民自治和社区民主中寻找真谛。虽然这类民主实践是如此的粗糙,不尽如人意,但是,它们却有着地地道道的中国风格和中国特色。未来的高级民主,只能从这里茁壮地生长出来。有时,我们也能在一些研究政治学的刊物上看到诸如合作政治、协商政治、对话政治、参与政治等概念,但是,许多论者并没有将这些术语和以人为本、以民为先的观念,与正在发育的中国民生、公民社会联系起来。在没有普通公民参与的这些美好的政治形式的设计中,最终人们见到的只能是少数政治精英的合作、协商、对话和参与。它依然成不了真正的公民参与的公共生活。在遵循国际学术规范的前提下,我们应该有自己的话语体系,应该发展出一套中国老百姓喜闻乐见的范畴原理,应该有一套适合中国人心理和习惯的行之有效的研究方法。

有效的政治学理论必有坚实基础

政治学理论的进步和发展,其最终的动力在于政治生活的结构功能、运行规则机制与政治环境之间的矛盾。当现实的政治生活结构功能、运行规则机制已经与政治环境不相适应时,作为政治生活主体的公民就会对已有的政治结构功能、运行规则机制做出调整和变革。在政治行为主体展开其能动的政治实践的过程和获取的政治活动的结果中,政治学就能概括出新的理论。从政治实践中提炼出来的政治学理论,不仅要能解释已经发生的政治实践及其结果,而且还成为指导新的政治实践的知识手段。

但是,政治学理论的发展还需要有另外的逻辑动力,这就是政治学理论自身所包含的矛盾。在一定的政治环境下,政治行为主体即公民自己构建公共生活的结构与功能,并规定出政治生活持续运行的规则与机制。结构功能和规则机制结合起来,就构成了现实的政治生活的大厦。作为这座政治生活大厦的观念形态,是它在政治行为主体即公民头脑中存在的并且不断地在进行修正的意义图景。每一个公民都会按各自的理解建构出具体的政治意义图景。

在政治学家头脑中,也有一幅政治意义图景,但它是用特殊的专业语言、特殊的形式建构的。这是政治学理论的图景。在普通公民的政治意义图景中,充满的是有关政治生活的意见和见解。政治学家头脑和著作中的政治意义图景,则是关于政治生活的理论。政治学家头脑中的政治意义图景和普通公民头脑中的政治意义图景在不断地作用着并且转换着。理论和意见发生互动。经验在这种转换中成为理论的素养,而理论在这种转换中成为操作的指导。

但是,政治学家对政治大厦的理论映照总是特殊的。这既和政治学家的观察角度相联,也与他持有的价值相关,还和他的具体政治经验相通。虽然政治学家相信通过他的研究和概括,一定能找到政治生活存在、运行的结构、功能、规则和机制,但究竟能找到多少,又能表达出多少,这肯定是因人而异的。这就产生了反映同一座政治生活大厦结构和运行的政治理论的多元性。这些理论会相互论辩、相互竞争,从而推动着理论朝着精细化、整体化、合理化的方向发展。

在多元政治理论的竞争中,政治学家们不仅会交流和批判理论中包含的内容,还会就政治生活的研究方法和手段、理论范畴的获取、理论体系的形成、理论范式的更替展开讨论。这种讨论比起具体理论内容的探索来,要更为深刻。这种超越具体政治学理论内容的理论竞争和批判所结出的果实是一种建构理论的理论,是元理论。

政治学基础理论就是一种元理论。美国著名政治学家拉斯韦尔在阐述政治生活的本质时,曾经用这样一连串的提问来划定政治的研究范围:政治就是要弄清楚什么人,以什么方法,得到了什么。似乎是有意地仿效拉斯韦尔,出生于以色列的公共政策学家 Y. 德罗尔在 1971 年出版的《政策科学构想》中,也以差不多的方式确定了公共政策的效用范围:政策科学方法在何时、以何种方法能有效地解决现实问题。[①] 后人将德罗尔对公共政策的这一见解称为元政策(meta-policy)。

---

① 罗伯特·古丁、汉斯-迪特尔·克林格曼主编《政治科学新手册》(下册),钟开斌等译,三联书店 2006 年版,第 801 页。

德罗尔自己也认为,他阐述的是制定政策的政策,实际上德罗尔探索的正是公共政策学科中的基础理论的问题。

对超越政治学理论具体内容的反思是一种更深层次的理论构成性反思。通过这种反思所获得的结果是建构理论体系的基础。一个学科只有在它发展到一定程度和阶段时,这种深层的理论构成性反思的要求才会被提出来。当政治学学科刚刚孕育和兴起时,人们忙着对学科做总括性的描述,介绍特殊门类知识的功能,并急着要把这些知识运用到实际生活中去。但是人们很快就发现,有关政治学知识的范围是非常不清晰的。为了规范学科知识,人们就会围绕政治学的研究对象发生争论。

接下来争论的重点就会逐步转移,最先可能转移到政治学的范畴上。伴随研究者的增多,政治学的范畴也一个个被创建出来。这些范畴来源各不相同,有些是从别的学科直接拿来的,有些是经过加工后移植的,有些则是独立创造的。学科发展的初期都会是范畴不断涌现的时期,政治学也不例外。众多相互矛盾混杂的政治学范畴,需要梳理、澄清、检验,并且要按照一定的方式排列起来。围绕范畴的争论会持续相当长的时日。

在政治学继续发展时,就会出现不同学说、流派并列和纷争的局面。在这种状况下,政治学发展中一些更为深层的问题会被提出来。比如,应当用什么途径来获得这些恰当的政治学理论范畴,又如何用这些范畴去构建理论体系,不同政治学理论体系的框架为何不相同。当政治学学科的争论深化到这一层面时,有关政治学理论的轮廓就会清晰地显露出来。

这种自觉的学科理论反思,常常是周期性的。在经过一次时间较长的彻底争论之后,虽然不能解决所有的问题,但专业学术团队会对学科的性质、研究的传统、研究的途径、理论的范畴,以及可能的理论体系和建构的方式有大体上较为趋同的认识。它为这一学科领域的理论耕耘者暂时提供了一个相对稳定的研究纲领或思维模式。

但政治生活的实践仍在发展,新的经验和知识仍然在不断地涌现。在学科的专业团队中,又会出现新的理论创新的尝试和新的知识积累。当学科知识的创新达到一定的程度时,新一轮的围绕研究的传统、研究的途径、范畴的选择、理论的构成,又会发生更为激烈的反思和争论。这一过程,就如同大树的生长一样,经过一年的光合作用,大量吸收土壤中的养分,这些成长的因素都会沉淀和积蓄到树干之中,树干更加茁壮生长,增加了树围和高度,最终又多了一层年轮。政治学每一次学科反思的结果是使理论基础变得更加坚实,并带来新一轮的理论繁荣与创新。

要保证学科理论反思的有效性,保证基础理论争论的学术性,必须严禁学科之外的因素介入到严肃的、高尚的学术殿堂中来。虽然每一个政治学的专业研究者都有一定的价值和意识形态倾向,但是,在进行学科反思和基础理论的建构时,应当自觉地处理好科学性、学术性与政治价值、意识形态的关系,不要让世俗的政治权力和权威干扰学术论争。除此以外,政治学的专业研究者还必须遵守本学科约定俗成的某些学术规范,按照一定的规则和程序,展开友好的、建设性的学术争论。中国政治学学科发展中有过太多的曲折,也留下了太多的教训。任何非学术的因素必然会阻碍甚至毁灭神圣的学术研究。

在政治学学科的反思与基础理论的建设中,学者们可以在不同的理论层面进行劳作。有些学者既是理论体系的建构者,同时又是学科基础的探索者。但是,要让政治学学科的基础获得更为坚实有力的发展,实行一定程度的学术分工是有益的。应当鼓励一部分学者,专注于学科基础理论的探索,孜孜不倦地推进理论基础的发展。

政治学基础理论是开放性的论域

政治学中的基础理论是超越一般政治学的哲学理论、理性理论、经验理论和操作理论,向着建构理论的理论这一层面探寻的产物。它的任务是要回答政治学理论究竟以何种方式、范式、途径和材料才能科学、合理和有效地建构起来。对于政治学基础理论究竟应当包括哪些内容,不同的学者都会有各自的见解。像需要平等、宽容地对待许多其他的政治学理论一样,对基础理论的研究,也应当采取一种开放和包容的心态。没有必要在一开始就规定基础理论涉及的范围,只是对其中重要的方面先进行探索就行了。这种最初具有尝试性的对研究范围和内容的探索必然会带来评价和争论。通过有益的论争,有关政治学基础理论的研究范围和内容自然就会逐渐地变得清晰和明朗起来。

从已有的研究来看,下列的一些内容对于政治学基础理论来说可能是不可或缺的。首先是关于政治学学科科学性的论辩。虽然评判政治学有无科学性对这门学科的生存和发展具有生死攸关的意义,但是探究政治学学科的科学性更为重要的目的是要为这一学科在发展中自觉地充实自身的科学性提供建议。对于政治学学科的科学性持怀疑态度的种种理由中包含着对这一学科研究对象的不确定、研究方法的不精细、理论流派间的过度纷争、与意识形态难以分开等根本问题的看法,能否正确地解决这些根本性的问题,是政治学学科能否获得和保持科学性的关键所在。

其次是对政治学研究的理论传统的判断。每一门历史久远的学科或知识门类,在建构理论时,都会形成一些基本的、能够不断延续的做法,这就是学科研究的理论传统。常常发生的是这样一种情况:许多具体的理论研究者勤勉地耕耘着,但是他们并没有自觉地意识到,更没有刻意地去创造或依循某种理论传统。通常是在学科理论研究经历了相当长的时间,理论研究的成果积累到相当高的程度时,人们才会从已经发生的研究中细心地辨认并总结出某种理论传统来。但是不同的学科理论史的研究者们所总结和辨认出来的理论传统不可能是一样的,后续的理论研究也不可能完全恪守某种被总结出来的理论传统。这样就会产生有关理论传统的争论。要对政治学基础理论做出说明,就必须思考其理论传统问题。

第三是对理论研究方法的探讨。现实的政治生活系统既是由人们参与其中才存在和运行着的,又是不依任何个人或群体、团体、组织的意志为转移地存在和运行着的。但是,参与和创造着政治生活的人们并不一定就能正确和科学地认识政治生活。要对现实的政治生活系统做出描述、解释、批判和建构,必须选择一定的视角,采用一定的手段,还要遵守一定的道德。政治学基础理论所要探索的是:有哪些不断增加着的研究视角能够让研究者进入政治认识的领域并到达政治生活的本质层面,有哪些手段和技术能够让研究者获取信度和效度都有保证的信息资料。同时,还需要分析在政治学研究的过程中会发生哪些道德问题,研究者如何进行较好的道德防范。

第四是关于政治学的理论构成的探索。一个学科的成型的知识是通过一定的理论体系表现出来的。也许学科在形成的过程中,其知识是未经琢磨的、粗糙的、零碎的,但一旦有了学科,知识就会理论化、精细化、整体化。理论并不是随意编造的,学科的理论有其构成的规则。在这些规则中,包含着理论的形式、理论的类别、理论的层次。政治学基础理论的研究需要对政治学理论构成的概念、通则、学说这些主要形式加以说明,需要对构成政治学理论的哲学理论、规范理论和经验理论这些主要的类别进行分析,需要对政治学理论中的微观、中观和宏观层次进行设计和规划。

第五是关于政治学的理论范畴的讨论。政治生活的现象、事件和过程经过政治思维的加工,会凝聚为政治理论范畴。它是人类特有的政治意义图景之网的网上纽结。政治理论范畴会随着政治学知识的发展而得到创新和充实。政治理论范畴必须按照一定的逻辑形成一定的结构。政治学理论之间的一大区别是选择的范畴和范畴的结构不一样。在政治学基础理论的构建中,需要思考的是应当提炼出多少政治范畴,才足以反映现实的政治生活存在和运行;要把政治学范畴做怎样的排列,才能较确切地将现实政治生活系统的结构功能和机制反映出来。

最后是关于政治学的理论范式的论述。政治学学科的理论在其演化过程中,总有许多的学说和流派产生出来。这些不同的学说和流派又不是散乱无章,混杂无序的。在一定时期和空间里,一些学说和流派会逐渐聚合成某种共同的研究模式,或遵循着某种大体相同的研究纲领。具有相同理论信仰、研究途径和价值取向的研究者还会结成研究团体。政治学基础理论应当告诉研究者:政治理论的发展是否存在范式的转换;如果有,那么已经经历了哪些范式的更替。

为了能帮助读者更好地掌握政治学基础知识,本书在编写时在体例上作了一些特别的考虑。首先在每章的正文之前,增加了"学习要点提示"。在正文后面,加了"本章小结",其目的是帮助读者理清这一章内容的简单线索。同时还列出了另外四个栏目:"关键概念"、"研究与思考"、"相关知识"、"建议进一步阅读的文献"。"关键概念"和"研究与思考"两个栏目,主要是供读者在学完一章后做自我检测用的。"相关知识"这一栏目主要是介绍在这一研究范围内国外学者的典型理论和观点,或介绍在这一研究范围内国内学者有代表性的理论和观点。有些是供批评和分析用的,有些是启发读者思考的。"建议进一步阅读的文献"这一栏是针对一些读者在某些课题上有深入研究的兴趣,给他们提供获取更多知识的途径。

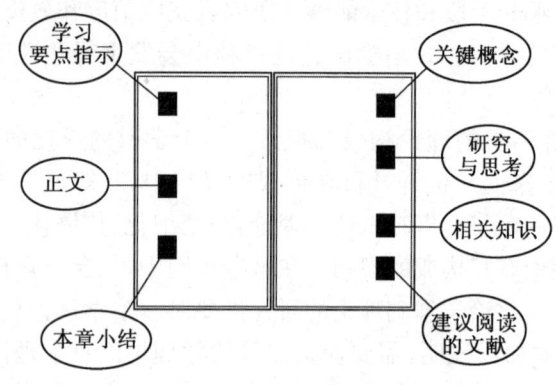

图1-1 本书编写设计

****
** 相关知识 **
****

政治与公共生活

德国政治学家汉娜·阿伦特1958年出版的《人的条件》(The Human Condition)一书,其德文书名为《积极生活》(Vita Actita)。阿伦特想追问这样一个问题:在一个已经发生天翻地覆变化的世界上,人如何生活才有意义?如果我们已经在"其中活动和参与",似乎我们是积极的,那么我们到底应该干什么?她认为人们共同生活的领域,是在超越了个人谋生和生存的需要之后,从封闭的一己的领域中走出来,和别人一道分享这个世界和共同的话题,公开地亮相,自由地言论,"被他人看见和被他人听见",在公共生活中达到一种"可视性",在一种多元化视野中最大限度地表达和提升自己的个性。

"公共领域"的系统思想来源于古希腊"公共/私人"二元对立的城邦政治经验。古希腊人的私人领地是以血缘关系为基础的家庭,城邦则被视为自由公民活动的公共领域。阿伦特在此基础上将人类活动的现实世界区分为三个领域:私人领域、社会领域和公共领域。

她认为私人领域发生的一切变动都只局限在个体发展经验范围内,只有当一群人自由聚集在空间周围,从不同角度和方向对同一事物进行观察,并进而从中看到了同一性时,公共领域才从理论化为现实存在。"当人们只从一个角度去看世界,当人们只允许世界从一个角度展现自己,公共世界也就走到了尽头。"

公共领域和私人领域相区别的第一个要点就在于,它是一个由人们透过言语及行动展现自我的领域,私人领域则是一个"我们无法耳闻目睹他人,也无法被他人耳闻目睹"的相对封闭的空间。①

"一张平等的桌子"是阿伦特在《人的条件》中对公共领域的形象化说法。这张桌子区隔并联结了独立的个体,人们围坐于桌子四周,在保有桌后私人空间的同时展开对话和讨论。公共领域是一个"从意见中掌握真理"的领域。在公共领域中的活动并没有绝对的是非对错,人们只能以"说服"来争取众人的支持,达成行动共识。

阿伦特认为,私人领域与公共领域是保证个体完整地存活发展的两种活动空间,过分参与公共领域将导致浮泛的一生,因为个体因此失去了从某个较隐蔽黑暗的空间跃升的机会,而私人领域同样存在着否定的意义:其他人没有出现,就像自己也并不存在,不管他做了什么,对别人来说都毫无意义,对他至关重要的东西对别人来说则无足轻重。

在阿伦特看来,私人领域和公共领域并非是二元分立的空间,二者之间存在着一个社会领域,公共领域和私人领域像两条河流一样交汇于社会领域,社会领域软化了公共领域的政治色彩,也使彼此独立的私人领域得以实现沟通和信息交换。

公共领域与政治存在众多交集,它以人类的行动和协力活动为基础,人们在此所展现的任何东西,都可以为他人所见、所闻,具有最广泛的公共性,因此,公共领域是一个完整的多面体,过分的一统化和过度的纷杂都不是理想化的公共领域所应呈现的特征。

---

① 汉娜·阿伦特:《人的条件》,竺乾威译,上海人民出版社1999年版,第45页。

第二章 政治学学科性质

【学习要点提示】

一门学科成为科学的条件
  人类知识的存在形式
  知识学科性与科学性
  一般科学的本质规定
  社会科学的基本要素
  学科成为科学的途径

反对政治学是科学的依据
  政治学科充斥主观性
  政治学科充塞价值性
  政治学科充满争议性

政治学能成为科学的理由
  思维水准与学科差异
  科学性与主观性
  科学性与价值性
  科学性与意识形态性
  科学性与统一性

  在探寻政治学基础理论时,我们碰到的第一个问题就是政治学学科的性质问题。这里要论及的学科性质,不是指学科门类的归属。因为人们都知道,政治学不属于自然科学,不是工程科学,也不是人文学科,它属于社会科学,是社会科学的一个学科门类。这里要讨论的是另一个问题,即政治学学科是否具有科学性。说得更为明确一点,就是要回答政治学是一门科学,抑或不是一门科学。它是注定成不了一门科学,或者是现在虽然科学性还不够,但它最终能够成为一门科学?

  这一问题对政治学基础理论的研究极为重要。因为假如某种门类的知识缺乏科学性,甚至根本就不是一门科学,那么关于这一学科门类知识的基础理论的研究和积累也就无从谈起,也无需谈及。因此,要真正理解和把握政治学知识体系中的基础理论,看清其地位与作用,就必须首先探讨政治学这一知识门类的科学性问题。

事实上，当我们仔细去审视和思考有关政治学学科科学性的争论时，就会发现这一争论决不单纯是要对某门知识具有还是不具有科学性做出判断，它涉及到政治学理论中某些非常关键性的问题，比如，事实判断和价值判断的关系、各种理论流派之间的关联、不同研究方法的优劣，以及范畴应当如何选择和排列、理论应当以何种方式构成等等。这一系列的问题是深层次的、带有某种"超越"一般政治学理论论题的问题。当对这些问题加以探究时，我们要处理的已不再是一般的政治学理论了，我们不可避免地要触及到有关理论的理论。也就是说，当我们思考这类问题时，实际上已经进入到政治学基础理论的领域。

但是在中国，有关政治学学科性质的争论，所产生的还不止上述所列举的那些问题。因而，关于政治学学科性质的争论又不仅仅是一个单纯的政治学基础理论问题，它似乎还超出了一般意义上的政治学基础理论的研究范围。虽然政治学在世界上已经诞生和发展了近25个世纪，是一门其正当性和合法性早已得到公认的学科，但在中国学术界，这一似乎不成问题的问题却仍然是一个严峻的问题。因为直至今天，中国的政治学不仅要为自身的科学性申辩，还要为自己的合法性辩护。虽然在西方，围绕政治学是不是一个科学门类，或者说政治学理论究竟有没有科学性的争论也从未间断过，但是几乎相同的争论在中国却有着另外一个必须解决的重要前提，即学科的正当性和合法性。

在高度政治集权和僵化意识形态横行的年代，中国的政治学和一大批社会科学学科都因被定性为伪科学而被残暴地赶出了科学知识的殿堂。在进入改革开放和社会转型以后，政治学和其他曾经几乎被赶尽杀绝的一些学科先后被恢复了名誉，进入了学科恢复和重建时期。但是，不同学科重建后的命运并不完全一样。公共行政学、社会学、社会心理学，还有法学的合法性从此很少受到质疑，但政治学的合法性却依然是一个悬而未决的问题。正因为学科的合法性没有彻底解决，其科学性当然也就解决不了。试想，一门不合法的学科还能是科学的吗？

为了使恢复重建后的政治学能够合法化，在多数大学的系科设置中，政治学总是和公共行政学或行政管理学联结在一起，成为政治与行政管理学专业。因为公共行政学或行政管理学的政治性、意识形态性要弱一点，从而合法化的程度也似乎要高一点。人们试图通过政治学与行政管理学的联结来增强政治学的合法性，提升其社会的承认度。但这种策略性的做法并没有使政治学的合法性、科学性问题得到彻底解决。

政治学学科在西方也一直经受着是否具有科学性的检验。在当代西方政治学思潮中，比较明确的并且态度也很坚决地否认政治学是科学门类的当首推行为主义。行为主义政治学家把自己同以往的政治学家对立起来，将他们以前的一切政治学理论统统称为是"传统"的。在反对传统政治学理论的过程中，行为主义者最终对政治学究竟是不是科学的问题产生了怀疑。他们在自己的著作中列举了种种反对政治学是科学的理由,而这些理由正好涉及到政治学理论的构成、范式、范畴、方法等最为基本的问题,即直接涉及到政治学的基础理论。

从表面上看,在中国,政治学学科是因为合法性不足而使其科学性受到质疑,在西方,人们则是从学科本身的理论构成、理论范式、研究途径来检验其科学性,但从深层来考察,两者有一点是共同的,即都因政治学学科与意识形态、价值的关联,在理论构成、理论范式、研究途径方面具有特殊性而使其科学性备受怀疑。因此,对于中外的政治学学者来说,捍卫政治学的科学性是共同的责任。只是在中国学术界,政治学学者的任务要更重一点,在解决学科的科学性问题的同时,还要为学科的合法性而斗争。

第一节 一门学科成为科学的条件

一、人类知识的存在形式

在历史的漫长旅程中,人类艰难跋涉的足印穿越了游牧、农耕时代,经过了手工业、初期工业化时代,在后工业时代停留了一段时间以后,迎来了知识经济时代的初级阶段。在当今时代,知识已经成为人类最为重要的资源和财富。谁拥有了知识,谁就能驾驭自己的命运。

能够运用声音、文字和其他各种符号,将认识外部世界和自身主观世界的成果记载下来,并形成集体记忆保存起来,世世代代传承下去,这正是人类所独有的、并且能够将人类与在地球上生存着的其他一切有生命的物种区别开来的本质特征。今天人们已经知道,知识就是通过载体和信息相结合的、人类认识和改造客观世界和主观世界的产物和工具。

人类最初形成的知识肯定是零乱的和碎片化的。经过漫长时间的积累和整理,人类掌握的知识开始以某种方式凝聚起来,形成一个个门类。正像生活在地球表面的人类,最终学会组成以民族国家的共同实体为核心的活动系统,以此来作为群居生活的存在方式一样,在知识的世界中,不同专业的知识也最终组成了大大小小的学科门类,学科就成为不同的知识王国的存在形式。

在《牛津英语大辞典》中,"学科"有着更为丰富的含义。它被界定为"指导的一项分支;道德和精神训练;军事训练、演习……学生、军人、犯人等所遵循的秩序;行动的规则体系;对教会成员所实施的控制;惩罚;(教会)苦修、禁欲"。作为知识门类的学科和上述的辞典上所讲的学科虽然不完全相同,但也有某些相近。

从知识门类和学术的角度来审视,作为知识门类的学科虽然与"惩罚"相去甚远,但构成一门学科的学者群体通常具有严格的控制功能,既包括群体内部的控制,也包括对特别有志加入这一学科的研究者的控制。知识上的学科也有"秩序",只是和军人、学生、犯人所必须遵守的秩序不完全相同。从严格意义上说,不是简单的道德和精神训练,更不是军事训练,但在任何一个学科中,要获取知识和从事研究必须经过训练。在作为知识门类的学科中,哪些成果能算作优秀成果,学者们通常是能够进行评估并做出较为明确判断的。另外,在掌握学科知识的过程中,一定量的机械式学习也是必要的。①

在日常生活中,在一些大学教育被扭曲的地方,大学中的学科有时被视为一门"艺术"或"手艺"。有时从事某个学科的工作,会被看做是一种"贡献"、"天职"或职业。这都是对学科的误解。学科总是和专业知识与学术研究联系在一起的。美国公共行政学家德怀特·沃尔多曾经有过精妙的阐述:"科学认识世界,专业表达观点。"然而科学家所要表达的是有关集体信仰的东西。② 因此,作为知识存在方式的门类,是专业的和学科的。这里讲的"专业",首先意味着一个相对高级的职业等级。每个成熟的学科总是以全国性的或国际性的专业学会,来维护业已组织起来的学术现状和等级。同时,"专业"还包含着对学术研究工作的严格要求和态度。专业是一个致力于实现得到明确界定的目标和功能的自我组织的社群。专业社群以自我设立的标准和规范为特点,这些规范和标准又成为评价的准则。新加入的专业成员逐渐被这些标准、规范和准则所同化,而先期进入的社群成员则以这些规范、标准和准则来评价工作的业绩,并对学术研究进行必要的反思。③

一个试图进入政治学学科专业的研究者也必须以专业的学术探索作为精神上的志业。在今天,知识已经进入空前专业化的时代,并且这种情形将永远持续下去。一个人要将政治学学术作为一种职业来经营,要以探索政治学学问为生命志业,就必须通过严格的专业化,才能在学术研究的世界里,获得那种确实感到达成某种真正完善成果的意识。"唯有凭借严格的专业化,学术工作者才有机会在有朝一日充分体认到,他完成了一些可以传世的成就,但是这种情形一生也许只有一次,今天,真正确定并且重要的成就,无不属于专业性的成就。任何人如果不能,打个比方,带起遮眼罩,认定他的灵魂的命运就取决于他能否在这篇草稿的这

---

① 罗伯特·古丁、汉斯-迪特尔·克林格曼主编:《政治科学新手册》(下册),钟开斌等译,三联书店2006年版,第5页。

② 罗伯特·古丁、汉斯-迪特尔·克林格曼主编:《政治科学新手册》(下册),钟开斌等译,三联书店2006年版,第6页。

③ 罗伯特·古丁、汉斯-迪特尔·克林格曼主编:《政治科学新手册》(下册),钟开斌等译,三联书店2006年版,第6、7页。

一段里做出正确的推测,那么他还是离学术远点好。他对学问将永远不会有所谓的'个人体验'。没有这种圈外人嗤之以鼻的奇特的'陶醉感',没有这份热情,没有这种'你来之前数千年悠悠岁月已逝,未来数千年在静默中等待'的壮志……你将永远没有从事学术工作的召唤,那么你应该去做别的事。因为凡是不能让人怀着热情去做的事,就作为人来说,都是不值的事。"①

学科门类的产生与人类理性认识能力的发育和发展紧密相关。学科的分化、聚合、运行、发展遵循着知识生成和演化的规律。从许多残存的古代文献资料和持续进行的考古发掘中,人们粗略地知道,在公元前25世纪的古希腊半岛上,出现了最早的自然哲学、处于雏形阶段的政治学、逻辑学、伦理学。一些关于天上和地上物体运动的自然科学暂时还处在自然哲学的襁褓中。当时的智者大多是哲人。像亚里士多德,现在能找到的他的著述中,既有哲学的论述,有关于直线、圆周运动的阐释,又有关于道德的说明,还有对政体的分类,对天象的记载,因此他完全可以称得上是多学科的集大成者。他兼哲学家、政治学家、逻辑学家、伦理学家、经济学家和物理、天文学家于一身。这种状况只有在知识的生产与积累还十分稀薄的时代才会出现。在今天,如果一个学者要自称他是好几个学科的专家,他是许多学科知识的集大成者,恐怕不是无知至极,也一定是狂妄至极。

有不少论及人类知识发展的读物,都从古希腊开始谈论人类知识。似乎现在所有的知识分化都是从古希腊文明中开始的,这一点肯定与真实的历史不符。但是,由于缺乏其他古代文明留下的足够资料,人们暂时还只能这样去书写世界文明的起源史。自从意大利学者哥白尼推翻了托勒密的地心说,宣布我们生活的地球是围绕太阳转动的星球以后,真正意义上的自然科学就诞生了。开普勒对星体运行的研究、伽利略的自由落体试验,终于在牛顿那里汇集成以力学三大定律为核心构筑起来的古典物理学。在拉瓦锡用氧化学说取代了燃素说之后,现代化学就诞生了。在康德做出了启发人们研究宇宙起源的星云假说以后,人们开始相信地球也有自身的历史,地质学因此而发展起来。在达尔文创立了不朽的进化理论以后,生物学这一独立学科也开始书写自己的发展史。

人类的生产、生活领域在不断扩展,他们认识自身和自身所在的自然界和社会的能力也在不断提升。人类改造物质世界的生产力是一种能够积累和遗传的能力,人类在认识物质运动、社会构成和人的思维过程中所产生的研究能力和研究成果也在不断积累并且以既得的力量世世代代传承着。其积累和传承的单元和形式就是学科门类。

---

① 韦伯:《韦伯作品集》(Ⅰ学术与政治),钱永祥等译,广西师范大学出版社2004年版,第161—162页。

学科门类的发展通常是沿着两个方向行进的：一个是分化的方向；一个是聚合的方向。这两者都使得学科门类越来越多。学科门类的分化是指从一个总体学科中分化或分裂出一些新的分支学科。而那些新的分支学科的母学科，通常都是历史较为悠久的学科，也是内容丰富、包含的研究分支较多、团队人员众多的大学科。当其中的一些分支知识已经积累到一定程度，如果再留在母学科之中其发展受到限制时，学科的分化就难以避免。比如原先的政治学是一个包含着国际政治学、比较政治学等分支的大学科门类。随着这两个分支知识的丰富、研究力量的壮大，国际政治学和比较政治学就走出母体，成为两个独立的学科门类。为了将母体学科和分化出来的、具有独立性的分支学科区别开来，政治学就成为一级学科，其他的如比较政治学、国际政治学就成为二级学科。

但是学科门类的演变还有另一个方向，即由相关知识的结合而产生出来的新学科。在传统的政治学中，研究某种政治现象和过程，只从政治的视角观察和论证。在传统的经济学中，研究某种经济现象和过程，人们也只从经济的视角来观察和思考问题。但是，一旦人们用经济学科的基本假设来观察和思考政治现象和过程，一种新的知识门类就被创造出来。这就是现在非常流行的政治经济学。"与孤立的经济科学或政治科学相比较，这种实证的政治经济学既强调政治过程中的'经济'行为，也强调交易市场中的'政治'行为。"这一新的学科"试图同时回答两个核心问题的研究：制度怎样依据个体的动机、策略和选择而演化，以及制度怎样影响政治和经济的系统表现"。[①]

学科门类的这种产生方式往往发生在两个主流学科交叉的地方，通过学科边缘的组合，形成一种交叉学科或边缘学科。这种交叉、渗透，不可能轻而易举地形成学科间的整合，但可以通过形成的知识碎片而发展出新的专业学科。有不少研究者试图做跨学科的整合工作，而跨学科又意味着需要具备一种熟悉几个学科并且能够把它们融合起来的能力。在今天知识日益精细化的条件下，一个人要想彻底了解超过一个以上学科的知识是不可能的。要想在学科之间做跨学科的整合工作，就必须完全掌握两门或更多的学科，这只能是一种乌托邦式的幻想。

虽然要想通过跨学科的整合产生新的学科门类的想法不切实际，但也可以有替代性的努力，这就是进行知识碎化工作。事实上，许多人想做的那种雄心勃勃的多学科整合研究，无论是个人进行的，还是组织不同学科专家的团队来进行的，通过不同专业知识的交叉和边缘结合，能产生出来的只是一些知识碎片或知识片断。它通常吸收不同学科的研究成果，对各个学科、各个专业所包含的不同部分

[①] 罗伯特·古丁、汉斯-迪特尔·克林格曼主编：《政治科学新手册》（下册），钟开斌等译，三联书店2006年版，第921、922页。

加以整合。这既有利于原有学科的专业化程度的提升,又能从中分化出新的学科门类。①

知识门类一旦不断增多,不同学科就会排列出等级。这种情况可以用世界上国家间的关系来比喻。世界上国家的数量一旦增多,国家之间就会区分出不同的等级。通常只有属于同一个等级的国家才会加入或进入某个团队或联盟。接着也就有了国家地位的区别。由于划分的目的和标准不同,产生出来的这类国家团队和联盟就会名目繁多。有联合国常任理事国,有八国首脑会议,有亚太地区首脑会议,有"金砖四国论坛",有"欧亚国家首脑会议",等等。就是在大国俱乐部中,同是大国,也会分出等级,有超级大国,有一般强国。虽然人们反对世界上的国家有等级的差别,一直主张国家不分大小、贫富、强弱,一律平等,但实际上却很难做到,至少在目前还难以做到。当然,知识门类即学科间的关系,远不如国家间关系那么紧张。

按理说,在知识世界中,平等的原则应该是作为第一原则出现的,但是,知识王国事实上也不平等。学科之间似乎也有等级之别。这种学科间的不平等,在中国的大学中,人们更能亲身感受到。似乎有些学科就是高别人一等。也似乎有些学科总是低别人半截。一些学科因为与国家的发展重心挂上了钩,这一学科就似乎成了知识中的帝国和霸主,在这一学科中从事研究和教学的人的身份和地位也突然高出了许多。有些本来不是这种"热门"学科专业出身的人,也一定要改换门庭,靠上那些学科霸主或学科帝国。有时,大学中的某个学科拿到的科研经费多一点,或者获得了某个重要奖项,人们应当祝贺这一学科,应当提供更多的条件让它发展得更好。其实事情远不止这些,这一学科中的教授马上就有优先资格被选出来担任学校领导,这一学科也就成为高人一等的学科。有时某个学科原先也并不太强,但一旦其中的专家担任了学校的领导,他们就开始运用手中的职权去给自己所在的学科优先配置资源,这一学科也就能一下子飞黄腾达起来。有不少知识人士对此津津乐道,甚至乐此不疲,殊不知这实际上是一种低劣的、庸俗的学术政治化倾向。

二、知识学科性与科学性

知识作为人类认识客观世界和主观世界的成果,虽然总是从零碎的片断逐步累积起来的,但是,人类在积累、存贮、加工知识时,却需要将知识专业化、类别化,

---

① 罗伯特·古丁、汉斯-迪特尔·克林格曼主编:《政治科学新手册》(下册),钟开斌等译,三联书店2006年版,第143页。

即通过将知识归于一定的门类,形成专业,构成学科。伴随人类实践向更广、更深的层次和领域发展,人类以研究对象和范围为划分标准的知识学科门类也日益增多。这些学科门类因为有了大学的建制而被保留下来,并且不断地被规范化。

今天,一个新的学科门类要创建出来,为知识界所认同,则必须具备某些起码的条件。比如,必须在大学中有相应的专业设置,形成培养不同层次学生的一组课程;必须形成专业的教学研究团队,设置一定的教授岗位;还需要在一定范围内形成学术研究的平台,有固定的研究机构,有定期出版的刊物。此外,还需要建立一定规模的原则上属于民间的学术团体,如专业学会。

学科门类的增加,既为知识的成长、发展提供了基础,但也带来了学科地位和规范方面的问题。几乎在所有的政治系统运行的不同时期,或者是知识管理部门,或者是社会性的知识评估机构,甚至是政治精英,都会以清晰的或模糊的方式,来确定不同学科门类的成长与发展的态势,甚至通过等级排序的方式,来确定学科门类的优劣。

有时划分学科等级的标准可能是帝王的喜好,或者是知识本身的神秘程度。在中国历史上,这类事情出得并不少,不仅古代有,现代也有。比如,汉代有些君主听从某些儒学之士的话,居然废黜百家,独尊儒术。而有些皇帝一旦喜欢上老庄,则普天下流行的皆是黄老之学。可见,帝王一人之好恶,就能让一种学说门类的等级青云直上,而让另一种学说门类威风扫地。在古代,风水之学、占卜之术常常被尊为奇特的知识门类,原因可能就在于它们具有某种神秘性。有时地位越高的人,反而特别看重相命先生的隐语和风水先生的指点。一些人似乎总喜欢荒诞和神秘,有时越是神秘的知识,越有人相信,越是荒诞的学问,越是被奉为至宝。

对于在古代所出现的因帝王喜好佛学,而天下臣民皆念经信佛的事情,人们通常会用封建专制和愚昧无知来解释。那么在现代社会中,因某位政治精英一时喜欢,过问了某个学科,或者他自己曾经学习过、研究过某门学科,于是这些学科从此就高人一等,又该用什么来解释呢?当然在现代社会中,更出现过政治领导人随意宣布某些学科门类是伪科学的事情,凡是被点名批评的学科,不要说等级一定很差,而且常常连生存的机会都被取消。对于这类现象,我们可以用人治来解释:既然治理社会,治理人,都可以用人治,治理一门学科门类还不能用人治吗?

将帝王的喜好,某个伟大人物一时的兴致,或者是某种不可言说的神秘感,作为划分学科等级和优劣的标准显然是和科学性背道而驰的。人类要从对知识门类不科学的评价中解放出来,站到运用科学性为标准来考察和评判学科的起点上,并不是一件容易的事。如果说在古代需要有哥白尼的牺牲和伽利略的殉难为代价的话,今天,则需要以一些学科的曲折发展为代价。

当知识从帮助人类认识世界的工具,发展到成为推动人类发展的重要资源时,对学科门类的地位和等级的评价是不可避免的。因为,在政治系统的资源仍然是处于稀缺状态的条件下,优先支持哪些学科门类发展,对于人才的培养和经济、社会的进步有直接的关联。问题是要确定合理的评价标准。学科门类的地位和等级的评价,受到许多因素的影响,如学科发展的时间、已经发挥的功效、国家的重视程度、专业团队的规模和水平等等。能否以这些因素作为学科地位和优劣的评价标准,人们不容易形成共识。但是在划分学科等级时,有一个标准逐步被人们所公认,这就是科学性。

虽然知识是以学科化的方式存在和发展的,但是,知识的学科化与知识门类的科学性之间是有差异的,并非所有存在的学科门类都是科学。导致学科缺乏科学性的原因非常多。一些学科因为研究对象是虚幻的从而缺乏科学性。比如,曾经有过各种各样的研究鬼神的学科,无论它们的形式多么奇妙,也无论它们曾经过多么广泛的传播,它们是不可能具有任何科学性的,因为鬼神本身就是不存在的东西。今天有不少人将研究外星人及其发射的飞行器作为一个学科门类,全球研究这方面知识的人很多,机构也很多,专门刊登这方面研究成果的杂志也不少,而且也有研究这一知识的世界性组织。无论这一学科门类表面上多么有影响,但是它大概不可能具有科学性,因为这一学科的研究对象是不存在的。

也有一些学科门类之所以缺乏科学性,并不是因研究对象不存在而使其注定没有科学性,而是因为它本身成长和发育的不够,暂时还缺少科学性,或科学性还没有能完全彰显出来。事实上,任何一门富有科学性的学科门类也不都是一经产生就立即充满科学性的。它们也经历过从不够科学而变得具有科学性,从科学性不足而变得富有科学性的学科发展过程。

对于学科科学性的评判,总是和人们对科学和科学性的理解联系在一起的。在一个科学昌明的时代,科学似乎成为人人知晓的东西,但事实上这却是一个普通人十有八九说不清楚的概念。在日常生活中,科学常常和一些人们需要提倡和赞同的行为、习惯联系在一起。比如,讲究科学,反对崇拜;提倡科学,反对迷信。有时科学又和某些技术结合在一块,人们常常把科学技术当作一回事,凡是运用技术的,就是科学的。有时科学又和科学家分不开,在日常话语中,科学就是科学家的工作和职业。而科学家又总是在从事某个学科的研究,于是科学又和特定的学科捆绑到一起。比如神州七号载人飞船成功升空,这就表明研究航天航空的学科,研究天文的学科是科学,富有科学性。中国两弹一星的成功,也就表明物理学是科学,而且是最有科学性的学科。

虽然这些对科学、学科的科学性的日常理解本身所具有的科学性值得推敲,但是,科学性却不以人们的意志为转移地成为一种评价尺度进入到知识王国。以科学性的有无和多少作为学科地位、等级划分和评判的标准,应当说是一大进步。

问题是如何去认识科学性。

三、一般科学的本质规定

虽然今天科学是备受人们重视，并且也是被使用得最为频繁的概念，但是当人们静下心来细细地考察和比较不同的人对科学的具体理解时，就会发现对这样一个最为常见的，也似乎是人人都知道的概念，其实人们对它的认识是十分有限的，并且对它的解释也很不一致。

比如在1979年出版的法国《大百科全书》中，科学被规定为"通过揭示现象之中的规律所取得的全部知识以及作为这些知识之基本的认识论"。在1957年出版的联邦德国《百科全书》中，科学被界定为"作为一个整体知识的总和"。而在苏联1958年出版的《大百科全书》中，科学则被看成是"对现实规律的不断认识的过程"。

作为科学学创始人的贝尔纳则为科学的内涵给出了一个极为详尽的描述。在《历史上的科学》一书中，他指出，科学可以从以下五个方面进行理解：第一，科学是一种建制；第二，它是一种方法；第三，科学是一种积累知识的传统；第四，科学是一种维持或发展生产的主要因素；第五，科学是人们的众多信仰和人们关于宇宙及人类的各种态度中的一种最强大的势力。

从词源的考证上看，现在在英语世界中使用的科学一词最初是从拉丁词语Scientia(或Scire)来的。在拉丁文中，这一词语所指的是广义的学问或知识。与科学最接近的德语的对应词是Wissenschaft，其意思是一切有系统的学问，不仅包括了我们所谓的Natural Science即自然科学，而且还包括历史学、语言学及哲学。所以，在拉丁语中，在德语中，科学可以说是关于自然和社会现象的有条理的知识，是对于表达自然现象、社会现象的各种概念之间关系的理性研究，是一种追求纯粹知识的自由研究活动。但英语单词Science却是Natural Science（自然科学）的简称，这也为自然科学和社会科学在科学性上的争论埋下了根源。

不能从上述关于科学定义的多样性中就简单地得出科学是一个从未被人们认识清楚的或本身就模糊不清的概念的结论。上面所引述的种种科学定义，尽管表述的内容不尽相同，但它们并不是根本对立的。各个定义只是解释科学的侧重点各有不同罢了。正像世界上的事物、过程都具有多质性一样，科学也具有多方面的规定性和外在属性。人们在认识科学时，难免有所偏好和侧重。当然，人们没有必要也没有能力去穷尽科学的一切规定性或属性，只要依据实践的要求，分别找出它的某些最为基本的规定性和本性就可以了。

从上述的定义和词源考证中，也是从现在广泛流行的科学观念中，我们可以概括出来的、属于科学的基本规定性和本性的方面大体是:首先,科学是人类的一种最高级的实践活动形式,其特点是对人类生活中未知现象的探索。科学活动建立在人类最基本的生产活动和社会活动基础之上,它表现为人类世代相承地寻找新规律、新技术、新工艺、新方法的努力。这种努力一旦获得成功,寻找到的知识就能或迟或早地转化为现实的物质力量。

其次,科学是人类一个特殊群体独有的行为方式。人类生活中形成了许多共同体,科学家只是这些共同体中的一类,但它却是一个十分奇特的群体。这个群体是由占人口比例很小的、具有特别素养和技巧的人组成的。在不同的科学群体中,人们使用约定俗成的,甚至这一群体之外的人感到陌生和奇特的共同语言、共同规范、共同准则。

最后,科学又是一种包含真理性的知识体系,它将人类探索自然、社会及人自身的奥秘所获得的成果一点点积累起来,并用抽象的、精确的、严密的概念体系记录下来,使之流传下去。科学知识的积累性要求不断地对"发现"进行新陈代谢。有许多知识在几十年前或十几年前还是轰动一时的伟大"发现",但几十年后,甚至十几年后,它却成为一般人都知晓的常识。正如罗伯特·金·默顿所说的:"才智平庸的人能够解决当今问题,而这些问题是过去的伟大人物在当时所不能解决的。一名数学专业的大学生知道怎样去认识和解决莱布尼茨、牛顿和柯西曾无能为力的问题。"[1]

有了关于科学的基本规定性,我们就能区别出与科学对立的东西。与科学相对立的是非科学。但科学与非科学的对立的内容在不同的时代又是不相同的。最早的科学是包含在自然哲学即无所不包的"爱智学"中的。古希腊的先哲们创立的哲学与科学的混合物是与愚昧相对立的,科学就是开明和聪明,而非科学就是愚昧。这种将愚昧作为非科学来看待的观念即使在今天仍有意义。

至16世纪上半叶,当"日心说"公布于众之后,现代意义上的科学才宣告诞生。这时的科学是同宗教神学相对立的。科学就是反对宗教神学,属于非科学的知识大多是指宗教神学所宣传的东西。

在今天,愚昧正在被逐步破除,宗教神学也在渐渐失去支持,它已经成为人们信仰的一部分。在这种情况下,科学知识和非科学知识的分界又有了新的标准。首先,科学知识是同常识相区别的。常识、意见通常被归于非科学的一类,科学则成为理性的代名词。其次,科学知识又是同主观的、臆想的东西相区别的,说某某观念或见解是主观的,则意味着它没有科学性,因此,科学知识通常被理解为是不以人的主观意志为转移的客观思想和观念。第三,科学知识被公认为是真实的知

---

[1] 罗伯特·金·默顿:《论理论社会学》,何凡兴等译,华夏出版社1990年版,第38页。

识,它同客观现实相一致,而与之对立的非科学的东西则是虚假的、不真实的。最后,科学与非科学的区别还在于知识的精确性程度。如果某些知识是含糊的,未被定量、定性分析过的,这些知识便不能被认为是科学;相反,凡是能定性的而且能定量分析的知识则被理解为是科学的。

从迄今为止的科学的发展中,我们可以概括出下列科学知识的基本属性。第一是客观性。科学是实事求是,因此,任何能称得上是科学的知识或知识体系都以不同的方式正确地反映着现实世界的关系、现象和过程。这种反映应当是不以任何阶级、集团和个人的意志为转移的。但是,强调科学知识的客观性并不意味着否认人的主观能动性和主观意志的作用,从根本上说来,人的知识离不开人的主观意志的参与,没有人的主观意志就不会有对客观事物的反映,从而也就根本产生不了科学知识。科学知识的客观性仅仅表明人们所获得的知识不以人们的主观意志为转移。

第二是必然性。科学知识所反映的应当是客观世界中各种现象、过程之间内在的、本质的、稳定的联系,它可以用来解释已经发生的关系、过程,也可以用来预测未来事物发生、发展、变化的某些趋势。不包含必然性的、完全是偶然的知识决称不上是科学知识。当然,任何带有必然性的知识,从人类的实践来说,它本身就是"是"与"应当"的统一,或者说是"事实"与"价值"的统一。

第三是精确性。科学要求人们对客观事物之间的关系及其变化发展作出定性和定量的测定、记录、概括、说明。这种测定、概括应当是质与量的有机统一,既要有定性的分析,又要有定量的表述。但是,精确性在不同学科门类中所能达到的和实际上达到的程度是不一样的。有些科学知识可以表述为量化了的符号系统,有些则不能完全做到这一点。

第四是严密性。凡是属于真正科学的知识,总是以系统的形态出现的。这种系统性是来自客观世界的事物本身的特性。客观世界是统一的,这种统一性反映在知识形态上,则要求知识体系在内容上是自洽的,各个部分之间是协调与一致的;同时也要求在形式上是有序的,各个知识单元或概念、范畴是按照客观与主观的逻辑程序严格排列的。

四、社会科学的基本要素

为什么在论述了科学的本质规定以后,还要探讨社会科学的基本要素呢?原因很简单:在科学的总概念下,有自然科学、工程科学,还有社会科学。它们所包含的基本要素是不一样的。而现在人们使用的、用英文标注出来的科学(Science)却是自然科学(Natural Science)的简称。人们通常所讲的科学之中是不包括社会科学的,因此,上面概括出来的科学的一些基本规定在很大程度上并没有或至少没有充分地考虑社会科学的特殊性。

人们喜欢科学,希望一个国家的科学能够迅速发展,但是,人们头脑中的科学基本上是指自然科学,而且,在多数人的思想中,科学指的也不是那些自然科学的知识,而是指能够帮助人们创造财富或给人们生活带来更大方便的技术。因此,通常所讲的科学是和技术不可分的,而且带有极大的实用性。

即使是在知识界,谈起科学也无需特别声明,它指的就是自然科学,还有工程科学。我国几乎每年都要召开科技大会。但多数场合与会的都是自然科学和工程科学的专家和教授。而社会科学的会议则是另外召开的。

在一些国家的科学建制上,将自然科学、工程科学与人文、社会科学合在一起。比如美国的科学院中,既有自然科学、工程科学的院士,也有社会科学和人文学科的院士。苏联和现在的俄罗斯的科学建制也是一样。这是为了强调自然科学、工程科学的学科与社会、人文科学的学科具有共性的一面。但在同一科学院内部,自然、工程科学与人文、社会科学还是有差异的。

在中国,在科学建制上就将两种科学分立开来。北京设有中国科学院。按理这是全中国的科学院,包括所有的能称得上科学的学科在内。事实却不是这样。另外成立了一个中国社会科学院。这至少表明,中国有两个科学院,而真正的科学院是自然科学、工程科学所在的科学院。社会科学则算不上科学,至少算不上中国科学院中所包含的那些科学。这种将两大类科学加以区分的做法,是强调自然、工程科学和社会科学的差别。

正是这种分立,导致许多人,包括社会科学的专家在内,都怀疑社会科学的理论和研究是否科学。为了消除这种怀疑,常常要由国家的政治领导人向全社会发表声明,肯定社会科学也是科学,社会科学研究也能发展生产力才行。仿佛政治领导人肯定了,社会科学才具有科学的属性。但这种并不把社会科学作为科学的根深蒂固的观念,并不能指望一两个政治领导人的一两次讲话就能改变。因为社会科学之所以被贴上不是科学的标签,其原因,除了人们武断地将科学只归结于自然科学和工程科学以外,更为重要的是,以往的社会科学由于过分地追随僵化的和错误的政治理论和实践,成为推行形而上学和教条主义的帮凶,而且还出了一帮讲假话的风派理论家。这样,在普通公民中,以往的社会科学的形象就是不好的。要消除这种极坏的形象,既要正确认识自然科学、工程科学与社会科学的区别与联系,还需要对社会科学工作者的队伍加以改造,真正培养出一批遵守学术规范,又有学术道德和良心的社会科学的专业研究者。

在长期的对科学的见解中,科学不但被压缩为自然科学和工程科学,而且在自然科学、工程科学中,又以物理学作为科学的典范。自然科学学科的科学性常常是以物理学学科的性质为衡量标准的。物理学是研究物质结构及其运行规律的知识门类。在自然科学、工程科学学科中,迄今为止,唯有物理学,特别是经典力学,有一套非常严密的理论体系,有一套非常严格的实验方法,而且形成了从以牛顿的力学为主要内容的经典物理学,发展到以爱因斯坦的广义与狭义相对论为主要内容的现代物理学的科学理论革命的逻辑轨迹。

人们习惯于将物理学的学科特性作为一般科学性的衡量标准。与经典力学相对应,科学学科或学科的科学性就表现为:有一套用最简单的概念借助于数学公式表现出来的理论体系;有一套排除任何干扰的严格设计的实验方法;有一套可以依据精确的公式能够准确预测物质运动结果的模型;有一套通过革命以新的理论取代旧的理论的范式转换规则。

但是,以物理学特别是经典力学为标尺来判别其他学科门类的科学性,其合理性是值得商量的。如果以物理学为标杆,其他的自然科学,如动物学、地质学、气象学、天文学,其科学性的程度恐怕不可能很高。至少在地质学中,至今人们对地球表面的地质结构的说法就很不一致,而且有些像大规模地震这一类地质试验也无法去做。地震的准确预报至今都还无法做到。至于在天文学中,人们很难弄清楚天体究竟是如何演化的,在我们这个太阳系外面,是不是存在有生命的天体,仍然是一个谜。可以说,除了在物理学这一知识门类中出了牛顿和爱因斯坦以外,在其他的自然科学和工程科学中,可能连一个牛顿都没出现。

即使是物理学学科本身,在其历来所标榜的科学性中,也有一些规定性正在受到质疑,比如测量的精确性。当物理学家发现,在超光速运动的微观粒子世界中,人们要想凭借工具去精确地测量一个粒子的准确位置、速度及质量是不可能的。粒子本身质量极小,借助于现在的光学仪器设备,要想确定位置,就无法测定其速度,或者相反。测量的结果和人们使用的工具有关。物理学发展中发现的这条测不准原理,证明物理学的精确性正在受到挑战。至于现代物理学中的混沌理论,则更是说明传统物理学恪守的精确性已经被突破了。

虽然源自自然科学中的标杆学科的某些科学性的规定正在遭遇质疑,而一些自认为可以向物理学看齐的社会科学,如经济学,仍在努力将科学性的规定用到本学科的发展中来,但是,自然科学、工程科学与社会科学在一些基本的规定性上的区别仍旧是存在的,并且是巨大的。这主要表现在下列几个方面。首先,自然科学、工程科学与社会科学研究对象的性质是根本不同的。对于大多数自然科学和工程科学来说,其研究的对象不是无生命的物体,就是虽有生命但却是没有情感和思维的生物体。而社会科学的任何研究都和活生生的人有关,他们不仅有生命,而且有情感、有思维,有价值取向,有个性,有行为选择,充满了能动性和主观性。正是研究对象的差别,决定了所有研究过程和研究结果的差异。

其次，自然科学、工程科学与社会科学的基本研究手段是根本不同的。如果说，自然科学、工程科学的基本研究手段是实验的话，社会科学研究中必须排除的手段恰恰就是实验。因为规范的实验必须对某些条件加以严格的限制，从而只让某几个变量发生联系，再从中找出因果关系。在社会科学中，要成为实验对象的是活动着的、有尊严的个体或群体，不仅要对他们的某些观念、行为加以限制非常困难，而且还会涉及到研究的伦理道德问题。在有些社会科学的研究中，人们尝试做一些准实验，即使这样，社会也对这些实验的道德性提出了疑问。如果依据自然科学的科学性的规定，凡研究皆要有严格的实验，那么社会科学的科学性就无从谈起。

第三，自然科学、工程科学与社会科学在研究成果的精确性上有极大的差异。社会科学中很重要的变量是人们的需要或偏好，这是导致人们行动的重要原因。一方面，人们的需要或偏好无法像自然科学和工程科学那样设计规范的实验，另一方面，人是有能动性的活动主体，他们时刻会随着周遭环境的变化来调整自己的需求，因而人们的偏好绝不可能是一个精确的、不变的量。也正因为人具有能动性，对人们行为的预测是一件很难的事。虽然经济学家们也发明了运用计量的方法对市场变化做出预期，但这种预期一旦让行动者知晓，他们就会用行动去破坏或实现这种预期。在前者的情况下，预期就是不准确的；在后者的情况下，决不是预期的准确，而是人们故意去做让预期结果出现的事情。

第四，自然科学、工程科学与社会科学学科理论的呈现方式和发展路径有很大的区别。自然科学、工程科学的理论可以通过数学方程式或一组参量构成的模型表达出来，最终可以转化为能够加以检验的操作程序。因此，许多自然科学和工程科学的理论可以进行决定性的实验检验。自然科学、工程科学的理论发展也是通过更高级的理论来取代先前的低级理论来实现的。但在社会科学中，理论很少能够用纯粹的数学方程式来表示，虽然在不少社会科学学科中，也强调模型的重要性，但这种模型只是通过多种变量间的相互关系表现出来的，它也不是纯粹的数理公式。至于在社会科学中能否设计并实施对一个理论进行决定性的实验，其答案可能是否定的。实践是检验某些理论正确与否的标准，但是这种实践绝不是一时的，也不是某些人的，而是整个人类实践的总和。在社会科学的理论发展中，既可能出现某些理论完全被推翻的现象，也可能存在后续的理论对先前理论加以扬弃的情况。但多数情况下是多种不同理论的并存。

正因为社会科学学科具有某些与自然科学、工程科学不同的特性，因此，对属于社会科学学科的政治学来说，它的科学性就不能用物理学学科的某些规定性来衡量，它的发展也不能用物理学的理论革命的逻辑来加以要求。

五、学科成为科学的途径

作为知识存在方式的学科门类与作为科学的知识体系之间并不完全是一一对应的关系。存在的学科未必全是科学的。有些学科作为人类知识的门类虽然存在过或者仍旧存在着,但它并不具有科学性,不是科学。最典型的例子是宗教神学。在世界各地的神学院中,开设的课程很多,也设有教席,培养了众多学生,有出版物,还有世界性的组织,但它只是一个知识门类,绝不可能是科学。在人类知识领域中,除宗教神学以外,还有不少学科的知识也不具有科学性。

在人类知识的发展史上,有些学科从一开始就违背科学,从而也注定不能发展成为科学的门类。但也有些学科在一开始其科学性可能并不明显或者程度并不很高,在学科的知识体系中存在某些虚假的内容,或者某些不合理的结构,但随着人们认识的进展,学科中那些妨碍科学性的虚假成分被逐步地清除掉,不合理的结构被调整过来,知识的合理性、解释性、系统性不断增强,这一学科也就能从不太科学而逐步走向科学。因此从某种意义上可以说,判定一门学科是不是科学,不仅要看这一学科目前已经建立起来的知识体系是不是具有科学的属性,而且更为重要的是还要从这门学科自身的结构和发展趋势去做动态的考察,即判断它们能否在发展中增加科学性,成为科学。

对于一门社会科学学科来说,它是否是科学的,能否在这一门学科上冠以"科学"的美名,可以从两方面来衡量,或者要让它发展成为科学,则要从两个方面来做出改进。一方面是从学科知识的来源、作用及对其知识的验证方面来衡量和改进;另一方面则可以从学科知识体系的理论构成、研究途径、范畴结构和发展范式方面来衡量和改进。

从学科知识的来源、作用及对其知识的验证来衡量,一门学科要成为科学必须具备以下基本条件,如果不具备,就需要努力改进。一是学科的知识必须建立在严格的决定论基础之上。科学坚持认为,自然界、社会、人的思维都是遵循决定论的,科学知识所记录的是人类在探索客观现象的过程中所发现的种种因果联系。当然这种决定论决不是机械的、刻板的。原因和结果之间的关系是辩证的、复杂的。凡是不承认因果决定论的知识以及由这类知识所组成的学科断然不可能成为科学。

二是学科知识必须建立在本身能够被经验和实践所验证的基础之上。科学知识是适应人类认识和改造客观世界的需要而产生和发展起来的。科学知识形成之后,它必然要对人类的生存、发展产生积极的影响。正因为这样,科学知识就是人类生存和发展的一种强大的工具和力量。培根早就说过一句名言:"知识就是力量。"其实从严格意义上来讲，并不是任何一种知识都能给人以力量的，真正使人类具备力量的、并在现实生活中发挥作用的只能是科学知识。

从社会科学学科知识体系的研究方法、理论构成、范畴结构和发展范式来衡量，一门学科要成为科学也要求具备一些基本条件，也正是这些基本条件构成了一个学科必须具有的坚实的基础理论。如果不具备，就需要下气力来改进。学科知识体系犹如一座大厦，楼层是架设在基面上的，没有地下坚实基面的支撑，大厦就无法建立起来，或者即使构建起来了也不可能牢固，弄得不好就有可能垮塌。但是，基面还有赖于地下部分的支持，没有大量的钢桩和水泥柱作为地基，几十层高的大楼绝不可能耸立起来。这些在地底下作为支撑点，承受着巨大压力的钢桩、水泥柱，在学科的知识体系中，被称作是"元理论"或"支撑性的理论"，它是学科知识体系合理性的保证。

在作为学科支撑物的基础理论的组成部分中，首先重要的是学科的研究方法。这里涉及到三个方面的问题。一是研究途径的选择。任何社会科学研究都是主观和客观之间发生的关系。如果研究者选择的研究对象是在主观之外的客观，那么由此产生的研究途径就是实证描述的。如果研究者选择的研究对象是由主观作用的客观，那么由此产生的研究途径就是意义阐释的。如果研究者选择的研究对象是需要主观反思、构建的客观，那么由此产生的研究途径就是批判反思的。

二是研究视角的选择。社会科学的现象、过程是由多种因素构成的整体，选择何种审视与考察的角度非常重要。可供选择的视角很多，有个体的、团体的；有制度规则的、结构功能的；有系统生态的，有公共选择的。不同的视角会产生出不同的理论。

三是研究手段的选择。用何种工具去获取研究资料，有定量的手段，有定性的手段。两者的要求和所获得的资料的信度、效度是不一样的。在考虑研究的手段时，还需要认真思考每种手段可能产生的相应的研究道德问题。

其次重要的是学科的理论构成方式。这里也涉及到三个方面的问题。一是理论构成形式的确定。构成理论的形式是概念、通则和学说。理论是由概念作为组成的细胞的，概念必须是可以操作的，否则概念很难被把握。在概念之间产生的是通则。它表示两个变量的关系。再向上就是学说。在理论体系中，任何学说都只是一种假设。

二是理论构成类别的确定。对构成社会科学学科的理论类别必须认真思考并做出选择。对于除哲学以外的社会科学学科来说，它的理论的最高类别是哲学式的反思。其次就是规范的理论，它回答应当是什么。再接下来的是经验的理论，它回答是什么。但有些社会科学学科的理论中还有操作理论的类别。

三是理论构成层次的确定。社会科学研究人们的活动,这些活动是在不同的层次上展开的。因此,社会科学的学科理论必须反映出这种行动或活动的层次性,必须确定哪些是属于微观层次的,哪些是属于中观层次的,哪些则是属于宏观层次的。

再次重要的是学科的理论范畴的结构体系。这里也涉及到三个方面的问题。一是理论初始范畴的选择。作为理论体系的初始范畴,必须是整个研究对象的矛盾运动的综合体的胚胎,研究对象其后的矛盾成长和运行就是从这一初始范畴出发的。

二是范畴的结构体系。范畴不能随便摆放和排列,它们必须依循一定的逻辑线索有序地结构起来。范畴的结构又必须和研究对象的实际运动过程一致。如果和前面所讨论的理论层次联系起来,理论的范畴排列又必须体现出层次间的区别和联系。

三是范畴的充实发展。任何理论的发展都需要通过范畴的演变、发展表现出来。或者表现为新范畴的出现,或者表现为旧范畴内容的充实。范畴必须是开放性的,它能容纳理论的更新、丰富和完善。

另外还有一个方面是重要的,即学科的理论范式变迁。由于上述的理论研究的途径、视角甚至手段的变更,加上理论范畴排列顺序的变化,理论研究的模式和纲领就会改变,从而在不同时期出现不同的占据主流地位的理论研究范式。理论的变迁主要是通过理论范式的变更来实现的。

上述的有关社会科学学科科学性的衡量条件之间是相互关联的。严格的决定论是从科学知识的来源和内容上来规定学科的科学性的,它要求的是学科知识的客观性。同时,严格的决定论也蕴含着对学科知识合理性的要求。作为学科理论支撑面的属于元理论的基础理论则是在更大范围内反映出整个客观世界间的因果联系。因此,元理论并不违背因果决定论,而是将因果决定论贯彻到底。正是在这个意义上,学科知识体系的客观性与合理性是统一的。

对学科知识进行经验的、实践的验证是从知识的可靠性与发展的角度来规定其科学性的。而知识的可靠性除了同客观性、经验证实相关以外,还同获取、整理知识的基本方法相联系。正确的研究方法是确保知识真实、可靠的有效途径。从广义上来说,通过经验、实践来检验与发展知识也是一种基本的方法。因此,保证知识可靠性的手段与获取知识的正确方法是一致的。正确的方法是为了保证知识的可靠,而要取得可靠的知识又必须依靠正确的方法。

规定科学知识必须具有指导现实生活的实效性是从学科知识的作用与功能方面来要求的。知识的实效性与知识的逻辑严密性是一致的。只有通过正确反映现实生活的、严密的理论构成和逻辑范畴体系,才能构建出人们头脑中的主观意义图景,人类才有可能去认识和改变现实生活;离开了由实践活动所支持的由范畴排列的逻辑推理,离开了经过逻辑推理而预先形成的关于实践目的的意义图景,人们就无法朝着目标去实践,从而也就不可能实现预定的目标。

每一个具体的学科都是对特殊对象的存在及其运动规律进行研究的知识体系。研究对象自身的内在矛盾并不是早就存储在那里的,它有一个逐步生长的过程。当研究对象自身的内在矛盾完全发育成熟,并在与外界环境相互作用的运动中展示出来时,研究对象的运动规律就会充分显露出来。如果研究者能够将研究对象的矛盾运动及其规律掌握住,学科的科学性就有了基本的前提条件。但要让学科科学性的前提条件转化为实际的科学性,就需要借助于一定的研究方法、理论构成的方式,并选择一定的理论范式,形成一定的范畴结构,最终展现为一定形式的学科理论体系。也只有这样,知识的学科性才能转化为学科的科学性。

第二节　反对政治学是科学的依据

反对政治学学科具有科学性的论点和论据很多,而且在不同的政治系统中,或者在同一个政治系统的不同时期都会有不同的论据产生出来。有些论据在热闹了一阵之后似乎退场了,但过不了多久,它又会突然冒出来再喧嚷一番。检视一下在政治学研究领域中先后出现过的反对论据,其中较有挑战性的论据主要分布在三个方面,即认为政治学科充斥主观性,政治学科充塞价值性,政治学科充满争议性。

一、政治学科充斥主观性

在今天的世界上,仍有相当数量的人像美国的伍德罗·威尔逊那样,拒绝承认政治学是科学。伍德罗·威尔逊既是当代世界上比较少有的由一位政治学家成为国家元首的人,也是一位少见的顽固坚持反对使用"政治科学"这一术语的人。

认为政治学没有可能成为科学的最有力的也是最为常见的论据是,政治学研究的对象是具有自由意志的人。正是这种自由意志,使得一切研究都是徒劳无功的。这一论据讲出了一个事实,就是在政治生活中行动和活动着的主体都是有能动性的行为者。这一点也正好和所有自然科学、工程科学的研究构成了鲜明的对比。在自然科学中,研究的对象最为低级的是无生命的物体,有生命的并且最能活动的也只不过是猴子和狗。即使是这些动物,顶多也只能做出条件反射式的动作。也正因为如此,自然科学才成为最容易研究的科学。就这一点来说,政治学可能是天底下研究难度最大的学科。

在政治学家的研究中,他们要与之打交道的对象,或者是有个性和自身要求的个体,他们有时被称为政治角色,或者是由许多个体松散聚合而成的政治群体,也可能是个体之间围绕特定的、明确的利益而紧密聚合起来的政治团体,其中最能引起人们关注的是政治利益集团,再向前探讨,就是有着严密的内部纪律和行为规范的政治组织。所有这些政治生活中的行为者、行动者、活动者,都是具有能动性的。反对政治学能成为科学的人将这种只有个人和联合起来的群体、团体、集团和组织才具有的能动性,称为自由意志。他们认为政治角色、政治集团、政治组织都是具有自由意志的存在物。正是这种自由意志会让人类成为政治生活领域中最难以控制、最不遵循法则、最不可能预测其行动的研究对象。

从政治个体或政治角色来看,由于个人具有自由意志,其政治行为就具有极大的不确定性。个人的行为会受到个体的特殊文化修养、切身利益甚至变化不定的情绪的影响。就政治群体来说,虽然它是个体间松散的聚合,但是结合在一起的群体,由于结构的松散,其中的个体的自由意志仍然很强烈。就政治团体,特别是政治集团来说,内部结构比较紧密。虽然在团体和集团中,单个政治角色的自由意志会受到其他人的自由意志的束缚,但是,任何政治集团或政治共同体也都会在自身特殊的政治利益、习惯、规范的影响下,去选择特殊的行动方式和行为目标。而且,在任何一个政治集团或政治组织中总存在一些权威性人物,他们的个人意志会使他们随心所欲地要求集团或组织做出人们预想不到的行为和行动。

总之,在政治学科学性的反对者眼中,没有一种政治行为、政治行动可以避免人的自由意志的作用。正因为所有类别的政治行为主体都有这种在自由意志影响下的行动的随意性,所导致的政治行为结果就必然是不确定的,从而使任何想通过对行为主体的行为、行动的研究来寻找政治生活规律的努力都变成为徒劳的。因为要在政治现象、政治过程中发现政治活动的规律,首要的环节是对各种政治现象、关系、事件加以分类,然后对它们加以比较,从中找出重复性的因果联系。而那些经常的、重复出现的联系就是规律。但是,由于各种政治行为主体的行为、行动都充斥着随意性、不确定性,这使得对各种政治现象、过程的类别划分变得非常不稳定。各种新奇的预想不到的类别会随时出现。还没有等到人们从已经划分出来的旧类别的比较中找出重复的联系,原有的类别划分就已经过时了。在这种因自由意志的毫无确定性的作用面前,人们只有放弃任何寻找政治行为规律的努力。

各类政治行为主体的自由意志所导致的政治行为、行动的主观随意性还会导致政治现象、政治过程具有高度的复杂化。无论是作为个体的政治角色,还是由若干个体按一定的利益、规则组成的政治群体、政治团体、政治集团、政治组织,由于人的自由意志的作用,他们可以任意地选择不同的行为目标和达到目标的行为方式,从而政治生活会以人们难以穷尽的多样性表现出来。当政治学家专心考虑这类影响因素和这套行为模式时,另外存在的完全不同的影响因素和行为模式就有可能被遗漏掉。在一个完整的研究中,只要研究者没有穷尽一切影响因素和可能的行为模式,任何对政治生活的运行和变化的理论概括都可能犯下不完整、不全面的错误。对于这一点著名的政治学家汉斯·摩根索也不得不承认:社会科学充其量只能做一些常规的工作,即提出一系列假定的可能性。而每一种可能性在一定条件下都可能发生。但是,究竟哪一种可能性会实际上出现,则无人知晓,只能靠猜测。①

二、政治学科充塞价值性

在不少人看来,人的意志自由是使政治学学科具有科学性的一大障碍,意志自由使得人的行为无法统计,无法分类,也无法掌握。在变化莫测的自由行为面前,政治学家最多只能提出一些假设,得出若干猜测。这些当然算不上是科学。除了这一障碍外,政治学的研究者所具有的自由意志也使得名义上是科学的研究变得毫无科学性。研究者的自由意志的重要表现是,他们会选择一定的价值取向。这样人类的政治学研究就不得不遭受价值判断的干扰。

政治生活是人与人之间的联系。人生活在世界上,并不像一棵树或一条小河那样无动于衷地存在。有思维的人,从事政治学研究的人,对政治生活中发生的一切,会有所反对,也会有所赞同;会对一些行为表示肯定,对另外一些行为表示否定。这就是价值评价。任何一个在政治生活中活动的人,尤其是从事政治学研究的学者,其一大特性就是随时随地都必须对周围发生的事情做出自己的评价。这种主观的价值评判往往会妨碍人们对客观的政治事实做出正确的判断。

对于已经发生的政治现象、政治过程和政治事件,人们会从不同的角度去描述。虽然每个人,包括研究者,都会告诉别人,自己是认真的、客观的,是用事实来说话的,但是,对政治生活运行、变化的描述都不可能是纯客观的,其中必定是包含主观价值评价的。因为事实本身并不会说话,事实是被人讲出来的。人讲出来的"事实"已不是原来的事实,而是被打上价值烙印的即被"理解"过的事实。这种价值评价是依据政治评价主体事先所形成的价值观进行的。由于不同政治主体的价值观不一样,有时甚至是相反的,因而他们对同一个政治事实的记录、复述会

---

① 参见汉斯·摩根索《科学人对抗权力政治》,芝加哥大学出版社1946年英文版,第130页。

非常不一样,甚至可能是完全相反的。

像这类价值评价造成对政治事实有差异性的或者相反的记载的情况也会发生在号称是客观性、合理性用不着怀疑的,具有最大的公正性的政治随机抽样问卷调查中。政治调查,包括问卷调查,一般被认为是有效的政治调查手段,无记名的问卷调查更被认为是客观的、公正的。其实,即使是这种研究手段,也会因为有调查者与被调查者的主观价值观念的渗入而变得没有多少科学性。美国前总统肯尼迪的助理国务卿、哥伦比亚大学政治学教授罗杰·希尔斯曼在《美国是如何治理的》一书中曾谈到过个人主观评价对总统选举中民意测验的客观性和准确性的影响。他认为,问卷设计的价值倾向会直接导致这类民意测验的误差。比如,"假设1976年的春天民意测验提出这样一个问题:如果本州今天举行初选,你会选举福特总统还是里根?这样用词可能使选民回答'福特',因为'总统'这个词本身就含有威信在内"①。

这种情况同样发生在1992年的美国总统选举中。美国《新闻周刊》在谈到民意测验的误差原因时认为,导致这类误差的一个因素是接受调查的人对自己的身份不说实话,甚至故意讲相反的话。导致误差的另一个因素是问卷上开列的一系列问题的次序和措辞的倾向性。比如,将有关经济的问题列在问卷的显著位置上,这会使不善于管理经济的老布什处于劣势。

更大的问题在于,没有其他任何一种人类生活像政治生活那样,完全受意识形态的左右,政治学历来被公认为是意识形态性很强的学科。不同的阶级、阶层,甚至不同利益集团的政治家,包括受利益驱动的政治研究者,都会用自己所信奉的意识形态来加强某种政治价值观,并以此来塑造政治理想,建立政治理论体系。正是意识形态的介入,使得任何政治研究都不可能是完全客观的。几乎每一个政治家和政治学家都把符合本阶级、本集团、本党派的意识形态要求的政治学说说成是最合乎实际的,最具科学性的,而别的任何一种政治学说则是不真实的。

三、政治学科充满争议性

认为政治学不可能成为科学的还有一种理由是政治学研究没有出现定于一尊的概念、流派,在政治学的知识领域中,争议多于统一。产生这种理论上混杂的原因是政治学研究缺乏令人信服的精确性。不同的政治学家会找出不同的描述政治生活的资料、概念和原理。虽然这些资料、概念和原理各不相同,但有一点却是共同的,即都只是定性的描述,而没有像样的以精确的数量关系来表示的研究

---

① 罗杰·希尔斯曼:《美国是如何治理的》,曹大鹏译,商务印书馆1990年版,第372—373页。

结论。由于政治学家只用定性的语言来阐述政治生活和政治关系，这些说明必然是含糊的。

虽然某些政治学论著对一些政治事件、政党状况、选举人数进行过数量的统计，但这种量化的材料只能在有限的方面使用，并且政治学家能够设计出的数量关系也是极其简单的。至于政治生活中作为个体的政治角色的心理变化，人们对政治行为的选择，政治系统运行的细节等等，则根本无法用数量关系、变量函数式来表示。当一门学科一旦无法与数学结合在一起时，它就永远只能是含糊不清的。

政治学理论的混乱不堪，首先表现在对政治学研究对象的确定上。人们至今还在为什么应当是政治学的研究对象而争论不休。政治学是研究对众人的治理，还是研究众人的公共生活？是研究阶级之间的斗争，还是研究权力的配置与运行？是研究什么人在什么时间以什么方法得到了什么，还是研究社会价值的权威性分配？一门学科，连范围都没有搞清楚，又怎么可能是科学的呢？

政治学的研究范围也不是太清晰。有人讲政治是出现阶级以后有了国家才产生的一种人类生活，因此，政治不可能是无始无终的。但也有政治学家讲过，在对抗阶级消失后，还会有很长时间的半国家，以后国家完全消失，但政治还会存在。也有人认为政治就是公民的公共生活，这种公共生活只要有人类存在就存在了。看来政治生活的范围并没有搞得非常清楚。

政治学研究对象的不确定，研究范围的不确定，也就决定了形成的种种理论学说不可能聚合为统一的整体。不用说这一学科在历史的沿革中留下了很多不同性质的政治学理论体系，就是在当代，各种政治学体系也竞相林立，而且自称是最新理论的体系还在一个接一个地被创造出来。这样，人们在政治学领域里看到的就是一大堆正处于混战之中的大大小小的诸侯国。政治学知识体系的这种混杂性使得人们不敢相信这门学科能够成为科学。

也正因为对现实的政治生活谁都拿不出精确的结论，人人都是含含糊糊的，因而构建出来的概念、原理和流派就只能是任意的，它最终必然造成政治学的研究对象的混杂性，研究范围的混淆性，政治学理论流派的混乱性。看一下自然科学的状况，就能更清晰地感受到政治学离开科学性的距离。在同一时代，自然科学的理论体系基本上是统一的。比如，在物理学的发展过程中，19世纪末以前，这一学科基本上统一在牛顿的力学体系之下。牛顿在总结伽利略、拉普拉斯等人科学成果的基础上，用简单易懂的力学三大定律建立起了可以对物理现象和过程做出令人信服的解释的理论体系。20世纪初，爱因斯坦研究了大尺度空间中接近光速的物质运动所具有的特性，创立了广义和狭义的相对论。一开始，人们把牛顿力学同爱因斯坦的相对论看成是两个对立的物理学知识体系，但很快就发现，前者不过是后者的一个特例,从而物理学理论又归于统一了。

政治学的各种理论体系为什么不能走向统一,其中很重要的原因是因为它们从未具备过像自然科学那样的规范性。牛顿力学、欧几里得几何学之所以被称为科学,其共同点在于这类科学的体系都是从几条不证自明的公理出发,建立起完备的公理系统。而在已建立起来的政治体系中,除古代的近代的少数几个政治学家试图在人性假设的前提基础上构造政治学知识的演绎系统外,其余的理论体系从未达到像牛顿力学、欧几里得几何学那样的严密性。而仅有的出现在近代与古代的少数政治学家的尝试,由于纯粹依赖假设,演绎的大前提就值得怀疑,这样也就谈不上整个知识体系的真实性和可靠性。

在政治学学科科学性的质疑者眼中,政治学理论从其研究的内容、研究者的立场和研究的结果来衡量,其科学性的成分是极少的。政治学理论所研究的内容是具有自由意志的行为者,这种自由意志使得政治行为具有不确定性和复杂性。政治学理论的研究者由于受价值取向和意识形态的干扰而失去客观立场。政治学研究的结果不仅是不精确的,更重要的是无论是其对象、范围还是各种理论流派都陷入纷争之中。

如果说,这些判断政治学学科缺乏科学性的证据多数是以自然科学为标准提出来的,那么相对于其他的社会科学学科门类,情况是否会好一点呢?与经济学科相比,政治学理论依然在科学性上显露出问题。经济学科的所有理论立足于一个基本假设,即在经济生活中活动的人,都是有利己性的、谋求利益最大化的理性人。而且,经济学家虽然也有价值取向,但受意识形态的干扰要少一些。另外,更为重要的一点是,经济学已经在很多场合运用了计量方法。再将政治学与社会学相比,社会学胜过政治学的地方在于,它引入了一些准实验的研究方法,而且,在社会学家的研究中也没有太多的意识形态介入。

是不是政治学学科包括其理论就注定不能具有科学性了呢?那些来自自然科学学科和其他社会科学学科的质疑真的是有道理的吗?

第三节 政治学能成为科学的理由

对于其他学科提出的种种不利于政治学学科的质疑,一些糊涂的政治学研究者有点气馁了,他们似乎也觉得自己从事的这类研究科学性不足。但是,更多的政治学研究者则在承认本学科科学性还有待提升的前提下,坚决捍卫政治学学科的科学性。

一、思维水准与学科差异

在上述的种种关于政治学学科缺乏科学性的论据中,有一个共同的方面就是人们都喜欢用自然科学特别是物理学作为学科科学性的典范来衡量政治学的学科性质。即便是经济学和社会学,与政治学所作的比较,其标准也是从物理学中转借来的。迄今为止,在自然科学乃至整个科学系统中,物理学学科的确发展得比较成熟。从其理论的客观性、精确性、规范性来说,它完全有资格充当自然科学中具有代表性的学科。用自然科学中最具代表性的学科来同政治学比较,并以此来衡量政治学的科学性,这应当说是允许的,也是正当的。问题是,怎样进行比较,从比较中应当得出什么样的结论。

比较是一种常用的逻辑方法。任何比较都是为了从异中求同或从同中求异。对于从同中求异来说,其出发点应当是具有某种相同前提、同等程度或某些相似性的事物、现象、系统。如果需要比较的两个系统本身就具有客观的、较大的差异性,那么在进行具体的比较时,不去考虑这种差异性,只是简单地进行形式类比,其结论就不可能是可靠的。

这一原则也应当运用到物理学学科和政治学学科的比较上来。从科学发展的历史来看,物理学是自然科学中比较早就创立起来的一个学科门类。以物理学为典型代表的自然科学同社会科学中的各个门类之间在客观性上显然有着巨大的差异性。对物理学来说,它所考察的、研究的客体是无意识的。这种无意识性在所有的自然科学门类中都毫无例外地存在着。当然,也有人会举出动物学的例子来反驳。其实,动物,特别是高等动物,虽有感觉、知觉,甚至也有记忆,有时还能模仿人做一些动作,但是经过训练的、再聪明的动物都没有人类所特有的意识。因为,即使再高等的动物也不可能有理性思维,更谈不上有价值判断。因此,有价值判断不是人的悲哀,恰恰是人类之所以是人类的标志,也是人胜过动物的地方。

正因为自然科学所面对的研究客体不存在自觉的意识,因此,自然科学在获取经验材料时可以进行客观性观察。一块石头、一条小溪、一颗流星,其运动的轨迹,其运行的速度,不会因为有人在记录、在测定而有意地发生变化。石头的下落、溪水的奔流、流星的飞行,都是不以任何观察者、研究者的意志为转移的。从而自然科学,特别是物理学所得出的规律的客观性也是不言而喻的。

物理学知识的科学性还同这一学科实验的特点密切相关。在自然界存在的物理现象是复杂的,比如气体,除有体积、温度、压力的因素外,还有流动的速度、比重等其他方面的物理属性。但是,物理学家们却在实验室里利用各种装置使气体处在理想状态下,他们可以一心一意地探求理想气体的温度、体积与压力之间的关系。再比如,物体的运动都会有摩擦力,但为了求得匀速直线运动中物体的速度、时间、路程三者的函数关系,物理学家可以在实验室中,限制某些因素,创造某些条件,从而得出理想状态下物体的运动规律。而且,无论是在物理学中还是在化学中,人们为了获得某方面的知识,可以创造相同的条件,反复地做某个实验。一种特定的实验不仅可以在同一个地方做,还可以在世界上的不同地方做。在自然科学中,只有经得起人们依据规定的条件在同一地点或者在不同的地点进行同一种实验并且得出相同的结果,由此获得的规律或定律才能得到科学界的普遍承认。

自然科学包括物理学在内的这些学科研究的特性显然不是政治学也不是其他社会科学学科所能具备的。在政治生活中发生关系的、活动着的都是有目的、有意识、有主观能动性的个体、群体、团体、集团和组织,这是政治学同物理学乃至一切自然科学学科之间巨大的而且是不可逾越的鸿沟。在政治学研究中,政治学家们绝不可能把人们请进实验室中创造理想的政治生活,也不可能在某个民族中反复地进行完全相同的政治实验。如果想把物理学学科中习惯使用的上述的研究设计与实验方法套用到政治学的研究上面来,并以政治学不可能用这类方法为依据得出这一学科不是科学的结论,这显然是不公平的,这种对比本身也是违背科学的。政治学有无科学性绝不能以这种方法或标准来衡量,它应当从另外的角度来衡量。

想否认政治学是科学的人们之所以用物理学的发展水平来要求政治学,其中还包含着另一个思维假设,那就是在同一个时代,各门学科的成熟程度应当是一样的。也就是说,在20世纪,物理学学科已经成熟了,其模型已经相当精确了,其理论体系已经相当规范了,而与之同处一个时代的政治学也应当如此。假如不是这样,即政治学学科还并不成熟,其研究的手段还并不精确,其理论还并不规范,那么,结论就是政治学按其本性来说是不可能成为科学的。因为在某些从事自然科学的人来说,只要生在同一时代,在同一时代做研究,人们的科学思维水平应当是一样的,具有同等思维水平的思想家们、学者们无论在哪个领域工作,都能够使这个领域的知识达到同等程度的科学性。

这种看法是不正确的。就人类思维的发展来说,每一时代的确有代表这一时代水平的思维,正是因为在不同时代存在着不同水平的思维,人们才能知道人类思维发展的轨迹。但是,承认不同时代有不同的思维水平,并不意味着承认在同一时代所有的人都处在同一思维水平上。尽管我们在日常生活中经常使用"某个时代的人类思维"这一用语,它只是就某一时代有代表性的思想家们所能达到的思维高度而言的,绝对不是指这一时代所有的人都达到了如此高的思维水平,也不是指生活在这一时代的所有研究者和思想家都毫无例外地在同一个思维层次上进行物质文明、精神文明、政治文明的创造。

关于学科发展上的这一差异性,美国著名社会学家罗伯特·金·默顿有一段合情合理的评论。他认为,也有不少的社会学家存在同样的误解,他们觉得既然社会学家与物理学家同处在20世纪,而同一时代的文化应当有相同的成熟程度,因此社会学也应当达到像物理学那样的成熟与完善。默顿嘲笑了社会学界这种麻木自满的情绪。他说:"虽然物理学与社会学同处于20世纪中叶,但这并不意味着可以凭借一门学科的成熟来推断另一学科。毫无疑问,当今社会学家生活的时代是物理学相对而言已达到理论上高度概括、实验上极大精确、研究手段多样化、技术副产品十分丰富的时代,因而,许多社会学家把物理学的成熟作为自我评价的标准,他们欲与大哥相提并论,同享殊荣。而当他们明显意识到自己既没有大哥那样健壮的体格,又缺乏势不可挡的冲击,一些社会学家就气馁了。"①

默顿认为,在20世纪的物理学和20世纪的社会学之间相差着亿万个小时持续的科学化和积累性的研究。现在社会学或许还不到爱因斯坦的时候,因为还没有开普勒,更不用说还得有牛顿、拉普拉斯、吉布斯、麦克斯韦尔和普朗克。如果把政治学同物理学比较一下,其间的差距可能还要大一些。

其实默顿只说了问题的一个方面,问题还有另一个方面。即当一些人在武断地强调同一时代的研究者必定具有相同的思维水平的时候,有一个重要的因素被遗漏了,这就是,人们在思维什么。恰恰是这一点非常重要。一个大人在做脑筋急转弯的题目时不如一个孩童,你能说,孩童的思维就一定胜过大人吗?这里的关键是人们的思维对象。如果人们思维的都是一些不是人,要比人低下得多的物体、植物和动物,这种思维能力能够和思考人的行为所需要的思维水平相比吗?能够思维比人低下的研究对象的思维水平,如果也拿去思考人的活动,就一定能得出在低水平上思维所能获得的所谓成熟性、精确性、规范性吗?

其实指出政治学与物理学这两个跨领域的学科在研究方面以及学科发展的成熟程度方面的差别,并不意味着可以否定政治学是科学。某一知识门类或某一学科现在还不具有像自然科学那样的科学水平,与这一知识门类从本质上讲是否具有科学性,显然是两个不同的问题。说一门学科现在还不具有严格的科学性,绝不等于说这门学科注定不能成为科学;反过来,说一门学科能够成为科学,也绝不等于说,它现在已完全具有科学性了。

即使是物理学,在其现代发展的过程中,人们也已经指出了它仍有发展的巨大空间,物理学的科学性还有待提升。这是一方面。另一方面,一个知识门类在世界总体水平上已经达到了一定的科学性程度,和这一学科在具体国度里事实上

---

① 罗伯特·金·默顿:《论理论社会学》,何凡兴等译,华夏出版社1990年版,第64—65页。

所具有的科学性之间还是有距离的。说物理学富有科学性,人们常常举的最高水准是美国物理学学科。在美国,物理学的确已经具有相当高的科学性了。是不是就意味着,别的国家的物理学学科也具备了同样的科学性了呢?恐怕远远不是。

事实上,任何一门从其本质上来说能够成为科学的学科,绝不是倾刻之间就富有科学性的,其科学性也是在学科的发展中逐步具备的。这样的认识视角及结果,也反映在知识社会学卓越的发明家卡尔·曼海姆1929年所著的《意识形态与乌托邦》一书中。在该书的第二部分《科学政治学的前景——社会理论与政治实践之间的关系》中,他论述到:"科学的范围是什么","现在应当清楚的是,迄今为止所作的界定都太狭窄",如果重新定义科学的范围,那么"政治学可否成为一门科学,可否讲授,如果总结我们至此所讲的全部内容,这个问题一定会得到肯定的回答。当然,我们的解决方式意味着一种完全不同于习惯上所设想的那种知识形式。纯粹的唯理智论不会容忍与实践如此紧密相联的科学"。[①]

二、科学性与主观性

反对政治学能够成为科学的人所提出的上述种种论据应当说是值得人们认真思考的。如果将这些论据简单地抛弃在一边,认为这些统统都是"荒谬"的话,那是一种不负责任的做法,也是一种非科学的态度。对于一个严肃的和科学的政治学理论研究者来说,他必须接受这种挑战,必须对每一个论据做出切合实际的、客观的评价。

对于政治学的理论研究来说,确实任何人都无法完全排除主观意志对他的影响。但这也正是政治学学科之所以产生的一个重要条件。倘若没有主观能动性,没有人所特有的自由的意志,那么也就不存在人对自身的政治生活的研究,当然也不可能存在作为人类的自由意志的创造物的政治科学了。问题是,介入到、参与到政治学理论研究中去的人的自由意志会不会消灭政治学理论的客观性。

在政治生活中,政治行为主体,无论是以个体出现的政治角色、由个体组合而成的政治群体、政治团体、政治集团,还是结构紧密的政治组织,其"意志自由"的表现主要是能够对所要实施的政治行为的目的、方式进行选择。这种选择从表面上看似乎是"任意的"、"随心所欲的",但仔细地研究一下行为主体选择的过程,人们就会发现,政治行为主体头脑中的目的并不是主观自生的,也不是从天上掉下来的,而是由这一主体所处的现实的政治生态环境同他的政治利益需要之间相互作用或相互映照的结果。换言之,政治行为主体的行动目的绝不是任意的、随心

---

① 卡尔·曼海姆:《意识形态与乌托邦》,黎鸣等译,商务印书馆2000年版,第167页。

所欲的,它是行为主体的客观需要同行为主体所能遇到的实际条件相对照的产物。因此,政治行为的目的就不是普通的人们只从表面观察就感觉到似乎是随意的、纯主观的。事实上,从更深的层面来科学地思考,所有政治行为主体的行动目的都是客观与主观的统一。正是在具有客观性的目的的作用下,政治行为主体的活动方式、活动途径才是一定的。方式、手段、途径总是服从于一定的目的的。因此,人的"自由意志"并不像有些人所想象的那样,自由得没有一点确定性,自由得瞬息万变,自由得无法捉摸。自由意志的作用也不是如某些人所说的那样,纷繁复杂得无从认识。

如果不是从想当然出发,而是从正常的理性思维出发,我们就不得不承认人类所具有的作为能动性的意志自由完全是有边界的。这种边界就是现实的社会、经济、文化和政治等领域的既有的制度、体制所构成的生态环境,以及由政治行为主体自身所具有的、并且是由完全客观的条件所规定的内在的权益需求。正因为在政治生活中,人们的政治行为所依据的外在环境和内在的需求都是客观的,因此,人们的政治上的主观能动性,或者说是自由意志,就是完全可以观察、度量和分析的。

在研究人们的政治行为时,我们还需要对不同的行为主体做出区分。在政治组织或政治集团那里,政治行为的自由选择绝不像以个体形式出现的政治角色那样在表面上充满偶然性。在政治组织或政治集团对以集体的方式展开政治行为的目的、方式进行选择时,起作用的是由政治组织或政治集团内的各个成员的个别的目的,以及由目的所决定的个别的行为方式在相互作用中所形成的带有合力性质的因素。对于个别的政治行为主体的活动来说,他们仅仅是这一系统中的一个个分力,甚至是一个微不足道的分力。这些分力是严格地按照力的"平行四边形法则"加以一次次整合的,最终形成的合力才是整个系统发生作用的力量。

从每一个政治个体来说,其行为可能具有较大的随意性、偶然性,也会导致一定的不确定性,但是,政治生活是一种公共生活,在这一领域中占据主导地位的是人们的集体行动。在任何行动中,追求个体利己性的这一面就会受到限制,而个体的利他性的一面就会彰显出来。在政治行动的系统中,在一次次按照一定的客观法则合成的合力中,政治行为者的利己性不断减少,利他性就不断增加。充满利他性的、富有客观性的合力对于分力来说就具有一种不受其影响的客观必然性。

这种"力的平行四边形法则"不仅适用于对某个政治群体、政治团体、政治集团、政治组织的行为目的和行为方式的分析,而且也完全适用于对处于更大范围内乃至整个政治系统中的政治行为的分析。在整个政治系统的范围内,每个政治角色、政治群体、政治团体、政治集团、政治组织,其行为的目的和方式,无论从某个局部来看是多么重要,但在整个政治系统中,它们都只不过是一个个"分力",它们最终都要被综合到总的"合力"中去。这种合力是不以人的主观意志为转移的,是完全客观的。由此可见,体现政治行为主体能动性的自由意志绝不妨碍人们对政治生活作出客观的研究,也绝不妨碍政治学能够成为科学。

政治行为主体有选择行为的目的、方式的自由,而不同的选择又会出现不同的过程和结果,正是这一点使得政治生活变得复杂起来。正是这种复杂性,才激发了政治学的研究者去研究这方面的知识。敢于向复杂性挑战,这正说明政治学研究者具有向高级思维进军的胆量。但是如果借口这种复杂性而不敢去、不愿去做过细的、持久的研究工作,还轻易地得出政治学难以成为科学的结论,这是不对的。

当然,一门学科能否具有科学性,与研究对象是有很大关系的。如果某一学科的研究对象是子虚乌有的,它肯定成不了科学。但却不能说一门学科的研究对象是复杂的,就成不了科学。说一门学科的研究对象简单,另一门学科的研究对象复杂,其实这并不是绝对的,它只有相对的意义。不少人举出物理学,认为物理运动出现的参量很少,物理学理论正因为具有了这种研究对象上的简单性才成为科学。其实这种说法并没有太大的说服力。因为,现实生活中的物理现象远比牛顿用三条定律所概括出来的物理学体系复杂得多。可能其复杂程度丝毫也不比政治现象、政治过程逊色。

不过物理现象的复杂、多样和多变的属性已被物理学家在实验室中通过严格控制条件的方法给大大地简化了。他们实际处理的是"理想气体"、"理想固体"、"理想液体",他们只对这些处于物理学家所要求的理想条件下的现象进行研究,努力从少数的参量中找出相互的关系和某些规律性的东西。这种研究方法,政治学家也完全可以采用。不过政治学家不是在物理实验室中做这类实验,而是在思维的实验室中撇开种种非基本的限制因素,只对影响政治行为的一些基本参量加以研究,从中找出内在的和稳定的联系。前者是机械的实验,后者则是有机的、思维中的实验。

也许有人会对这种思维中的实验研究方法表示疑义,认为只考虑政治生活中的某些主要的东西,会造成片面性。这种疑义从表面上看似乎有道理,人们对政治现象的研究应当力求全面,最好能将政治生活中的所有现象都考虑进去。但是,这种想法在实际的研究中是行不通的。人们能做到的只是尽可能地去把握政治现象中的最为基本的部分,而不可能去研究政治生活中的所有细节、环节和处在次要地位上的属性。人们唯一能做到的并且只应当做到的是依据实践的需要,科学地找寻政治生活的主要方面、主要环节、主要属性和它们之间的主要联系。

要求政治学家毫无遗漏地把握所要研究的客体的一切环节、一切方面、一切属性,也就等于要求物理学家去掌握物理现象的一切环节、一切方面、一切属性,这种要求是不合理的,也是永远不可能达到的。因为没有一个物理学家能够做到这一点。哪怕只是一个在地上滚动的小球,即使是牛顿在场,他也无法对这个小球在运动中所遇到的一切情况,比如小球一旦碰到地面上稍微有点高低不平所产生的微小偏斜或波动,或正在滚动的小球如果遇上迎面吹的微风它又会发生何种变化,等等,都用精确的公式表达出来。物理学家对付这类还不具有能动性的、再简单不过的运动尚且如此,我们又怎么能对比物理学要复杂得多的政治学研究提出那么多不近人情的苛刻要求呢?

至于主观性与政治学的科学性之间的张力问题,曼海姆认为是可以解决的,因为政治活动中的思想主观性实质上都有一个意志和政治的双重构成原则,只有前者是真正主观的,而后者是中性的,并且后者的走向实际上构成了一种知识社会学。这种知识社会学着重说明某个社会集团如何从某种理论、学说和知识的运用中找到对自身利益和目的的表达。知识社会学的实践可以为政治学学科的科学性打下坚实的基础。尽管人们对曼海姆知识社会学的某些内容不乏批评,但他对政治活动中思想主观性的双重原则的发现,不仅肯定了政治科学存在的可能性,也回答了"为什么没有专门的政治科学"这一疑问。在曼海姆看来,服务于主观需要的知识社会学总是以意识形态的形式出现的。知识社会学其实就属于形式社会学。但我们不难发现,形式社会学也有其独特的作用。在这一问题上,政治学也不例外。

三、科学性与价值性

在政治学乃至一切社会科学中,人们都会碰到价值评价的问题。政治生活是人类整体生活的一个重要组成部分,政治现象、政治过程对人类的和平、发展有着直接的关联。对于任何一种政治结构、政治规范乃至一个政治事件,人们不可能不考虑其作用和影响,不可能不从个人、集团的利益出发做出赞同或反对的评价。尽管在现实的政治生活中,会程度不等地存在政治冷漠阶层,但是政治冷漠绝不是与政治隔离,更不是说明冷漠者没有政治态度。相反,它正好表明某些政治角色对它目前所处的政治地位和政治环境的不满与反感,冷漠本身就是一种政治评价。因此要想在现实的政治形态中生存与发展,只讲政治事实,不讲对政治事实的评价,不考虑那些已经发生过的政治事实究竟是不是应当发生,这是不可能的,也是做不到的。如果一个人硬是说他在遇到政治事件时就没有这种评价,不是他已经麻木不仁,就是他故意说了谎话。

虽然戴维·伊斯顿将乔治·霍兰·萨拜因看成是保守的政治理论家,并攻击他把事实判断与价值判断联系起来,但是,仔细读一读萨拜因的书,你会发现他的论述还是有合理性的。在《政治学说史》第一版的前言中,萨拜因认为:"忠于史料——这是每一个严肃的历史学家的义务,或承认有所偏爱——这是每一个诚实的人都会有的,都不可声称自己是公正无私的。以不偏不倚自诩,不是浅薄就是自吹自擂。"①

萨拜因所说的偏爱,是对政治生活进行价值评价的一种委婉的说法。政治学家总是属于一定的阶级、阶层,或一定的党派、利益集团的,要他不站在一定的立场上,不带有一定的价值标准去观察、概括、预测政治生活,当然是自欺欺人。至于说,价值标准合理不合理,这是另外一回事。

问题不是在于政治学研究中有没有价值评价,而在于这种价值评价会不会使政治学研究和理论知识失去科学性。在人类的知识发展中,真理、正义、美德是统一的。真理总是代表着正义、美德,而正义、美德又总是真实的。因此,事实与价值,"是什么"和"应当是什么"并不是对立的,而是相互依存、相互制约的。在政治生活中,任何对"应当"的规定,都来源于人类向前向上发展的要求,而这些要求最终又只能是依据政治生活内在的、必然的、稳定的联系来做出的。因此,如果政治学家们能坚持站到代表人类历史发展方向的阶级、阶层、政党和集团的立场上,运用反映人类政治生活发展规律的规范、原则、理想来对政治事实做出合乎实际的价值评价,这非但不会削弱政治学理论知识的科学性,而且,由于它将真理与正义有机地结合起来,反而使政治学既反映了政治生活的实际情况,又符合全部政治生活中的能动者和创造者即人类的要求,因此,更富有科学性。

行为主义政治学家经常谈论自然科学研究中的价值中立的倾向,并以此来要求其他的政治学家在非此即彼的逻辑框架中进行痛苦的选择:或者是坚持像自然科学那样的科学性,像自然科学那样拒绝或排斥价值评价,即所谓的"价值无涉";或者是坚持在事实判断的同时进行价值判断,同自然科学的本性相背离,使政治学失去科学性。

行为主义者的上述观点包含着一个不证自明的"公理",即对自然科学来说,无法使用,也不能使用价值判断。换句话说,对自然科学是不能进行价值评价的。这种所谓的"公理"其实是荒谬的。自然科学既然是人类认识和改造世界的产物和工具,人类在自然科学的发展中就必然处在中心的位置上。人应当是自然科学的尺度。人类的这种地位和作用必然要求自然科学为自己服务,要求它从人的需要出发去完善和发展。这就不可避免地会产生出人类对自己所进行的自然科学研究工作及其研究的结果加以价值评价的问题。只要看一下每次的诺贝尔科学奖在说明某个奖项之所以要给某位或某几位科学家时,总要指出,他或他们的研

---

① 乔治·霍兰·萨拜因:《政治学说史》(上),盛葵阳等译,商务印书馆1990年版,前言第4页。

究对增进人类对自然界或人类社会的认识,对科学技术的进步作出了贡献。我国在奖励一些重大的科学理论和技术创造时,其评价的标准都是增进了人类对某些领域的认识,或对社会经济发展做出了成绩。因此,每一门自然科学、社会科学的研究工作都存在着价值评价。

一位伟大的思想家曾经讲过,如果欧几里得几何学触犯了人的需要,那么人类就会毫不留情地将其抛弃。今天,人们之所以学习和维护欧几里得几何学,就是因为这一学说对人类的生存和发展有用。自然科学当然不会因为有这种价值评价而失去自身的科学性。同样,政治学也像所有的自然科学一样,并不害怕,也不排除价值判断。并且正是在严格的价值评价中,政治学的理论知识包括整个学科不断地提高着自身的科学性。

当然,我们在强调任何科学研究包括政治学研究是无法排除价值评价时,也需要认真思考一个现实问题,即如何不让一些片面的价值评价损害客观的政治学研究。对一个政治学的研究者来说,不选择一定的价值取向是不可能的。在政治学的研究进程中,这些由研究者所坚持的价值取向事实上会对他所从事的研究产生影响。因此,一个冷静的、有自觉性的政治学研究人员,必须时刻提醒自己,在政治生活中客观存在的因果关系与自己所选择的价值取向之间要摆正位置。如果发现通过正确的研究程序和研究途径所获得的研究结论是和自己所坚持的价值评价不一致时,作为理性的研究者,他应当服从科学研究的结论,而坚决抛弃原先所坚持的价值取向。这虽然十分痛苦,但是这正是一切科学研究的道德所要求的。

四、科学性与意识形态性

与政治学研究中的价值判断相关的是意识形态介入的问题。在政治科学的研究中,意识形态是一种不可回避的精神力量。但是意识形态与价值取向两者之间既有联系,也有区别。从对政治现象、政治过程好与坏的评判来说,政治价值取向与意识形态都具有评价的功能。也正因这种相同性,许多人将意识形态与政治价值看做是一回事。但从两者包含的内容来比较,显然政治价值取向与意识形态并不是一回事。政治价值取向与人们的世界观是联系着的,从人们对世界的根本看法中,派生出对政治生活存在与运行状态的肯定或否定的评价。但意识形态不是世界观,它是一种自觉制造出来的理论体系。

在现实生活中存在着不同的对意识形态的理解。一种理解是把意识形态看成社会中存在的从某些阶级的利益出发而形成的错误认识,或一整套与客观现实不相符合的政治神话与政治幻想。这种理解与意识形态的最初起源有关,也与西方的政治传统有关。无论是罗伯特·达尔,还是其他的现代西方政治学家,都要求人们警惕这种带有偏见的意识形态的影响。在批判资本主义的政治思想时,马克思对德意志意识形态所采取的立场就是否定的。另一种理解是把意识形态同社会现实思想和观念的规范化、定型化联系在一起,它是同以社会心理形式表现出的社会意识相对应的范畴。

从历史的起源上来追溯,"意识形态"这一概念最早起源于欧洲文艺复兴的启蒙运动。在这一运动中,一批理论家和思想家为反对欧洲中世纪的宗教神学而提倡某种"思想科学",他们认为要驱除宗教迷信、反对神学幻想,就要寻找和创立某种思想的工具与手段。这类作为思想的工具与手段的就是"意识形态"。显然,这种对意识形态的起源性理解已经包含着某种带有主观性的、强制性的、功利性的成分。

这种对意识形态理解的消极成分后来被某些资产阶级思想家所承袭并加以滥用,渐渐演化为一种替资本主义制度和社会病态进行辩护的政治神话和政治偏见。对于这种意识形态,马克思和一些进步的思想家曾经进行过批判。在《德意志意识形态》一书中,马克思明确指出,在当时的德国思想界弥漫着体现没落的封建阶级和新兴资产阶级私利的错误思想和一整套政治幻想。他把这些称为当时德国社会的"意识形态",并指出,无产阶级必须在同一切反动阶级的斗争中,才能认清这种意识形态的反动性,并建立起正确的哲学思维。

西方政治学家曼海姆也从另外的角度区分了两种意识形态:一种是特定的意识形态概念,它"或多或少地有意识掩盖真实情况";一种是包含更广泛内容的概念,它是"一个时代或一个具体历史社会集团或一个阶级的"意识形态。这样,在人类的现实政治生活进程中就存在着三种"意识形态"因素:一种是掩盖政治生活真相、以虚假的东西混淆视听的政治宣传与说教;一种是代表某个阶级与集团的政治原则、立场与理想的政治观念;一种是作为系统化、规范化的社会政治心理而存在的精神观念。但在现实的政治生活中,这三种意识形态因素的界限并不是十分清晰的,也不存在只有其中一种因素的纯粹意识形态。各种现实的意识形态都是三种因素相互交织在一起。

在美国的政治生活中,就存在着代表美国垄断资产阶级利益的,包含着这三种因素的意识形态。这种意识形态认为:"美国社会的本质是正确的、好的,做出其他的选择安排是不现实的。"①美国的官方正是以这一套观念来推行其全球战略并且以此作为其外交政策的依据。对于别的国家来说,其行为的选择,凡是与美国的意识形态相一致的,美国就会去支持;凡是与美国的意识形态相左的,美国就会去讨伐。美国想在全球将它的意识形态普遍化。美国的官方政治学研究就渗

---

① R. H. 奇尔科特:《比较政治学理论:新范式的探索》,高铦等译,社会科学文献出版社1998年版,第33页。

透着这种意识形态。

在以美国为首的西方政治生活中,起着较大作用的意识形态不仅代表着当代垄断资产阶级的利益,体现着垄断资产阶级的政治原则、立场、理想,而且它还包含着许多掩盖事实、欺骗公众、麻醉人民的成分。虽然西方的不少政治学家竭力地否认意识形态对政治研究的作用,但事实上这种具有强制性的带有神话色彩的西方资产阶级意识形态,不能不对西方政治科学的发展产生不良的影响。

政治价值取向与意识形态的区别,也可以从现代某些西方学者有关意识形态终结或消失的论调中看出来。并没有多少西方的政治学家认为政治学家头脑中的价值取向终结或消失了。他们最多是提出在进行政治学理论研究时,要祛除价值,或者要保持价值中立。但是,在苏联突然解体,东西方原先存在某种形式的两种制度的尖锐对立消失以后,一批西方学者以西方意识形态已经全面战胜了苏联式的社会主义为根本理由,提出了意识形态终结的观点。

从某些西方政治学家所制造的"意识形态终结"的理论中,人们可以看出,他们所谓的意识形态的终结,不是指西方人放弃了他们一直坚持的那套宣扬资本主义万古长青的理论,而只是表明,与苏联式的共产主义对抗的任务已经完成,因而不需要再花工夫批判共产主义了。因此,"意识形态终结"的真实含义是已经用不着与共产主义斗争了。但是,在苏联解体后,西方的政客和他们的意识形态专家发现,社会主义的思想并没有随着苏联的解体而完全失败。社会主义的思想、社会主义的制度依然存在,并且在中国获得了前所未有的复兴和发展。在这种情况下,又有一些西方学者转过了话头,认为意识形态并没有终结。

在西方学者有关意识形态终结的论调甚嚣尘上的时候,他们也把这种终结论引入政治学研究,认为在现代的政治学研究中,已经不再有意识形态的影响了,从而也没有价值取向了,达到了完全的价值中立状态。对于这种说法,一些严肃的政治学家提出了质疑。比如从事比较政治研究的著名学者奇尔科特,就在研究比较政治学的新范式理论中揭露了部分西方政治学家制造的所谓在政治学研究中意识形态已经消失的神话。

部分政治学家制造的神话	政治研究的实际状态
意识形态不再是恰当的	到处存在传统的新兴的意识形态
政治学在价值上是中立的	美国的政治学建立在意识形态的基础上,受制于统治机构
政治生活依据的是多元、平稳、谈判与一致	占统治地位的美国模式无法去质疑资本主义和权势政治的真正意义

资料来源:R. H. 奇尔科特:《比较政治学理论:新范式的探索》,高铦等译,社会科学文献出版社1998年版,第33页。

其实，无论是否认意识形态对政治学研究的影响，或者是企图取消意识形态，这两者的性质都是相同的，即都是在宣扬一种自欺欺人的神话。凭借这种神话是不可能达到政治学研究的科学性的。在现实的政治学研究中，政治学家总是带着一定的意识形态去观察、思考政治生活，去描述、评价政治生活存在与发展的状态。只有承认意识形态对政治学研究的影响，并充分考虑这种作用对政治学研究的客观性、科学性可能产生的消极影响，政治学家才能在研究中始终保持清醒的头脑与冷静的态度，从而努力坚持研究的科学性。

正像价值取向不可能从政治学研究中消失一样，意识形态也不可能从政治学研究中完全排除出去。但是意识形态的存在和作用，会不会影响政治学研究的科学性呢？要回答这一问题，就需要将政治价值取向和意识形态的关系做一个详尽的分析。我们把反映着特定阶级、阶层利益和意志的，而这些阶级和阶层又是代表着历史前进方向的意识形态，称之为好的意识形态；将一切维护没落阶级、阶层的利益和意志的意识形态，无论是真实反映的，还是扭曲反映的，统统称之为坏的意识形态；也把政治价值取向分为两大类，将代表历史发展方向的价值取向称之为好的政治价值取向，而把不代表历史前进方向的政治价值取向一律称为坏的政治价值取向。

这样政治价值取向和意识形态就有四种组合。除了其中好的政治价值取向和坏的意识形态、坏的政治价值取向与好的意识形态的组合，会产生政治评价上的混乱外，其余组合情况下的政治价值取向与意识形态之间是相互加强的，并且所有意识形态的作用，最终还是要借助于政治价值取向才能表现出来。既然上面已经阐述过政治价值取向的存在，并不必然削弱政治学研究的科学性，那么，意识形态的介入，也不会必然消除政治学研究的科学性。

问题在于，在西方的政治学领域中，人们担心的是具有消极性的意识形态会妨碍政治学学科走向科学。但在中国，情况却不是这样。一些意识形态的专家们，他们害怕的是政治学研究中的科学性会削弱意识形态在思想界的垄断地位。在计划经济模式下，极左的政治思潮因害怕政治学研究中科学性占据了主流地位，将意识形态挤到一边，就宣布政治学研究没有合法性，取消了这一学科存在的权利。在政治学学科恢复重建后，他们仍旧担心，时时提防着政治学的科学性对意识形态神圣性的侵蚀。

应当承认，在以往的政治学研究中，的确出现过过分强调意识形态的分歧而不顾客观事实的现象。这种现象在第二次世界大战后的政治学研究中尤为严重地存在着。政治生活中和意识形态上的两极对立使政治学的研究机械地恪守着某种非此即彼的逻辑公式，这当然会在很大程度上影响了政治学科学性的发挥。但是，这绝不能成为证明意识形态的存在就会必然导致政治学与科学性分离的理由。

五、科学性与统一性

相当多的否定政治学学科具有科学性的人,都以物理学理论的高度统一性或理论的一体化作为标准,断言存在着众多处于相互对立竞争状态的理论体系的政治学不可能具有科学性。

政治学学科中理论体系混杂、对立、竞争的局面是在政治学学科获得独立地位以后出现的。19世纪50年代,现代意义上的政治学开始取得了独立地位。但是刚刚从哲学母体中独立出来的政治学,却又遇上了创立高度综合的哲学体系的学术氛围。在西欧哲学史上,德国人是富有创造体系的传统的。从康德、费希特、谢林、黑格尔到费尔巴哈,每一个人都想在一个自己构造出来的无所不包的体系中表达自己对天地万物和整个人类最终的、同时也是最有权威性的见解。这种动辄就要创造体系的做法也自然为早期的政治学家所仿效。同时,刚刚独立出来的政治学,也急于想通过建立理论体系来迅速地加入科学的行列。

促使政治学家们不断去创造新体系的动力,除了来自哲学家的影响外,物理学的学科发展也起了一定的刺激作用。在自然科学中,物理学可以算得上是一门较为成熟的学科,它有自身的体系,有一套完整的规则与定律。某些政治学家认为,物理学家与同时代的政治学家都处在相同的思维水准上,既然物理学已建立了完整的综合体系,处在同时代的政治学也应当体系化。这种想法导致一批政治学家努力仿效自然科学特别是物理学的做法,匆匆忙忙构建政治学体系。致力于这项工作的政治学家都认为,只有使政治学一下子体系化,其科学性才能得到证实。这样,五花八门的、种类繁多的政治学体系就像雨后春笋般涌现出来。这种情况在西方特别普遍,在社会主义国家也有所表现。

许多政治学理论体系几乎在一夜之间就蜂拥而出,造成了政治学表面上的繁荣。但是学科的内在纷争也同时出现了。因为每一种理论体系的背后事实上站着的都是由大师及大师的弟子们所组成的学派,但对每个学派来说其内在的统一,只有在大师健在时才能勉强做到,一旦大师谢世,甚至就在他年迈时,隐藏在内部的不同与争论,很快就会演化为分裂。于是,更多的新学派和新体系又会应运而生。

政治学中学派和体系的繁杂和混乱,引起了人们对体系的反感。有不少政治学家甚至认为,在这门学科中可能根本就不存在体系,那种追求政治学知识系统化的努力是徒劳无益的。当然,这种看法是过于偏激与悲观了。对于一个作为科学门类的学科来说,其知识是否系统化和体系化乃是这一学科科学性的重要标志。诚然,一门学科的科学性与知识的体系化并不是一下子就能达到的。我们不能说知识未体系化的学科都是不科学的,也不能说已形成体系的学科就都已经解决了科学性问题,但是,凡是科学的门类,其知识终究会形成严密的逻辑体系。因此,追求知识的完整性,并运用一定的逻辑体系将其表达出来,这应当是任何一门科学知识的起码要求。

政治学学科对物理学的过度模仿导致了发展中的曲折。如果我们能稍微考察一下科学发展的历史就会发现,无论是自然科学还是社会科学,都是遵循着"统一—分散—统一"的规律向前发展的。人们喜欢今天的物理学,是因为这一学科基本上统一于爱因斯坦的相对论,很少有其他学派、流派能够起来与之相抗衡。但是,物理学的这种理论的一统性和规范性也不是一下子就达到的。

在牛顿的经典力学体系出现以前,物理学中也存在许多零碎的理论,等到牛顿将分散的理论加以汇集,最后以三大原理将力学统一起来以后,物理学就实现了第一轮的理论规范和统一。但在20世纪初,电子被偶然发现以后,一种速度接近光速的物质运动被人类观察到了。物理学中的一统性和规范性被打破了。在爱因斯坦用他的广义和狭义相对论再次将物理学的理论统一起来以前,物理学家们对本学科中的许多重要范畴的见解都是不太一致的,争论也很激烈。比如,在对光的本质的看法上,就出现过"微粒说"和"波动说"的长期论战。又比如,在关于什么是物理的"实在"问题上,爱因斯坦学派和海森堡学派也有过长期的论争。但是,物理学家并没有因为存在这些不同的学派、体系的分歧、争论,就轻易地下结论说物理学的科学性没有了。

问题是,现在人们见到的是一个体系统一的、理论流派稀少的物理学学科。如果不去探索物理学学科的成长史,人们就会把它在历史发展过程中曾经出现过的激烈纷争给遗忘掉。一旦进行无历史的思考,物理学学科似乎从来就没有过分歧和争论,它从诞生的那一刻起,无论是研究对象、研究范围,还是内部的理论,都是绝对统一的。物理学今天以内部理论的高度统一而存在着,这种统一性,也不可能一直维持下去。一方面,一门学科的理论体系如果一直没有内部的矛盾运动,这一学科也就停止发展了,它的科学性也就消失了;另一方面,这一学科可能正好处在前一个周期和后一个周期之间,应当有的争论暂时还处在潜伏状态,还没有被充分揭示出来。

政治学的研究者在模仿物理学理论体系的构建时,也只知其一,而不知其二。事实上,物理学的理论也并不如某些政治学家所想象的那般统一,对物理学知识体系化怀有羡慕之情的学者们对这门学科理论体系化的实际过程并不是十分了解。在物理学家们看来,物理学绝没有建立起非物理学的学者们所津津乐道的那种庞大的、严密的理论体系。正如理论物理学家理查德·费曼所说:"今天的物理学理论、物理定律仍是一群互不相同、难以成为一体的局部理论和理论碎片。"①

尽管爱因斯坦一生执著地追求物理学知识体系化的目标,但他也不得不承认:物理学的大部分研究旨在发展物理学的各个分支,而每一个分支的研究宗旨是对有限经验领域的理论上的解释,其定律和概念也就与经验保持着尽可能密切的联系。如果说,几个世纪以来不断积累着的物理学现在还没有完全具备体系化的条件,那么,比它要稚嫩得多的政治学要达到体系化,可能还需要花费巨大的努力,还需要更多的人做艰苦的知识积累工作。

政治学在发展中,也不是从来就没有出现过内部理论相对统一的状态。比如在2500年前,所有的政治学理论都统一在亚里士多德的学派上,统一在他那本《政治学》上。就是上个世纪的40至60年代,西方政治学也基本上统一在行为主义上。政治学的现代发展中,经常会有一些新的研究对象被发掘出来,随之其研究范围也会发生变化。现在不同的政治学家,对政治学的研究对象有着非常不同的认识。有些研究者认为政治学应当研究阶级斗争,有些学者认为政治学应当研究政治系统的运行,也有的学者将国家治理作为政治学的研究对象。伊斯顿则认为,政治是对有价值的东西实施的权威性分配。

伴随政治学更多的研究对象被挖掘出来,原来框定的政治学研究范围就显得过小了。当人们依据国家来规定政治学的研究范围时,一些重要的政治关系和政治权力载体事实上就被忽视了。比如,国家是一种政治实体,但政治生活中有许多非实体性的因素,如政治关系网络。另外,现代政治生活中,除去国家这种政治力量外,非国家的政治组织,各种政治团体、政治集团,包括有影响力的政治个体,也都是重要的政治力量。如果做这种思考,人们就会进一步地追问,在没有国家这一政治实体和政治力量以前,就一定能讲没有其他的政治关系和政治力量吗?或者再追问,在国家消亡以后,就能肯定不存在其他的任何政治关系和政治力量吗?

政治学研究对象的多样化,不仅不表明政治学研究中存在混乱,相反,它表明人类对政治生活认识的广度变宽了,认识的层次变得更为深入了。这些表面上不同的研究对象,其实正好表明政治生活具有多因素的特性,政治学理论研究的丰富性正是通过对政治生活不同属性的揭示逐步体现出来的。政治生活研究范围的扩大,也让人们对政治生活本质是公民的公共生活的观念有了更为深切的理解。

政治学发生研究对象、研究范围的争论,也促使政治学理论出现分化和创新。从不同研究对象和不同研究范围出发,可以构建出许多理论体系。这些理论体系

---

① Richard Feynman, *The Character Physical Law*, London: Cox & Wyman Ltd. 1965, p.30.

的并存和争论,正是政治学研究走向繁荣的标志。对于不同学科来说,理论和体系的争论与分化的程度是不一样的。越是处在发展中的但还不够完善和成熟的学科,理论体系分化和论争的程度就越为厉害。但这种分化和论争是学科走向成熟、不断具备科学性的必经环节。政治学目前的发展水平也决定了这一学科体系、理论的繁杂性和竞争性,但它绝不是这一学科不具备科学性的论据,相反,它标志着政治学正在走向发展和完善。

对于同一学科领域中不同学派、体系之间的竞争、争论,默顿发表过十分中肯的看法。他认为,学科中理论或体系的论争以及分化,具有积极的功能,它会使各种问题、各种观点得到充分的阐释,并逐步汇合到一个更大的理论系统中去。同时,默顿客观地分析了体系、理论的纷争会产生负面的影响。例如,在这种争论中会产生成见,这些成见又会自然而然地成为固定的模式。他谈到社会学学科中的情况:"每一个阵营的社会学家只是带选择性地观察其他阵营的研究工作,在对方的研究中首先看到的就是唤起应战状态的敌对模型,然后很快就把对方一句偶然的话当作理论核心,把某一强调当作整个信念。在这一过程中,双方都越来越不愿意研究对方的成果,因为对方的理论纯属谬误,他们两眼盯着对方的文章,只去发现猛烈攻击的目标。"[①]这种情况会导致理论研究的两极分化,使本质上并不对立的而是互补的理论变成势不两立的体系。

在学科由科学性程度不高到富有科学性的发展过程中,各种理论体系和流派的纷争会一直延续下去。当围绕一个主题的争论结束以后,在学科中统一的法则、规范就会被牢固地建立起来。但这种知识发展中的均衡状态是很快就会被打破的,它会为新的创见和新的争论所取代。因此,政治学在自身的发展中避免不了争论,也不应该绕开争论。应有的做法是依据政治生活的实际情况创造出让各种理论体系自由争论和论辩的空间和气氛,在正常的学术论争中,政治学的知识体系就能更加接近客观的政治生活过程。

政治学理论知识要走向系统化、整体化、体系化,其重要途径是进行艰苦的知识积累工作。政治学知识在19世纪50年代以前,一直寄生在哲学、伦理学的母体中。亚里士多德关于形而上学的观念一直影响着后世的政治学家,他们力图将政治学哲学化,或者伦理化,这种传统一直延续到黑格尔。但是,要使知识走向整体化、体系化,建立起科学的知识体系,就必须要有长时间的、大量的知识积累。这种知识的累积对不同的学科来说肯定是不一样的。通常,后出现的学科,其在知识体系化上所花费的工夫可能要比早先建立的学科要少得多。因为,这些后发展出来的知识门类,可以借鉴已成熟学科的经验与教训,从而避免走一些不必要走

---

① 罗伯特·金·默顿:《论理论社会学》,何凡兴等译,华夏出版社1990年版,第73页。

的弯路。但是,即便是如此,后产生的学科通向知识完整化与体系化的道路也绝不是一帆风顺的。政治学的发展就是一个极好的证明。

政治学在目前虽然还远未达到体系化的程度,预言这一学科将向体系化目标冲刺还为时过早。但政治学家们完全可以以此为目标做一些勤勤恳恳的工作。这一工作包括可以先尝试建立某些中层理论。就这一方面来说,政治学应当向社会学学习。社会学在知识的概括与积累的过程中,比较重视中层理论的研究。理论社会学家默顿认为,中层理论是介乎综合理论与具体理论之间的一种理论层次。默顿指出,社会系统的一般理论远离特定的社会行为、社会组织和社会变迁;而具体的社会工作侧重于对特定事物的详尽的描述,从而缺乏对整体事物的概括;中层理论则介于上述两者之间。中层理论也具有一定的抽象性。

其实,在学科发展的历史上,对中层理论的重视并非始于默顿,至少在对知识有过深刻阐述的哲学家培根那里,中层理论已经被摆在相当重要的位置上。培根认为,认识世界都不是从具体事物一下子跃到远离具体事物的具有高度概括性的原理,并固执地认为这一原理是颠扑不破的真理,中层理论要以此为出发点才能建立,这是历来遵循的做法。这样认识世界不仅是由于自然而然的推动而形成的,而且也是演绎推理的论证不断迎合这一做法的结果。然而,我们往往希望科学研究能顺利进行,在上升的阶梯中,能一步接着一步,毫不受阻地从具体事物进展到低层原理,随后才到中层原理,一步高于一步,最后到达最为一般的原理。

在思考政治学学科如何增强自身的科学性时,我们还需要在研究方法上做出更大的努力。但是,这种努力绝不是简单地模仿某些社会科学将自然科学的研究手段生硬地搬进本学科的做法。自然科学学科由于研究对象的特殊性,广泛地采用了计量的、统计的手段。对自然科学学科的盲目崇拜,让许多人得出了一个结论,一个学科只有完全运用了数学方法时,才能成为真正的科学。于是,不少学科特别是经济学、社会学、心理学开始了数量化改造。

应当说,统计学和数理分析对于人类认识自己的政治生活是有意义的。在原本意义上,统计学是"以经验为基础研究国家"的意思,因为与国家的研究相关,统计学又被称为"国家的数学"。因此,统计学在产生和最初运用时,有着坚实的政治根基。但是,岁月流逝,统计学今天已经完全脱离了政治的根基,变成了一种纯粹的研究技术。

政治学研究者为了让自己的学科也像经济学、社会学、心理学一样,带上数量化的色彩,发展出计量政治学方法。政治学学科的这种向科学化的努力,即试图对比古希腊"城邦"更大、更多样化的政体类型进行"计量化"。其结果,"计量经济学加上实用经济学仅仅满足了一些政治分析家,而这些人从自己的词汇中排除了政治实质、政治语言和思考、共同道德意志的形成、满足高尚目的的社会行动等亚里士多德用来描述人性的政治性完善的实质内容"。其实原因很简单,"对于计量化这个学科分支而言,'poli-'太不够学术化了。当把'polis'(城邦)中的's'去掉后,就容易引起混淆,使人想到'poly'(很多)而不是'政治'"。①

而且在对政治学研究方法做了这种"计量化"的改造后,政治学学科不是科学化了,反而出现了"学科虚幻感"。对发展计量政治学特别卖力的政治学家阿肯在1983年就以比喻的方式表达了自己站在其他学科方法学家的库房门前的恐惧。他觉得似乎其他学科的人都不购买政治学研究方法的产品,即便是政治学研究方法的产品免税清仓大甩卖的时候也是如此。为什么呢?因为这些产品是从别人那里生吞活剥来的,连政治学自身的问题都解决不了,谁还愿意到这样的大卖场来买那些二手的或是改装过的,原本是其他学科为解决自身的关键实质性问题而设计的工具呢?

本章小结

要认识政治学学科的性质,就必须了解人类知识的存在形式,以及它们和科学的关系。人类的知识是以学科的形式存在的,但是,并不是所有存在着的学科都是科学的。人类在相当长的时间里,都因自然科学、工程科学的功利性而对其产生盲目的崇拜,以至于将自然科学的某些特性以偏概全地规定为所有科学的特性。社会科学是人类知识中非常重要的、但与自然科学有着较大区别的知识领域。作为社会科学的学科,其科学性应以社会科学的特性来衡量。

政治学学科的科学性一直受到人们的质疑。虽然怀疑甚至否认政治学学科具有科学的论据很多,但主要的是认为这一学科的研究和知识充斥着主观性、充塞着价值性和充满着争议性。要认识并坚信政治学能够成为一门科学,就必须正确看待政治学研究中科学性与主观性、科学性与价值性、科学性与争议性的关系。

关键概念

学科 学术志业 科学 自由意志 价值取向 意识形态

研究与思考

知识的学科性与科学性是什么关系?

---

① 罗伯特·古丁、汉斯-迪特尔·克林格曼主编:《政治科学新手册》(下册),钟开斌等译,三联书店2006年版,第1128、1127页。

一般科学的本质规定是什么？

社会科学包含哪些基本要素？

社会科学学科成为科学的途径是什么？

反对政治学是科学的主要论据有哪些？

政治学研究中的主观性有哪些表现？

政治学研究中的价值性有哪些表现？

政治学研究中的争议性有哪些表现？

政治学的科学性与主观性是什么关系？

政治学的科学性与价值性是什么关系？

政治学的科学性与争议性是什么关系？

相关知识

社会科学研究的特点

安东尼·吉登斯认为从孔德开始就存在一种教义：将自然科学扩展到对人的社会行为进行研究是人类在理解自身方面获得进步的直接成果。孔德是在自然科学取得胜利的情况下思考社会学的问题的。他认为客观上存在着"科学的等级"。人类在知识发展的最先阶段上，是致力于揭开最远离人类干预的自然领域的神秘主义面纱。先是数学，接着是天文学。在这些领域中，人类作为主体似乎不起任何作用。后来科学的发展越来越逼近人类生活。从物理学、化学和生物学，一直到社会学即社会中人类行为的科学的创立。既然自然界能够被当作一种世俗的秩序被揭示，那么为什么人类社会生活仍然保持神秘莫测呢？孔德相信，运用自然科学的方式，人类将会获得对自己的社会存在条件越来越精确和科学的理解，人类能够理性地塑造自己的命运。

自然科学所具有的确定性，表现在经典力学中就是精确规律的系统。这种确定性成为牛顿之后所有积极的科学的模式。在19世纪，这种科学研究模式无疑成了仿效的对象。但是，社会科学却没有能取得给人留下深刻印象的成就，这肯定被认为是一种失败。现今似乎大多数的社会科学工作者都坚持一种理想，即要致力于建立一门关于社会的自然科学。这门关于社会的自然科学最终将与自然科学一样具有相同的逻辑结构并追求相同的成就。一些人甚至认为，在不久的将来，社会科学将能够达到不甚发达的自然科学的精确度和解释范围。

很多人渴望能出现一位社会科学的牛顿。虽然怀疑这种可能性的人比依然抱此希望的人可能要多得多。但是，那些仍然在等待"牛顿"的人不仅是在等待一列永远不会到达的火车，而且他们根本就站错了火车站。

原因是自然科学的确定性在20世纪受到了打击。物理学内部的改革,以及通过爱因斯坦的相对论、互补理论(complementarity theory)和"不确定性原理"(uncertainty principle)而使牛顿遭到排斥。

虽然自然科学中一些类似的讨论对社会科学中的认识论问题具有直接的意义,但是,无论如何,社会科学应该从自然科学的阴影中摆脱出来。但这并不意味着,人类社会行为研究的逻辑和方法与自然科学的研究完全不一致。当然也不能相信那些具有人文传统的人提出的观点。他们认为,任何一种概括性的社会科学从逻辑上说都不值得考虑。社会科学要将自己的认识论表达为直接类似于自然科学,那么任何这样的取向都注定要失败,而且只能导致对人类社会有限的理解。

社会与自然界之间的差别在于,自然界不是人类的产物,不是由人类行为创造出来的。尽管社会不是由任何单个个人创造,但是它由每一个社会日常接触的参与者创造并重新再创造出来。社会生产是一种熟练行为,它由人类维持并"实现"。社会生产的确只具有可能性,因为每一个社会成员都是一个实践的社会理论家;在保持任何一种日常接触的过程中,他或她通常都以一种自然而然的、习以为常的方式利用社会知识和理论,而且这些实践资源的使用恰好就是产生日常接触的条件。同样,这些资源不是根据社会科学的理论来修正,而是被社会科学家在从事任何研究的过程中经常加以使用。也就是说,把握社会成员用来进行社会互动的资源是社会科学家以与社会成员理解自身相同的方式来理解社会成员行为的条件。

(资料来源:安东尼·吉登斯:《社会学方法的新规则》,社会科学文献出版社2003年版,第1版序言。)

建议进一步阅读的文献

要对政治学学科性质作进一步研究,可阅读罗伯特·古丁、汉斯-迪特尔·克林格曼主编的《政治科学新手册》上册(生活·读书·新知三联书店2006年版)中第一章的部分内容。

第三章 政治学理论传统

【学习要点提示】
政治学基础理论的历史发掘
　　政治学发源地的基础理论养分
　　轴心时期政治学中基础理论的颗粒
　　政治学革命基础理论的建构
政治学基础理论的曲折演进
　　行为政治学对基础理论的严重偏离
　　理性政治学对基础理论的有限复兴
　　经济政治学对基础理论的再度弱化
政治学基础理论建构的途径
　　浅薄式操作会损害基础理论的研究
　　向自然科学看齐会背离基础理论的建构
　　以开放创新的心态构建基础理论

　　这里所要讨论的政治学的理论传统不是指政治学学科已经存在的理论中所包含的那些具有一贯性或具有连续性的假设或学说。比如，在西方政治学理论中，自由主义可以算作是一种传统理论，从古典自由主义，到实证自由主义，一直到现在流行的新自由主义。但这只是传统的理论。我们所要探讨的政治学理论传统是指在政治学学科的理论发展中，政治学家们对一直存在着的、不断积累着的、对实际理论的建构起着作用的基础理论的关心。

　　虽然许多政治学理论的建构者只是从自己生活于其中的现实政治系统出发，从政治现象、政治事件和政治过程中辛勤地概括出具体的政治学理论，他们可能并没有专门去讨论在形成他们理论成果的过程中，有哪些更深层次的、形式的、分析的、构成性的因素在发挥着作用，但是在他们所建构出来的理论中已经沉淀了或积淀了这些方面的元素、颗粒和某些有用的片断。

　　对政治学基础理论进行反思和探索的研究者坚信，在政治学理论的建构和发展中，一定存在着某种指导政治学理论走向科学、合理、完善的属于元理论性质的，充当着"理论的理论"的基础理论。它们是自觉地建构政治学理论体系所不可缺少的构成模式和形式框架。

这种属于分析的、形式的、构成性的深层理论，不可能直接地、简单地浮现在一个学科理论的表面，它深藏、贯穿在学科的理论之中。只有当一门学科有了相当程度的发展，其中一些有心人对该学科的理论发展以及发展中出现的纷争进行反思和批判性建构以后，学科的基础理论才能逐步地显露出来。这种对学科理论发展的反思和批判，是学科发展中的一种自觉性的表现。对基础理论的自觉探索有多种途径，其中一种途径就是对学科理论发展的历史传统进行过滤，从已有的理论研究及其成果中挖掘出基础理论的元素、颗粒和一个个片断，并将它们联结起来，形成完整的体系。

政治学在其孕育和初期的发展阶段就内含着深刻的哲理分析、执著的价值追求和严密的社会规范论证，也正是从这些特性中，凝聚出政治学基础理论的元素。在古希腊这片能够为政治学学科的孕育和发展提供充分养分的土地上，已经没有衣食之忧的、能够在公共生活中展现自身的利他性的贵族们，发展出了巧妙地运用语言和思辨的论辩术、借助思维模式进行缜密推论的逻辑学，也养成了对人性和公共生活加以沉思和阐释的习惯。所有这些都为政治学基础理论的发育提供了可靠的前提。

在从古代到近代的政治学理论的三个轴心发展时期中，政治学理论研究都坚持了从古希腊就开始的以哲学、伦理学和社会学作为其理论支撑，并由此形成政治科学理论研究中的哲理性、价值性和社会性的良好属性。从而在政治学范畴的锻造和理论体系建构的过程中，形成了许多闪耀着光芒的基础理论的颗粒和片断。在19世纪40、50年代出现的政治理论的革命，同样是在哲学、伦理学和社会学理论变革的背景上发生的，它也给基础理论积累和铸造增添了重要元素。虽然现代西方政治学理论研究在20世纪50、60年代因专注于行为考察，突出心理的方面，并刻意地避谈价值和脱离社会现实，从而使政治理论研究陷入了迷茫，但行为主义政治学风行的时期决不是政治学基础理论铸造的空白地带，它仍然为基础理论的建构留下了财富，只是这种影响是反向的。到20世纪60、70年代，政治学的理论研究又以新的形态回到了政治学学科发展的传统路线上来，从而为自觉地推动政治学基础理论的建构提供了广阔的前提。

虽然政治学基础理论的发掘、研究和建构工作至今仍然处在最初的阶段上，但是，政治学家研究和建构理论时所遵循和使用的某些基本的元素、颗粒和片断已经存在，我们要做的工作就是对它们进行加工、整理，使之形成连贯性的知识，并以结构模式和形式框架的方式呈现出来。同时，对政治学理论的发展做历史性的过滤工作，还可以让专业学术研究者看清一条基本线索，即当政治学学科专业的学术研究团队重视基础理论建设时，政治学学科就能增强其科学性，并在实际的政治生活中发挥出功效；反之，若轻视甚至否定基础理论的探索，政治学学科的科学性就会受到磨损,专业学术研究就会远离政治现实。

政治学基础理论是政治学学科中专业学术研究团队赖以存在、凝聚、发展的分析平台和形式框架。寻找和铸造政治学基础理论,既可以为政治学理论建构提供共同规范和共同话语,也可以为政治学专业学术研究成果的优劣提供评判规则和标准,还可以为立志想进入政治学理论研究领域的新手们提供训练和同化的规范和标准。

第一节 政治学基础理论的历史发掘

一、政治学发源地的基础理论养分

虽然同属人类的知识体系,但政治学学科明显地不同于人文学科中的文学,也不同于社会科学中的经济学,当然更不同于工程科学和自然科学中的一些学科。它要求从事这一学科门类专业学术研究的思想家们把整个政治生活作为一个渗入于或植根于社会的、理性的、伦理的细胞之中的巨大、细密而又完整的有机系统来看待。

在政治生活中,活动着的既有政治家,也有政治学家,当然更多的是生活在民生社会之中的公民。单就政治生活的研究来说,政治家和政治学家的分工是不一样的。政治家是这个巨型系统的建造者、修补者、变革者和重建者,他们时时刻刻在尽力维护和巩固现有的政治生活系统,或者不遗余力地反对甚至毁坏它,并且在毁坏之后再加以重建。政治学家则不同,他们既寄身于政治生活系统之中,却又能站在其外面,专门对面前的和历史上有过的政治系统进行评价,并努力去设计未来的更为理想的政治生活图式。政治学家的专业学术研究工作主要是评价现有的和已经出现过的政治生活建筑,从中规定出政治系统的建构原则,并为未来的政治家提出行动的建议和忠告。政治学家会劝告人们特别是政治家们只能在现实的社会关系和结构中引导和治理政治生活,并建议他们应当做什么和不应当做什么。很显然,政治学家的目标并不在于或主要不在于能够亲自参加对政治生活系统的维护和重构,而在于追溯与思考历史,并立足于现实,努力描绘出未来的人们所要生活于其中、尽可能完善的政治制度形态和政治体制样式。

正是在这一意义上,政治学家的著作并不是或主要不是写给同时代的政治家看的,而主要是为新的一代政治家和下一代的政治家预留的。其目的是为了让他们了解已经成为历史的、不可能完全保留下来的、但可以通过政治学家的著作再现出来的政治生活系统及其形态,并试图规训后人从事合理的政治实践。政治科

第三章 政治学理论传统

学的这种特点与目标,要求政治认识、政治理论的体系必须具有哲理性、价值性和社会性。政治科学的这一特点在其起源时就已经初步具备了,也正是从这些特点中积累起和基础理论相关的元素和颗粒,并发展成为一种理论传统。

政治认识和作为这种认识成果的政治学理论体系究竟在哪一个文明民族中最先产生,这仍旧是当今的历史学家、政治学家们争论不休的问题。几乎每个政治系统的政治学家都强调自己所在的国家、民族的思想与文化,对政治学理论的产生和发展起过巨大的作用。研究政治理论史和思想史的学者们尽管可以花费毕生的精力去考证并围绕不同的观点进行争论,但是能否在政治学学科诞生的确切、准确的起源时间、地点和代表人物上最终得出完全一致的、大家都认可的结论是值得怀疑的。其实这并不太重要,因为对于今天的政治学研究者来说,他们所关心的,也是对现今的政治学理论研究有影响作用的,并不是政治学学科起源的确切时间、地点和个别创始人,而是这一门类知识产生的条件。

虽然人们在论述某门学科的产生和发展历史时,总是要找出在某个年代甚至某一年份,某个理论家发表或出版了某一著作或论文,并以此来确认这一学科诞生的日期、产生的地点,以及学科之父。这种做法其实只具有象征意义。因为,包括政治学学科在内的任何一门知识门类,决不是从某个特定区域或某个具体民族中如同一颗种子一样一下子就突然萌发出来的,更不是由哪一个男性研究者单枪匹马发明出来的。任何一门学科包括政治学学科在内,都是在一个或长或短的时期中,经过许多理论家和思想家的努力,由多个民族的文化在相互的撞击、渗透中逐步积累、孕育而逐步形成的。

从迄今为止人们对政治学说史或政治理论史已做的研究来看,有一点是公认的,即作为学科形态的政治学理论,它最初只是以个别零乱的知识存在于一些比较早地进入文明行列的民族文化之中。随着这些民族间不断的冲突、战争、兼并、聚合,各种民族的文化也在交流、碰撞中走向协调与融合。与这种不断进行着的文化融合相伴随的则是零碎的政治学理论逐步形成较为完整的政治学理论知识体系。

如果从目前人们能够找到的资料来评判,政治学理论体系的最初形态比较早地包含在古希腊的文化之中。但是,大部分的政治理论史著作在论及这一问题时,只是简单地把这一点作为一个已知的事实来提及,而没有深究下去,即没有自觉地去追问:为什么政治学学科的初期体系是在古希腊文化的母体中而不是在其他文化的母体中积累发展成形? 在这种表面上的偶然性背后有没有必然性呢? 如果有,它又是什么呢?

人类作为一个类,其政治生活的历史同它的与动物界的生活相对应的社会生活的历史相比较,显然要短暂得多。人类有相当长的时间是生活在没有政治关系的状态之中的。除极少数的思想家将政治看做是与人类共存亡的现象以外,绝大多数的历史学家和政治学家都倾向于将政治生活同阶级、国家联系在一起,认为只有在社会出现阶级分裂并产生出国家之后,人类才被纳入到真正的政治生活的领域之中。①

当然,从无阶级的社会到阶级结构十分严谨精致的社会,从只具有道德权威的公共管理机构到具有公共权力与权威的暴力机关,其间肯定经过了十分漫长的过渡时期。在这一时期,人类的生活由一种感性的、野蛮的和谐性逐步走向理智的、文明的秩序性。不管后来的史学家们、乌托邦主义者们怎样夸大血缘部落中人与人之间的平等性、和谐性,我们仍然可以毫不怀疑地说,从"无政治"社会或不存在"现代意义"上的政治生活的社会向具有"现代意义"的政治生活的社会的转化,肯定是人类的一次巨大的飞跃。这种飞跃不仅体现在生产力水平的普遍提高上,而且还体现在人类在政治关系中时刻都要受到一定的规范性、秩序性的约束上。

问题是政治生活并不是从社会之外由非人的力量强加给人类社会的,只有虚幻的神学政治学家才会坚持这种看法,政治生活归根到底是人类自己发明出来并不断加以发展的产物。阶级的出现并由此而产生出国家,这种变化从一种角度来说是恶,因为它破坏了原始状态下人们之间的平等与公正;但从社会的历史发展来看,它恰恰又是一种善,因为它使人类走出了愚昧,步入了文明。

虽然霍布斯以及相当多的政治学家都赞同关于国家起源的"契约说",这一学说的一个重要思想是强调人类在处理社会关系时理性因素的作用,当然这一学说从整体上来说并非是完全科学的,但是,就人类创造国家机器这一点来说它至少是一个理性的行为,它表明人类对自身所处的社会生活进行了规范的、逻辑的思考。人类要真正认识并不断完善自己所创立的国家机器以及由此而形成的政治生活也必须依赖这种理性的思维。就这一点来说,作为人类认识的一个较为高级的门类的政治认识,作为人类反映自身在政治生活中从事的理性思考、价值选择和规范控制的理论,它从一开始也就必然具有哲学的、逻辑的、规范的特征。

虽然包括政治学在内的一切知识门类都是对与这种知识相关的客观现象以及过程的反映,但是,这种反映总是和被反映的对象不一致。由人的主观活动造

---

① 在关于政治生活与人类生活的关系上,存在两种不同的见解。一种将政治生活与人类生活看作是同一的,即只要有了人类生活,作为公共生活的政治生活就存在了。这是一种广义政治学的见解。但相当多的学者认为,人类生活在出现了私有关系,产生了阶级分裂,特别是出现了国家之后,才出现政治生活。这是一种狭义政治学的见解。这两种见解也不是完全对立的。因为持有后一种见解的学者也承认,阶级、国家的产生需要经历一个十分漫长的时期,而国家、阶级的消亡也要经过十分漫长的时期。在阶级、国家的产生过程和消灭过程中,也就是在没有阶级、国家的状态下,肯定也存在政治生活。

就的客观政治生活是系统的、即时的、动态的,而人们对政治生活的反映和由这种反映活动所获得的理论,却是零碎的、过时的、静态的。特别是在人类认识还不发达的时期,这种情况就更为严重。人类在形成最初的政治知识之前——更不用说在形成政治知识的体系之前——早就生活在政治关系之中了,他们早就在进行某种政治生活方式的生产与再生产了。从现今的历史记载来看,至迟到公元前500年,在黄河、长江两岸,在印度河流域,在底格里斯河和幼发拉底河沿的冲积平原,已经出现了范围较大、制度较为严密的国家。

与这几个政治中心相适应的,还出现了当时人类三大文化相鼎立的局面:在黄河流域,产生出以孔子、孟子思想为代表的华夏文化;在印度河平原,产生出以释迦牟尼的思想为代表的印度文化;在地中海边缘,则产生出以柏拉图、亚里士多德的著作为代表的古希腊文化。在这三种几乎同时走向繁荣的文化中,前两种文化虽然也包含了某些政治知识,但并没有孕育出为后世所公认的政治科学的最初的完整形态。政治学学科最早的发祥地是古希腊。这似乎是个偶然的现象,不少人也试图用偶然性来加以解释。其实,正如一切偶然性中都深藏着必然性一样,在当时的情况下,人类只能在古希腊文化中创造出政治知识的最初体系,而古希腊文化也必然会孕育出政治科学最初的完整形态。

古希腊文化是从古代中东文化的一个外围支流中逐渐发展起来的。在公元前1700年左右,北方的部落开始向印度河、尼罗河入侵,这些具有共同语系即印欧语系的野蛮人很快就席卷了整个印度河流域,摧毁了那里的文明成果。接着,他们又同中东地区的部落一起,征服了当时文化已经极为发达的古代埃及。最后,这批勇敢的征服者在因有雅典而出名的阿蒂卡地区和伯罗奔尼撒小岛上定居下来,印欧语也就成为希腊的早期语言。

这场部落之间的残杀与征服,虽然造成了物质财富的破坏和大批人员的死伤与流离失所,但它的积极方面却是主要的,它导致了人类不同地区早期文化在中东地带的第一次大规模的冲突、碰撞和融合,不同文化实现了统一。与这一多种文化相融合统一的过程相伴随的是政治生活的统一。

就在波斯人创造统一政治制度和统一文化的时候,其西北边疆出现了一连串小小的希腊城邦。这些小城邦文化的许多因素和成分是从中东的统一文化中吸收过来的,当然这种吸收是一种扬弃,是一种对精华部分的汲取。正是中东文化的精华培育出了希腊的城邦文化。这种从中东文化外围的支流文化的基地上发展起来的城邦文化显然又有自身的特质。

美国著名政治学家乔治·霍兰·萨拜因在谈到古希腊文化时特别强调了这一点。他认为,古希腊人的文化包含着一种信念,即希腊人总相信并希望存在一些不以个人意志为转移的、始终不变的、必不可少的公正法则,正是这些法则规定着人类的事务。这些公正的自然法则可能并不存在于现存的人类生活之中,它作为最一般的、普遍的规则只是存在于整个宇宙之中。虽然人们在现存的政治中看不到这些最一般的规则,或者虽然有所觉察而不能深切地把握,但它却时时刻刻支配着每个人的生活。这种对宇宙最一般法则的研究和追求构成了古希腊形而上学的主要内容。

这种研究不仅是最初的哲学,而且首先是一种社会学。其实,将人类生活的规律说成是存在于宇宙之中的东西,只是表明古希腊人对规律的客观性、必然性的一种理解。这种对政治生活中公正原则的坚定信念和对全体居民自觉遵守客观法则的热情希望,又不断为城邦的现实生活所证实。由于特殊的地理环境,希腊许多小城邦后来逐渐发展成为独立和繁华的城市。然而尼采却一反传统,认为希腊文化的繁荣不是缘于希腊人内心的和谐,而是缘于他们内心的痛苦和冲突。尼采猜对了。如果说在终极关怀之维,希腊人因为过于看清人生的悲剧性质而产生了日神和酒神两种艺术冲动以拯救人生,那么在群体生活之维,希腊人则偎依着形式理性的智慧、抽象严密的构思,学会了寻求一致的本领——在一定意义上,政治科学就是求取社会生活一致性知识的学科。

在这里,公民的生活和福利主要是靠人们按照法律规定而进行协调一致的活动来保障的。即使气候不好导致本城邦的农业歉收,人们也并不害怕,因为只要照正常秩序进行海上贸易,城邦所需的谷物都会由船只从外面及时运到。至于发生战争,其胜败也主要取决于全体城邦居民和士兵平日按规定所进行的训练以及对纪律的遵守。"这样,城邦就产生一种保护作用,使它的公民不至于直接受制于大自然的肆虐;同时也产生一种抑制作用,使官吏和统治者不能专横地为所欲为。""这样一座城市的公民就享有像一个不受外来意志支配的人所享有的自由,然而他的生活是严格地受到法律的约束的。"①

这一切使得古希腊人产生出一种思想,即认为宇宙可能处处置于这种法则的管制之下。宇宙的法则就是城邦的原则,城邦的宪法不是一种法律结构,它是带有普遍性的"生活模式"。协调或均衡的观念既是作为自然界、宇宙间的一个原则,又是城邦生活不可缺少的伦理道德原则。这一原则不仅是自然界、宇宙的一种特性,同样也是人性的合理内容。

正是这种从中东文化中吸取了养分,同时又加上自己独立思考的富有理性的、逻辑的和规则的古希腊文化,在它的自然哲学、伦理学、逻辑学的沃土中培育出了政治科学。事实上,古希腊时代的政治科学并不是到柏拉图、亚里士多德两人那里才一下子形成的。早在公元前5世纪,雅典人在当时的文化氛围中就热衷

---

① 乔治·霍兰·萨拜因:《政治学说史》(上),盛葵阳等译,商务印书馆1990年版,第20页。

于辩论政治问题,凡与公众有关的事情,雅典人都愿意去参与并且喜欢谈论,雅典人就生活在这样一种盛行口头辩论和对话的环境之中。

这种环境是现代人所难以想象的,也是在那个时代黄河流域和印度河流域国家的居民所不可能享受到的。那些喜欢探讨自然法则、社会伦理并富有逻辑思维习惯的雅典人在积极地思索和追根究底的辩论中,已经抽象概括出一个个暂时还是零散的但已是习以为常的政治概念。当这些观点和概念被柏拉图、亚里士多德汇集起来,用逻辑的方式概括为带有体系性的原理时,原先的日常概念在被发展成为政治理论体系时,就开始显露出普遍性的意义。

确实,从执著于政治生活的完美率真的天性中涌出一股政治理性的火流,温暖了希腊的千秋万代。当亚里士多德把人定义为"政治动物"时,他就已经强调了希腊理性与现代理性的区别。在他看来,"智慧的人"就是"政治的人",因为从实质上讲,理性本身就是政治。法国一位学者评论说,希腊理性不是在人与物的关系中形成的,而是在人与人的关系中形成的。它的发展不是得力于那些对世界发生作用的技术,而是得力于那些对他人发生作用的技术。这些技术的共同手段就是语言,它是政治家、修辞家和教师的艺术。希腊理性是这样一种理性,它以实证的、反思的、系统的方式影响人,而不是改造自然。不论就其局限性还是就其创造性而言,希腊理性都是城邦政治的女儿,而政治从此依循抽象的原则活动。

收敛扩张了的论述而归于我们的论题可以得出一个结论,这个结论怕是希声之大音:古希腊城邦的智慧土壤是一片特殊的沃土,它提供了政治学基础理论孕育的多种养分。正因为如此,她的普照之光才能穿越早已衰败了的古希腊政治生活而温暖着现代的政治学理论研究。

二、轴心时期政治学中基础理论的颗粒

政治科学的知识体系在产生时所具有的文化背景,它最初同哲学、社会学、伦理学的关联,注重经过思辨提炼范畴,运用比较获取资料,借助逻辑形成体系,所有这些就成为在政治科学发展中一直起作用的基础因素。古代与近代政治科学的发展,其根本动力固然应当归结于这段时期内现实政治生活自身矛盾的不断展开与变化。但是,仅仅看到这一点是不够的。政治学知识门类一旦产生出来,作为人类知识系统的一个重要组成部分,它本身就具有了相对独立性,其发展、变化也就必然有内在的逻辑规律。使政治学理论产生变化的属于知识范围的内在因素,是人类的哲学、伦理、社会观念的变更;属于形式和构成性范围的是人类审视和研究政治生活的视角、手段发生的变化,是人类用来理解、评价现实政治生活的范畴框架发生的变异,是构成理论的类别和层次发生的变动。

从古代到近代,政治学学科发生了巨大的变化,但是这种变化并不是均匀地分布在历史的时间轨迹之上的,它有一些显示其突变的聚合期。在这一知识门类漫长的发展历程中,先后有三个50年是其获得飞速进展的时期。这三个时期分别是公元前375年至前325年、1640年至1690年和1789年至1830年。

在政治学学科最初发展的第一个50年中,有代表性的政治学家是柏拉图和亚里士多德。这两位通常都被称作"政治学之父"。[①] 柏拉图从其老师苏格拉底那里获得了在政治学研究中起支配作用的思想——美德即知识。这意味着这位雅典思想家怀有一种信念,即坚信对一切个人和国家来说,都可能有某种客观存在的美好生活,这种生活是可以作为研究对象的,是可以通过有条不紊的、合乎理性的方法加以阐明的,是可以运用聪明才智加以探讨的。柏拉图正是在对完善的人和人的完善生活的研究中论述了他的政治理论。从柏拉图开始,对政治生活的理解就建立在对人性的阐释上。这正是政治哲学或政治学中哲学理论的传统。

作为柏拉图的学生,亚里士多德也首先对人性和人的道德感兴趣。在《政治学》(卷三)的开头部分,亚里士多德阐述了好人的美德与公民的美德问题,并认为两者不是同一的。在《尼科马科斯的伦理学》中,他又提出必须研究立法,因为它是研究人性的哲学所必不可少的。在对人性、道德、立法作了探讨之后,他才提出据此去评价哪一种政体是最好的问题。正是亚里士多德的哲学、伦理学、逻辑学帮助他建成了不朽的政治科学体系。

在柏拉图和亚里士多德所创立的政治学理论的最初体系中,作为基本理论前提的是从人的本质假设出发的伦理学。乔治·霍兰·萨拜因曾对柏拉图《理想国》的主题作过如下的概括:"《理想国》的基本观念是柏拉图得之于他老师的美德即知识的学说。他本人不幸的政治经历强化了这个观念,并促使这个观念具体化,于是便创办学园,以传授真知的精神实质,作为治国之术的哲学基础。然而美德即知识这个命题意味着有一个客观存在的善需要去了解,并且实际上是能够了解的,不过了解的方法不是靠直觉、臆测或机运,而是靠出于理性的或符合逻辑的调查研究。这个善是客观实在的而不论谁对它有什么样的看法。它之所以应当实现不是因为人们需要它,而是因为它就是善。换言之,在这个问题上,人的意愿仅仅是属于第二位的。人们所需要的取决于他们对事物的认识程度如何,而任何事物之所以善,并非仅仅因为人们需要它。由此得出的结论是:那个了解善的人——哲学家或学者或科学家——应当在政府中拥有决定性的权力,而他之所以具有这种权力完全是因为他的知识。这个信念就是《理想国》中其他一切论点的

---

① 如同前面已经论述过的,称某个学科的创始人为学科之父,只是一种象征和习惯而已,并没有太多的实质性内容。而且这种做法在女权主义者看来,无疑是一种极端褊狭的男权主义的表现。况且,称谁是一个学科之父,本身也没有太多的科学依据。

基础。"①

与伦理学前提相对应,《理想国》中最基本的范畴是公道。公道是维持社会生活和政治生活的纽带,它既是公共道德,也是一种私人道德。公道蕴藏着既是国家的又是国家成员的至善。由客观存在的善到政治生活中的公道,柏拉图通过设立一个个规范,以逻辑演绎的方法建立了它的政治学理论体系。

亚里士多德的政治学理论体系比柏拉图的要复杂得多。他从人的公共生活中规定出人的本性是"政治动物"的基本假设。这一假设是理解政治学理论的关键。它成为20多个世纪以来,一切从事政治学理论创造的专业学术研究者们永不枯竭的论辩话题。无论现代的人们怎样去争辩政治生活的本质,最终都要回到公共领域、公共生活这一范畴上来。

立足公共生活,围绕善良正义,亚里士多德讨论了城邦国家、国家政体、政治均势、政治革命等基本概念,从而形成了尽管是简单的但相对来说较为完整的政治学范畴体系。而且,在亚里士多德那里,国家仍然被规定为具有内在道德价值的共同体,而不仅仅是一种强加于人的专制力量。在"国家的生活"中,公民在一起生活的道德目的是他们共同具有的根本愿望,起着决定作用的因素是公民联合起来以求实现的道德价值。因此,就这一点来说,伦理学仍然是政治科学的理论前提,只有在伦理理论的基础上才能形成国家理论。

正是由于同是以伦理学为政治理论的基础,我们才把亚里士多德的政治科学同柏拉图的政治科学看做是同一类型的,并构成政治学的古典范式;但是,这两者又是存在差别的。这种差别不仅表现在同柏拉图相比亚里士多德政治学所界定和使用的基本范畴发生了变化,而且在基本方法上也有了显著的发展。柏拉图研究政治学采用的是纯理念的、思辨的方法,而亚里士多德则不一样,他注重宪法史的调查以及现实政治生活的经验、实证考察,然后根据观察和史实去探求有关国家、政体、政治过程的具有普遍意义的知识。

在这一时期亚里士多德对政治生活的本质以及政治学理论研究的本质所做的规定,至今仍然闪烁着真知灼见的光辉。亚里士多德坚持认为:"既然政治科学利用了其他科学,而且……它规定了我们应当做什么、应当放弃什么,这门科学的目的就必须包括其他科学的目的,这样,这种目的就必然是为了人(或更加美好而神圣的),为了一个民族或城邦的善……政治科学是行为所能达到的所有善之中的至善。"②

可见在2500多年以前,亚里士多德就思考过政治学学科的科学性问题,他没

---

① 乔治·霍兰·萨拜因:《政治学说史》(上),盛葵阳等译,商务印书馆1990年版,第67页。
② 转引自罗伯特·古丁、汉斯-迪特尔·克林格曼主编《政治科学新手册》(下册),钟开斌等译,三联书店2006年版,第1123页。

有对政治学是一门科学表示过丝毫的怀疑。他认为政治学的科学性是因为它吸纳了其他学科的目标,将其他学科的科学性也包含在自身。但同时,他又十分明确地提出了政治学学科的特殊性。它和其他学科不同,政治学研究的目的是为了人,是试图达到一切善中的至善。虽然亚里士多德并没有预见到后来的部分政治学研究者执意要向自然科学看齐,想用自然科学所规定的科学标准来要求和衡量政治学,试图将自然科学中的研究途径和手段移植到政治学中来,但在他对政治学学科的理解中,已经包含着对这类尝试的否定。

对于亚里士多德来说,政治学从一开始就具有比较的特征。他自己也充分运用了这一研究手段,对古希腊半岛上的众多城邦进行了分析,并提出了至今仍然有效的有关政体分类的标准。也正是从亚里士多德的研究中,后人意识到政治学一直是一门特别钟爱比较的学科。但是政治学的理论研究决不是仅仅需要发展出比较研究的方法,亚里士多德并没有后人的那种在方法论上大搞学科专利的恶习。他认为政治学可以利用一切学科的研究成果,包括它们的研究方法,政治学没有必要去找出或刻意创造出仅仅属于自身的研究方法。

更为重要的是,在亚里士多德的政治学理论研究中,还隐藏着一颗十分珍贵的基础理论的颗粒,即政治学的理论既是经验实证的,也是阐释性的。亚里士多德指出:"那些由于本性而不仅仅是不幸而没有城市、国家的人,只是一个(荷马所谓的)战争狂人……他们是不会合作的人,就像国际跳棋中孤立的棋子一样……大自然……为了使人成为一个政治动物……赋予他以动物所没有理智的评议能力……因为人和其他动物的真正区别就是只有人类能够分辨善恶、正误、公正与不公正。正是对这些问题达成的共识造就了一个家庭或一个城邦。"[①]从这一经典性的论述中,人们不难发现,亚里士多德已经把对政治生活的理论研究既看做是描述性的,也看做是解释性的或阐释性的。从实证的描述来看,人有其生活的背景和环境,人的生存状态可以是孤立的战争狂人,也可以是在公共生活之中的能够合作的政治动物。而在阐释的意义上,人的存在正是他的公共性,他运用理智的评议,区分善恶、正误、公正与不公正,从而能够在达成共识的公共生活中行动。

一些新亚里士多德学派的研究者老是纠缠在一个问题上解脱不了:应该坚持亚里士多德式的阐释性研究,还是坚持伽利略式的描述性研究?其实,对于那时的亚里士多德来说,他并不知道今天学术界创造出来的描述性研究与阐释性研究这类新的术语,他已经用了朴素的语言将两类研究统一起来了。

从上述的粗线条的考察中,我们已经发现,在以亚里士多德为代表的政治学

---

① 转引自罗伯特·古丁、汉斯-迪特尔·克林格曼主编《政治科学新手册》(下册),钟开斌等译,三联书店2006年版,第1123页。

理论研究的发展时期,在早期的政治学理论的专业学术研究中,在已经初步建立起来的政治学理论知识中,有关政治学学科性质、研究方法、理论构成、范畴及其体系的许多基础理论的颗粒已经闪耀出明亮的光芒。

这些基础理论的颗粒是在古希腊政治学发源地的养分中孕育的,经过城邦时期的政治学家的努力,已经长成一个个明亮的基础理论的颗粒。这些颗粒在后续的政治学理论研究中不断地发挥着作用,并得到了强化。

在第二个50年中有作为的政治学家大概要算托马斯·霍布斯和约翰·洛克等这样一批伟大的学者。他们既是哲学家,同时也是政治学家。在这一时期,政治科学的中心转移到了英国。霍布斯首先是作为唯物主义哲学家而闻名的。"政治理论不过是他打算根据科学原理构成的一套无所不包的哲学体系。"①

霍布斯的政治学理论研究也是从设定人的本质开始的,这是政治学理论构成中的哲学理论类别。霍布斯从另一个与古希腊的哲贤们相反的方向探索了人性,并从消极、负面的人性中推论出某些为政府和法律所必须遵循的规则。霍布斯并不认为人性都是善良的。他认为,自然状态下具有自利性的人会像狼一样相互厮杀,这种狼的战争一定会毁掉人类。虽然亚里士多德也猜测到了古希腊城邦里物品交换中的价值因素,他被许多后来的经济学史的研究者们称为经济学的创始人,但亚里士多德显然没有霍布斯对商品交换中的契约关系有深切的了解。后者从他生活中已经十分普遍的市场经济中的契约关系出发,从逻辑上推论出远古时代的人类创造国家这一艺术品的过程。

正是利用商品交换中的契约关系,霍布斯认为,处于自然状态中的人让渡了一部分自己的权利,并保留了能够相安无事生活的个人权利。人们让渡出去的权利构成了由国家掌管的公共权力,它被用来解决人们遇到的公共问题,并为人们的部分个人生活与集体行动提供规则与监督。很明显,霍布斯通过引入社会契约这一平台,让柏拉图和亚里士多德的"政治是公共生活"的含义得到了进一步的论证和强化。

在霍布斯生活的年代,数学特别是欧几里得几何学得到发展。这是一种与逻辑的演绎推论相联系的人类有关图形结构的思维成果。由于崇尚几何学,霍布斯想将几何学的方法推广到政治学的理论研究中来。依据这种构想,他采用演绎法建立起了有一整套政治范畴的金字塔体系。不管霍布斯的政治科学是否合理,但其严密的逻辑对后来的政治学说史的发展产生了巨大的影响。

也许霍布斯并没有十分刻意地去思考政治学理论研究中应当遵循的某些分析途径的形式框架,但是,他肯定在无意中已经继承了从古希腊政治学理论研究

---

① 乔治·霍兰·萨拜因:《政治学说史》(上),盛葵阳等译,商务印书馆1990年版,第516页。

中就已延续下来的理论传统。他对哲学理论类别的重视,对政治学范畴的琢磨,对运用政治学范畴的体系反映现实政治生活的努力,代表着这一时期政治学的研究者对基础理论的立场和态度。

在霍布斯之后的洛克,于1690年发表了两篇《政府论》,虽然他并不同意霍布斯的人类学假设即人的自然状态是一切人对一切人的战争,但他却没有丢弃政治学的哲学理论前提。他只是将自然状态改成人与人之间的"和平、亲善、互助和不受危害",这种状态赋予了人一整套权利和义务。洛克似乎故意要通过与霍布斯相反的人性假设,形成一个循环,又回到古希腊人性善良的起点上。

但是,洛克的兴趣已经不在于从人性假设中推论出国家产生的必然性与过程,而是思考已经存在国家的情况下,作为国家这一抽象的存在物的现实体现的政府究竟如何运行。在他看来,国家即政治生活不过是用官吏、成文法和固定的惩罚办法来使人们具有的权利与义务生效的过程。道德上的权利与义务是内在本质,从而优先于法律,政府有责任根据自然与道德的是非标准通过法律来实施。

洛克的政治学说贯穿了经验的、实证的手段和方法,他认为人的知识和行为必须根据感觉来解释,政治生活中的行为准则和知识的正确性应依据经验来判定。正是以人类学、伦理学为前提,以经验主义为基本方法,洛克勾画了他的政治学理论的框架。唯一缺憾的是,洛克没有精心建立起一套完整的、具有内在统一性的政治学范畴体系,以至于他的政治学说显得混杂而矛盾。尽管如此,洛克并没有偏离政治学理论研究中已经传承下来的基础理论的传统。

但在霍布斯、洛克乃至卢梭那里,政治学的基本理论已经与柏拉图、亚里士多德的理论有了很大的差别。在霍布斯那里,国家是个人与个人之间订立契约的产物。人为什么要出让权利并授权给别人呢?霍布斯的理论前提、立足点或支撑点是,他认为,全人类具有一种普遍的倾向,即一种至死方休、永不停息地追求权力的欲望。而造成这种情况的原因并不总是因为人希望获得比他业已获得的还要多得多的欢乐,或者是因为他不满足于已经拥有比较适度的权力,而是因为他不满足于在拥有比较适度的权力情况下能很好地保住他目前已拥有权力的手段。

不管这种见解是否正确,但有一点是清楚的,霍布斯绝对不再将伦理学作为其政治学理论的支撑点,作为他的政治学基本理论的已经不是柏拉图那个形而上的善,而恰恰是哲学人类学视野中感性化的人性论。据此,霍布斯给出的基本概念是欲念、理性、合理的自我保护、主权、法人、国家等。这种以哲学人类学为主要理论前提的学说,我们同样可以在洛克、卢梭等人的著作中找到,他们在理论体系上的差别也只存在于对哲学人类学理论的不同阐释上。

从上述的考察可以知道,在这一政治学理论的重要发展时期,人性的基本假设依然成为政治哲学研究的核心内容,政治学理论中哲理的因素、规范的因素得到了保留和发展,洛克和卢梭已经倾向于探索现实政治实践的经验理论。政治理论构成的类别中,除了已经被重视的哲学、规范的类别外,经验的类别也得到了必要的关注。

虽然政治学理论的探索既没有扩展到系统的层面,也没有细化到行为的微观层面,但是对制度层面的研究显然已经比亚里士多德时代深入并丰富了许多。对政治制度的分析集中到探寻政府权力结构与运行的原则上来,许多研究突出了公共权力的配置问题。后来成为西方公共权力配置原则的权力分立与制衡的原则正是在这一时期得到了最初的说明。

在政治学理论范畴的分析上,这一时期的政治学家所做的工作除了对已经出现的政治、国家这些范畴不断加以更新和充实以外,更多的是创设和提炼新的范畴。霍布斯的国家、公共权力范畴,洛克的政府、政治权力配置范畴,以及卢梭的公意范畴,都成为后来政治学理论研究中最为重要的范畴。另外,在这一时期,尤其在霍布斯身上,表现出经院政治学理论的建构者们试图通过完整的逻辑体系来反映现实政治生活的热情。

不断创设和提炼政治学范畴,并将其体系化的基础理论元素,在霍布斯那里,显然要比在亚里士多德时代更为明显。这种排列范畴形成范畴体系的努力在继续到来的政治学理论研究的新时期得到了发扬光大。

在政治学理论研究发展的第三个50年中做出重要贡献的政治学家要算是德国人黑格尔。人们之所以不把黑格尔的政治学说同柏拉图、霍布斯的政治学说归为一类,除了因为它产生的时间要晚得多以外,最主要的原因是它具有不同于后两者的理论前提、基本方法和概念体系。

黑格尔是在非常独特的社会历史基础上建立政治学理论体系的。他认为历史决不是政治艺术的附属品,社会的发展不能过多地归之于政治家和立法者的力量。个人及其有意识的目标在社会发展总局中的作用甚微,个人在造就社会文化中所起的作用只是带有偶然性的变数。社会及其政治制度是遵循其固有趋势发展的,文明史乃是世界精神在时间的推移中不断展开或不断实现出来的过程。

在这个过程中,对立的力量提供了发展的动力。虽然有时对立可能会造成均衡,但这种均衡绝不是永久的。力量的对立以及力量的平衡以循序的方式出现并造成递进式发展。一切政治的历史都是对作为世界精神组成部分成长的各个民族独特的民族精神的展开和发展的记录。在黑格尔的《法哲学》中,基本的概念是市民社会、自由、权威、法律、国家等等。

黑格尔这位德意志人的主要贡献在于他的晦涩的、神秘的、绝对唯心主义的哲学体系中包含着在其身后结出累累硕果的辩证法。黑格尔的《法哲学》不过是他的思辨哲学和伦理学在政治学领域中的运用。换句话说,他同样是用哲学包括社会学、伦理学作为前提来阐述政治学理论的。辩证法成为政治生活自身发展的规律,同时,它也是黑格尔安排其政治范畴的逻辑。可以设想,假如没有哲学、伦理学和社会历史理论,没有辩证法作为方法与逻辑,就不可能有黑格尔的政治科学。正是哲学、伦理学和社会历史理论支撑起《法哲学》的庞大体系。

在整个思辨哲学发展的阶段上,对范畴的转化、排列和体系化的研究已经占据了理论建构的重要位置。虽然黑格尔是在他的头脑中构造他那一套精致的自然哲学、历史哲学、艺术哲学和政治哲学的范畴体系的,但是,他却是一个头足倒立的思辨理论家。如果将他那一套逻辑体系再来一次头足的颠倒,黑格尔政治哲学中的许多范畴及其转化和排列,就和现实世界的政治生活的结构及其运动变化有了某种对应性。因此,除去黑格尔政治哲学中的唯心主义和某些牵强附会的杂质,它内中的合理成分就能显露出来。

黑格尔并没有将注意力放在对人的本质的设定上,对人来说,善恶的品质显然没有理念那么重要。当然,黑格尔故意将理念作为一种无人格化的先验存在物,只有当无主体的历史完成了它的由低而高全部行程以后,理念才复归到人的身上。也正是从这种绝对唯心的但是一开始就充满能动性的理念出发,现实的政治生活就变成了一连串政治学理论范畴的同一、对立、转化的过程。在这一过程中,一些最简单的范畴,不断分化出更为复杂的范畴。所有的范畴都是按照一定的原则有序地排列着,最终形成结构严密的体系。

在黑格尔那里,从古希腊亚里士多德到霍布斯、洛克的政治学理论研究的成果都没有被简单地丢弃,而是被凝结成一个个范畴,最终被巧妙地吸纳到黑格尔编排的庞杂而巨大的范畴网络之中。对于政治学研究的基础理论传统来说,黑格尔在其中增添的最难能可贵的则是他有关政治学理论范畴的提炼,范畴间的联系与转化,以及范畴结构的安排及其体系化的思考。

上述对从柏拉图、亚里士多德、霍布斯、洛克到黑格尔的政治学说史、理论史所作的分析阐述,肯定是十分简单和粗糙的。即便是如此简单、粗略的分析,人们也能从中看出,古代和近代的政治学理论的发展,除了产生出不同的理论观念和学术流派外,更为重要的是,这些有代表性的专业学术研究者和他们的研究团队,在从事政治学理论建构时,保持和传承着一种虽然并不十分严格但线索十分清晰的基础理论传统。这种理论的传统包含着对政治学学科科学性的思考,对研究政治生活的视角、途径和手段的探索,对政治学理论构成的形式、类别、层次的关注,对政治学范畴的提炼、排列的探寻,对政治学理论研究范式的思索。在这一时间跨度较长的历程中,虽然在专业学术研究的政治理论家中很少有人专门去论述这类有关基础理论的内容,但是他们都会在自己的理论研究中延续、强化这种传统。

三、政治学革命对基础理论的建构

政治学理论研究发展到19世纪40年代出现了革命性的变革,在这场变革中产生出马克思主义的政治科学。当然,这场政治科学领域中的变革首先应归结于19世纪的欧洲特别是西欧政治生活中阶级矛盾的激化,无产阶级作为政治力量在历史舞台上发挥的作用,以及处在自由竞争阶段的资产阶级政治上的腐朽性和反动性的暴露。但是,引起政治科学理论伟大革命的另一方面原因也决不能忽略,这就是马克思、恩格斯在实现哲学、伦理学、社会学变革的前提下,重新确定了政治学研究的基础理论形态。

从近代政治学研究中的基础理论传统到政治学理论革命中的基础理论的建构之间形成联结的是马克思、恩格斯进入政治学研究时的黑格尔倾向。无论是青年马克思,还是青年恩格斯,都是青年黑格尔派。他们尤其相信黑格尔在《法哲学》中所教导的那一套政治学理论,并认为只要按黑格尔的政治学去行动,人们就可以获得自由与完善的政治生活。但是,在接触到实际的法律问题以后,他们发现了原先所崇拜的黑格尔政治学理论中所包含的唯心主义的和纯思辨的缺陷。这种绝对唯心主义的政治学理论的基础是那套神秘、晦涩的、无人格的理念辩证法以及非人格的伦理学和以绝对精神为幕后操纵者的社会历史观。要破除黑格尔政治学理论强加在人们精神上的枷锁,就必须破除那套支撑其政治学知识体系的理论前提。

马克思、恩格斯在19世纪40年代初试图用费尔巴哈的人本主义来取代思辨哲学,并以此来为政治学理论奠定新的前提。但是,他们很快就发现,人本主义对人性的抽象理解,对伦理道德和社会历史的非现实主义的阐释,同样不能帮助人们正确地认识、解释和预测现实的政治生活。经过对黑格尔和费尔巴哈的哲学、社会学、伦理学进行辩证的分析、批判,马克思、恩格斯在19世纪40年代中期以后,建立起科学的哲学、社会学、伦理学,并以此为前提,马克思、恩格斯才最终确立起包括科学社会主义在内的崭新的政治科学理论体系。

在马克思、恩格斯之后,列宁、斯大林、毛泽东、邓小平等思想家和政治理论家继续沿着马克思、恩格斯所开辟的政治学科学理论的正确道路前进,在新的政治生活实践中,用新的经验、新的范畴、新的原理不断丰富和完善新的政治科学理论体系。但是不管马克思、恩格斯之后的马克思主义者怎样补充、修改、丰富这一知识体系,它所包含的一整套由它的创始人提出的理论前提、科学方法和基本范畴始终是有效的,也正是由上述方面所构成的基础理论形态将马克思主义的政治学同其他形式的政治学区分开来。

这场政治学理论建构中的革命性变革，在政治学研究中的基础理论的建构上产生了积极的成果。首先，马克思、恩格斯坚持认为，政治生活是人作为主体的生活。因此他们包括他们的后继者都是在新的对人的本质的设定上构筑政治学理论知识体系的。马克思和恩格斯并不同意费尔巴哈对人性的研究方式，因为他所讲的人，是抽去了所有社会属性的抽象的人。同样他们也并不赞同霍布斯、洛克、卢梭对人性善恶的假定，因为对人性善恶的判断必须依据现实的社会关系背景才有意义。马克思和恩格斯指出，人就其现实性来说，是一切社会关系的总和。从这一论断中，我们可以得出两个基本的见解：一是不存在孤立的、纯粹的政治人，作为现实的活生生的人，作为社会行动的主体的人，他既体现着经济关系、文化关系、社会关系，也体现着政治关系。人既是政治人，也是经济人、社会人、文化人。二是作为政治系统中活动主体的人，他是现实的政治关系的总和。只有从现实政治生活系统中存在和变化着的政治关系中，才能理解政治行为主体的行动。正是在对人性的辩证和唯物的理解中，马克思和恩格斯才确定了政治生活的前提和本质。

在对现实政治生活系统中的活动主体的人的本质做出科学规定的前提下，马克思主义政治学讨论了人的活动包括政治活动的偶然性与必然性、自觉性与自发性。作为能动活动的主体，人的活动具有偶然性，承认这一点，就和所有的政治学上的命定论划清了界限。但是，政治行动主体的活动在许多偶然性中又包含着必然性。这种必然性表明在政治行动主体的行为和活动中存在因果联系，人们可以从大量的偶然性中找到内在的、重复出现的联系，这种联系就是规律。人们政治活动的规律既与人的主观能动性相关联，又具有不以人们的意志为转移的客观性。虽然人们的每一次政治行动似乎都是非常自觉的，但是如果将它们摆到历史的长时段中去考察，就会发现它们又是非常的不自觉，呈现出自发性。这就好比是分力与合力的关系，相对于符合力的平行四边形法则而得到的合力来说，一个个分力它们都是不自觉的，但是离开了一个个分力，作为自觉性的合力也就不存在。正是对现实人的政治行为的透彻理解，以此作为研究对象的政治学才能成为一门科学。

其次，马克思、恩格斯和他们的后继者对政治学理论的研究范式做了经典性的阐述。相对于其他的政治学研究者来说，马克思和恩格斯更注重将政治学理论与政治生活的变革结合起来，他们的理论创造带有显著的时代性与实践性特征，从而富有经验的和实证的色彩，因此，政治学理论具有解释性。但是，理论不仅要解释一个世界，而且还要实现更多的功能，这一点列宁讲得更为明显。他坚持认为，理论是灰色的，只有实践之树才是长青的。正是源于对政治实践的关心，马克思主义政治学始终带有批判性，并认为只有批判旧世界，才能建设新世界。马克思主义政治学的作家们并没有把理论的批判性与理论的建构性割裂开来。他们强调,理论的批判性是服务于其建构性的,因为批判的目的还在于建设。在马克思、恩格斯和他们的学生那里,政治学理论建构的范式,既是实证描述的,也是阐释的、批判的,还是建构的。

再次,马克思、恩格斯和他们的后继者对政治理论构成的类别作了科学的说明。前面已经谈及,马克思、恩格斯正是从对人的本质的科学设定中来阐述人类的政治生活的,这不但延续了政治哲学的历史传统,而且由于在对人的本质的设定上赋予了科学性,因而政治哲学发生了重要的变革。正是本着科学理论研究的目的不仅是要去解释一个世界,更为重要的是要用来指导人们建设一个新世界,马克思和恩格斯在创立政治学理论知识体系时,还对构建政治学的规范理论和经验理论做出了努力。马克思和恩格斯从自己的专业学术研究中,提出了人类政治生活的价值、原则和规则,但这些都不是教条,只是指导人们政治行动的指南。马克思、恩格斯还通过对他们生活年代的资本家占统治地位的政治形态的分析和对无产阶级政治革命的尝试的研究,提出了许多政治经验理论。在马克思主义政治学中,哲学理论、规范理论和经验理论是有机统一的。

第四,马克思、恩格斯和他们的后继者对政治学理论的范畴进行了创新。马克思和恩格斯对人类历史发展的规律做了探索,提出了社会形态概念,并找出了推动人类生活的社会形态由简单到复杂、由低级向高级上升发展的动力。同时,从历史演进的事实出发,提出了社会形态更替的一般顺序和规则。也正是在这一基础上,他们事实上也提出了人类政治生活变迁中最为重要的范畴即政治形态,阐述了政治形态演进的动力、一般顺序和规则。在马克思主义政治学中,标示政治形态变化发展的范畴是政治革命,政治形态的更替、政治生活的发展是通过政治革命来实现的,虽然也存在政治改良,但是,它不能引发政治形态的根本性质变。在同一种政治形态的完善中,起着重要作用的是政治变革,它通过政治体制的更替来实现政治形态的部分质变。

在对政治形态的进一步分析中,马克思、恩格斯特别注重对公共政治权力掌控者的国家进行了系统分析。他们依据人类学家摩尔根对印第安人原始部落生活习俗的调查,天才地提出了人类生活中私有制的产生、阶级的分化和国家的起源的过程。对存在对抗阶级的政治系统中国家作为"阶级矛盾不可调和的产物"的实质,以及阶级统治和社会管理的双重职能作了精辟的阐述。列宁依据无产阶级革命的实际需要,提出了政治革命中打碎剥削阶级国家暴力机器和保留管理职能的新观念,并提出了在人民民主的政治形态中建立对衰亡着的反动阶级加以专政、对人民实行民主的国家的论断。列宁还指出,随着社会主义政治形态的发展,在阶级事实上已经消灭、国家的专政和镇压功能已经消失的条件下,还会存在"半国家",但总有一天人们会把国家送到博物馆中,与青铜器摆放在一起。

在提出并论述政治形态和政治国家的范畴的基础上,马克思主义政治学对作为国家结构方式的政体和政治权力的配置原则进行了探讨。在曾经存在过的社会主义的国家结构方式中,政治权力的纵向配置中既有单一制的结构方式也有联邦制的结构方式。在政治的横向配置中,与资本家占统治地位的政治形态中通行的"三权分立"原则不同,在社会主义政治形态中,政治权力之间是在分工、制衡的前提下实行议行合一的原则。

最后,马克思、恩格斯和他们的后继者对政治学理论体系的建构作了论述。马克思和恩格斯是通过对黑格尔哲学的逻辑体系进行革命性改造来创立自己的理论体系的。因此,他们特别重视运用范畴的结构体系来展现他们的理论和思想。马克思论述了人类思维的从感性具体到理性抽象,再从理性抽象到理性具体的两条上升的道路。依据这种思维的道路,马克思通过从商品到使用价值、价值,再到资本、剩余价值,最后到工业利润、银行利润、地租,一直到资本主义社会的基本矛盾这一系列范畴的排列、联结和转化,将资本主义社会形态完整地展现出来。这种范畴的逻辑体系包含着逻辑体系中起始范畴选择和确定的原则,包含着范畴排列、联结、置换的规则。

第二节 政治学基础理论的曲折演进

一、行为主义对基础理论的严重偏离

进入20世纪以后,特别是第二次世界大战以来,西方政治学学科的理论研究,从20年代开始直至60年代,在某种程度上可以说偏离了自柏拉图、亚里士多德到霍布斯、洛克、黑格尔这些政治学家所确立的理论传统的轨道,更是偏离了政治学理论研究革命中建构起来的基础理论的要求,走向了向自然科学的科学标准看齐,对其研究手段做简单模仿的方向。

行为主义政治学是在行为主义的旗号下聚集起来的许多混杂的理论和观念的总称。正因为如此,罗伯特·达尔就曾经讲过:"行为主义方法有点类似于尼斯湖之怪:人们可以相当肯定地说它不是什么,但是要说它是什么却很困难。"[1]虽然行为主义政治学更像是一把无所不包的大伞,并不是一种非常严密的理论体

---

[1] 罗伯特·达尔:"政治科学中的行为主义方法论",载詹姆斯·A. 古尔德、文森特·V. 瑟斯主编《现代政治思想:关于领域、价值和趋向的问题》,商务印书馆1985年版,第146页。

系,但它也有一些较为明显的特点。第一个特点是试图"用已经观察到的和可能观察到的人的行为来阐明一切政治现象"①,以此来实现政治学学科的科学性。行为主义政治学家承接了由孔德开创的实证主义研究手段,认为在科学研究中,任何一个命题必须在现实中要有所指,任何一个命题必须能够通过经验事实来检验,除此以外的所有命题都是毫无意义的空命题。由于在事实判断和价值判断之间存在着不可逾越的鸿沟,和道德、伦理相联系的价值判断就不应当进入科学研究的领域。政治学研究必须排除价值诉求,诸如自由、民主、公正这类政治学问题是无法研究的。

由这一特点也就自然而然地引出了行为主义政治学的第二个特点,即模仿自然科学的手段和技术来发现政治运行规律。行为主义者认为,人也是自然界的一部分,自然科学发展起来的一些基本方法、手段和技术也一定适用于对人的研究。虽然"我们不企望知道人的起源和命数,但认为理解人的唯一途径是观察人,并且记录下他在审判室和立法机关中,在议员竞选演说讲坛上所做的一切。一旦有了足够的记录,我们就能预料不久之后他在已被认知的刺激的作用下将如何作为"②。只要靠像自然科学那样的严格的测量和数据处理,政治学就会成为纯粹的科学。

正是这一特点规定出行为主义政治学的另一个特点,即政治学是专门研究行为的知识体系。在行为主义政治学家看来,社会是一种由人与人之间的关系所构成的体系,政治活动植根于人类的行为之中。历史是由人类的行为构成的,制定、遵守和违反法律的是人,制度也不过是人的行为模式的集合。③ 因此,在行为主义政治学家看来,政治分析的基本单元应当是个人行为或个人的聚集,应当"强调的是个体和团体的实际行为,而注重个人在制度和机构中充当的正式角色"④。研究人的行为的手段主要是政治社会化和心理、生理的途径,这样政治学在行为主义那里就获得了新的统一,重新找到了与心理学、人类学、经济学的方法紧密结合起来的基础。⑤

行为主义政治学在政治学理论研究中开辟的新方向,彻底偏离了政治学学科研究的理论传统。当政治学转向研究个人的行为和个体的集合,向自然科学中的精确量化和实验方法看齐时,政治学作为社会科学的基本属性就被抛弃了。当政

---

① 罗伯特·达尔:"政治科学中的行为主义方法论",载詹姆斯·A.古尔德、文森特·V.瑟斯主编《现代政治思想:关于领域、价值和趋向的问题》,商务印书馆1985年版,第145、146页。
② 转引自王沪宁《当代西方政治学分析》,四川人民出版社1987年版,第51页。
③ 艾伦·C.艾萨克:《政治学:范围与方法》,张继武等译,浙江人民出版社1987年版,第47页。
④ 杰克·普拉诺:《政治学分析词典》,中国社会科学出版社1986年版,第13页。
⑤ 罗伯特·达尔:"政治科学中的行为主义方法论",载詹姆斯·A.古尔德、文森特·V.瑟斯主编《现代政治思想:关于领域、价值和趋向的问题》,商务印书馆1985年版,第155、156、162页。

治学研究中的价值被完全排除在外并且不允许有主观的阐释时,原本的政治学学科的从社会科学研究的角度所具有的科学性则被全盘否定了。因此,在行为主义政治学家那里,政治学不再是科学,它只是一种方法。

在研究方法上,从亚里士多德开始就形成的方法论传统受到行为主义政治学的严重侵蚀。亚里士多德以及近代的一些政治学家,从社会科学的特性出发,对政治学研究的方法、手段和技术做了全面的、恰如其分的思索。一方面,他们坚持亚里士多德曾经指明的将"对关于公共利益的理智语言的关注"作为本学科的根本基础,以此为出发点,从古老的逻辑学、修辞学和方言学,以及现代的阐释学、语言学语篇分析,甚至批判哲学中发展出相关的方法技术。① 另一方面,他们既谦逊又坦诚地吸纳其他学科已经使用的方法和手段。在那些忠于理论传统的学者看来,"既然政治科学是或者可以是人类个人或集体自我实现的最高形式的领域,那么,就可以要求其他学科在适当的时候为这个目的做出贡献";"既然科学工作的产品已经公开宣布进入了公共领域,那么学科合法化和发现优先权就不是什么问题;应当在所有学科的发现基础上实现良性的合法化。作为亚里士多德的后辈学生,我们这些政治科学家像我们在其他方法学领域的前辈一样,有权使用与政治科学有关联的数十个学科中'一切对我们的实质性问题和方法论目的有帮助的工具'"。②

行为主义政治学则不是这样,当行为主义崇尚从孔德开始就发展起来的经验实证的研究手段时,他们就已经从根本上排斥了在经验实证或实证描述之外的任何研究途径。他们既迷恋于自然科学,故而不切实际地追求对人的政治行为做出如同自然科学那样非常精确化的描述,但又不想告诉别人这些工具和技术是从别的学科吸纳的。由于过分地在精确化上做文章,行为主义政治学家只能把精力耗费在一些诸如投票行为、民意抽样分析等琐碎的政治现象、政治事件的研究上,而政治学中的一些实质性的课题,如权力的影响、民主的实现、社会的正义、消除政治腐败、政治的发展等等,则被排除在正规研究的视野之外。

在政治理论的构成上,行为主义政治学家完全背弃政治学研究上的对理论加以创造的兴趣。多数行为主义者认为不需要构建政治学理论体系。在政治的类别上,他们唯一感兴趣的就是狭小的有关个体政治行为的经验描述。他们对规范理论存在的合理性也表示怀疑,因为其中有价值的成分。更为严重的是他们从根本上否定了政治哲学这一理论类别。比如伊斯顿就认为,传统的政治科学是既关

---

① 罗伯特·古丁、汉斯-迪特尔·克林格曼主编:《政治科学新手册》(下册),钟开斌等译,三联书店2006年版,第1128页。
② 罗伯特·古丁、汉斯-迪特尔·克林格曼主编:《政治科学新手册》(下册),钟开斌等译,三联书店2006年版,第1129、1130页。

心事实又关心价值的,其基础是一些关于政治和政治变化的描述性和实践性命题。但是,现代政治理论却受历史的影响,以一种非批判的态度研究价值观,企图抽象地去说明思想与社会环境的关系,放弃解决当前现实中的价值问题的任务。与戴维·伊斯顿差不多同时的政治学家 T. D. 韦尔登认为,过去的政治理论的整个传统建立在一个错误的信念之上,即价值可以客观地判明并且可以通过理性来为其辩护。其实,价值观只不过是一些类似偏好的东西,它无法从理性的角度来加以研究和论证。彼得·拉斯莱特干脆在 1956 年得出结论:"传统已被打碎","政治哲学死了"。①

对于行为主义政治学对基础理论传统的背离,维护政治学研究中理论传统的那些被称之为传统的政治学家们也进行了顽强的抵抗。比如在 20 世纪 50、60 年代,在美国关于政治哲学该不该存在的争论中,艾赛亚·伯林的态度就特别坚决。他认为,在人类的思想发展史上,哲学起着巨大的作用,尽管有许多思想在最初阶段包含在哲学之中,并且在以后的发展中逐渐从哲学中分离出来而成为一门经验科学,但它仍旧与哲学有着关联。他比喻道:哲学好像光芒四射的太阳,它不时抛出自己的一部分。这些部分一经冷却,就获得了自己的坚实而又可以辨认的结构,并且获得了像沿着轨道有规律地运行的行星那样独立的生涯。但是,太阳的主体继续在自己的轨道上运行,质量并未减少,光辉也未减弱。物理学、数学、化学、生物学等学科已经脱离哲学而独立出去。语义学、心理学则仍旧勉强地植根于哲学的土壤之中,但已有起飞的趋势。而政治学则更须依赖哲学。

当然,艾赛亚·伯林所讲的哲学是广义的,它包括着人类学、伦理学、社会学。他指出,构成传统的政治哲学的核心内容是关于平等、权利、法律、权威、统治等等概念和问题。"我们需要分析这些概念,搞清它们在我们语言中的职能;或者搞清它们认可或禁止什么样形式的行为,以及为什么;或者它们适合于什么样的价值和观念系统,以及通过何种形式来实现。"

"当我们提出那个可能是所有政治问题中最基本的问题——'为什么一些人应当服从另一些人'时,我们并不是在问,'为什么人们得服从?'因为这类问题是经验主义的心理学、人类学和社会学可以回答的;我们也不是在问,'何时何地由于什么原因,谁得服从谁?'因为上述问题可能根据上述学科或与它们相类似的领域中引出的证据得到解答。当我们问为什么一个人应当服从时,我们是在要求对诸如权威、主权、自由这样一些概念的标准及其在政治辩论中具有正确性的正当理由做出解释。人类社会正是以这些术语的名义发出命令,强制人民,进行战争,

---

① Peter Laslett, *Philosophy, Politics and Society*, New York: Barnes and Noble, 1967.

创建新社会,摧毁旧社会的。"①这些概念以及由它们构成的政治哲学在政治生活中起着巨大的作用。

但是这些抵抗是微弱的。因此,政治学研究的理论传统在行为主义的冲击下之所以溃败得如此迅速,固然与行为主义者坚持的学术研究范式有关,也和那些试图维护政治学研究理论传统的那部分老政治学家们的作为有关。他们既没有看到从19世纪40年代就开始的政治学理论研究产生的革命性变革对政治学研究的基础理论所做出的贡献,又不思进取,只想一心死守住从柏拉图、亚里士多德到黑格尔的理论传统。戴维·伊斯顿在50年代初发表的"现代政治理论的衰落"一文中,就一针见血地指出当时的政治理论呈现出一种贫困状态:亚里士多德、洛克和其他西方政治思想传统中的人们已经实践过的政治理论,早已让位于政治理论史;这种政治理论已被简化成一种"历史分析的形式",像寄生虫一样依附于过去的思想,已放弃并失去创造性地建立评价依据框架的传统作用。

在承认行为主义政治学从总体上是对政治学研究的理论传统的严重背离这一事实的同时,我们还需要正确地看到,行为主义政治学在某些方面对政治学研究的基础理论的建设也产生了非常重要的作用。这主要体现在两个方面。一个方面是行为主义政治学重视对政治生活中人的行为的研究,从而强化了政治理论构成的微观层次的理论内容。行为主义政治学对人的政治行为的研究主要集中在四个层面上,一是公民个体行为的层面,二是政治精英的行为层面,三是政治集团的行为层面,四是国际政治中国家和非国家行为体的行为层面,从而形成较为完整的微观政治生活分析的体系。

另一方面是出现了一大批以政治系统为研究对象的政治学理论演说。其中较为突出的是伊斯顿。伊斯顿不是一概地反对对政治学理论进行科学研究。他和其他的行为主义者之所以对当时的政治学理论研究进行抨击,其目的是为了倡导一场政治学理论方面的革命。正如他在"现代政治理论的衰落"一文的结尾部分所说的:"我的论证的要点就是:政治理论除了帮助分析旧的和提出新的政治价值的任务之外,还应当在政治学方面致力于对经验主义研究这个基础领域加以概念化的这一同等重要的工作。它应当用两个并存和平行的方法来担负起这项工作:第一,综合并整理我们在政治学的各个领域里有限的一般性结论,借以形成一种本身能核实的或是站得住脚的理论。第二,试做规模更大的工作去精心搞出整个政治学可用的概念结构。用这种方法就可能把政治理论纳入政治学的经验主义研究的主流,从而在经过以往50年无报偿的历史性研究之后使政治理论恢

---

① 詹姆斯·A.古尔特、文森特·V.瑟斯比:《现代政治思想》,杨淮生等译,商务印书馆1985年版,第412页。

复生机。"①

二、理性政治学对基础理论的有限复兴

行为主义政治学的大本营在美国。当行为主义的政治学家们在20世纪50年代不断推行其"新政治科学运动"时,他们对美国在亚洲一手策划的朝鲜战争、国内一批极右分子掀起的麦卡锡主义的恐怖和反共新政浪潮几乎没有顾及。更为严重的是,到了60年代,在行为主义政治学已经在美国政治学界占据主流地位的时候,这种理论范式却没有能够及时、有力地反映已经出现的而且人们需要解释的政治生活的新变化。在这一时期,美国政治生活的动荡与不安愈演愈烈,陷入了内外交困,显现出危机的迹象。在国际舞台上,为了同苏联冷战对抗,美国陈兵加勒比海;为了在亚洲扩展势力范围,悍然发动了越南战争。国际关系上的重重危机又引发了美国国内的动荡和不安。一方面,此起彼伏的校园学生运动、弱势群体争取民权的运动、黑人反对种族歧视的运动导致政治生活空前混乱;另一方面,侵越战争中大量人力、物力、财力的消耗,使国家经济实力遭到极大的削弱,最终引发了以通货膨胀为特征的经济危机。所有这些不仅导致了约翰逊政府所梦想的"伟大社会"计划的破产,而且还使整个美国社会陷入了空前的分裂之中。

对于这些影响美国现实政治生活的现实政治过程,行为主义的政治学家们并不感兴趣。他们热衷于对一些与大的政治事变并没有太大联系的细微的政治行为做"纯"科学的考评,仿效理论物理学家做"围绕着真空的材料堆积"。但用这种纯科学方法所得出的研究结论并不能对人们理解现实的政治生活变化提供有用的帮助。人们不再对琐碎繁杂的政治行为研究感兴趣,他们迫切要求政治学家对美国政治生活中发生的重大变化做出解释,对已经出现的种种危机从深层理论上给予说明。

另外,行为主义政治学在把自己的研究同政治生活现实相隔离,并追求不现实的纯科学方法时,却陷入了两难困境。一方面,行为主义者要奉行价值中立的原则,但另一方面,他们事实上又深深地陷入到现实的价值冲突之中;一方面,行为主义者要通过纯科学的方法来实现对政治生活的科学研究,但另一方面,他们运用了这些方法却远离了对政治生活的科学研究。也正是在社会对政治学研究出现非行为主义的期盼、行为主义政治学家对他们坚守的政治学研究范式产生怀疑时,约翰·罗尔斯的政治学巨著——《正义论》出版问世了。

---

① 詹姆期·A.古尔特、文森特·V.瑟斯比:《现代政治思想》,杨淮生等译,商务印书馆1985年版,第403页。

对于罗尔斯这一著作在政治学理论研究中所起的作用,评价并不完全一致。一种看法是罗尔斯的著作实现了传统政治学理论研究的复兴。还在这一著作刚刚问世时,彼得·拉斯莱特就表现出一种振奋和惊喜。他指出:刻写政治哲学墓志铭为时太早,"政治哲学在英语国家里复活了",从此政治哲学"再不会从地球上消失"的说法并不过分。① 另外一些学者称罗尔斯的著作是"二次大战后伦理学、政治学领域中最重要的理论著作",是"标准的精神食粮"。这种对罗尔斯正义理论持赞同甚至赞赏态度的观点一直延续到20世纪90年代。像巴里、米勒这些著名的政治理论家在20世纪90年代依然坚持认为罗尔斯的《正义论》标志着政治哲学的复兴。② 这样从20世纪50、60年代到70、80年代,前后分成两个不同的时期:前者标志着政治哲学的衰落,甚至意味着死亡,而后者则代表着它的复兴。

但是,像比库·帕莱克这一类政治学家则有不同的见解。他认为,在20世纪50、60年代,政治哲学相当兴盛繁荣,研究成果相当丰富。他举出了一大串在政治哲学领域中做出了贡献的学者名单:迈克尔·奥克肖特、汉娜·阿伦特、艾赛亚·柏林、卡尔·波普尔、L. 斯特劳斯、C. B. 麦克弗森、F. A. 哈耶克等等。他还指出,罗尔斯的《正义论》虽然是在70年代正式出版,但在很大程度上是对他自己在1951年到1963年其间所撰写的理论文章的展开。因此,在政治学理论研究特别是政治哲学理论研究上,不存在所谓的50、60年代衰落和70、80年代复兴的现象。

既然是这样,那为什么许多政治学家仍旧认为在20世纪50、60年代政治哲学走向衰落、趋向死亡了呢? 帕莱克认为出现这种现象的原因有两个。一个原因是有不少政治学理论的研究者坚持认为政治哲学只应当关注如何理解政治生活,而上面所列举的学者们的著作却是"关心理想制度、政策和实践",因此它们不能算作是"真正的"哲学理论,应当被排斥在外。另一个原因是政治学理论研究一直是围绕一些传统的范畴展开的,而上述的研究者们所试图确立的却是"新的政治目标",提供的却是"现代所需要的条理清晰的概念",因此,也不能被看做是政治哲学理论。③

对罗尔斯的《正义论》以及他后来写的一系列文章,还有20世纪70、80年代所产生的众多的政治理论研究成果,究竟如何评价,这是政治学理论史需要长期探索的课题。但从目前已经存在的不同评价中可以看出,西方政治学理论研究在

---

① Peter Laslett, "Introduction", Peter Laslett and W. G. Runciman, eds, *Philosophy, Politics and Society*, Third Series, New York: Barnes and Noble, 1967.

② 转引自罗伯特·古丁、汉斯-迪特尔·克林格曼主编《政治科学新手册》(下册),钟开斌等译,三联书店2006年版,第714页。

③ 罗伯特·古丁、汉斯-迪特尔·克林格曼主编:《政治科学新手册》(下册),钟开斌等译,三联书店2006年版,第719、720、721页。

经过行为主义长达40年的偏离传统的经营之后,要在其后的10至20年中实现完全的复兴或回归是不现实的。而要让由罗尔斯所开辟的以理性主义为特征的政治学研究完全扎根于基础理论,并且还要进一步加固基础理论的建构,这更是不现实的。

对于由《正义论》所开辟的政治学理论研究向基础理论的复归并不能作过分的评价,这种复归是在浓密的行为主义主流控制下向基础理论的一种复归,它只具有有限的意义。首先,政治学学科的定位及其科学性并没有在这次理性的复归中得到明确的说明。罗尔斯认为,在现代社会中,功利主义占据了主导地位,直觉主义没能提供与之抗衡的道德观,因此,必须建立一种新的政治与道德准则,使社会结构在分配基本的权利和义务、决定社会合理的利益或负担的划分方面实现平等、自由和机会公正。罗尔斯的目的是要为民主社会提供一个合适的、最广泛地被人们所接受的道德基础。从这一角度来透视,虽然正义也是一个重要的政治学范畴,但罗尔斯首先是将它作为伦理学范畴来分析、论证的。他要定位和建构的是一门伦理学或政治伦理学。

其次,这一时期的政治学,包括罗尔斯的正义理论,并没有对人的本质做出更为深入的研究,没有能提出有关人的本质的新的设定。虽然有不少学者对罗尔斯有关契约人的假设非常感兴趣,但是,这并不是认真、严肃的人性假定。契约论不过是罗尔斯进行论证的一种策略。因为通常的有关政治和道德标准的研究路线是直接的追问:在社会政治安排中什么才是值得向往的?这种追问就会引发有关自由、平等、幸福,以及它们在评价社会政治安排时应当具有怎样的相对的分量的讨论。但这种直接的追问常常导致的是人们陷入没有结果的争论之中,致使理论研究停滞不前。因为如果人们事先没能够在直觉方面达成一致,也没有提供将这些不一致辨认清楚的路径,这种追问就无法获得结论。

罗尔斯的聪明在于,他撇开了通常的研究路线,找到了一个不一样的研究策略。当人们追问我们会选择什么时,罗尔斯认为应当问人们在可以甄别个人利益的"无知之幕",即契约的原初状态下会选择什么。这些单个的个体人而不是制度化的人,即处于原初状态下的人会按照同样的方式进行选择或投票。因为是处在一张可以消除偏见和自我利益影响的无知之幕下,人们的行为必然遵循两个正义原则。因此,这些原初状态下的人要选择的社会基本结构也必然是以两个正义原则为典型特征的社会制度。[①]

罗尔斯只是为了引出他的两个正义原则才做出上述假设的。正因为这样,他

[①] 乔德兰·库卡塔斯、菲利普·佩迪特:《罗尔斯》,姚建中等译,上海人民出版社1999年版,第21—29页。

才"没有提出关于人类的新见解,没有提出对人性的新洞察,没有对现代性的张力与分歧做出新颖的分析,而且缺乏阿伦特、奥克肖特、沃格林以及其他人所具有的历史和文化深度"①。

第三,也是从上述的研究策略中可以知道,罗尔斯的研究方法依然没有能摆脱行为主义的影响。罗尔斯认为,在通常情况下,一个理性人拥有对开放于他的全部选择的稳定一贯的偏好序列。他根据这些选择对于实现其目的而言的有利程度而对它们排序,他所采取的计划,必将是能够最大限度地满足其愿望的计划,也是更可能地加以实施的计划。从这一叙述中,似乎可以认为罗尔斯讲的理性人是现实的人,但事实上,罗尔斯在理论上给现实的人以基础的位置,他所讲的人是在一个由他精心设计的无知之幕下存在的单个的个体人,而不是处于现实社会结构之中的制度化的人。这种单个的个体人,不是那种绝对孤立意义上的单独的个人,而是一些具有紧密的家庭共同情感,特别是与他们的子孙后代具有共同情感的个体人。从这种带有抽象性的个体人出发,罗尔斯显然无法摆脱行为主义所提倡和规定的那套基于方法论上的个人主义所带来的局限性。

尽管如此,在20世纪70、80年代,政治学理论研究的发展,以及产生出来的丰硕成果还是让人们看到从古希腊就开始的、在近代得到加强并在政治学理论革命时期被进一步强化的政治学研究的传统,即重视基础理论建构的传统得到了令人欣慰的复归。

首先,从罗尔斯开始,政治学研究强调了理论的重要性。也正是在这一意义上,人们普遍认为这是政治学中理性主义的恢复。罗尔斯改变了行为主义只重视实证经验而轻视理论的倾向,对具有强烈价值性的社会分配正义做了全面、系统的论述。即使是其后的诺齐克,在批判分配正义的原则以及社会权利原则时,也保持了对理论的重视。

其次,罗尔斯的正义理论力图将哲学理论、规范理论和经验理论结合起来。这也是20世纪70、80年代政治学研究上有关理论构成方面最令人瞩目的地方。在罗尔斯创建的正义理论中,政治理论"不但被装备起来为人类提供理论,而且建立一种有关理想制度、政策和实践的结构"。也正因为这一特点,罗尔斯"使政治哲学脱离了逻辑、修辞学、本体论,以及以前与其密切联系在一起的西方文明史,而与经济学、心理学、政治制度研究,以及社会政策等学科结成联盟"。②

第三,罗尔斯显然没有将政治学的研究像行为主义者那样,完全拘泥于实证

---

① 罗伯特·古丁、汉斯-迪特尔·克林格曼主编:《政治科学新手册》(下册),钟开斌等译,三联书店2006年版,第723页。

② 罗伯特·古丁、汉斯-迪特尔·克林格曼主编:《政治科学新手册》(下册),钟开斌等译,三联书店2006年版,第721页。

的描述,而是把实证描述与阐释、反思、建构有机结合起来。罗尔斯将政治理论"视为在本质上具有批判性、在范畴上具有普遍性,并且在定位上具有准基础性"。在具体的理论研究中,罗尔斯则努力"展示了如何建构一种首先与政治理论,使之既能达到哲学满意度又能符合我们的道德直觉,并且将批评性的理论反思与实际生活的活生生现实相融合"。①

第四,罗尔斯表现出对提炼政治范畴的极大兴趣,并且也善于将范畴融合起来形成理论体系。哈贝马斯之所以将罗尔斯的理论创造称为当代实践哲学史上的"轴心式转折点",就在于罗尔斯在他的《正义论》、《政治自由主义》中讨论了曾被行为主义者所蔑视的平等自由、公正机会、组织良好的社会等抽象的范畴与概念。罗尔斯不仅让正义这一概念成为政治学核心范畴,而且他对认识论、道德哲学、道德心理学、政治理论以及经济学等多学科进行综合,提出了对如此复杂的概念进行研究的一种多学科视角。② 罗尔斯在《正义论》中围绕正义、平等这些核心范畴,建立了宏大的、结构严密的范畴体系。

三、经济政治学对基础理论的再度弱化

在 20 世纪 70、80 年代正义理论研究形成热潮以后,20 世纪的 80 年代和 90 年代则是政治学研究中经济政治学走红的时期。经济政治学并不是一种十分严谨的理论体系,它是由一些名称不完全相同的理论、观念汇集起来的知识聚合,如社会选择理论、官僚经济学、政治联盟理论、非市场决策理论、集体行动理论等等。但这些理论有一个共同的典型特征,即都是运用经济学的基本假设和方法来研究政治现象,因此,也就被称为经济政治学。其代表人物有肯尼斯·阿罗、安东尼·唐斯、詹姆斯·布坎南、戈登·塔洛克、曼库尔·奥尔森等。

经过 20 世纪 80、90 年代的发展,经济政治学在政治学理论研究领域产生了广泛的影响。詹姆斯·西瑟曾这样描述过经济政治学的兴旺:"今天,理性选择作为一种受到偏爱的方法正在侵占行为主义的地盘,甚至大有取而代之的态势。这一点不仅可以从偶然翻阅一些主要刊物上看出来,也可以从重点大学政治系教职的分配上看出来。"③

经济政治学之所以获得如此大的影响,是因为它不仅在一定程度上成功地

---

① 罗伯特·古丁、汉斯-迪特尔·克林格曼主编:《政治科学新手册》(下册),钟开斌等译,三联书店 2006 年版,第 721 页。
② 罗伯特·古丁、汉斯-迪特尔·克林格曼主编:《政治科学新手册》(下册),钟开斌等译,三联书店 2006 年版,第 722 页。
③ 詹姆斯·西瑟:《自由民主与政治学》,竺乾威译,上海人民出版社 1998 年版,第 90、91 页。

解释了现代政治生活中出现的某些现象、事件和过程,更为重要的是它还从新的视角成功地揭示了政治活动中处于深层的因果联系。这种成功也让不少政治学家对经济政治学做出超出它自身有效性的评价。比如在杰克·普拉诺等人编写的《政治学分析词典》中有这样的评述:理性选择范式的有用性已经达到这样的程度,以至于使它的理性假定与现实非常接近,政治科学家们越来越发现,在诸如投票和选举、立法活动、科层决策、政党、权力、结盟形式、交易和冲突行为等许多实质性领域中,它已经成为广泛运用的有洞察力的源泉。①

以理性选择为主要内容和方法的经济政治学的确具有与其他的政治学研究范式不一样的特征,也正是这些特征使其无法对现实政治生活做出科学的解释。首先,经济政治学这种知识汇集采用的是方法论上的个人主义。这种认识方法坚持认为政治人不是为追求公共利益而在政治舞台上展开活动的人,他在本质上与经济人并无差别。如果说一个人在经济生活中是理性的、自利的行为者,那么他在政治领域中依然是一个理性的、自利的行为者。所不同的只是理性经济人在经济活动中最大限度地扩大自身利益是试图获取更多的金钱和商品,而理性、自利的政治人在政治活动中有限度地扩大自身利益则是试图赢得更多的尊严、职位和权力。

其次,这种知识汇集将政治行为看做是个体的理性计算过程,将政治生活看做是个体间的交易博弈过程。从理性、自利的政治人这一政治分析的逻辑起点出发,经济政治学得出了两个基本观点。一个基本观点是政治行为者,包括选民、候选人、政治家、文官、政党,其行为都是通过理性计算来选择获利最大、损失最小的目标的过程。政治行为者在进行理性计算时会遵循如下的规则:如果甲和乙两种选择在所有具有评价意义的内容方面都相同,若选择甲的价值比选择乙的要大,那么一定选择甲而不选择乙;可以用效用函数来表示选择顺序;边际效用是递减的,如同一个人较多地购买商品一样,后来的增量的价值就会减少;只考虑自己的选择而不在乎别人的选择顺序的价值。行为者选择利益最大化的动机可以是先天性的,也可以是后天性的经验总结。政治行为者主要是通过投票来体现其选择的。

另一个基本观点是政治过程是一个交易过程,是一个在冲突和合作状态下的博弈过程。经济关系和政治关系都代表着由两个以上的个人通过交易而进行的合作。市场和国家都只是手段,通过它们合作才成为可能。在政治活动中,选民用手中的选票来向政治家交换福利;政党利用提出的政策来获取更多的选票;官僚们则利用手中的权力以获取更多的预算拨款来增加自身利益。

---

① 杰克·普拉诺:《政治学分析词典》,中国社会科学出版社1986年版,第140页。

政治活动中的参与者是多元的,参与的各方为了尽可能地增大利益和减少损失而发生冲突和竞争,这就需要制定和使用战略与策略。政治活动也就成为参与各方的博弈过程。这种政治市场中的博弈,可以是两方的零和博弈,也可以是两方的非零和博弈,还可以是多方的零和博弈。

严格地按照经济政治学对政治人行为和政治活动的分析,可以推出两个结论:一是在选举与决策中如果选民和决策者都平等地运用自己的理性来投票,则会出现循环投票的现象,从而不可能形成稳定的多数决策。二是在政治博弈中,如果参与者严格地进行投入和收益的计算,则不会形成大集团。因为集团中的每个成员都想不做贡献,"搭便车"坐享其成。集团越大,通过搭便车分享收益的人就越多,做出贡献者分享到的利益份额就越小。这样,政治行为者就会选择小集团。但是,现实政治却与上述的两个结论相反。一是在政治选举和政治决策中,事实上存在着稳定的多数。二是在政治生活中,事实上存在着众多的大的集团。这就说明,仅仅依赖理性选择,并不能很好地解释现实的政治行动、活动和政治过程。经济政治学的缺陷在于,这种知识汇集没有考虑政治生活中的群体、团体、组织活动并不是个体行动的累加,没有考虑经济关系、经济活动与政治关系、政治活动之间是存在巨大差异的,没有考虑在政治活动中起着作用的除了行为者的利益因素之外,还有制度因素和其他因素。

经济政治学之所以在解释现实政治生活中存在缺陷,这与这种知识汇集再度削弱政治学研究中基础理论建构的传统是相连的。以罗尔斯为代表的理性政治学阻断了行为主义政治学偏离基础理论建构的趋势,在政治学理论研究中恢复了对基础理论的关注。但是这种刚刚恢复起来的理论传统再度被经济政治学隔断了。经济政治学非但没有给基础理论的建构增加元素和颗粒,反而还在某种程度上再次弱化了政治学研究中的基础理论。

首先,经济政治学进一步将政治学学科建设引向了自然科学的方向。在罗尔斯的理性政治学的启动与激励下,在20世纪50、60年代已经出现的但在当时行为主义的控制下被人们忽视了的关于政治生活是公民的公共生活的观念,在70、80年代重新被人们发现。但是经济政治学却把这一前进的势头打回去,重新拾起行为主义的方法论个人主义,将经济人不加批判地移植到政治领域中来,设定了理性的、自利的政治人作为政治分析的逻辑起点,并重复了行为主义将集团、组织、国家还原为个体政治人的错误做法。

如果说行为主义政治学只是力图通过自然科学的方法,并以归纳的思维途径来实现政治学的科学化的话,那么,经济政治学则力图通过经济计量学、统计学的方法,以演绎的思维途径来推进政治学研究的科学化。虽然从表面上看,行为主义将政治学自然科学化,而经济政治学则将政治学经济科学化,似乎是前进了一步,但是经济学特别是微观经济学所追求的精确化、数量化,实际上是以自然科学为标杆来追求经济学科学化的目标的。经济政治学仿效微观政治学的做法,实际上仍旧怀着政治学自然科学化的不切实际的梦想。从这一意义上可以说,经济政治学在政治学的学科性质问题上,是沿着与罗尔斯的理性政治学相反的方向行进的,它又跌回到行为主义的泥潭之中。

其次,经济政治学由于过分强调方法论上的个人主义,将所有的政治行为主体都还原为政治人个体,并且将国家、政府工具化,这就必然导致将政治学研究的方法锁定在心理学、经济学所看重的量化方法的狭窄范围之内,将政治学研究的途径局限在实证描述的范式之中。从罗尔斯开始,政治学家对政治生活的研究已经将量化手段和质化手段结合起来,而且对政治现象、过程的认识途径,已经从单纯的实证描述扩展到意义阐释、反思批判和积极建构上来。从这一意义上可以说,经济政治学不是前进了,而是倒退了。

第三,经济政治学放弃了从现实政治生活中提炼政治学范畴的努力,试图通过简单的比拟、移植,制造出一些混乱的概念来充当范畴创造。也许经济政治学家们的用意是好的,将政治学与经济交叉、渗透,但是,要真正将两种不同的人类活动领域联结起来,使两个大的知识领域有机结合起来并不是一件轻而易举的事情,做得不好,只能得到知识的碎片。经济政治学可能就存在将知识碎片化的问题。在经济政治学的知识中,一些原先很确定的概念被混乱的概念取代了,政治领域变成了政治市场,政治行动者变成了政治理性人,政治活动成为政治交易、政治博弈。这些简单比拟的概念也没有被认真地排列为一个结构完整的体系。

第四,在政治学理论构成方面,经济政治学的倒退就更加明显。罗尔斯在政治学理论研究上已经将哲学理论、规范理论和经验理论有机结合起来。但在经济政治学中,哲学理论已经不见了,剩下的只是一些规范理论,经验理论也不多。由于将个体的政治人的投票、交易行为作为分析的单元,经济政治学在微观层面上解释了政治生活。但是,由于只把政治群体、政治集团、政治国家看成是个体行为的累加,在政治个体之外的政治行动主体的分析就成为空白。至于制度层面的分析则被遗漏,宏观层面的分析则干脆被忽略。

第三节 政治学基础理论建构的途径

一、浅薄式操作会损害基础理论的研究

在政治学基础理论的研究与建构方面,社会主义国家曾经走过许多弯路,有

过十分沉痛的教训。早在19世纪40、50年代,马克思、恩格斯就在政治学理论研究的领域中实现了革命性变革,并且相应地建构了指导这一学科发展的基础理论体系。按照常理,以马克思主义作为指导思想的理论基础的社会主义国家,一定是政治学理论研究特别是其基础理论研究和建构的中心和重地。但是,情况恰恰相反,马克思、恩格斯所创立的政治学理论,以及为发展这一学科所确立的基础理论的知识,在很长一段时间里并没有被获得社会主义革命胜利的国家中的政治家和理论家们所理解和继承。他们好像把这些都"遗忘"了。直至20世纪60、70年代,在中国大陆的大学中,政治学仍然被宣布为是资产阶级的"伪科学"、"假科学",政治学长期被粗暴地排除在正规的学科门类之外。当一门学科被人为地"消灭"时,有关这一学科的基础理论的研究和构建当然就无从谈起。

每个时代和社会都会有各种各样的创伤,但是正如丹尼尔·贝尔所讲的,一个时代或社会的真正的创伤,是不能掌握人们所需要的全部知识。将政治学这一学科粗暴地从学科门类中排除出去,让人们无法获得和知晓所需要的政治知识,这实际上是在制造社会和时代的创伤。但是,真正有用的科学门类,真正是人们需要掌握的学科知识,仅仅凭借权力和人为的手段是消灭不了的。只要政治生活还现实地存在着,只要人们在政治实践中还在产生对政治关系和政治过程的认识,这种认识所产生的结果或迟或早总会形成学科门类。与此同时,为建设这一学科的人们也就会去探索与之相对应的基础理论。事实上,在计划经济体制占据统治地位的时代,负责任的、有使命感的知识分子们仍旧在悄悄地研究着政治学理论,只是这种研究得不到官方的认同和支持,同时,作为支撑这种研究的基础理论的建构受到阻碍罢了。

在经过长时间的磨难之后,政治学终于在社会主义国家获得了一席合法之地。但是政治学学科的恢复和重建工作进行得并不顺利。这主要表现在对政治学理论研究,特别是对其基础理论的研究采取粗糙的、浅薄式的操作。这种浅薄式操作又有两种类型。

第一种类型是试图通过借用国内其他学科的现成知识来拼凑政治学知识体系。由于政治学学科长期被禁锢,政治学的研究资料缺乏,研究和教学人员也非常稀缺,以至于在政治学学科恢复之初,相当多的研究和教学人员只能来自邻近的学科,相当多的理论和资料也只能从邻近的学科门类中借取。

在社会主义国家的人文、社会科学中,同政治学比较接近的是历史唯物主义、科学社会主义、国际共产主义这些属于社会历史的学科。而且,这些学科又都是在社会主义国家中一直受到高度重视的学科门类,其研究队伍十分庞大,学科的知识体系相对地说也较为完善和稳定。政治学学科恢复重建时,相当多的原先从事历史唯物主义、科学社会主义和国际共产主义运动史研究和教学的人员纷纷从自己熟悉的领域一下子跨入到相对陌生的政治学学科的空地。在踏入几乎是空白地带的政治学理论研究领域以后,不少研究和教学人员所做的较为顺手的工作就是将历史唯物主义和科学社会主义的某些现成的内容加以移植与扩充。

这样做之所以顺手,是因为人们只要将历史唯物主义等学科中的某些范畴抽取出来,编排成系列,的确就可以迅速地"形成"政治学的学科知识体系。应当说从社会历史的角度来研究政治学是正确的,因为社会历史理论是政治科学知识体系赖以建立的理论前提,没有坚实的社会历史理论作为支撑点,政治科学是无法健康发展的。但是,政治学、历史唯物主义、科学社会主义、国际共产主义运动史终究是不同的学科门类,人员的转移和知识的借用并不等于是学科理论的恢复和重建。

社会主义国家原先的历史唯物主义、科学社会主义和国际共产主义史的学科知识结构中,有相当一部分是属于政治学的内容。这部分被硬塞进来的知识,暂时起着填补政治学被人为地"消灭"之后社会科学体系中出现的某些知识空白点的作用。但是,仅仅靠这些寄生在其他学科中的零碎知识,是形成不了政治科学的知识体系的。由于缺少对政治学基础理论的了解,将社会历史学科门类中哪些方法、范畴引入到政治学学科中来,也就缺乏必要的依据和标准。

这种做法本身就缺乏严肃的科学态度。它不是在真正建设政治科学,它只是在用哲学原理和科学社会主义、国际共产主义运动史中的某些知识片断的简单拼凑来取代政治科学的构建。这种粗糙的知识拼凑在一开始还有一点新鲜感,似乎一个被长期消灭的学科又出现了。如果说在政治学恢复的初期,这种简单的做法还情有可原,或许其他的处在恢复和重建的初始阶段上的学科也会出现这种情况。但时间长了以后,这种做法就会因为过于浅薄、草率而让人感到厌倦。而且这种知识拼凑的方法还带来了政治学、历史唯物主义、科学社会主义和国际共产主义运动史几大学科相互"争抢地盘"的现象。

一门学科长期被禁锢,要一下子恢复、重建起来,是一件很不容易的事情。缺乏长期的知识积累、缺少专业的研究团队固然是重建工作中的困难,但缺乏对基础理论的研究则是一个更大的困难。政治科学要能得以顺利的恢复和真正的重建,就需要有一批致力于政治学研究的专业人士,从客观的政治生活出发,认真研究从柏拉图到亚里士多德,从霍布斯、洛克到黑格尔,特别是到马克思、恩格斯这些政治学家所创立的政治学理论,尤其需要从这些理论的演变、发展中细心地发掘、认真地找寻支撑这一学科知识发展的基础理论。要做这些工作,是既艰辛又耗时的,想做顺手的事,想走方便的路,到头来只能损害政治科学的恢复与重建。

第二种类型是试图通过移植国外政治学理论来编造本国的政治学知识体系。有不少人害怕做艰辛的学科演变与发展的考察工作,更不想在基础理论的研究和建构上花气力,试图跨过扎扎实实的、默默无闻的本土知识积累过程,径直去构建政治学理论体系。要实现这一目标,其捷径就是从当代西方政治学的知识体系中引进或拿来自己所需要的东西,将它们联结起来。在做这种"引进"、"拿来"和"联结"工作时,很少有人去考虑各种理论产生的社会历史背景,去探索不同理论之间的矛盾,去思考理论所服务的政治制度的差异。其结果必然是将不同政治制度下的、具有不同社会历史背景的、内容和观点相互矛盾的、种种新奇的演说、理论、观点堆积在一起,形成为一种不伦不类的知识大杂烩。

有些乐于做这种"引进"、"拿来"和"联结"工作的人还以为由此产生出来的政治学理论体系带有国际性,能和西方学者对话。并且还讥讽扎扎实实地研究中国本土政治学理论的人思维狭隘、话语太土、缺乏国际视野。

应当承认,西方国家,特别是一些发达国家,由于政治学没有遭受太多的禁锢,无论是在研究的专业团队方面,还是在知识的历史积累方面,都远远超过我们。更为重要的是,由于西方政治学学科经历了长久演变、发展的过程,学科自身的反思也做得比较好,这就使得西方政治学研究的基础理论的建构工作较为扎实。由于有这些方面的优势,处于恢复和重建阶段的中国政治学,应当本着谦虚的态度,认真研究、借鉴西方政治学的研究成果。

但是,在进行这种学习、借鉴时,又必须冷静地看到,西方的政治学学科是在与我们所坚持的完全不同的社会政治制度下演变、发展的,是在和我们不完全相同的政治生活实践中生存和发挥作用的。就撇开社会政治制度具有极大差异性这一点不说,西方政治学科中的学说流派、理论范式、研究方法也都是在政治实践的发展中,在政治认识的演变中逐步演化、更替的。而且,在同一时期的政治生活实践中,常常还会产生出在价值、观念和模式上相互冲突的理论。

如果缺乏对政治学研究的基础理论的深入了解,不是依据基础理论去识别、判别和区别那些五花八门的理论派别、研究方法和范畴体系,而是随心所欲,就会出现将一些只是因为知晓,或者只是因为喜欢的理论观念、演说、范式人为地、牵强地组装到一块,最终形成的一定是一大堆不伦不类的东西,那些绝不可能是我们所企盼的政治学的科学理论体系。

除了这些问题之外,对当代西方政治科学的简单"引进"和"拿来"还会造成忽视政治学基础理论研究的偏向。在政治学恢复与重建过程中,人们所"引入"的、"拿来"的西方政治学,大多是"二战"以后在西方国家尤其是在美国较为流行的著作中的理论、方法和概念,这些著作基本上属于行为主义流派或理性主义学派与理性选择流派。在前面,我们已经分析过"二战"以后即从20世纪50年代至90年代在美国盛行过的行为主义政治学、理性主义政治学,还有经济政治学的某些特征。这些学派思潮都有一个共同的特点,就是偏离或弱化政治学基础理论的研究。过多地、不加批判地引入这类西方政治学理论,无形中就会助长轻视、忽视甚至藐视政治学基础理论研究的风气。

二、向自然科学看齐会背离基础理论的构建

在当代政治学理论研究中,无论是在西方国家还是在社会主义国家,都存在着共同的缺陷,就是研究者倾向于采用削弱基础理论的机会主义研究策略。这种缺陷当然不仅仅在政治学学科中存在,在其他社会科学中也同样存在,只是程度不等而已。美国著名社会学家罗伯特·金·默顿在谈到社会学学科研究中的这一缺陷时认为,之所以出现这种情况,是因为很多社会科学研究人员不清楚社会科学知识体系同自然科学知识体系在发展和积累方面所存在的差异,或者说,许多专业研究者根本就不知道知识社会学的原理。

默顿引用普利斯在一次调查中所获得的资料来验证他的结论。普利斯曾将不同领域中的154种杂志收集起来,研究其中的自然科学论文与社会科学论文所引用的出版物的出处与发表时间的情况。统计的结果是:在自然科学的论文中,60%—70%的引文或引用材料是来自近5年内的出版物。而在社会科学的论文中,只有10%—20%的引文或引证材料是来自近5年内的出版物。由此,默顿赞同普利斯的一个判断:自然科学知识体系累积的结构具有像织物那样短距离相连的组织,而社会科学的知识累积的结构却是一个较为随意的网络,好像它的任何一点都同任何其他的点甚至遥远的点发生关联。默顿还有意引用了另一位信息系统专家凯斯勒有点偏激的话,他认为自然科学家对历史上的理论的态度与社会科学家对经典著述的态度是很不一样的:作为一位严肃的研究英国文学的学者,如果没有读过莎士比亚、米尔顿和司各特的著作是不可想象的;而作为一位严肃的物理学家,却完全可以不读牛顿、法拉第和麦克斯韦尔的原著。[①]

默顿引用这么多资料的目的在于说明,社会科学学科的发展,无论是法学、社会学还是政治学,都必须依靠人类长期的知识积累,企图只从社会生活中获取一些事实,并求得对当下事实之间联系的了解,而撇开历史上已形成的理论,社会科学是不可能健康和持续发展的。

默顿的知识社会学研究对政治学的恢复、重建和发展具有启迪意义。在政治科学的合法知识系统中,浮在表层的是一些与不同的政治生活紧密相连的经验知识,它包括对各种政治行为、事实的判断,这类政治知识是零碎的、繁杂的、易变的。政治学的研究不能仅仅满足于对各种发生过的政治行为、现象、事件进行记

---

① 罗伯特·金·默顿:《论理论社会学》,何凡兴等译,华夏出版社1990年版,第39页。

录,它需要找出事实之间的必然的、规律性的联系。从对政治生活表层的观察,到掌握政治活动的规律,这是研究者在内部思维中的"过滤"与"沉淀"的过程。

在这一过程中,思维分析出来的沉淀物首先在政治学的各个分支理论的层面上累积。默顿在他的《论理论社会学》一书中称这类分支理论为"中层理论"。分支理论又会与共同的知识融合,在政治学的规范理论层面上又一次累积起来,其成果构成政治学的规范理论。再向下是政治学的哲学理论,它要解决的是人性的设定和现实人的政治生活的本质问题。从经验理论、规范理论和哲学理论中过滤出的知识,都会积淀到政治学的最深的,也是最为关键的层面上,汇集起来就是政治科学的基础理论。

默顿的知识社会学是社会学家们对社会学这一学科历史发展的深刻反思。这一学科发展的反思告诉我们,现代的社会科学研究要能够取得进展,必须克服一种不良的倾向,那就是部分专业研究者所采取的急功近利的机会主义策略。这种策略是基于下列的思考而产生的。首先是要寻找单纯的、简化的方法论。政治生活过于复杂多样,人们很难把握。只有找到一种能够使用在一切现象、事件和过程中的分析单元,政治学的研究才能变得简单易行。这种分析单元就是具有特定人性的个体。只要将个体的行为研究清楚了,由个体组成的群体、集团、组织的行为,由这些行为构成的政治现象、事件和过程也就清楚了。这种方法论就是个体方法论,或称之为方法论上的个人主义。

其次,要对个体行为的观察、测量变得精确,唯一可以借用的或移植的就是自然科学中的量化与实验技术。因此,政治学要变成真正的科学,政治学的研究就要向自然科学看齐,运用自然科学发展出来的一套技术来研究单个人的行为。如果达不到纯粹的自然科学研究手段的要求,至少要达到仿效自然科学研究而发展出来的经济计量学、经济统计学的要求。

从行为主义政治学家,到理性主义政治学家,再到理性选择主义政治学家,他们虽然也在某些方面推进了政治学理论,但由于采取了向自然科学看齐的机会主义研究策略,最终在政治学理论研究上都产生出种种缺陷。其原因虽然是多方面的,但归根到底是这种研究策略使他们偏离了或弱化了基础理论。行为主义政治学家们虽然注重政治事实和政治经验的收集和整理,但是他们在排斥价值判断和方法论个人主义的研究策略的指导下,不去加强基础理论的建设,鄙视历史上遗留下的基础理论研究的成果,更没有考虑马克思主义政治学在基础理论研究和构建中所取得的丰硕成果,其结果阻碍了政治科学的进一步发展。作为对行为主义加以批判的理性主义政治学和经济政治学,它们并没有能真正走出行为主义政治学的局限性,其原因仍然是没有能重视对基础理论的研究和建构。

放弃向自然科学看齐的机会主义研究策略并不容易,采用实事求是的研究策略是需要下工夫、花气力的。将研究的注意力从政治生活的表层转向政治生活的本质层面,思维就需要层层跟进,而且越是进入深入的层次,研究就越是艰辛。从经验层面向基础理论层面的知识过滤和沉淀是按照逐层递减的规则进行的,真正沉淀到基础理论层面上的知识是相对较少的,因而其积累的过程也是相当缓慢的。但是,这种基础理论的研究和建构又是值得人们下气力去做的。基础理论上的任何变革对政治学理论构成上的哲学理论、规范理论和经验理论方面的知识增长的作用是巨大的。正因为这样,政治科学的发展最深厚的也是最重要的途径是加强其基础理论的研究和建构。而这种研究与建构又是同不断分析、挖掘前人已经提供的基础理论是密切相关的。

在强调政治学研究中理论知识积累的同时,还需要重视对政治生活实践的观察、考证。行为主义政治学的缺陷并不在于它研究了人的政治行为,而在于它不正确地研究了人的政治行为。政治科学研究要能深入到基础理论的层面,当然离不开对政治生活感性、经验层面的观察和分析。从感性经验层面到经验理论,从经验理论到规范理论、哲学理论,再到基础理论,这是一个人的认识由表及里、由此及彼的过程。作为这一认识过程起点的是对政治生活的经验观察。显然,离开对大量事实判断的搜集、整理,就不可能形成较为扎实的经验理论,也不会产生出规范理论,对人性的设定和政治生活本质的把握也就不可能,当然最终会影响到基础理论的建构。

三、以开放创新的心态构建基础理论

政治学是一门在历史变迁中、在开放中积累成果的学科门类。政治学是对客观现实的政治生活所做出的主观反映。客观现实的政治生活由于内在的矛盾运动而处在不断的变化之中,这种变化固然是理论指导实践的结果,同时它也为理论的演变和发展提供了最根本的推动力量。正是这种政治生活与政治科学之间的互动,使得政治学在本质上成为一门历史科学。

政治科学从柏拉图、亚里士多德,经过霍布斯、洛克、黑格尔,在马克思、恩格斯那里实现了革命性变革以后,演化到伊斯顿、达尔、阿尔蒙德、摩根索,一代又一代,积累起丰厚的理论成就。不同时代的政治学家们努力从自己所处的客观现实的政治生活出发,概括政治现象之间的联系,探索政治过程的规律,构造系统的政治理论,从而形成不同的流派和思潮。要繁荣政治科学,就必须认真发掘、评价和吸纳历史上已经形成的丰厚的理论宝藏。但这种发掘、评价和吸纳必须遵循一定的标准和原则,而不能随便地、盲目地进行。因为从表面上看,在政治科学近2500年的历史演进中,留下来的似乎只是一个个在内容和形式上都很不一样的流派。对这些众多的流派当然可以以它们出现的时间先后排出一个序列,但这样做根本不能说明任何问题。因为,各种政治理论流派之间的联系显然并不完全是以时间为前提和纽带的,以时间次序来安排不同的流派必然会掩盖和模糊这些流派之间真实的逻辑关联。

在人类政治知识体系的成长和发展中,历史与逻辑是两个重要的方面。科学的认识要求做到历史与逻辑的一致,但是在实际生活中,历史与逻辑又往往是矛盾的。历史不仅带有必然性,而且充满了大量的偶然性。而作为逻辑,它所注意的只是必然性。思想的实际演变构成思想历史,但只有对思想的历史进行必要的修正,思想演变的逻辑线索才能清晰地显露出来。只有把各个流派之间逻辑上的而不单纯是形式上的异同分析清楚,我们才能发现2500年来人类对政治生活认识的基本线索,并从这些认识中概括出政治生活的发展变化以及人类政治理论发展变化的规律。

要获得关于历史上政治科学流派之间的逻辑联系的知识,首要的或关键的途径是要对众多理论派别进行适当的分类和比较。一旦通过科学的分类和对各个理论类别做出比较之后,理论流派间的逻辑关联自然也就会变得清晰起来。因此,寻求逻辑联系的任务现在已转化为对众多的政治理论流派进行科学分类和比较的任务了。这一任务的继续分解和转化,就要求人们确定分类和比较的指标,即按照什么来分类,依据什么来比较。

历史上的政治学家所处的具体的政治环境很不一样,他们生活的时代中出现的政治热点也不相同,而且各个人所关心的或感兴趣的理论问题也很不一致,这些不同或差异就给政治学理论派别的分类和比较带来了较大的困难。但是,我们一旦撇开不同政治理论所包含的上述种种具体的内容就不难发现,任何一种政治科学体系,不管它是多么的奇特和繁杂,它在体系之中总会贯穿和蕴含一定的学科性质与定位、研究的途径与手段、理论构成的类别与层次、范畴的获取与整合、研究的框架与范式。这些就是处在政治科学知识体系最底层的,然而却主宰着整个理论体系构成与发展的基础理论。因此,对各种政治学理论加以分类和比较的最重要的也许是最终的指标或标准就是基础理论。在政治学研究中起着支撑和引导作用的基础理论能够帮助研究者对历史上和当代的众多政治理论流派进行分类与比较。

与政治学研究的历史性、开放性相对应,政治学研究中的基础理论也不是预先规定的,而是在政治学研究的长期发展中,在与各种政治理论流派的相互作用中,通过开放创新逐步积累起来的。

在古代和近代的政治科学知识的积累中,绝大多数著名的政治学家都把精力聚集在研究和发展基础理论上。他们对基础理论的研究留下了一些宝贵的元素、颗粒。到了马克思、恩格斯创立新型的政治学理论时,他们才把这些基础理论的元素和颗粒汇集起来,形成较为完整的体系。但这绝不意味着政治学研究中的基础理论的构建到此就终结了。基础理论的研究与构建还会持续下去,已经形成的基础理论的要素和方面还需要进一步的更新和完善。

尽管在政治科学的发展史上流派纷呈,但是只要以基础理论观念为原则对各个流派的基础理论加以分析、考察,我们就能够较为准确地理解它们之间的区别和理论上的谱系关系。当然,在具体考察、分析各个理论流派的基础理论时,应当依据实际情况,找出各派别的知识体系所包含的理论前提、基本方法、基本范畴。有些政治学家在探讨基本理论时比较注重理论前提的研究,但忽视方法论上的创新,或不太重视基本概念的制定及其系统化。而在理论前提的研究中,也会出现不同的情况,有人侧重于人类学理论,有人侧重于伦理学理论,有人则侧重于社会历史理论。因此,在对政治学流派进行分类和比较时,应当做到从实际出发,具体情况具体分析。

要以开放和创新的心态推进政治学基础理论的研究和构建,需要做两个方面的工作。一是要继续批判、分析现代西方资本家占统治地位的政治系统中流行的各种政治学理论所包含的基础理论的内容。政治学理论有着强烈的价值取向,因此,对不同的政治学说特别是西方资产阶级的政治学说必须进行科学的、客观的评价。评价一种政治学说可以从多方面进行,但是,其中最为重要的则是对其基础理论加以判定。要驳倒一种政治学说,固然最终的武器是政治实践,然而任何政治实践也离不开依据一定基础理论的政治理论的干预与指导,因此,在批驳一种政治学理论时,集中分析其基础理论上的缺陷就显得非常重要了。

在资产阶级强大到可以在政治上向封建地主阶级冲击时,他们首先攻击的是封建贵族的政治理论,而这种攻击和批判又主要集中在基础理论上。封建的政治学说建立在承认特权的基础上。在公元10世纪、11世纪的西方,政治理论普遍承认一种原则:按照上帝和人的法律,一个人的待遇和地位,应当就是他和他的祖先早已享有过的或者是由先前的某一领袖通过法令保证给予他的。法律创造了一条对整个民族和每个人都具有约束力的纽带,同时,它又向每个人保证他在所处的地位上应享受的特权、权利和豁免权。这种政治学说的根本点是强调人与人的不平等,这种天生的不平等决定了每个人应按其地位与身份享有法律待遇。

这种政治学理论包含着在基础理论层面上的多层荒谬。首先是研究方法上的错误,封建政治统治建立在特权理论之上,而这种理论是人为规定的,而不是经过论证的。其次,在理论构成上,封建主认可的政治理论缺乏作为基本的人性设定的哲学依据,其规范理论和经验理论只能残缺不全。此外,封建主坚持的政治理论其范畴也缺乏提炼,更缺少完整的体系。

资产阶级在其上升时期的政治学说中集中批判了封建政治理论中这些十分荒谬的基础理论部分。这体现在由格劳修斯较早地提出并经过霍布斯、洛克的发挥,一直延续到法国大革命并在其后仍经久不衰的自然法理论中。自然法理论在不同的政治学家那里所表现出来的形式是不相同的,但是包含在其中的有关人性的设定的哲学理论却是一致的。

在他们看来,在现实世界上再也找不到比人的天赋、个性更为扎实可靠的东西了。单个的人,他的兴趣、事业,追求幸福和升迁的愿望,尤其是他的理智,这些乃是一个人成功地运用自己所有技能的条件,而这一切又正是一个稳定社会必须赖以存在的基础。封建的地位、特权再也不是神圣的了。人不是作为一个教徒、一个行会或等级的成员,而是作为一个赤裸裸的人、一个"无主"的人而存在着。人必然具有某种不变的特性,即具有某种天赋力量。正因为这样,必然存在某些最低限度的条件,以使人在社会团体中稳固地结合起来。这样,资产阶级就用抽象人性的理论前提替代了封建阶级在政治学说上等级特权的理论前提,并由此动摇了整个封建的政治理论。

同时,处于上升时期的资产阶级政治学家们正是在设定构建有关人性的哲学理论,并由此形成规范理论和经验理论后,才提出了资产阶级政治革命的任务。他们经过对现实政治生活的概括与提炼,形成了天赋人权、权力、国家、政府等政治学范畴,并将它们整合起来,形成体系。

今天,我们面临着对现代资产阶级政治学说进行分析批判的任务。要揭露资产阶级政治学说的非科学性,除了指出这些学说中的某些内容与政治现实不相符合以外,还需要动摇其基础理论。只有像当年处于上升时期的资产阶级政治学家那样,用一种崭新的基础理论来驳倒并取代旧的基础理论,资产阶级政治学说才会失去它的虚假的合理性。

要以开放和创新的心态推进政治学基础理论的研究和构建,还需要做另一个方面的工作,即发展由马克思、恩格斯建立起来的政治学基础理论。马克思、恩格斯在创立共产主义的政治科学知识体系时首先做了这方面的工作。但是,随着晚期资本主义社会中政治生活的变化和资产阶级的演变,必须不断修改和补充马克思主义政治学说以及作为这种政治学说前提的基础理论。这种补充和修改会使基础理论变得更为精细和具有合理性。因此,在现时代,分析资产阶级各种政治学说基础理论的任务就变得更为复杂而又迫切。这个任务的完成要求马克思主义的政治学家们必须努力研究现代西方政治科学知识体系的基础理论,对它做出合乎理性的分析和评价,并在批判中继续发展马克思、恩格斯所创立的基础理论。

本章小结

任何学科都有其支撑学科知识构建和发展的属于元理论层面的基础理论,政治学学科也不例外。但是要认识研究并自觉累积政治学的基础理论,就需要做艰辛的历史发掘工作。要从政治学发源地汲取基础理论养分,要细心挑拣政治学发展的轴心时期所凝聚的基础理论颗粒,要认真总结政治学理论出现革命性变革时期中基础理论建构的成就。

政治学基础理论的构建是在学科成长中曲折演进的。行为政治学曾对基础理论的传统产生过严重偏离。理性政治学对基础理论建构复兴是很有限的。现在仍在流行的经济政治学对基础理论的建构再度弱化。

总结政治学基础理论建构的经验教训,可以看到,浅薄式操作会损害基础理论的研究,一味地向自然科学看齐会背离基础理论传统,只有以开放、创新的心态,持之以恒的探索,才能发展政治学基础理论。

关键概念

行为主义政治学　理性政治学　经济政治学

研究与思考

政治学轴心时期已经具有哪些政治学基础理论的颗粒?
在政治学革命中基础理论是如何得到建构的?
为什么说行为主义政治学是对基础理论的严重偏离?
为什么理性政治学对基础理论的复兴只是有限的?
经济政治学对基础理论的再度弱化表现在哪里?
浅薄式操作为什么会损害基础理论的研究?
为什么向自然科学看齐会背离基础理论建构?
如何以开放创新心态发展政治学基础理论?

相关知识

政治学学科发展的历史

对于西方,特别是美国政治学发展历史的考察、评价,有四种视角:反科学的、后科学与后行为主义的、马克思主义和新马克思主义的和理性选择的。

如果以政治研究所取得的成果作为考察对象,用一条曲线来描绘政治科学的发展历史,这条曲线的起点则无疑始于古希腊政治科学,之后经历了如下的发展历程:在古罗马时代取得了一定的发展,经过中世纪缓慢的发展,到了文艺复兴和启蒙时代得以飞速发展,然后在19世纪取得了一些重大突破,最后在20世纪真正具备了专业特征,并在扎下牢固的根基后开始突飞猛进。这条曲线所要量度的是,与政治的两个基本命题即政治制度的构成要素以及对它们的评价标准密切相关的知识进步的速度和质量。

通过上述所描绘的曲线我们可以看到,20世纪政治科学经历了三次高峰。第一个高峰发生于第二次世界大战期间(1920—1940),称芝加哥高峰。其主要特点是:开始实施有组织的实证研究项目,强调对政治进行心理学和社会学方面的解释,侧重于定量研究。第二次高峰出现在第二次世界大战之后的10年。其主要特点是:行为主义政治科学在全世界广泛传播,传统的子学科不断取得进步,政治科学变得越来越专业化。这主要表现在:吸收各类知识精英,建立由多个成员组成的、等级相对比较宽松的院系;成立各类协会和专业学会,创办刊物,等等。第三次高峰则以"理性/方法论上的个人主义者"中的演绎、数学方法以及经济模型为特点。

我们可以将这个学科历史发展的观点,称为"进步-折中"的观点。这种观点得到了部分学者的认同。这些学者把在实证和推理基础上寻求客观性当成评判政治科学学识的标准。这些标准不仅适用于我们称之为"行为"的研究,还适用于包括历史的和规范的政治哲学研究、包括历史上和当代的实证个案研究、系统的比较研究、与调查和定量研究相关的统计分析,以及涉及数学模型和包括真实的和模拟的试验的其他相关研究。在这个意义上说,这是一个折中的、非等级的、非整合的标准。

之所以说这个观点是"进步的",是因为它将改变这一概念用于政治研究的发展历史,以知识数量以及就洞察力和严谨性而言的质量来衡量"进步"。谈到洞察力,大部分学者都认为密切尔·沃尔兹比柏拉图更好地理解了正义这一概念;谈到严谨性,与亚里士多德相比,罗伯特·达尔为我们提供了一个更出色的民主理论。

对于政治科学的发展历史,有四种不同的观点。其中两种观点对政治科学的科学特征提出质疑,它们站在"反科学"和"后科学"的立场。另外的两种观点,即马克思主义者和"理性选择"主义者对政治科学的折中主义提出了质疑,而主张一种纯化的、分等级的一元论。施特劳斯学派这样表述他们"反科学"的观点:引入科学的方法论是一种有害的错觉;要对理解不断地进行碎片化和整合;只有在与经典著作和传统教材不断地进行碰撞的过程中才能揭露有关政治的基本真相。对学科发展所持的"后实证"、"后行为"的路径，则采取了一种解构主义的观点：学科中没有特殊的发展历史。对于学科的认同存在多元主义，每一种主义对学科历史都有自己的观点。

马克思主义者、新马克思主义者和"批判理论"的路径则对折中主义提出挑战。他们声称，政治科学确切地说是社会科学，不可能由那些不可证伪的——马克思发现的，在其著作中曾经表述过，并由他的助手和继承者深入探讨的——事实所构成。这种观点反对把政治科学概念同社会科学分开。社会科学在自己辩证的发展过程中不揭示自我。理性选择理论反对折中主义，主张把政治科学看做是一个等级模型。而这个模型目前正朝着建立一套适用于包括政治在内的整个社会现实的精炼、正式的数学理论不断发展。

（资料来源：罗伯特·古丁、汉斯-迪特尔·克林格曼主编：《政治科学新手册》（上册），三联书店2006年版，第二章。）

建议进一步阅读的文献

要对古代和近代政治学的历史发展作进一步研究，可阅读乔治·霍兰·萨拜因的《政治学说史》（商务印书馆1990年版）中第六、十八、二十四、三十一、三十四章部分的内容。

要对现当代政治学的学科历史作进一步研究，可阅读罗伯特·古丁、汉斯-迪特尔·克林格曼主编的《政治科学新手册》（上册，生活·读书·新知三联书店2006年版）第二章中"历史回顾"和"对于学科发展的不同观点"部分的内容。

第四章 政治学研究活动

【学习要点提示】
政治学研究的组成
　　研究活动的构成
　　研究活动的特点
　　研究活动的目的
政治学的研究取向
　　心理行为的研究取向
　　理性选择的研究取向
　　制度机构的研究取向
　　系统结构的研究取向
政治学研究的道德
　　研究者的道德责任
　　研究者的道德防范

第一节 政治学研究的组成

一、政治学研究活动的构成

对政治生活做研究有多种方法,人们常见的有反科学的和非科学的研究方法。以社会理性思维为主导,并以非理性思维为补充的科学研究方法才是值得提倡的、现今已经占据主流地位的、可靠合理的研究方法。

政治学的科学研究活动是由一些主要因素构成的。其中包括研究者社群、研究的行为规范、研究的科学精神和研究的过程管理。政治学研究活动是一般社会科学研究活动的重要组成部分,它除了具有社会科学研究活动的一般特点外,还具有强烈的政治性、显著的民主性和鲜明的创新性这些特点。

政治学研究的目的有三种,即描述社会政治生活、解释社会政治生活和探索社会政治生活。政治学研究的类型总体上可以分为基础性研究和应用性研究两大类。基础性研究是应用性研究的前提,应用性研究不仅可以加深基础性研究,而且能将基础性研究的成果用来对现实政治生活的变革和发展产生作用。政治学研究的具体形式可以是横剖式的,也可以是纵贯式的。

从严格意义上讲,正式的政治学科学研究活动是由从事政治学科学研究的社群成员依据政治学科学研究的行为规范,以科学态度和精神,采取共同认可的模式、取向、范式、手段,观察、理解、预测、建构政治现象、事件和过程,将获得的发现以论文、报告和专著的方式公布出来,供社会共享和评估,并逐步转化为改造社会政治生活的行动建议的主观能动活动的总和。

在现代社会中,科学已经成为社会制度和体制的重要组成部分。多数国家都形成了由科学研究者、组织者,科学研究机构,科学发展政策,科学研究成果及其转化的技术、行动建议等因素构成的科学制度和体制。在社会的科学建制和体制中,科学研究活动又是其中特别活跃的部分。

政治学科学研究是总体科学研究中的一个重要类别。政治学科学研究活动既具有一般科学研究活动的属性,又具有其特殊的属性。政治学科学研究活动包含着政治学的研究社群、研究者的行为规范、政治学研究的科学精神和政治学研究的成果管理。

从实际存在的情况来分析,政治学科学研究活动可分为专业的学术研究活动和非专业的实务研究活动两大类。前者大多存在于高等学校、社会科学研究院所和特设的专门研究机构中。后者则广泛存在于相关的政党组织、相关的政府部门之中。这两类研究活动的划分仅仅是相对的,两者之间经常是相互渗透、相互交叉和相互作用的。这两类政治学研究活动对政治知识的创新、积累,对现实政治生活的变革、发展都是不可缺少的。

政治学研究者是社会生活和社会结构中的一种特殊社群。社群(community)是指社会生活和结构中具有某些共同的目标、相同的兴趣、相似的行为规范和共享的信息资源的群体。政治学科学研究社群则是以严格的科学精神,以大家认可的模式、取向、范式、手段和技术,寻找和发现政治生活规律,相互交流经验资料,共享研究成果,致力于促进政治文明和民主政治发展的群体。

一个国家的政治学科学研究社群只能是一个人数较少的专业化和实务化的群体。如果一个国家中绝大多数人都搞政治学研究和政治实务研究,必定会导致过度政治化的悲剧。如果一个国家中人人都对政治冷漠,很少有人从事政治学的学术研究和实务研究,也会导致政治生活的非科学化。一个社会必须保持一定数量的人从事经济学、社会学、文化艺术体育方面的科学研究,同样也必须保持一定数量的人对现实政治关系、政治运行、政治体制改革和政治制度建设进行学术的和实务的研究。因此,社会主义国家必须在大学中发展政治学类专业学位教育,设立专门的政治学研究组织,并在党政部门中展开政治实务研究,努力培养从事政治学科学研究的学术和实务人才。

从我国的现实情况来审视,政治学科学研究社群成员主要分布在两大领域。一个主要领域是大学校园和科研院所。相当部分的政治学研究人才分布在这一领域。在设有政治学类专业的大学和从事政治学研究的学术机构中,大批有着政治学专业背景的学术研究人才从事着政治学理论和方法方面的研究。他们既关心国外政治学研究的进展,同时又将主要的研究兴趣放在创新和发展本国政治学知识方面。这些政治学研究人才坚持联系中国政治生活的实际,特别是转型社会中政治体制改革和民主政治建设的实际,以马克思主义为指导,以已有的政治学知识积累为基础,不断地从丰富的实践经验中提炼、创建政治学的新知识,构建政治学的新理论,探索政治学研究的新方法,以提升政治学研究的水平。

另一个重要领域是各级党政部门。一部分政治学研究人才分布在各级党政部门,包括从中央到地方和基层的各级党校、行政学院、社会主义学院和政策研究机构之中。他们具有政治学理论方面的素养,以马克思主义为指导,联系中国政治的实际运行、变革和发展,主要进行政治实务方面的设计、建议和咨询。这两大领域中的政治学的研究者都是政治学科学研究社群的成员,他们的研究方向、议题常常是相互交叉、相互渗透的,他们在研究中常常相互合作。

虽然一个国家中的政治学科学研究人员多数都加入到全国性的或地方性的专业协会、学会和社会科学联合会之中,但政治学科学研究社群并不是一个严格的组织。它只是一个由遵守政治学科学研究行为规范的研究者形成的松散集合。任何进入科学研究社群的人,都必须服从和自觉遵守社群中未必是明文写就的但却是社群内的任何成员必须自觉坚持并切实践行的行为规范。

政治学科学研究的行为规范是研究者们在长期的科研实践中通过相互间的论辩、批评、鼓励、传承而逐步总结和完善起来的。在研究社群内部通行的行为规范并不是由哪一个人事先规定的,也不是哪一天突然产生的,它是通过前辈不断地教诲后辈,后辈不断地传承前辈,将好的行为习惯日积月累加以贯彻、延续而最终确定下来的。研究社群内部开展的经常性的学术规范方面的批评和自我批评则是保证这些行为规范一直能得到持续实施的动力。

政治学科学研究的具体行为规范是多方面的,其中基本的和主要的规范是:政治学研究必须是客观公正的,研究者必须避免主观武断和个人的、团体的偏见;政治学研究者之间是平等的,不能以身份、职位、辈分来压制学术自由;政治学研究的成果是公开的,研究成果必须而且应当通过报告、论文和著作公布出来,让人们共享、批评;政治学研究的活动是诚实的、道德的,研究的动机是诚实的,获取和分析资料的手段是诚实的、道德的,引用别人的成果是诚实的、明确标示的。

政治学科学研究社群成员最重要的角色特征是恪守政治学研究的科学精神。政治学科学研究方法的核心就是研究者坚持和贯彻科学精神。政治学研究中的科学精神体现在研究工作的方方面面。其中最主要的是：研究者必须具有坚定的科学立场，不唯上、不跟风、不媚俗、不摇摆，从人民利益出发，一心追求真理。研究者必须坚持实事求是的原则，不从权威出发，不从本本出发，从客观现实出发，努力探索和发现规律。研究者必须提倡学术论辩的风气，学术越论越精，真理越辩越明，提倡形成不同的学派和学术流派；那种人云亦云，一团和气，不是真正的科学态度，搞学术垄断、搞帮派小圈子，也不是真正的科学态度，它只能败坏学术尊严，削弱学术威严。研究者必须坚持研究的规范和程序，科学精神与优良的行为规范是相互包含的，优良的研究行为规范中渗透着科学精神，而研究的科学精神又需要通过恪守优良的行为规范来保障。

政治学科学研究活动还包含着科学研究成果的管理。政治学科学研究的成果有多种形式，可以是针对某个特定现象和问题的研究报告，可以是研究分析某个政治课题的研究论文，也可以是系统研究政治生活的整体或某个部分的专门著作。但是，无论是哪一种研究成果都必须通过一定的渠道、平台和阵地发表出来，既让整个政治学科学研究社群成员来评判、共享，也让非政治学科学研究社群的人来阅读、评价。政治学科学研究的成果通常需要经过本专业中具有一定水平和资历的研究者预先加以匿名评审，然后才能正式发表和出版。在社会上公布出来的研究成果还会在科学研究社群内部依据其优劣进行评选。有些研究成果会得到不同层次的政治学会、协会和社会科学联合会的表彰和嘉奖，有些研究成果还会得到公共部门的采纳和奖励。得到奖励的研究者会因此而赢得学术头衔或职称得到提升，从而具有较高的学术声望，在社会上特别在政治学研究的专业社群中赢得人们的尊敬。

二、政治学研究活动的特点

人们之所以要研究怎样做政治学研究，其原因就在于人们掌握政治学研究的科学方法，就能较为容易和可靠地获取有关政治生活的真实的和全面的知识。政治学研究方法之所以能对人们产生这种作用，是因为它既具有社会科学研究方法的一般特点，又具有自身的某些特点。

一般社会科学研究活动的特点

政治学科学研究方法具有一般社会科学研究方法所具有的特点。这些特点主要有以下几方面：一是科学研究方法是公开的。所有的科学研究其研究的课题和项目、研究的方式、研究中获取的和利用的资料、研究的程序和过程以及研究的结果都必须是公开的,以便让其他人去验证和共享。

二是科学研究方法是客观的。在科学研究中,虽然研究者有主观的意志和判断,但是他们必须面对事实,确认事实,在此基础上再去解释事实。研究者必须排除主观偏见、去除主观的不正确的判断,以保证研究发现的客观性。

三是科学研究方法是经验性的。科学研究中使用的资料、信息必须有经验的基础。说天不下雨是"上天的安排",这一结论就没有经验作为支撑,它就缺乏经验性,因为对此人们无法去观察、访谈、测试、验证。要保持科学研究的经验性,将抽象的概念与经验世界相联系,就必须从经验中提取概念,并对概念建构操作性定义,概念间的关联必须得到经验的支持。①

四是科学研究方法是累积性的。科学研究必须一步一步扎扎实实地展开和进行,科学研究成果必须一点一滴地逐步积累、存贮。反科学和非科学的研究方法常常宣称已经穷尽了对政治生活的认识,并认为已经获得的真理是放之四海而皆准的。科学研究方法不相信这种绝对化的武断。它相信人们是通过发现无数相对的、有限的真理而走向绝对真理的。任何科学研究都在为总体知识的发展增加新的内容。

五是科学研究方法是可以预测的。科学方法认为客观现象、事件和过程中存在着不以人的主观意志为转移的规律。人们从事科学研究的目的就是为了发现内在的、必然的、可以重复出现的规律,并将规律用具体理论表现出来。因此,依据科学方法获得的理论可以被用来对现象、事件和过程的未来变化趋势进行预测并加以主观的改造和构建。

政治学研究活动的基本特点

政治学研究方法除了具有上述一般科学方法的特点外,还有其自身的特点。首先,政治学科学研究方法具有强烈的政治性。在人类的社会生活中,存在着经济生活、文化生活和狭义的社会生活,还存在着政治生活。这些生活领域之间是相互渗透、相互作用的。因此,经济学研究中不可能不显示政治特性,同样,文化研究、狭义的社会研究中也必然具有某种程度的政治性。但是政治学的研究,其政治性则要更为强烈。因为政治生活总是和人民的根本利益联系着的,又总是和权力配置运行相关联的。任何政治现象、事件和过程都与阶级、政党、团体的权益紧密相关。研究者总是在现实政治生活中分属于一定的阶级、阶层、党派和团体,

---

① 中世纪的神学唯心论的错误就在于撇开经验性去追问一些虚假的命题,并以世俗学者回答不了来自命学问高深。其实要破解这种伎俩并不难,只要引入经验性就行了。当中世纪的神学家问你"一个针尖上能站几个天使",你可以回答:"只要你给我下一个天使的操作性定义,我就能把答案告诉你。"

他们不会没有政治立场、政治倾向、政治态度。因此,在政治学的科学研究中必然渗透着强烈的政治性。

政治学的科学研究的特点就在于研究者必须将强烈的政治性与坚定的科学性结合起来,将强烈的政治性建立在科学性的基础之上。任何政治学的研究者都有自己的政治立场、政治利益、政治态度、政治理想,这些共同构成了研究者本人的或研究团队的政治价值取向。西方行为主义政治学主张研究时采取"价值中立"的态度,并认为这样做就可以实现政治学研究中的"价值祛除",保证研究结果的客观公正。这种主张实际上是行不通的,研究者生活在现实政治生活中,他们不可能没有特定的政治立场、政治倾向、政治态度、政治理想,政治价值取向会伴随研究者进入研究过程。关键不在于研究者在研究时有没有政治价值取向,而在于他们在获取和分析量化与质化资料,得出研究结论时,如何处理政治价值取向与客观事实之间的关系。当研究者坚持科学精神,尊重事实,发现得出的结论与他们原先采取的政治价值取向一致时,这时研究的科学性与政治性在形式上就是统一的。如果研究的结论与原先所持的政治价值取向不一致,研究者仍能坚持这些结论的合理性、正当性,这时,科学性与政治性仍然是统一的,统一的基础是事实和科学。

其次,政治学科学研究方法具有显著的民主性。政治学研究的根本目的是为了改革政治体制,建设民主政治。因此,政治学研究除了要坚持科学性外,还需要体现和增强民主性。政治学研究中的鲜明的民主性主要表现在政治学研究的前提、出发点以及落脚点是维护人民民主。现代民主有多种表现,也产生出各种理论,但是民主政治的最基本的涵义则是人民当家做主,人民成为社会的主人,成为政治生活的主人。离开了人民当家作主的民主必然是不完全的、破碎的民主。政治学科学研究的主题和关注的焦点就是寻找人民当家作主的条件、过程,解决阻碍人民当家作主的种种问题。

民主政治的另一个重要内容是人民对重大政治决策的知情和参与。协商民主和审议民主的重要体现就是人民能够普遍、广泛、密集地参与政策决策,分享政治决策权。政治学科学研究,要求得对现实政治现象、政治事件、政治过程的真切了解,要获得真实的量化和质化的经验资料,关键是实行开放式和民主式的研究,相信和依靠人民,吸收人民的参与,听取人民的要求和呼声。只有这样,才能发现政治生活中内在的、必然的、本质的关系。

民主政治的另一个重要方面是允许平等的对话、论辩。政治学的科学研究是追求真理的过程,真理总是在与谬误的斗争中显现与发展起来的。各种关于政治理论与实践的真知灼见总是在多种思想的激烈碰撞中形成的。政治学科学研究的一个经常形式和表现就是民主的、平等的、公正的论辩和学术对话。研究的成果必须经受各方面的评价,其中包括批评甚至反驳。

第三,政治学科学研究方法具有鲜明的创新性。政治生活是人类社会中变动性较大的领域。政治学研究中的重大成果往往是在政治生活发生重大变革和发展的时期。因为只有在政治关系、政治结构、政治体制、政治制度发生较大变化时,各种政治力量、政治要求、政治价值才会鲜明地显露出来,使得往常包裹在经济、社会和文化关系中的政治关系变得简单化,政治利益的格局才会明显化,政治现象、事件之间的因果联系才会清晰化,政治过程的规律性也才会被人们清晰地感受到。

政治生活的变动也给政治学研究带来了更高的要求。它希望政治学的研究者面对崭新的形势,在政治生活的变动中能理出清晰的线索,创造出新的理论,以便指导人民和代表政治发展方向的政党、集团,以积极能动的姿态变革旧的政治体制,进行新的制度安排,使政治生活向更加法治化、更加民主化和科学化的方向发展。因此,政治学研究不是也不能是解释某些政治领导人的讲话,不是也不能是空洞的说教,政治学科学研究的任务,特别在社会转型时期必然是引导创新。当然,政治学研究的创新既不是一味地标新立异,也不是一味地照搬照抄,创新是在科学和民主基础上的创造。

三、政治学研究活动的目的

政治学研究是为了让人们认识和理解生活于其中的政治生活。政治生活无论是处于平稳的状态或是变动的状态,其运行都是遵循着一定的规律和规则的。政治生活是政治人经理性思维产生的有意义行动的结果。[①] 就政治个体来说,他的行为,不管事先做出过怎样的理性思考,经过何等程度的深思熟虑,都无法左右整体政治生活。不仅是普通的政治个体的行动是如此,就是非常有威望的杰出的政治家的行动也是如此。[②] 政治群体和政治组织实施的政治行动也不能决定一

[①] 并不是所有的人的行动都是政治行动,只有经过政治社会化过程,成为政治行为主体的政治人的行动才能产生政治关系。政治人是有理性思维能力的人,但政治人的思维不一定完全是理性的。在研究人类政治行动时,必须假定政治人的思维是理性的或主要是理性的,正像经济学家总是假定经济人的思维是理性的一样。另外,政治人的行动未必都有意义。有些政治人是不自觉地做出行动的。但是,在做政治学的研究时,我们同样必须假定,研究者关心的是政治人的有意义的行动。

[②] 有时人们似乎觉得伟大的政治人物有主宰天下、控制政局、力挽狂澜、倒转乾坤的神奇力量,他们能以个人行动决定一切。这其实是一种误解。当伟大的政治家的个人行动改变了政治生活的面貌时,不是他个人的行动有什么神奇,而是他的行动正好与政治生活的规则相一致。即使一个伟大的政治家曾经做出过很多改变了历史进程和社会政治面貌的行动,只要他的个人行动不符合政治生活运行的法则,他照样会遭到失败。

切。在整体的政治生活中,政治个体、某些政治团体、某些政治组织,他们的行动只不过是无数行动中的一部分,他们的行动对于那些影响政治生活的无数力量来说,只不过是其中的一个小小的分力而已。

寻找政治生活的规律

决定着政治生活运行方向和发展前景的是从无数政治行为主体的无数政治行动的总和中产生出来的,不依赖于任何政治个体、群体和组织愿望的、内在的、带有必然性的因果联系。政治生活的规则性不是政治个体、政治群体和政治组织预先规定的,而是人们在无数次的政治行动之后通过反思、总结、选择才发现的,不是人们规定了政治生活运行的规律和法则,而是人们从客观的政治行动中概括出了法则和规律。

对于政治行为主体来说,如果他们不进行政治行动①,政治生活运行中的规律和法则就表现不出来。正如"天下雨,则地上就潮湿",这是气候变化的规律。如果有半年的时间,天气非常晴朗,没有下雨,地上当然就不会出现潮湿。但是并不能据此就否定前面所讲的天气法则。只要气候一变,天下起雨来,雨水又没有被遮住,地上肯定就会潮湿。

政治生活的变化也是如此。没有政治行为主体的行动和活动,政治生活的法则和规律就表现不出来。只是在这一点上,政治生活才具有主观性,因为它是由具有主观性的政治人的主观的行动构成的。但是,这种政治生活的主观性并不影响政治生活运行规律和法则的客观性。因为带有主观愿望和偏好的政治行为主体的行动,必须经过无数次的对立、冲突、协调、相容、合并,最后才形成一个决定政治生活运行方向和程度的社会总合力量。在这种由分力到合力的复杂综合中,必须遵循力的平行四边形法则。

也有人认为,政治生活运行的规律和法则固然是客观的,但是,常常会发生这种情况,当政治行为主体的行动改变了,有些政治生活运行的法则和规律就不再发生影响了,起作用的是另外的规律和法则。这似乎说明人的行动可以消灭某些规律和法则,也可以创造出另外的新法则、新规律。在现实的政治生活中的确存在某些在政治生活运行中曾经起过作用的法则和规律不起作用的现象和事实。比如,在20世纪50年代中后期我国过渡时期结束以后,在现实的政治生活中阶级斗争的法则就不起作用了。而且,当有人再以阶级斗争的法则来左右社会政治生

---

① 政治行为、政治行动和政治活动是相互联系但又有区别的概念。政治行为是政治行为主体内在的针对政治客体的倾向、指向和状态。政治行为的外化就是政治行动,政治行动构成政治活动。因此,不是政治行为,而是政治行动和政治活动才是政治学研究分析的对象,正是在这一点上,我们和行为主义政治学区分开来。

活并以此来作为政治决策的指导原则时,就会发生违背广大人民的意愿和利益,给社会政治运行和发展造成巨大危害的事情。但是,出现这种情况,是否可以说人们能够主观地消灭某些法则呢?不是。阶级斗争的法则之所以在某种情况下不起作用,不是人们消灭了这一法则,而是政治生活中原先存在的使阶级斗争法则发生作用的条件与因果联系不存在了,这类法则当然就不起作用了。某些法则在特定情况下不起作用,不是人的主观行动或活动消灭了某些规则,而是这种规则起作用的条件改变了。在新的条件下,新的规律和法则开始起作用了。人的行动和活动不可能消灭客观政治生活运行中的规律和法则,同样,人的行动和活动也不能创造新的规律和法则。在政治生活中,人们能够做的只能是发现规律,按照规律办事,创造某些条件,让特定的规律和规则起作用,或者去除某些条件,使另外一些特定的规律和法则不起作用。

政治生活本身是变动的,再加上其它社会生活因素的渗透和介入,其运行和变化必然呈现出复杂性。在不同民族、不同时期政治生活的运行、变化中,发挥作用的规律和法则远远不止一个,而是多个。而且,即使是同一种规律,发挥作用时的表现方式也不可能是完全相同的。因此,在对某一民族、某一区域、某一时期的政治生活运行和变化的研究中所发现的特殊规律和法则,决不能轻易地、简单地、无条件地进行概括和类推,将特殊条件下的、仅适用于一定范围的规律变成普遍规律,将在某些特定民族、地区发挥作用的规律和法则,强行移植到另一个无论在空间还是在时间上都不相同的政治生活的运行和变化上去。

政治生活运行和变化的规律性是政治生活秩序化的基础。政治生活的秩序化是指政治行动主体的行动和活动遵循既有的规则,各种政治组织依据一定的程序和规则形成利益的竞争和协商,整个政治共同体的主要政治结构和根本的政治制度相对稳定。这种政治生活的状态和运行方式就是秩序化的。政治生活的秩序化不是通过强制一律、消除差别、限制自由来获得的。相反,无论在历史上,还是在现实中,凡是强求一律、强求同一、压制自由的政治体制和制度,虽然在短期内表面上能够维持一种平静无事、步调一致,但是是以僵化、缺乏活力为代价,时间一长,就会因为没有效率而衰退或酿成动乱。

因此,真正的政治生活的秩序化是靠人们在不同层面上自觉依据政治生活的规则行动,社会建立起有序地参与政治生活的组织网络,在政治生活中提倡平等、自由,围绕关系到民生、民主的重大问题进行对话、论辩、协商来实现的。这种政治生活的秩序化有赖于在具体的政治共同体中持续地培育和积累良好形态的以信任合作为核心内容的社会资本。只有人们越过了仅仅凭血缘、地缘、业缘、师生关系建立起的自然形态的信任合作关系,在经过市场经济的洗礼,在形成平等交换的、具有功利性的合作关系的基础上,形成人们之间出于对政治共同体的热爱、出于对共同的民族精神和时代精神的维护的信任合作,即产生和积聚起更高形态的社会资本时,社会政治生活的秩序化才能持久。

社会政治生活的运行、变化的规律性和社会政治生活的秩序化不仅是政治学研究的前提、条件,也是当代政治学科学研究的主要内容。在一个多元、多样、多变的现实政治生活中,发现和揭示政治生活中客观存在的既和政治行动主体的行动相联又不以他们的意志为转移的规律和法则,并让政治行动主体都了解并自觉按这些规律和法则展开政治行动,才可能形成和谐和具有规律性的政治生活。只有激励广大的政治学研究者发现现代政治生活中的差别性、多样性,并从现实的政治调查、访谈、观察、测试中寻找和发现能让政治行动主体展开平等对话、论辩和协商的方式、手段、途径和形式,探讨超越自然形态、功利形态的完全由公共利益将人们凝聚在一起的社会信任和合作关系,有序化的政治生活才能逐步构建出来。

政治学科学研究活动的构成和它的特点决定了政治学科学研究社群成员的行为具有某种共同性。但是,在政治学研究社群成员展开具体的研究活动时,不同成员研究政治生活的目的也是有差别的。专业的政治学研究人员常常不太注意这种差异性。其原因可能有两个。一个原因是有相当部分的政治学的专业研究者把申请课题获取研究经费、完成某个层级政府或部门的课题研究委托、出于个人的兴趣和爱好等等作为自己从事某项具体研究的目的,而没有更多地思考在这些表面原因后面的更为深层次的理论和实务上的目的。另一个原因是,虽然有些研究者也的确思索过从事具体研究的目的,但感觉到有好几个目的交织在一起,难以辨别何者是主要的。有许多政治学科学研究做得很好的研究者,他们也讲不清楚政治学研究的目的类型。

虽然对政治学科学研究的目的搞不太清楚并不妨碍人们去研究政治生活,但是,弄清楚政治学科学研究的不同目的,研究政治生活的活动就会设计规划得更好,研究模式、取向和范式、手段的选择就会更为自觉和主动,研究成果就能更符合研究的宗旨。政治学科学研究的目的有三类:为探索新的政治现象、事件和过程,为描述社会政治现象、事件和过程,为解释社会政治现象、事件和过程的原因。与此相对应的政治学科学研究就是探索性研究、描述性研究、解释性研究。

探索性的政治学研究

政治学的探索性研究(exploratory research)是指在一项课题研究的开始阶段,或是对某种前人没有研究过的新现象、新事件和新过程作出概括时,研究者所进行的研究。因此,探索性研究发生在两种情况下。第一种情况是在研究者要对一项课题作全面的、完整的研究之前,他必须对整个课题研究已经取得的进展、其他研究者已经得出的结论和形成的理论、该课题研究尚未解决的问题等方面进行思索,并对课题深入研究可能达到的目标作出预测。这种处于课题研究之先的研究,是一种探索性研究。对于这种探索性研究,人们往往放到课题研究的设计、规划中加以说明。

我们要讨论的是另一种探索性研究,即研究者对那些人们还没有见识过、更没有分析过的政治生活中的新现象、新事件和新过程做出概括、总结,并为进一步研究提供信息和建议,这种研究就是具有开创作用的探索性研究活动。政治学上的探索性研究的重点是要回答"什么值得研究"。这里讲的政治生活中的新现象、新事件和新过程,只是相对的,可能某种类似的现象、事件和过程在别的时期、在别的政治系统中已经出现过,但是这一现象、事件和过程对于特定的政治系统来说则是新的,并且具有某种特殊性。

以探索为目的的政治学科学研究具有一些显著特点。首先,探索性研究具有开创性。因为探索性研究的对象是人们尚未认识的、还没有尝试作出概括分析的新的政治现象、新的政治事件。作探索性研究,就是要以开放的心态、强烈的创造性和政治敏感性,对已经出现并发挥作用而且将成为政治生活中重要因素的现象、事件和过程,做出说明、界定,并为继续研究提供思路。

其次,探索性研究具有不确定性。由于探索性研究的对象对于特定的政治系统来说是未经分析过的,因此,在探索研究阶段,研究者们只能指明这些政治现象和事件、过程是什么,处于何种状态,何以值得人们去作进一步的研究。至于这些现象、事件、过程的规模、性质、内部构成、发展趋势等等,研究者们是不清楚的。因此,探索性研究具有很大的模糊性、不精确性,其研究成果通常是为了引起研究社群中其他成员的重视,一般不以发表为目的。

第三,探索性研究适合使用质化资料。因为探索性研究的对象并不是十分确定的,人们对其认识也是模模糊糊的,对这类政治现象、事件和过程不可能进行精确的测量,也不能使用实验方法,最好是运用田野调查、历史对比分析等质化研究技术。

描述性的政治学研究

政治学的描述性研究是指对政治生活中的某些政治现象、事件和过程的背景、状态、内部的因素、关系等等方面和细节做出详尽说明的研究活动。公共部门资助的政治学研究,发表在政治学研究刊物上的多数研究成果都属于描述研究。政治学上的描述性研究的重点是要回答"谁"和"如何"问题,即告诉人们,某种政治现象、事件、过程与谁相关,状态如何。

政治学描述性研究也有一些显著特点。首先,政治学描述性研究具有精准性。一般来说,描述性研究中的对象已经是较为确定的政治现象、事件和过程,描述性研究的目的是将确定的政治对象的详细状态、结构、变化趋势显现出来。人们需要从描述性研究中获得有关政治现象、事件和过程的真实资料。因此,描述性研究所公布出来的让人们共享的信息必须是准确的、确定的、完整的。

其次,政治学描述性研究具有细致性。探索性研究是为了给研究者提供新的研究课题或议题,是为了进一步的研究,将那些模模糊糊的对象细致地刻画出来。这一任务正是由描述性研究来完成的。因此,描述性研究必须透过政治现象、事件和过程的表层轮廓,深入到研究对象的内部,将其构成要素、相互关系再现出来。好的描述性研究应当是精细的、详尽的。

第三,政治学描述性研究可同时使用量化和质化资料。因为描述性研究的对象是确定的,研究者可以对其进行抽样问卷统计,也可以进行访谈调查,由此可以获得精确的测量数据。对于描述性研究也同样可以做田野研究和历史比较研究,由此可以获得质化资料。但是,对于政治学的描述性研究来说,由于政治生活过于复杂,并且和人们的权益联系过于密切,实验的方法不宜多用。

解释性的政治学研究

政治学的解释性研究是指对已经描述过的政治现象、事件和过程寻找其发生的原因的研究活动。解释性研究是在探索性研究和描述性研究的基础上,对政治现象、事件和过程发生、发展进行的因果性解释。如果说,探索性研究的重点放在某个政治现象、事件和过程该不该研究上,描述性研究的重点放在某个政治现象、事件和过程是怎样上,解释性研究则把研究的重点放在某个政治现象、事件和过程为什么是这样上。

政治学的解释性研究也有一些特点。首先,解释性研究具有彻底性。探索性研究只是引导研究者选择研究对象,描述性研究只是提供研究对象的状态,只有解释性研究揭示政治生活的内在因果关系,帮助人们深入到政治生活的内部,把握政治生活的规律。

其次,解释性研究具有预测性。政治学的解释性研究重点在于告诉人们导致政治生活演变到目前这种状态的原因。循着这种因果关系,人们只要以现在为出发点,就能预测和推断未来的政治生活会向何处变化,就能将政治学的理论研究与现实政治的变革联系起来。

第三,解释性研究更多地使用质化资料。对政治现象、事件和过程做因果分析,量化资料是不可缺省的。但是政治生活的演变并不是离开政治行为主体的纯外在的、纯客观的活动,而是政治行为主体在互动中,建立共享的意义,并在利益的冲突、合作、协调中选择适合共同体发展的无数行为的集合。在研究政治现象、事件和过程的因果关系时,理解政治行为主体的互动、共享的意义是至关重要的。而这些需要的恰恰是质化研究的手段。

第二节 政治学的研究取向

政治学研究是要对人们生活于其中的现实政治生活加以观察、理解、阐释、反思和改造。选择和确定了研究课题以后,在对现实的政治现象、事件和过程做具体的观察、调查、访谈、测试,并整理分析所获得的具体而生动的经验证据和个案资料之前,研究者还需要思考和确定研究的策略或对策。学习和掌握研究方法主要是为了两个目的:一是为了开启研究分析政治生活的思路;二是为了对现实政治生活中的因果关系做出有根据的正确的说明、解释和预测。这两个目的对于政治学研究都很重要。但相比较而言,前一个目的更为重要一点。这是因为凡属重要的政治学研究发现,凡是政治学理论的变革,靠的不仅仅是细微、精确的观察、访谈、个案分析,模拟测试,准实验手段和调查工具的改进,大量的翔实资料和证据,重要的是要依靠政治学研究者心灵内部产生的观念和思路的转变,其中包括研究对策即研究取向的变化。

政治学研究的策略取向既属于整个研究方法体系的一部分,同时又是研究方法设计的重要一环。研究的策略取向是研究者在实施具体研究规划之前,选择和确定的研究思路和对策,它包括研究者对政治活动主体的行为动机、政治生活运行的关键因素、政治生活转型发展的模式等方面的假设。研究的策略取向是开启研究者思路,引导研究者构建假设命题、选择具体研究工具、整理分析资料和证据的思路和对策。政治学研究取向在形式上通常是由围绕政治生活中某个关键意向而组织起来的一套概念、命题和假设构成的。

判定某个研究的策略取向恰当性的标准是看它是否能够引导研究者寻找新的研究变量,是否能启发研究者建构出可供验证的新的假设命题,是否能有效地组织现有的政治学知识,是否能保证研究者获得新的观点、新的发现。

随着政治学研究的不断进展,研究者积累了多种多样的研究策略取向。一些新的研究策略取向不断超越和取代了旧的研究策略取向。在这些众多的研究策略取向中,有些是较为成熟的,有些则是不够成熟的。有些将关注的焦点放在微观层面上,有些则把研究的兴趣集中在中观和宏观层面上。不同的研究策略取向之间,并没有绝对的正确与错误之分,也没有绝对的有用与无用之别。不同的研究策略取向都有其特殊的从而胜过其它取向的地方。研究者会根据研究课题和专业的兴趣来选择和确定适合的研究策略取向。各种研究的策略取向之间也并不是完全隔离的,相互间存在交叉、渗透和借鉴的地方。

在政治学研究的策略取向的概括及其分类上,不同的方法论研究者所采取的立场和标准是不一样的。有些方法论者倾向于采用较为严格的标准,他们列举的政治学研究取向的类别比较少。另一些学者则采取较为宽松的标准,举出众多的研究取向种类。本书既考虑在研究取向的探索中已经取得的进展,也考虑方便研究者使用的精细、实用的原则,选择了一些有影响的、涵盖面较广的研究的策略取向加以介绍。

一、心理行为的研究取向

心理行为研究取向的演变发展

由于受传统的法律和制度研究取向的影响,在欧美国家中,至少在20世纪20年代以前,对政治活动主体心理和行为的研究还非常少见。虽然英国学者格雷艾姆·沃拉斯(Graham Wallas)早在1908年就出版了个人著作《政治中的人性》,对个体的政治心理和行为作了深入研究,但可惜一直被埋没在故纸堆里,未被人们发现。直至20世纪20年代后期才被美国芝加哥学派重新发掘出来。

对政治活动主体特别是对个体心理、行为的重视是由许多因素促成的。在20世纪20年代至40年代,正在发展中的美国政治学倾向于通过移植自然科学的研究方法来提升自身的科学性。同时政治学作为社会科学的分支学科,也接受了来自法国的哲学家、社会学家孔德(Auguste Comte)的实证主义思潮。另外,经济学研究中的理性经济人的假设和方法论上的个人主义也使那批下决心要超越老套政治学研究的年轻学者们兴奋不已。加上当时心理学知识已经有了迅速增长,所有这些因素集合在一起,就为政治学心理行为研究取向的登台做好了准备。

至于为这种取向确定一个"行为主义"名称则完全是一个偶然的巧合。这一名称是20世纪40年代美国芝加哥大学的一些教授们灵机一动创造出来的。1949年,美国芝加哥大学的一些政治学教授向"国家科学基金会"申请课题研究经费资助。他们所要申请的是关于社会科学方面的研究课题。由于当时美国的政治上层具有强烈的反共、反社会主义倾向,这批学者害怕基金会的官员们有可能把"社会科学"同"社会主义"混淆起来而不予批准资助和拨款,因此,他们便用"行为科学"来代替"社会科学",将申请的课题变成"行为科学课题"。行为主义从此就流行起来,而且在20世纪50、60年代在美国以至欧洲国家的政治学研究中占据着主流地位。这种心理行为研究取向一统天下的局面,直至罗尔斯(John Rawls)的《正义论》出版,才渐渐消退。

20世纪30、40年代是心理行为研究取向的产生时期。在这一时期中,政治学家将大量的精力倾注在研究与个体的心理、习性有关联的个体选民、政治精英利益集团的领导人的政治社会化等课题上。在对选民的投票或其它表决行为分析中,研究者们关注处于无意识或半意识状态下的心理习性包括意见、态度、意识形态、价值和信念等等因素的影响作用,并以此来解释选举活动中出现的种种现象、事件和过程。研究者们考察了存在于任何社会组织中的、人数虽少但内聚力极强的精英人物,他们在态度、人格上具有的超越常人的特殊性,考察存在于政治、经济、文化、技术等多个领域中的精英们是如何运用象征的、物质的、暴力的措施,从而追求并积累起包含权力、财富、健康、技能、启蒙、感情、正直、尊敬等在内的价值的。

在对利益集团中的领袖与非领袖成员作研究时,研究者们则从大量经验事实中概括出一项结论,即由于两者在态度、价值和信念上是不一样的,从而产生出行为上的差异。利益集团的非领袖成员对于为何要进入集团所持的价值则较为模糊,而集团领袖则有较高较强的价值取向和信念。心理习性的研究还被用来分析个体的政治社会化阶段和类型。研究者们认为,一个儿童要成为真正的政治行为主体,必须经过将社会既定的政治规则、观念、信念、价值、意识形态内化为内心接受的并成为习惯作用于具体行为的社会化过程。许多学者以这些心理习性被有效内化的程度为标准,分析政治社会化的不同阶段以及所凭借的途径和渠道。

20世纪50年代末60年代初直至70年代中期,是政治行为研究取向发展深化的旧时期。与早期相比,研究中主观心理的成分减少了,即使有些研究者仍旧运用习性作分析工具,也注意减少其中的非意向性的成分。研究者在对选民投票行为的影响因素作分析时,通过面上的大量问卷调查和社区的试验,除了考虑选民个体层次上的具有意向性的习性如态度和信念对选举行为的影响外,还考察个体公民与群体之间在态度和信念方面的相关性,研究选举中党派认同的心理学特征。到70年代中期,对选举中人们行为的研究扩展到将选民、竞争的候选人和选举活动的管理人结合起来考察,影响选举中人们行为的各种心理的和非心理的因素都得到考虑。这种将多种因素都置于选举行为研究之中的模型被称之为"因果漏斗模型"。

20世纪70年代中期以后,行为主义研究取向发展进入新时期。在这一时期,心理行为研究取向的演变出现了三个主要变化。一是方法革新。鉴于以往心理行为研究中的数据收集对复杂的变量只用简单的二变量或三变量的组合来分析的缺陷,开始采用多条件、多变量方程模拟的方法,以便能保持在"方法城邦"中的前沿位置。二是在研究中大量使用计算机技术。在采取更为前沿的数据收集方法后,对收集来的数据进行人工处理就成为十分麻烦的事情。计算机的发展和软件不断更新换代解决了这一难题。更多的计算机软件支持多变量分析,现在一张光盘就能容纳包含10多个变量的数千个案例数据集。三是建立了调查数据存储的社会组织。研究机构开始协商在建立共享心理行为研究数据的文化标准的基础上,逐步建立各种研究联盟,以便在更大范围内形成数据共享、合作研究的网络。

心理行为研究取向的核心策略

心理行为研究取向经过早期产生、旧时期的发展和新时期的变革,已经发生了较大的变化。但是,变化中的心理行为的政治学研究取向却保留着启发人们研究思路的核心对策。它是由一组核心假设和研究要求构成的。

心理行为的政治学研究取向有三个核心假设。一是坚持将政治生活看做是人的行为的产物。许多政治学家认为,人是自己历史的创造者,人也是政治生活的创造者。一切政治现象、事件和过程的基点就在于,它们是由活动着的人的行为构成的,是人的行为的结果。在研究政治学时,无论你将兴趣落在哪个层次上,是体系系统的层次,制度机构的层次,还是微观的个体、群体和团体的层次,都难以否认人是政治生活中的最基本的元素。政治系统是人的行为和行为产生的关系构成的集合。制度和机构离开了人的行为就没有意义。而且政治生活中最基本的单元是个体的心理和行为,因为群体、团体说到底是由个体构成的。

二是坚持认为在对政治环境做出反应时心理习性起着决定性的作用。传统的政治学研究取向虽然也注意到人在政治生活中的能动作用,但是在论及人在政治行动中如何做出抉择时,多数政治学家倾向于认为周边既存的政治、经济、文化、技术甚至地理环境条件是起着决定作用的影响因素。其中最为常见的是经济对政治的决定论。然而看重心理行为作用的政治学家则认为,这些环境决定论恰恰是冲淡了甚至否定了政治行为和活动中非常重要的影响环节,那就是行为者个人的心理因素,人们总是以自己认为是妥当的、习惯的方式应对周围世界的政治变化的。

三是坚持认为个人的政治心理和行为有意向性和非意向性之分。政治心理是在潜意识层次上个人的心理要素与其它政治现象发生的联系。这些要素主要包括意见、态度、意识形态、价值、信念、人格特质等。心理因素对人的政治行为的影响可分为非意向性的和意向性的。在很多情况下,人的心理因素是非意向性的。沃拉斯就讲过,如果将一个人一天的活动用摄像机拍摄下来并制成电影给他看,他一定非常惊讶,自己的活动都受习惯影响,那些原本是由意识支配的活动,现在却成了半意识状态的重复动作。这些非意向性的行为即是人的习性,它是个人在既定境况下以某种方式做出反应的倾向。这些倾向是在无意识或半意识状况下,但人的心理因素也可能是意向性的。这样,个体和群体在政治活动中就会有意识地计算。由此产生的就是理性选择、决策和博弈行为研究。

在这些核心假设下,心理行为研究取向提出了一些研究的方法要求。首先,政治学研究无论是从一般原理推演出的或从经验中归纳出的假设命题,必须由相关经验证据来验证,为此采取心理行为研究取向的学者喜欢使用统计技术。但是,不能因此就把心理行为研究取向与定量化对应起来。这种研究取向既不等于定量研究,也不意味着就贬低定性研究。对于赞成心理行为研究取向的学者来说,问题不在于经验证据是通过定量还是定性的方式获取的,问题在于运用方法获得的经验证据是用来验证假设的,并且这些经验证据不能是"轶事式"的,而必须是完整的,至少是有代表性的。

其次,政治学研究预先设定的假设命题必须是能够被证伪的。传统的经验研究对假设命题只要求证实,但接受了实证主义哲学基础的赞同心理行为研究取向的研究者将科学理论与一般的理论区别开来,他们坚持认为科学理论与非科学理论的重要分界线就在于前者是能够被证伪的。能够被证伪的假设命题必须是可检验的经验性的陈述。规范的、应然的、道德的、美学的假设命题都是不能被证伪的。因此,心理行为研究排斥规范的、道德的、美学的知识。

心理行为研究取向的缺陷

心理行为研究取向从产生的早期开始就一直受到批评,即使是在其占据统治地位的20世纪50、60年代即这一研究取向发展的旧时期,批评意见也没有间断过。对这一政治学研究取向的批评主要集中在它的三个基本缺陷上。首先,这一研究取向无法做到用完整的经验证据来验证经验性假设。按照心理行为研究取向最为严格的方法设计,对经验假设命题作验证的经验证据必须是所有的、完整的经验证据,而不能仅仅是符合研究者需要的、对其验证假设提供支持的证据。但是这种要求事实上是不能达到的。一些持心理行为研究取向的学者则将这一对经验证据的苛刻要求作了两种并不可取的降低处理。一种处理办法是集中关注呈现在表面的现象。另一种处理办法是挑选一些容易度量的变量。前一种处理办法之所以不可取是因为它引导研究者只关心诸如选举中的投票行为,而对影响政治生活的其它行为如利益集团行为、政府行为、国家行为则很少去关心。后一种处理办法之所以不可取是因为即使是研究投票行为,其影响因素中更为重要的是选民的社会属性、政治合法性认同、思想立场、政策偏好等,而这些恰恰是难以度量的。对于经验证据收集方面的缺陷,行为研究取向可以弥补的做法是,正确对待不完全归纳。依据正统的心理行为研究取向,即便是收集了所有的经验证据,即使运用了计算机技术和建立共享数据的社会组织,也不可能从个别的累加中获得一般性的通则。如果承认不完全归纳在科学研究中的价值,可选择有代表性的行为、行为中有代表性的变量和有代表性的案例进行研究,通过运用有代表性的资料、证据和个案,人们就能获得对政治生活通则的把握。

其次,这一研究取向提出的必须对经验性假设命题加以证伪的要求是不合理的。以实证主义为其哲学基础的心理行为研究取向必然带有实证主义自身就具有的缺陷。实证主义者在对描述社会生活的命题陈述的要求上存在褊狭性。他们认为,只有一种经验性的、实然的陈述即可以被证伪的陈述才是可能的。至于表明应有的、规范的陈述,包括道德的、美学的、解释性的陈述,因为不可证伪,从而都是不可能的。实证主义者称这类陈述是错误的陈述。政治学研究中的心理行为取向也坚持上述立场。事实上,在人类的政治生活中,美学的、道德的、包含应有的理性的规范陈述并不比经验性的实然的陈述少。如果将这些非实然性的陈述都排除在政治学的研究之外,政治知识的范围就小得可怜。一些坚持行为研究取向的学者对此也感觉到存在着不合理性,他们的做法是承认对这些陈述的研究也许会带来其它形式的政治学知识,但是他们仍然坚持他们的理论必须接受经验的证伪。对于行为研究取向来说,应当从实证主义的基地上走出来,接受包括诠释的、批判的和建构的多种政治学的研究模式。

第三,这一研究取向因过分强调活动主体的行为及行为中的心理因素的决定作用而妨碍了对政治生活中其它因素的研究。政治活动主体的行为对理解政治的运行和发展具有重要作用。变革传统政治学研究中只重视政治的实体结构、由法律文本规定的制度框架的取向,着重研究个体的、群体的、团体的、组织的政治行为,并将政府视为活动过程,这就为政治学研究提供了新策略、新视角、新观念。但是,只把政治生活归结为个人行为,并且只重点关注个人的心理因素对政治行为的影响,就妨碍了人们对政治生活的其它重要因素的研究。心理行为的研究取向要继续对政治学研究发挥启示作用,就应当有更大的包容性,将行为研究纳入整体政治学研究的总体因素体系中来考虑,并在行为研究中接纳更多的影响变量。

虽然心理行为的研究取向有上述的种种缺陷,但是,作为在政治学研究历史上发挥过重大作用的、具有启迪性的研究策略,它还远远没有结束自己的历史使命。在 21 世纪的政治学研究中,研究者一方面会更为细心地运用这一研究取向来获得新的经验资料,另一方面,研究者们也会从这一研究取向长期积累下来的知识库存中获取更有价值的东西。

二、理性选择的研究取向

理性选择研究取向的演变

理性选择研究取向与心理行为研究取向同属于微观层面的研究策略。理性选择研究取向是在行为主义革命的潮流中产生和发展起来的。但是它和心理行为研究取向在两个方面是有区别的。一是后者专注于无意向性的个体行为,而前者则关心有意向性的个体行为与集体行动的关系。二是后者的知识基础是社会学,而前者的知识基础是微观经济学,包括其理性经济人假设与方法论上的个人主义前提。

个体的无意向的心理因素对行为的影响开辟了政治学研究的新途径。一些政治精英的人格、气质、个性连同身体的病痛对其政治活动的影响都成为政治学家们的研究课题。但是,人类在政治生活中发生的行为多数仍旧受到理性的支配,而且在政治生活中至关重要的还是人们的集体行动。因此,探索人类在理性支配下开展集体行动的规则和模型就显得非常重要。

理性行为是人类最主要的行为类型。在理性行为中,人是具有个人偏好的、知道自己利益的、能够做出投入和产出计算的行为主体。这种人也是微观经济学家所赞同的经济活动的主体。在政治活动中,能够深思熟虑的个体总是会精心计算,试图以既定的投入获得最大的产出,或以最小的投入获得既定的产出。比如一个人为什么选择不参加投票的行为,理性选择主义的解释是因为他知道他去不去投票都无碍最终的选举结果,如果不去投票,还可以将节省下来的时间和精力投放到其它地方,以获取好处。如果一个人觉得他去投票就能让某个政党取得执政地位,从而推行符合他的意图和利益追求的政策,给他带来的好处要比他不去投票在家休息或做别的事情得到的要多,他就会积极支持某人竞选并走很远的路去投票。

个人都有自己的利益和偏好,个体都是依据个人效用最大化的原则去行动的。以这些为前提,在人类社会中,会不会自然而然地就出现简单多数的民主局面呢?会不会自然而然地就会形成能促进共同目标实现的集体行动呢?一些人的回答是否定的,并不存在只要通过自然的社会排序,就能对个体利益偏好加以整合的令人满意的民主。自利的个体并非总会去参加能促进共同目标实现的集体行动。要得到自利的个体的政治支持,要让有个人偏好的个体加入集体行动的行列,就需要使用政治策略。

20世纪50年代以后,伴随着市场经济的发展、社会治理观念的变化和政治系统包括政府需要运用更多的政策和策略去解决日益增多的社会公共问题的想法和做法的普遍流行,有关理性选择的分支策略研究纷纷出现。其中有代表性的主要有理性决策策略、博弈策略、公共选择策略和社会正义策略等等。

政治学家认为政治生活虽然不等于决策行动,但是在政治运行中,政策决策却无疑是非常重要的环节。理性决策取向相信利益有差异的决策者个体有足够的能力、时间、信息,并且能够超脱情感、道德的约束,从而能在集体决策时选择最佳的行为方式。在理性决策研究取向中,影响决策者的因素成为研究者关注的对象。一方面,任何决策都不能脱离具体环境,环境不仅提供了决策者达到目的的条件,而且也对决策行动构成约束。另一方面,决策过程又是内在化的、自我维持的。决策者在使用策略时必然受到个人态度、意见、信念和人格的影响。理性决策取向启发人们思考的地方就在于它能让研究者集中注意力去研究决策过程中外在环境的和内在心理的诸多影响因素。

对政治决策更为精细阐释的理性选择模型是博弈论。它在许多重大的政治决策特别是在国际政治决策中得到了有效的运用。博弈从某种意义上讲也是理性决策,因为参加赛局的人都是有理性的,但他们面临的都是冲突的境况。在任何一个赛局中,都有参赛者、目标、资源、策略和结果。在博弈中,策略是重要的,它是理性的参赛者展开行动的计划。它能让参赛者自己知道,当对方采取可能的行动时应当如何对付。在大的博弈中,参与的各方都有许多可供选择的策略。其目的就是选择其中一个获益最大、损失最小的策略。博弈都包含着某种均衡,这种均衡并非是行动者之间的事实,而只是双方猜想的主观间的事实。在典型的二人博弈中,有关这种均衡推论的形式是:"A 和 B 相信均衡 e 终将发生;他们知道他们相互都相信这点;他们知道,他们相互都知道他们知道这一点。"虽然博弈论是数学家和经济学家提出来的,但它对于政治决策的研究也能够发挥启发作用。它可以帮助政治学研究者解释许多冲突境况下政策制定的战略和策略,也可以解释为什么在政治决策中会形成政策联盟的现象。

从经济学的角度介入政治学研究的理性选择的分支理论就是公共选择取向,它有时又被称为经济政治学取向。这一研究取向认为政治也是一个存在交易关系的市场,政治家以其对未来的政策承诺来吸引更多的选民投他们的票,选票成了在政治市场交易的通货。政治家取得权力后会兑现承诺的政策,官僚机构执行政治家制定的政策。但是政治家并不一定会完全兑现竞选时的承诺。而官僚机构的自利性加上对公共产品供给的成本结构上的信息控制,其结果则会导致以公民利益为代价的高财政预算以及公共物品的过量供给。另外组织化的利益集团或团体也会在公共选择中成功地进行游说活动,从国家获取补贴和对某些方面的权力垄断或半垄断,从而产生寻租现象,使市场效率受到侵蚀。公共选择取向可以帮助政治学研究者利用这些假设去观察和解释诸如竞选中的政治家的策略、官僚机构的自利性和政治生活中的寻租现象。

理性选择研究取向的核心策略

理性选择研究取向在很长时间里是政治学研究中具有启发性的研究策略。这种富有启发性的策略包含在一些核心假设和研究要求之中。

理性选择研究取向的核心假设之一是，个体拥有选择最佳行事方式的能力，只要条件许可，他们一定能找到解决复杂问题的最佳方案。理性决策是在一种已经确切知道相关情况下的参量性决策。这些情况或条件是：每一个行为都不存在任何风险和不确定性，从而结果是已知的；行为与结果之间的关系或者是固定的，或者不会受到其他个体行为的影响；个体的偏好是长期稳定的；个体能够对不同解决方案的结果进行排序。在这样的情况和条件下，如果存在两个解决方案，其结果分别为 a 和 b，如果 a 优于 b，人们则会选择能产生 a 这一结果的方案。如果有更多解决方案可选择，其结果分别是 a、b、c，如果 a 优于 b，b 优于 c，由于结果的排序是可以传递的，则 a 必定优于 c，人们则会选择能产生结果为 a 的方案。因此，只要时间充裕、信息充分，具有稳定偏好的个体是完全可以找到可行而又合理的行动方案和结果的。

理性选择研究取向的核心假设之二是，在既具有利益差异和冲突又具有利益一致性的决策中，参加决策赛局的个体进行的是策略博弈，在这种博弈中个体追求的是策略的均衡性。政治学研究所讲的博弈不包括那些像靠翻纸牌就决定输赢的机会博弈，也不包括像射击比赛那样靠技术取胜的技术博弈。博弈论分析的是策略博弈。在这种博弈中，人们需要关注博弈展开的框架与环境。博弈的框架是一系列规则，但政治生活中的规则要复杂得多，不仅有明文的正式规则，还有更多的由习惯、传统构成的非正式规则。博弈的环境则包括地理的、生物的、社会的等等因素。除此以外，重要的是策略和得失。每一位决策者都必须关注对手可能采取的策略，以便在自己预先计划好的策略中选择最佳的理性策略。博弈的得失指的是决策者们策略相遇的结果。决策者所持有的每一套策略都有一套与之相关的价值，它构成了博弈的结果。当不同决策者的策略相遇时，获得了或者损失了即为得失。博弈结束时以计算总的得失来决定赛局的输赢。

简单的博弈类型是二人零和博弈。只有两个决策者，其规则是只允许使用得则全得、失则全失的策略。只有两个候选人的政治选举就是这种零和博弈。更为复杂的博弈可能有两个以上的决策者参加，并且各种得失不会相互抵消，这是一种非零和博弈。如果那些竞争中的各方既有一些冲突的利益，也有某些共同的利益，这种博弈就是混合动机博弈。这是现实中大量存在的政治和政策博弈现象。在各方策略不改变的情况下，博弈中可能会出现无限回推情况。如果 B 认为 A 会选择 a，那么 B 就选择 b；如果 B 选择 b，那么 A 就选择 c；而如果 A 选择 c，B 则选择 d，等等。但这种情况在政治决策中很少发生。因为双方都有一些共同利益，从而会存在策略均衡状态。假如 A 的策略 s 和 B 的策略 t 处于均衡状态，当双方形成了普遍认识，即每一方都是理性的行为者时，如果 A 预计 B 会选择 t，那么 A 就不能比选择 s 做得更好；如果 A 相信 B 会认为他将选择 s，那么 B 就会选择 t，从而证明了 A 的预期。策略 s 是对策略 t 的最好回应,反之亦然。处于均衡状态的决策者的策略选择,是相互之间对对方的最佳回应,而且双方的预期也能保持一致。

理性选择研究取向的核心假设之三是,具有利益差异的个体行动者要形成集体行动,必须付出一定的交易成本。从逻辑上讲,由独立的个体按其稳定的偏好并依据多数原则确定社会选择的结果必然会产生悖论。这说明并不存在对个体利益偏好进行整合的令人满意的民主方法。而在现实社会中,有自得性的个体并不总是愿意参加到具有共同利益和目标的集体行动中来。比如,人们都知道保护环境能让社会持续发展下去,这对每个人、每个人的后代都有好处。但是,现实生活中的人们却常常以损害环境的方式行事,其结果就是导致保护环境的集体行动的失败。如何能让具有不同利益和偏好的个体加入到能维护共同利益的集体行动中来,最好的办法就是需要为此付出政治交易成本。这种交易成本既表现为政党和政府制定和实施对社会运行加以控制的干预政策,也可能由此引发官僚机构和政党组织中部分人的政治寻租行为。

理性选择的取向对政治学的研究者提出了研究要求。一个研究要求是要重视方法论的个人主义,重视个体的策略。虽然理性选择取向经常讨论的是集体决策或集体行动问题,但是,理性选择的出发点却是经济学上的理性经济人假设。当然在政治生活中,理性经济人会转变为理性政治人,即政治化的理性经济人。理性选择研究取向分析的单元是个体和个体的行动策略,从而坚持的仍然是方法论上的个人主义。在理性选择取向下,研究者关注的是个体的基于利益偏好之上的策略。作为经济学上的微观基础的个体,其经济利益是主要的属性。而在政治生活中,个体的政治人也有其经济利益,并且经济利益是他一切行动的物质基础。但是,政治的权益考虑可能要超过纯粹的经济利益。而且预先计划的行动谋略即策略,也更多的是从维护个体的权益着想的。

理性选择取向的另一个研究要求是研究者必须重视政治交易行为和交易成本。从经济学转向政治学,市场交易的概念也需要相应的转换。与市场交易相对应的概念则是政治交易。正像对经济学上的交易必须作正面的、中性的理解一样,对政治交易也需要作正面的、中性的理解。它是一种排除了肮脏的、不择手段的、投机倒把式因素的政治关系,它是对已发生的政治行为的公开的、策略的回应。作为政治生活中处理利益差异和冲突的现象、事件和过程的政治行动,政治交易实际上是将个体行为纳入到集体行动的策略过程。个体在自然状态下是不会自动地加入到具有共同利益和目标的集体行动之中的,要让个体进入集体行动之中,必须支付一定的政治交易成本。问题是究竟哪些政治交易成本是合理的,哪些则是不合理的。

理性选择研究取向的缺陷

理性选择研究取向虽然常常能启发人们去观察、分析政治生活,但是这种研究取向是存在诸多缺陷的。缺陷之一是过分相信个人理性的完备性。理性选择取向中理性决策理论是建立在个体具有超越个人情感和道德的约束、具有从众多结果不一的方案中选择最佳策略的能力的基础之上的。除了信息的充分性、对称性和时间的充裕性这些不可能具备的条件外,个体事实上也不可能具备完全的选择能力和超越情感的能力。理性选择取向实质上是一种完全理性的决策模式,它只能在非常少见的境况下出现。在人类政治生活复杂多变的情势下,个体能够做到的只能是有限理性选择。这种选择是以决策过程中个体之间达到满意为标准。以决策者满意为标准的有限理性选择再考虑加上时间因素,就会形成渐进性决策模式,从一次性的满意到多次调整中的满意。

理性选择研究取向的缺陷之二是博弈模型缺乏实际操作性。在现实的政治生活中,存在的是大量机会博弈和技术博弈,策略均衡博弈只是非常有限的情况。即使是在策略均衡博弈中,博弈论的模型也难以在实际中加以运用和操作。有一些政治学者已经指出,博弈论还是一门尚未得到充分发展的理论和模式,因此现在就拿它来用于政治现象、事件和过程的分析肯定会带来不少麻烦。另外,博弈论是以数学为基础的模型,政治学研究者不能随意就拿过来套用在政治生活上。要在政治学研究中使用这种模型,就必须事先用特殊的方法处理政治学研究的材料,必须构建出一些与已有研究取向不同的假设。即使做了这些工作,也无法保证博弈论能在政治学研究中得到广泛使用。

理性选择研究取向的缺陷之三是过分排斥非经济的因素在个人决策行动中的作用。理性选择取向立足于个体自利性的假设,认为在争取共同利益和目标的集体行动中,个体的稳定的偏好中,只包含自利性的因素,个体不会有情感、道德的考虑,更不会有利他性。这种假设受到绝对的自由主义市场经济思想的影响。其实即使是在市场经济交易中,人们还是有情感、道德因素的。在政治生活中,共同的理想、民族的情感、对祖国的责任,也会激发出个人强烈的利他性。当然,过分夸大政治宣传的威力,将意识形态功能绝对化,以为共同利益的召唤就能让个体自觉地加入集体行动中来,这些已经被许多经验和痛苦教训证明是行不通的。但是,我们不能从一种极端滑向另一种极端,决不能绝对否定在争取和展开集体行动过程中个体的自利性因素之外的其它因素包括利他性因素发挥作用的可能性。

三、制度机构的研究取向

制度机构研究取向的演变发展

在政治学研究中,许多人都认为从制度和组织机构入手提出假设是不需要说明的。因为,要过良善的政治生活,一群人也好,一个团体也好,人再多一点一个共同体也好,他们总会发现在一起的人,不仅具有个人利益,也存在共同利益。为此,迟早会形成一些制度。比如他们要规范财产冲突和其他私人权利的冲突,就需要制定并有效地执行相关法律;为了提高劳动所得和改善工作条件,他们还需要建立组织以追求共同利益;为了避免公共悲剧,更好地合理利用自然资源,还需要制定并遵守相应规则。这样,为了解决社会中长期存在的基本问题,人们就需要四类政治制度。第一类是制定关于如何规范共同利益的集体决议的制度,即规则议定制度;第二类是用以规范这类决议实施的制度,即规则应用制度;第三类是用以在处理特殊案例中关于如何解释第一项制度设定的总规则存在的个人争议的制度,即规则仲裁制度;第四类是用以处理和惩罚无论是内部的还是外部的违反制度者的制度,即规则执行制度。政治制度包括法律制度和组织机构的研究成为古典政治学理论的核心内容。可以说,从亚里士多德开始的政治学研究,其传统取向就是制度主义的。

有学者认为直至20世纪50年代,政治学研究中的制度主义取向的统治地位依然非常稳固,以至于它的一些假设一直处于未经审查的状态,几乎没有得到过明确的说明,更不用说遭到持续的、致命性的批评了。但是这种好景在其后的几十年中就消失了。其实从20世30年代开始,正在兴起的心理行为研究取向已经对这种传统的稳固取向发起了攻击。当这种新的研究取向和一批对老套研究不再感兴趣的年轻一代政治学者相结合,汇集为"行为主义革命"时,人们则致力于戳穿先辈们关于制度、组织的确定性神话及宪法、法律的神圣虚构,同时努力探索个体是如何以及为何会以他们在现实生活中的那种方式去行事的原因。[①]

在心理行为研究取向的基础上发展起来的种种新的研究取向将制度和组织结构挤到政治学研究的角落里。在系统分析、结构功能分析、精英理论、团体理论以及经济政治学方法中,正式的政治制度只起到很小的作用。简化论者则倾向于将政治过程的解释简化为社会、经济、文化等变量的集合,这意味着不同的政治生活中的制度形式和组织形式是没有多大差别的。在这种情况下,政治制度似乎被

---

① 大卫·马什、格里·斯托克:《政治科学的理论与方法》,景跃进等译,中国人民大学出版社2006年版,第87、88页。

政治学的研究者们忘却了。

但是,行为主义革命并没有真正消灭制度主义研究取向,在罗尔斯关于正义的理论问世以后,得到复活的不仅是政治学研究中的理性主义取向,而且也给制度主义的重新活跃提供了条件。到20世纪80年代,制度和组织又在政治学家们的著述中占据了重要位置。再次降生的并不是原来的制度主义,而是新制度主义。"新制度主义"这一研究取向的名称的出现也是偶然的。1984年詹姆斯·马奇和约翰·奥尔森(James March, Johan Olsen)在一篇论述制度研究的文章中提出了一个观点,即制度中最重要的决定因素是价值的集合体。他们把这种对制度的新看法叫做"新制度主义"。此后,这一名称就流传开来。

新制度主义并不像心理行为取向那样要彻底推翻原有的东西,它充分考虑到心理行为取向已经获得的成果,并将制度与行为联系起来。

政治制度不再等同于政治组织,并且和个人发生着联系,制度被宽泛地定义为一个稳定的、重复发生的行为模式。同时新制度主义取向也充分考虑到人的行为的意向性,考虑到理性在政治发展中的作用,由此,政治制度被确定为行为与动机的体系,在制度中活动的个体试图实现他们效用的最大化。

由于新制度主义取向是在一个包括心理、理性、经验、历史、社会等因素在内的广泛的政治因果关系的基地上发展出来的研究策略,以不同因素为重心的新制度主义取向就悄然地不断产生出来。除了上面已经提到的理性选择制度主义外,还有重点在于讨论规范与价值如何对个体行为产生影响的规范制度主义取向,有探讨有关政治体系的制度设计的选择如何影响个体未来决策的历史制度主义取向,有研究不同类型的政府对其绩效产生实际影响的经验制度主义取向,还有分析个体和团体之间规则性的然而又是非正式的互动模式如何影响行为的网络制度主义取向。这些诸多因素进入新制度主义研究取向的视野,既扩充了它的容量,也导致了它的缺陷。

新制度主义的研究取向在充分吸纳其它各种研究策略的基础上终于将自己与旧的、传统的制度主义取向区别开来。旧的制度主义取向只用规范的或文本的方法来研究制度,制度就如同一个黑箱一样,无法测量和量度。新制度主义研究取向则不同,它充分借鉴了心理行为研究取向所创造的方法,以比较分析的手段来探讨各种现实的政治制度和制度的各个组成部分。

旧的制度主义研究取向只关心政治生活中的结构细节和组织形式,不关心个人、群体的行为。虽然新制度主义这一研究取向也偏重于关注政治生活的结构和组织,但并不排斥人的行为。它关注的重点从组织实体、形式转移到行为规则,不仅分析正式的规则,而且也分析各种以行为惯例表现出来的非正式的规则。

旧制度主义研究取向重视议会通过的议案,并将立法程序作为制度动力学的窗口使用,但它不关心政府的过程和行为。新制度主义取向认为制度不是事物,而是过程。这种研究取向关心反映着政府给公民带来利益或增加负担的公共政策活动。

旧制度主义研究取向倾向于将政治制度视为存在于空间和时间之外的独立的实体。新制度主义则从历史的和理性选择的角度说明具体的制度是深深嵌入在其赖以存在和运行的历史社会文化之中,正是这些历史的文化的因素导致制度变迁的路径依赖。

在旧制度主义研究取向那里,组织实体和形式成为制度的核心。旧制度主义者通过对政治结构细节的研究为政治学知识增添了极其宝贵的因素。虽然组织实体和形式不再是新制度主义研究取向的核心,但正像新制度主义者所强调的,人们清醒地意识到政治生活的组织化仍然有着重要的作用,这说明伴随新制度主义而来的还有新的组织机构的研究。在新制度主义的原理成为研究者通过演绎推理形成新的假设命题的时候,在旧制度主义研究取向中占据重要地位的官僚组织机构的研究取向依然有着活力。

制度机构研究取向的核心策略

新制度主义和官僚机构研究取向有自己的一套研究策略。这套研究策略由四个核心假设和一些研究要求构成。第一个核心假设是:制度是存在于组织内部上下左右各个位置和组织之间的多组规则。在传统的政治学研究者看到组织的地方,新制度主义者看到的是用于决策、协商、分配等等活动的规则体系。从规范的角度来说,规则提供的是人们未来可能的行为以及有关的对不遵守这些规则会带来惩罚和制裁的信息。从理性选择的角度来说,制度提供的"博弈规则"是采取合适行为试图取得效用最大化的行为者之间交易的基础。

新制度主义和官僚机构研究取向的第二个核心假设是:制度中起作用的相当多的规则具有不成文的、非正式的惯例形式。新制度主义者在重视被有意识地设计出来并被明确说明的如合同条款、工作说明、委员会的参考标准、预算体系这类正式规则的同时,也非常重视不成文的惯性形式。这种研究取向不同意将正式规则看成是榜样性的规则。政治生活中的非正式规则完全可以在影响行为者的行为方面起很大的作用,它们会强化正式规则。一些支配性的非正式规则还可能推翻某些正式规则。

新制度主义和官僚机构研究取向的第三个核心假设是:制度处于动态的变化之中。制度的变化可能是缓慢的,也可能是快速的。有时制度能长久维持,有时会发生递增性变化,有时则会出现变革。当制度规则能为寻求较高效用的理性行为者的利益服务,并能为解决集体行动中的共识的达成而结成联盟时,制度安排就会维持下去。当行为者将偶然碰到的新奇事物转换成新的行为惯例,以此来作为对环境信号的回应时,制度就会发生递进性的变化。人们在着手进行有意识的制度变革时,必须考虑制度在社会中的嵌入性质。任何制度的变革都必须依赖于社会特殊的历史发展进程和特殊的文化传统,从而制度变迁不可避免地具有路径依赖的特征。而且制度的有意识变革也会遇到混乱和难以控制的情况。

新制度主义和官僚机构研究取向还对研究提出了两方面的要求。一是要求从分散化的角度看待制度。政治制度并不一定是整体性的,制度不仅通过正式结构和正式程序表现出来,还会通过公共部门内部和部门之间原先默许和通常惯例的方式表现出来。这些众多正式和非正式的规则未必是相互适合而结成为有机整体的,有时不同规则之间是相互矛盾、相互冲突的。制度在给行为者分配权力资源时,有时特许一些行为发生,有时又不允许这些行为出现;有时吸纳某些行为者,有时却排斥同类的行动者。这些都表现出制度的非整体属性。制度在变迁时,内部的规则有时具有一致性,有时却出现偏离,制度在变革时"新"的规则与"旧"的规则常常会并存并产生摩擦,这些也会导致制度的非整体化。

新制度主义和官僚机构研究取向的第二个要求是要从相对性的角度来看待制度。制度并不是超越时间和空间的独立实体,它既被深深地嵌入在社会历史环境之中,也被纠缠在众多的不同等级、不同领域的规则之中。一个具体制度在最初选择和安排时所受到的限定必然影响到以后延续的制度安排,因为对于社会历史环境而言,制度具有明显的嵌入性。政治制度总是被置放于一个更为基本的、更具权威的规则体系之中。不同区域政治制度的差异性总与这一区域中政治制度和非政治制度的互动有关。在上层政治制度和地方政治制度的关系中,地方性的特殊环境既可能加强宏观层面的政治制度,也可能削弱这一层次的制度。

制度机构研究取向的缺陷

如同其它政治学研究取向一样,新制度主义的研究取向,包括官僚机构的研究取向,在为政治学研究提供策略,并推动研究的发展的同时,也暴露出内在的缺陷。这一取向的主要缺陷有三。缺陷之一是制度内容的过分混杂和宽泛。虽然新制度主义扩充了制度的涵盖范围,但也导致制度失去了确定性。为了克服将制度与组织同一的旧制度主义缺陷,新制度主义则陷入了另一缺陷之中。这种研究取向在把制度视为正式规则和非正式规则的体系时,将诸如"路线"、"战略"、"决策风格"、"遵从程序"、"社会准则"、"习惯"、"传统"、"文化"等等,都吸纳到制度之中。这样制度和能见到的社会事实就没有区别,制度和社会所有的行为规范就没有区别了。当制度意味着是社会生活中的所有方面,是社会生活中的任何行为规范时,那它也就什么也不是。新制度主义之所以不断扩充制度的内容,另一个目的是为了在更大范围内解释政治生活中的现象、事件和过程。它越是什么都想解释，最后是什么都解释不了。

新制度主义遇到了两难。如果只把制度视为正式规则就会忽视许多事实上起作用的非正式规则。如果一味地强调非正式规则的重要性，那些不属于制度的因素就会被拉入到制度的概念之中来，从而造成上述的混杂和宽泛。有些学者提出了化解这一两难缺陷的办法，就是引入第三种规则类型，即"标准运作程序"，它是公共政策过程中作为政策代理人所同意或遵循的规则，或称是在制度作用中实际起作用的规则，以这种具体的而不是抽象的规则作为制度的内容，制度的边界就能变得清晰，制度解释现实政治的范围也就能得到清楚的确定。

新制度主义的研究取向包括官僚机构的研究取向的缺陷之二是，新制度主义研究取向虽然强调制度对政治生活的作用，但是诸如制度究竟是怎么起作用的、产生作用的机制是什么这类问题，新制度主义者却没有说清楚。新制度主义研究取向承认制度是通过对个人行为的约束反过来对政治生活产生作用的。但是，在论及更为深入的问题，即制度究竟对个人行为产生什么影响和约束时，研究者的看法是大相径庭的。一种观点认为只有个人才有偏好，在政治生活中，个人是带着偏好进入制度化的游戏之中。制度并不影响个人偏好，只是提供了一个供个体间达成一致的战略性的"交易逻辑"或交易平台。个体是在现行规则体系下将他们的偏好加以排序的。一旦制度变化了，行为者改变的是他们的策略而不改变他原先的偏好。

另一些研究者则认为，行为者的行动总是有目的的，他们在进入政治生活时，并不具有必要的、完全的理性计算和认知的能力，即他们的目的性并不明确。他们倾向于遵循制度的"模板"来行动。制度不仅决定行为者的偏好，而且还会创造偏好。因此，制度为个体提供了行动目的，规定了"适当性逻辑"。

对于制度发生作用的机制还有一种解释。一些学者认为在市民社会这种密集的组织网络中，个体在政治生活中的行为是受社会资本决定的。在社区中，人们都生活在与邻里相互合作的组织生活网络之中，一个人相信他人会和自己合作，别人也相信他能与自己合作。这种相互信任使得人们在决定共同行动时，只要通过握手的方式就协商好了，而无需通过许多律师、一大堆合同书，这就减少了在集体行动中需要付出的成本。因此，制度的作用是形成丰富的社会资本。

还有其它的种种对制度产生影响作用的解释。由于对制度的作用机制没有得到统一的、规范的说明，因此制度作用的机理也是不清楚的。要很好地克服这一缺陷，就需要做更多的工作，比如要进一步规范制度的作用范围，分清不同层次上制度产生作用的实际过程，并且把制度的作用和作为制度载体的组织的活动过程联系起来考察。

新制度主义的研究取向包括官僚机构的研究取向的缺陷之三是,这种研究取向虽然强调制度变迁的重要性,但却没有对变迁的性质、动力、过程作出科学、合理的说明。对于制度变迁的性质,不同研究者是存在激烈争论的。相当多的新制度主义者认为凡是由人的主动活动引起的制度变化就是变迁。但是如果变化的制度给个人和社会带来危害,这种变迁不仅是不必要的而且是需要避免的。一些较为激烈的学者认为制度不是被人设计出来的,而是逐步演变发展出来的。人对制度会产生何种影响,至今人们基本上知之甚少。冒险去设计制度和推动制度变迁,常常会产生出对立的有悖于常理的错误。但是,如果人类一直等待制度自然而然地演变,人在社会发展面前就会无所作为。

在论及制度为什么要变迁时,许多研究者从考察各种政治制度的起源和变化中得出结论:制度变迁是适应政治生活运行和发展的需要而发生的。因为社会需要将公共权力按照一定程序授予人们信任的、有能力的人,因此就有必要制定选举制度。但是仅仅有制度需求而没有制度供给,制度变迁还是形成不了。当讨论到谁来提供新的制度安排即提供制度供给时,研究者提出了三种制度产生的渠道。第一种渠道是在纯粹偶然的情况下,从各种制度的交互作用中产生出完全无法预见的新型制度。第二种渠道是通过社会进化的选择,在社会发展特定阶段上曾经出现过的某种制度被自然地保留下来。第三种渠道是经过某些人的有目的的设计产生出来。这最后一种渠道的确能解决制度供给问题,但是能保证设计的制度就一定能够满足制度需求吗?

转型社会中,制度的缺失已经成为社会发展的一大障碍。而人为设计的制度安排又常常造成更大的社会混乱。究竟如何理解制度变迁,又如何实行新的制度安排乃是新制度主义研究取向在未来发展中要解决的问题。有一点是清楚的,人类关于制度方面的知识在增长,判断制度优劣的能力在提升,只要以人类最为基本的价值如正义、公正、自由为导向,进行民主参与,实行多元的、程序的、审议的民主,好的制度还是能被设计出来的。

四、系统结构的研究取向

系统结构研究取向的演变

人类对政治生活结构和功能的研究与从系统的观念去理解政治生活几乎是同时产生的,两者可能都来源于或借鉴了社会学的研究策略。在传统的政治学研究中,政治生活虽然曾经偶尔被视为系统,但并没有为许多人所理解。"据考证,霍布斯在《利维坦》一书中,就讲过,'通过系统,我能理解介入某种利益或某种事业的任何人'。这在当时和其后相当长时间中,是人们无法接受的概念。"

政治生活更多的时候还是被看成是以国家为中心的行动,政治就是国家机构的集合。在传统的制度取向盛行时,组织结构研究虽然已经成为政治学研究的策略取向之一,但是传统政治学中的组织结构研究并没有和政治的职能、功能、要素、过程结合起来。

将社会视为有机体和整体系统,并将社会结构与功能联系起来,以此来观察、理解社会系统的运行和发展,这是20世纪30年代社会学的主流研究取向。社会学研究中曾经出现过结构功能主义占统治地位的时期,这种研究取向的盛行也感染到政治学研究。政治学研究者可以很方便地从社会系统转换出政治系统,从社会结构、功能转换出政治结构与功能。

在20世纪50年代,系统功能研究取向已经在政治学研究中占据重要位置。正像这一时期在国际政治研究中已经很有名气的学者莫顿·卡普兰(Morton Kaplan)所说的,只有根据行动系统来处理政治材料,一种科学的政治才能发展起来。阿尔蒙德(Gabriel A. Almond)则把政治制度视为一种生态系统,它影响环境,同时也受环境影响。而且,他认为所有的政治系统,都具有一些共同的功能。只有在系统内,当人们能够知道特定的机构履行特定的职能并产生特定的结果时,政治比较分析才有意义。[①]

系统功能研究源于心理行为研究。所以这一研究取向最初关心的重点是在理解和描述政治生活时去国家化,即避免使用国家这一概念,同时也尽量将政治制度用系统来取代。系统分析要求将系统视为在一定环境下运行的有边界的整体。因此,政治系统一开始就被视为生态的。它具有外部的环境,它对环境产生影响,环境也对系统的存在和发展构成挑战。政治系统必须在有效回应环境的压力和挑战中才能存活下来和获得发展。在考察系统内部的变项时,系统分析重视内部构成因素间的作用,并分辨出整体中处于更低层次的亚系统或子系统。

从心理行为研究取向中获得启发的系统功能研究取向,在开始时为反对传统政治学研究的规范理论,对构建政治学理论不感兴趣。在50年代以后,伊斯顿(David Easton)尝试建立了政治生活的一般系统理论。他将政治系统视为一个由信息输入、输出和反馈构成的连续循环的过程。作为政治系统输入的是支持和要求,它们在被加工、过滤、合并后进入到系统内部的政策决策过程,政治当局制定公共政策和规则并作为政治系统的输出。这些作为输出的政策和规则还会通过反馈线路,作为新的输入影响政治系统当局新的决策。

政治系统理论作为分析框架不能离开具体的结构功能分析。因为系统的维

[①] 阿尔蒙德、小鲍威尔:《当代比较政治学:世界展望》,朱汶曾等译,商务印书馆1993年版,第5—16页。

持、存活与运行,必须要依赖内部的结构和功能。这也就是系统研究和功能研究之所以密切相关的原因。对政治系统结构功能的研究最初集中在对功能的分类上,将系统内的不同结构实体及其功能一一列举出来并加以归并分类,而且功能与行为是同一的。比如研究政党的功能,其实就是考察政党的行为。这种一般性的功能分析不能很好地解释整体的政治系统的维持和运行问题。

进一步的结构功能研究则把功能对系统的影响和维持置于分析的中心位置。一些学者将对政治系统产生影响的功能称为一般功能,而把对政治系统持续具有作用的功能称为基本功能。对于系统来说,它一定会强化基本功能,只有这样系统才能保持稳定并且获得发展。当然,这种稍微深入的功能研究也存在困难,因为对于一个具体的政治系统来说,它具有多种结构和功能。它们都对系统的维持和发展起着作用,而且常常会出现不同的结构可能同时发挥同一功能,同一结构可能担负多种不同的现象。这样就很难判断究竟是何种结构、何种功能对于系统的存在和发展来说是最为重要的。

系统和结构功能研究都看重政治系统的均衡与稳定,由此另一种与系统研究取向密切相关的研究策略即系统中的信息传播研究也就发展起来。卡尔·多伊奇(Karl Deutsch)认为,传播就是那种传递信息并反应信息即整理信息的能力。而政治系统中输入、输出、反馈所依赖的都是信息的传播。政治系统是一个开放的体系,它与环境进行着信息、物质和能量的交换。系统不断地受到来自环境信息的冲击,在人对环境的控制中,传播就具有至关重要的地位。一般政治系统的效能可以根据它能否准确地分析来自环境的信息并有效地传播表达回应信息来衡量。

传播研究分析的基本单位是信息,传播运载信息,信息要通过传播渠道被接受、被分析、被反应。研究的核心观念是政治系统必须处理环境加给系统的负荷。系统接受信息是认识负荷,系统对信息作出反应是处理负荷。这两者之间存在的时间差称为时滞。如果时滞越大,即出现过分的时滞时,系统的效率就较差。但如果系统对外部信息反应过快,时滞太短,即出现时滞不足时,也会影响系统的效率。关键是政治系统要准确处理环境的负荷。

在信息传播中,如果信息在接受和作出反应这段时间中发生变化,这便是信息失真。当一个政治系统纳入了或产生了过多的信息失真时,其存在和运行就会出现问题。政治系统对环境的信息即负荷进行反应时就会出现内部的变化,这种基于对负荷反应的变化称为增益。如果系统的变化跟不上自身稳定的需要,则说其增益过小;如果系统的变化超出了系统稳定的需要,则表明增益过大,系统就会有麻烦。政治系统要保证增益正好就需要接受它作为反应的信息,这就是反馈。政治系统利用反馈信息来校正自己的增益,同时又将反馈回来的信息存贮起来,以便日后在遇到相同情况时对照,这便是政治系统的学习。如果一个政治系统只是一味地对已经面临的压力做出反应,它就会越来越难以跟上环境的变化。为此政治系统必须具备先行的、有效的做出行为调整的能力,这就是领先,它是政治系统预见环境变化的一种状态。

政治系统运行和活动的目的是为了自身稳定,系统功能研究在这方面做了很多努力,不少研究者提出了系统均衡的概念。他们认为系统包括政治系统都是由自主的部分构成,其主要特征就是向均衡运动,即政治系统有"自我调节"趋于均衡的功能。对政治系统均衡研究的立足点就是"探求孤立状态下的系统,考察它们得以维持的条件;各种干扰或者导致新的均衡的建立,或者引起系统的解体"的因素。只要政治系统一直处于均衡,它就是稳定的,就能维持下去。

系统结构研究取向的核心策略

系统功能研究取向作为一种政治学研究中启发研究者思考的策略,包含着一些核心假设和基本要求。这一研究取向的第一个核心假设是,任何政治生活,无论古今中外,都是包含着某些共同功能的、有结构的、进行着信息传播的生态系统。政治系统不是以国家为中心的许多机构组合而成的实体,而是有其范围和边界的,与环境发生着互动关系的动态系统。系统内部的众多组织形成系统的结构,发挥出系统应有的功能。在母系统之下,还有若干子系统。系统的运行是通过信息输入、输出和反馈进行的,系统既对环境的压力即负荷进行着反应,又改变着内部的结构关系。

系统功能研究取向的第二个核心假设是,政治系统都具有趋向稳定和均衡的特性。系统内部的结构及其功能是由系统的存在和发展所决定的。系统内部的各个部分都有倾向于均衡的自我调节特性。因此,系统通过正常运行就能保持稳定。系统的这种由内部的均衡化而趋于稳定的状态是通过系统的信息传播来实现的。它会在对环境的输入信息做出回应时,既不让时滞过大也不使其不足。系统也会尽量减少信息失真,使自身的增益适当,并具有一定的领先性。做到了这些,具体的政治系统就能维持下去,并获得发展。

系统功能研究取向的第三个核心假设是,所有的政治系统的整体运行决定着其内部的结构和功能。政治生活总有其结构,良善的政治结构必然会让政治系统发挥出维持其稳定和运行的功能。因此,结构和功能对政治系统的存在和发展至关重要。一个具体的政治系统之所以有着既与其它政治系统相同又有差异的功能,这是系统本身规定的。当某些功能促进着系统均衡和稳定时,这些功能就得到强化,而强化后的功能则更加趋于让系统处于稳定的状态。由于系统要求有某种功能,而系统内部的组织的确改造着这种功能,那么系统内部组织和结构存在的必要性就得到了证明。系统决定着功能,而系统的功能又决定着结构。

系统功能的研究取向对具体的政治学研究提出了两个基本要求。第一个基本要求是研究者要重视对系统内部因素的相互关系的关注。政治系统内部虽然包含许多因素,但是,决定系统性质和运行的不是这些因素本身的特点及其因素的总和。重要的是系统中的各种因素间的相互关系。研究一个政治系统中的政府子系统,不是去列举有多少个政府的机构和部门,也不是逐一地将政府组成部分的特点罗列出来,关键是要研究不同政府之间、政府的机构和部门之间,存在的纵向、横向上的职能、责任、财权与事权、公共物品供给与管理等等方面的府际关系、部门关系,研究多中心治理、跨域治理下的政府运行机制。

第二个基本要求是研究者必须从系统的运行维护与稳定来考察系统的功能。研究政治系统及其子系统的目的是为了解释其存在、运行和发展的条件和动力。因此,研究政治系统及其功能,就要着力考察保证系统稳定的功能及其相应结构。任何政治系统都生存在一定的社会、文化、经济和国际环境中,外部生态环境的变化会对系统生存和运行形成压力和挑战,系统必须具备及时、有效地回应压力的功能;系统内部的运行也会产生矛盾和冲突,系统还必须具备内部协调功能,对外的应对和对内的协调这两方面功能又是相互影响的。政治系统的功能又是以一定的结构为基础的,因此,研究系统的功能必须和研究系统的结构联系起来。

系统结构研究取向的缺陷

政治学中的系统功能研究在 20 世纪 50 年代以后成为很有影响的研究取向,但是,这种研究取向从 20 世纪 80 年代开始就已经变得冷落了。除了因为有更多新的研究取向登台外,其由热转冷的一个重要原因是这一宏观的研究取向本身具有缺陷。

系统功能研究取向的缺陷之一是,系统功能研究过于笼统和宽泛,它本身不能对具体的政治现象做出说明,只有借助于其它的理论才能解释现实的政治生活。政治系统概念的提出固然克服了政治学研究国家中心论的许多弊端,但是,仅仅将政治生活视为一个由信息输入、输出和反馈等环节构成的运行过程,指出任何政治系统都具有功能和相应的结构,初次接触这一观念还有点新鲜,而要以这些观念去回答政治生活中诸多现实的问题,就显得过于空泛。系统只是一个大括号,将什么都包含在里面,似乎什么地方都能用,并没有实际的用处。因此,最好不要将政治系统功能视为理论,它只是一种启发人们思维的框架,告诉人们要以系统功能的视角看待具体的政治生活,而要对政治生活中的现象、事件和过程作详细研究,则需要借助于其它的理论指导。

系统功能研究取向的缺陷之二是,系统功能研究取向过于强调政治系统的均衡和稳定,从而无法对政治生活的变化做出解释。政治系统及其功能研究取向过于强调系统自身具有自我调节的机制,并且在论及系统功能时,将稳定的功能视为其最重要的功能。在解释政治系统的过程时,将系统设计成通过信息传播的输入、输出和反馈构成的不断回应外部压力和内部冲突的维持体系。系统功能研究取向具有明显的保守性质。对于一个现实的政治系统而言,固然需要保持其内部的结构性运行的稳定性,更为重要的是,政治系统处于内外生态的相互作用之中,系统要能真正的获得稳定就必须有足够的能力面对变革。

对于上述的缺陷,也有一些学者开始思考在系统功能研究取向中注入变革的因素。从系统均衡研究中,人们引出了系统出现革命性变革的问题。革命是社会系统包括政治系统失衡的结果。具有失衡特征的可能是社会结构,也可能是价值体系。失衡的原因可能来自环境,也可能来自系统内部。在一个失衡的政治系统中,诱发政治革命的因素通常是能保存和发展实力、整合系统结构和功能的、获得正式权威地位的个人和组织。

系统功能研究取向的缺陷之三是,系统功能研究取向在说明政治生活的结构与功能时,常常犯有循环论证的错误。在系统功能研究取向中,系统功能的存在具有目的论的色彩。当问及为什么存在这种而不是那种功能时,解释是,功能是为系统的稳定运行而产生的。凡是对系统的均衡和稳定有利的功能就产生出来并得到强化。一方面是系统决定功能,但另一方面,似乎又是功能决定系统。同样在论及系统的结构时,则以功能目的论来解释。当系统需要某种功能,而这种功能已经存在了,这说明产生这种功能的结构是合理的。因此,在功能和结构之间也存在着循环论证。要克服这一缺陷,就需要将研究的视角扩展到系统和功能之外。政治生活植根于社会经济文化生活之中,植根于人类自身的发展之中,只有到那里才能找寻到政治系统及其结构功能存在与发展的最深厚的根源。

第三节　政治学研究的道德

政治学研究方法不仅有其本体论的、认识论的和知识论的基础,还有其道德论的基础。政治学研究过程中处处存在着道德问题。研究者要让自己的研究活动和成果合乎道德要求,就必须认真考虑研究的动机、研究的设计、与研究对象的关系、研究成果的形成和处理等方面所具有的道德性。

研究动机的道德性最为重要,它会决定整个研究过程中研究者的行为选择。研究者既要排除为名为利、出人头地的研究动机,也要排除跟风摇摆、投机取巧的研究动机。有了好的研究动机也不一定就能避免不当的研究行为发生。研究者还需要详尽告之研究对象研究者本人的身份、研究的目的、研究的程序、研究的内容,让研究对象自愿、清醒地参与研究活动。在研究过程中,研究者要避免给调查、访谈和实验测试的对象造成生理、心理和其它方面的伤害,要切实保护他们在参与研究中透露的个人稳私和其它秘密。

大部分政治学研究项目是由政府机构和非政府机构资助的。在资助政治学研究的过程中,政府部门和非政府部门都需要明确说明资助研究的目的、研究成果最终的归属,还要对研究中出现的道德问题加以监督、协调和解决。

研究者在形成自己的研究成果时,要充分尊重别人在研究中作出的贡献,对于自己引用的属于别人的研究成果要详尽地加以标注。研究结论所依据的资料要真实可靠,绝不能杜撰和伪造。对于学术研究中的不当行为和违反道德规范的行为,事前要严加防范,事中要处处留意。一旦发现有不道德的现象,则应当揭露、批评,决不能迁就、姑息。

一、政治学研究中研究者的道德责任

政治学研究活动的道德性

在知识的作用日益彰显的现时代,政治学知识的创新和增长对社会的良好治理和促进人类发展正在发挥出巨大作用。发达国家和相当多的发展中国家在制定相关的科研政策繁荣经济学研究的同时,也大力支持政治学研究。中国在进入社会转型时期以后,一度被取消的政治学终于得到了恢复、重建和发展,政治学研究也日渐蓬勃开展起来。研究机构不断增加,研究队伍日益扩大,研究的议题更加细致、广泛、实用。更多的社会公众参与到政治学研究中来。政治学研究的成果也以惊人的速度增长。

但是,政治学研究的迅速发展,也给人们带来担忧。政治学研究中的道德问题渐渐显露出来,并且日趋严重化。不少政治学研究者把做研究作为获取个人名誉声望、出人头地的手段,也有人在研究中依然跟风摇摆,投机取巧。不少参与政治学调查、访谈的公众发觉自己对研究人员讲的话未经本人同意就被公布出来,有些参与研究的人还发现,他们接受访谈所表述的内容受到严重歪曲。有些研究人员有意制造种种原始访谈资料,有些研究者在发表的学术研究论文中大段抄袭别人写出来的但还没发表的文字和资料。这些现象充分说明,政治学研究作为一种特殊的社会活动,它不可避免地具有道德性。

政治学研究的道德性贯穿在政治学研究的全过程之中。首先是研究动机的道德性。一项研究是否符合社会伦理要求,首先就表现在研究的动机和目的上。有些人从事政治学的研究,并不是或不完全是出于要发现政治生活运行的规律、增长政治学科学知识这类纯正的、正确的专业学术动机,而是带有自私的甚至邪恶的目的。比如有些人研究政治,是为了获得好的名望,让同事们另眼相看,总想一鸣惊人,出人头地;或者是受雇于某个利益团体,甚至为了给某些敌对势力收集情报。怀有上述种种不良的或邪恶的动机去研究政治生活,很可能会导致急功近利、弄虚作假甚至捏造事实的行为发生。

因此,要科学地研究政治学就必须选择正确的研究动机。研究动机会对整个研究过程产生影响,一旦研究动机偏了,研究者就会不择手段地选择达到目的的研究途径。为了清醒地把准研究动机,在进行研究之前,首先就要问一问自己和研究团队,为什么要研究这一课题,研究的结果将用于何处?只有把研究动机端正了,才能有正确的行为选择,才能自觉承担和履行研究活动中的道德义务。

其次是研究的设计和计划的道德性。怀有不良的或不正确的研究动机,固然会使研究设计和研究计划带有不道德的成分,即使是研究动机正确,不严格地设计每个研究程序,不仔细考虑研究计划的每个步骤,也会产生研究中的不道德现象。特别是在争取研究项目资助时,为了能获得评审通过,到处借用研究力量,拼凑研究团队。有时明明知道研究实力有限,却有意将研究计划编造得十分庞大、复杂。但真正动手研究时,却偷工减料,致使研究的结果与最初的承诺相去甚远。有时为了应付科研管理机构的检查,则弄虚作假,编造项目研究进展报告蒙混过关。有些大型研究项目,开始时轰轰烈烈,最后不了了之,白白占有研究资源。只有在课题研究设计和计划中讲究道德,不作假,不浮夸,才能及时按质保量地完成研究任务。

第三是研究中与研究对象关系的道德性。如果研究者制定和设计的研究计划是不道德的,并且不让参与者知晓,这固然不可避免地会违背道德要求。即使研究设计和研究计划是实事求是的,如果不加注意,在处理与访谈、调查、测试对象的关系时,还会出现不当研究行为,产生有意的或无意的不道德现象。政治学研究中绝大多数课题都是研究人的活动和行为的,因此研究政治学在某种意义上就是研究人和人们的行为。在政治学研究活动中,最为重要的道德方面或者最容易产生道德问题的方面就是如何处理研究者与研究对象的关系。

在政治学研究中,研究者在进行实证的、经验的研究时,会请许多普通公众参加。在调查、访谈时,研究人员会让调研对象回答事先设计好的或随时询问的问题,会让人们参与某些现场活动。在进行上述研究场景和活动的设计时,如果不顾参加者的意愿,如果强制他们回答不愿回答的问题,如果要他们做出不愿做的反应,如果将他们不愿让别人知道的个人隐私公开出来,都会发生道德问题。在强迫别人、违背别人意愿的条件下完成的研究是不道德的。只有时刻关注研究活动中研究者和参与者相互关系上的道德性,尊重个人自由,不伤害别人的尊严,不限制别人的行动自由,对个人隐私和秘密严加保密,才能保证研究活动的正当性。

第四是研究中学术规范方面的道德性。即使在上述的各个研究环节上都注意了行为的正当性,也不等于整个研究过程就没有道德问题了。研究结果的形成和处理中也会产生道德问题。政治学研究是专业的学术研究,如果不遵守学术研究的规范,也会产生不道德的现象。明明是和别人共同合作完成的研究成果,发表时只署自己的名字;明明是别人撰写的论文,却要挂上自己的名字;明明是引用别人的成果,甚至大段大段抄袭别人的研究资料却不加注明;明明知道政治生活中存在问题却闭着眼睛说形势大好,或夸大其词将现实说得一团漆黑;一篇论文改头换面多处投寄发表;拉关系要评委在评语中尽写好话……这些都属于不道德的研究行为。学术研究不规范,出现不道德的行为,既损害别人利益,也会造成社会风气的败坏。

政治学研究者的道德义务

政治学研究中的种种主客观原因会导致不当研究行为出现。从法律的角度来审视,不当研究行为可能违反有关法律,也可能并不触犯法律。从伦理的角度来衡量,所有的不当研究行为都会存在道德问题。因此,在论及不当研究行为时,可依据法律和道德两个指标,将政治学研究中研究者的不当研究行为的性质划分为两大类:一类不当研究行为是合法但不道德的;另一类不当研究行为则是不合法也不道德的。

了解不当研究行为中道德与法律的关系很重要,它可以避免两种现象的出现。一种现象是,有些政治学的研究者常常以不犯法为标准来拒绝为研究行为负道德责任。只满足于研究行为不犯法,这一标准太低了,不犯法不等于就是道德的。违背道德规范的研究行为同样会受到社会的指责和惩罚。另一种情况是,有些人一见到研究行为中有不道德的成分,马上就想到要采取法律手段来制裁。的确有一些不当研究行为是既不道德也触犯法律的,但是,绝大多数不道德的研究行为并没有违反法律。对于有这种行为的人和事,应采取说服教育的方式。

无论是触犯法律还是不违反法律,不当研究行为都是不道德的或包含不道德的因素。这类行为的出现无论有多少客观的原因,它们都和研究者的主观预想有关。可以将不当研究行为与研究者的主观预想的关系分成两种情况。一种情况是研究者在没有预料到行为会产生道德问题的情况下作出的举动,这是无意的不当研究行为。这种不当行为不是与研究者的主观意识无关,而是研究者没有事先意识到或预料到如果采取这类行动就会导致不道德的问题出现。比如一位研究者运用了另一位研究者已经发表的调查资料来佐证他的研究结论。但是,研究报告发表后,有人就指出他所引用的那部分资料本身就存在虚假的成分。虽然用虚假的资料来证明研究结论的做法是一种欺骗,但是对这位研究者来说他作出这样的行为确实不是有意的而是无意的,是一种"无意的"作假。

另一种情况是研究者预先就知道某种行为必然导致道德问题,但仍然去做了,这就是故意的不当行为。这种不当行为的重要特征是研究者对行为后果已经有所预料,只是怀有可能不会被发现的侥幸心理而选择了行动。比如,一位研究者在研究报告中用了只靠挑选的几个调查对象而没有经过随机抽样获得的资料来验证他的研究假设。他明知这种资料的信度不高,效度也不大,但是为了省时省力,就采取了这种带有欺骗性的做法。显然与无意的不当行为相比,故意的不当研究行为有较大的危害性。

政治学研究中存在着许多不当行为和由此导致的不道德现象,这是一个不争的事实。但是对于这些行为和现象研究者能否完全避免,这些行为和现象是否一定会造成坏的结果,已经发生的这类行为和现象的责任是否完全要由研究者来承担,在诸如此类的问题上,人们的看法并不完全相同,甚至存在激烈的争论。这些争论涉及到人们长久以来对道德本质的不同理解和对行为判断的道德标准的不同规定。

在回答上述问题时,通常会存在三种不同的见解。第一种见解认为,道德是每一个人必须履行的义务。凡是人的行为,就应当是道德的,每个人只要具有健全的理智就要对自己的行为承担一切道德责任。因此,任何政治学的研究,不论是会给社会带来好处,还是不带来好处,都应当进行公开的、公正的、有道德的研究。研究者有义务去避免不当行为,防止不道德的现象发生。凡是不当行为和包含不道德因素的研究活动都会对社会造成危害。这种把政治学研究中的行为和道德作为研究者不可推卸的一种责任和义务的见解来源于康德的规则伦理学理论。

第二种见解认为,判断一种行为是否道德必须依据这种行为产生的实际结果而定,有些行为虽然损害了某些个人利益,但是只要对更多的人、对社会有好处,它仍旧值得提倡。政治学研究中行为的道德与否,主要取决于这种研究结果给社会带来何种后果。如果将研究者在研究中使用一些欺诈手段和策略造成的负面影响与最后得到的正面结果作比较,只要后者大于前者,那就是道德的。这种把政治学研究行为的道德评判标准与最终社会结果结合起来,以成败论英雄的见解,所依据的是密尔的实用主义伦理学理论。

第三种见解认为,在人类行为中,既存在可以由个人决定的方面,也存在个人无法决定的方面,因此个人无法完全避免行为中的不道德因素。就具体行为来说,无所谓如何做就一定是道德的,或就一定是不道德的,要具体问题具体分析。在政治学研究中,也不存在道德与不道德的绝对标准。所有政治学的研究行为都

第四章 政治学研究活动

是具体的,其道德与否,主要视其研究的文化环境。在一种文化环境下是不道德的研究行为,到另一种文化环境下则可能是道德的。评价一种研究行为是否道德,还要视其研究的影响因素而定。在一定的外在压力下,研究者只能作出某种包含不道德成分的行为选择,他无法为此承担全部责任。这种将政治学研究中的道德行为与外部压力、文化环境相结合的见解来自相对主义的伦理学理论。

上述种种有关政治学研究行为道德性的见解,都包含着某些合理性,但也包含着某些绝对性。我们应当考虑政治学研究者面对的研究环境,身处的研究文化,确实许多问题需要将动机与结果联系起来思考,更需要具体问题具体分析,但是有一点是清楚的,我们必须尽量避免研究中不道德现象的发生,必须提醒研究者应尽的道德义务,必须批评研究中产生的不道德行为。

首先,每一个想致力于政治学研究的研究者都必须知道,自己应该而且有能力处理研究行为中的道德问题。虽然有些政治学研究项目不仅经费充足,而且参加研究会获得许多实际利益,比如会得到一个职务,会在报纸上出名,会在电视上露面,会有许多记者采访,甚至有些境外的机构,会以更多的金钱来换取你给他们收集的研究资料,但是,在这种情况下,作为一个有头脑的研究者,你完全可以自己做出选择,是接受这些项目,还是拒绝作这类研究。研究者自己完全可以拒绝跟风跑的研究,也完全可以拒绝对国家不利的研究项目。如果明知有些研究今后会被人们所轻视、所鄙视,你还是选择了,当然后果要自负。这种现象在"文革"内乱时期并不少见,今天的研究者应当引以为戒。

其次,每一个个体研究者都必须自己做出道德判断。也有不少研究者认为,自己只是一个研究团队中的一员,很多研究行为是由集体决定的,一旦发生不道德的现象,个人负不了责任。现代政治学研究的课题的确日益趋于大型化,涉及的范围和涵盖的学科较广,因此,常常需要组成多学科研究人员参加的团队才能胜任这类研究任务。但是多数政治学研究项目还是专题性和小型化的,只需要个人或几个人合作就能完成。即使是在以团队方式进行的研究中,具体的研究活动仍然是通过精细的分工由个体研究者来承担的。在政治学课题研究中,研究团队固然要承担道德责任,但许多研究中的道德问题仍然必须由研究者个人来解决。

第三,研究者必须从动机和结果的统一上去思考行为的道德性。在世界科技发展史上,由不甚道德的行为产生出被实践证明是正确的研究成果的案例并不少见,从不纯的研究动机出发,得到的研究结果却给社会带来重要利益的案例也不少见,但是,人们不会因为有这些案例就去原谅甚至提倡不道德的研究行为。如果一开始动机就不正确,它在绝大多数情况下,只能得到不好的结果。任何侥幸心理,任何投机取巧,最终只能是自欺欺人。因此,研究者在从事研究设计和进行实际研究活动时,必须端正动机,必须自觉履行道德责任。

在具体的政治学研究中,要能尽量避免发生不道德行为和现象,关键是要平衡履行专业研究责任和承担道德义务之间的关系。政治学研究的繁荣发展赋予政治学研究者更多的权利和更大的责任。首先,政治学研究不再是个人的事情,它被提升为一项社会公共事业。完整的社会科学研究必定包括政治学研究。政治学研究所产生的知识,所提供的政治体制改革的行动建议,是一种公共财富。一旦为广大人民所了解和掌握并利用来理解政治生活,参与政治生活,就能推动政治体制改革的发展,为建设社会主义政治文明服务。政治学研究的这种公共性质要求整个社会支持政治学研究者的工作。

其次,政治学研究者的研究活动得到政府的鼓励和资助。政府在推动和促进科学技术发展时,既重视和鼓励自然科学和工程科学的研究,也鼓励和支持包括政治学研究在内的社会科学和人文科学的研究。各级政府不仅设立专项经费对重要的政治学课题研究实行招标资助,而且对政治学研究中的优秀成果定期加以评选表彰。得到各级政府部门资助的政治学研究不仅具有重要的物质基础和组织基础,而且还具有充分的合法性。这使得政治学研究工作能得到社会的理解和信任。

第三,政治学研究者拥有专业知识和研究的技术,从而拥有了这方面的不可替代的权威性。政治学研究并不是任何人都可以从事的工作,进行科学、有效的政治学研究,必须具备一定的政治学专业知识基础,必须接受专门研究方法的训练。这种专业知识上和研究方法上的特殊限制,使得政治学研究既具有某种特殊性,又具有一定的权威性。

正是政治学研究的公共性、合法性和权威性,产生出两方面的结果:一方面,政治学的研究者因感觉到肩负的专业责任而承受巨大压力;另一方面,社会普通公众对政治学研究寄予殷切希望,热情支持这项事业并对研究者的工作充满信任。过分的压力会让研究者在研究行为的选择上失去必要的谨慎和耐心,会导致急功近利甚至不择手段,这就会给不道德现象的出现留下可乘之机。社会公众对研究者过分的信任和支持则会让他们疏于防范种种有害于他们自由、尊严和利益的事情发生。

要确保政治学研究中不发生不当行为,杜绝不道德的现象出现,关键是研究者要主动消解压力,培养良好的科研习惯,坚守良好的学术行为规范,以学术上不道德行为造成的严重后果警诫自己。社会公众应当对政治学研究保持恰当的信任,应当以负责任的态度参加到研究活动中来,对感觉到的不道德现象应当及时提醒和制止。只有这样,才能保证政治学研究活动中专业学术责任和社会道德义务在动态中处于平衡。

二、政治学研究中研究者的道德防范

不当研究行为中的主要道德问题

在政治学研究中包含不道德现象的不当行为主要发生在研究过程的三个阶段上。最先容易发生不当行为的是研究课题的选择与确定阶段。在这一阶段上，研究者容易犯的错误或不道德的行为主要是两个。一是违背学术规范和良心去争取或接受研究项目。在计划经济模式下，由于政治上的集权和学术上的专制，不少人被迫写了一些违心、唯上的文章。现在这种跟风转、只唯上、不唯实的恶习残余并没有完全得到根除，仍有不少研究者不愿意脚踏实地、老老实实地按科学研究的规则办事，总想走捷径、出风头、见风使舵。今天说的话明天就变，台面讲的和心里想的是两码事。这种做法虽然有时能给一部分人带来名利地位，但却是不道德的。

二是在申报和争取研究项目时，只考虑如何把经费拿到手，怎样获取名声，而不顾实际研究能力和条件。由于现行的许多考核体系包含研究项目和经费这一指标，能否争取到科研项目特别是重大项目对于一个人的业绩状况、职级晋升和薪酬提升都有极大的关联。这种利益的诱惑和驱动，往往使研究者不顾实际水平和能力，做出不道德的行为。项目论证时搞浮夸、讲假话，申报时跑关系、送钱物，导致学术研究领域风气败坏、邪气横行。

在政治学研究成果的形成和处理阶段也会发生不道德的现象，主要表现在三个方面。一是在形成研究成果时，研究者为了顺利地验证自己事先提出的假设，有意修改经验资料，甚至编造一些不符合科学研究规则的资料，致使研究结论失去科学性。二是在撰写研究报告和论文，特别在构建理论时，有意或无意地侵占别人的研究成果。有的不给研究的合作者应有的名利和地位，独占全部成果。有的不征得同意也不注明出处地引用别人的研究成果。三是在研究成果的评审和使用上玩弄花样。在研究项目结项评审、成果评奖时，打招呼、送礼品、自己化名写书评。论文发表时，或一个论文改头换面成几篇，或干脆一稿多投。

大量的道德问题发生在获取和处理经验资料的研究阶段上。在这一阶段，如何处理好研究者与研究对象的关系至关重要，在这一方面往往会发生不易察觉的和不易暴露出来的道德问题。主要有以下几类：一是对研究活动的参与者造成的不同程度的强制和行为限制。政治学研究通常采用的获得经验资料的手段是抽样调查、个别深度访谈、焦点团体访谈等等。这些研究手段都需要有一定的社会成员参与和配合。参与者或者是经过随机抽样确定的，或者是按研究意图确定的。对于这些调查和访谈对象，研究者通常依靠单位和组织的帮助，由单位和组织通知调查和访谈对象到场。研究者也只是简单地告之活动的程序,就让他们按研究的要求回答问题,填写问卷。

对其中不少人来说,他们可能对调查和访谈的内容不感兴趣,也可能因种种原因不愿意将真实的想法讲出来,研究者要他们做这些不愿意做的事,就构成了某种程度的强制。在一些深度访谈中,研究者会一次次要求被访谈的对象回答各种问题,有些问题可能触及到个人的隐私或家庭、家族的秘密,甚至有些是让他们回想起伤心的往事。研究者越是对这些更深入的因素感兴趣,就越可能造成访谈对象心理上和精神上的压抑和伤害。对所有参与答卷、访谈的成员来说,由于研究活动是有时间限制的,他们必须在一定的时间内赶到指定地点接受访问,或者要接听电话,这也会打乱他们既定的工作和生活安排,对个人行动自由造成某种程度的限制。

二是对进入研究活动的对象造成心理和其它方面的伤害。政治学研究中,研究者常常要设计一些行为模拟来测试、观察和记录不同政治角色间的关系和他们对某些压力或刺激条件做出的反应。参加这些准实验性质的模拟活动或测试活动的成员,有时必须扮演一些他们不同意扮演的角色,或做一些他们不愿做出的举动。但在集体性的活动中,由于从众心理,他们被迫做了,但却造成心理上的厌恶和伤害。

在对某些有过生活上痛苦遭遇的对象、或有过不良行为举止的成员作访谈时,研究者为了获得最为真切的有关政治行为发生时的心理活动的资料,会一直追问当事人的心理体验,有时甚至通过诱导的方式让被访问者透露出不健康的乃至带有邪恶的心理冲动。在这种情境中,当事人的自尊可能会受到伤害。

三是对研究活动参与者进行事先暗示,对个人隐私和行为言论加以歪曲和泄漏。政治学研究者常常需要花费大量的精力和经费,从大量的实证经验中分析概括出能对研究假设加以检验的证据,这无疑是一件费时费力的事情。有时,大量的问卷发下去,回收后的分析结果并不符合研究者事先的期望。为了节省时间和精力,部分研究者通过约找几位特定的访谈对象,预先告之研究所需要的访谈资料,再由这些特定的对象按研究者的意图回答问题。这是导演出来的经验资料,它没有任何价值。这种研究方式只能使政治学研究失去应有的科学性和严肃性。

一些研究者虽然不是事先导演访谈或问卷调查,但是,在分析问卷资料和访谈记录时,为了能较好地验证研究假设,就在资料分析概括上做手脚。或是有意地去掉不利于验证假设的内容,或是有意进行编造、歪曲被访谈对象的发言记录,以此来获得满意的检验研究假设的效果。研究者的这种行为不仅存在个人的造假问题,也没有尊重研究活动中参与者的权利,这显然是不道德的。

还有一些政治学的研究者,在获取了宝贵的第一手经验资料后,为了更好地开发、利用这些资料，从中获取自己需要的利益，在没有得到调查访谈对象的授权和同意的情况下，就公布一些访谈记录或问卷的回答。一些研究者虽然把访谈者和问卷回答者的姓名在资料公布时隐去，但是，还是有些细心的人能从谈话内容中辨认出接受访谈者的身份，从而使访谈对象的个人隐私被暴露出来，引发预想不到的种种问题。

研究者处理道德问题的基本准则

政治学研究中研究者可能碰到的道德问题是很多的，要很好地防范和解决出现的道德问题，就必须遵循一些基本的道德准则。一是自主性准则。这一准则要求研究者必须充分尊重社会成员参与政治学研究的自愿性。社会公众固然有义务支持、配合正当、合理的政治学研究，但是这种对研究活动的参与必须是自愿的。自愿地接受研究者安排的测试、访谈，自愿地按照研究者设计的程序做出反应活动，自愿地授权研究者可以使用自己的研究成果，等等。如果社会成员并不自愿做上面提到的事情，研究者就不能勉强、强制甚至找出种种理由加以胁迫。研究者应当尊重他人的权利、价值和决定。对于合作者、受试者、访谈者，研究者必须事先将相关的研究计划、意图告诉他们，只有在征得他们本人的同意后才能开展合作、调查、访问和测试。如果在研究活动进展过程中，当某些参与者突然感觉这些研究并不适合自己而提出退出研究活动时，研究者必须答应他们的要求，决不应当强留。对于问卷的回答，被抽样确定的回答者在拿到问卷以后，可以拒绝填写，研究者不应当追究。

二是无伤害准则。这一准则要求研究者在制定和实施研究计划时，不构成对他人、组织和国家的无意或故意伤害。这一准则包括两个方面。一个方面是政治学研究者在进行研究活动时，不对参与者的观念、思想和心理构成伤害。政治学研究是众多社会科学研究中最具敏感性的研究领域。在存在价值多元、观念多样、利益多变的转型社会中，不同的个人、团体、组织都有各自的价值定位、观念选择和利益诉求。在政治学研究中研究者如果不顾及到这种差异性，就会有意或无意地对不同个体和群体造成观念上、思想上和心理上的伤害。

另一个方面是政治学研究者在形成研究结论和处理研究中的经验资料时，不损害某些团体的利益、名誉和形象，不传输甚至出卖对国家政治、经济、技术安全构成影响和损害的任何信息情报。有些研究者在研究成果中会对一些团体、群体的行为、政策进行分析、评估，这种分析和评估必须以不损害他们的名誉、形象、利益为界限。政治学研究者获得的经验资料，常常包含着对国家政治、经济、科技发展状况的评估，对这类经验资料研究者必须严格掌握传输和使用的范围，以免对国家利益和发展造成不必要的损害。

三是道义准则。这一准则要求在政治学研究中,研究者要尽量消除对别人、组织构成的伤害,并能给他人、组织最大的利益。在政治学的经验研究中,应当充分考虑在抽样调查、焦点团体访谈、个案分析、参与式观察、准考验或模拟中,不对参加到研究活动之中的人员的生理、心理造成伤害,要充分顾及人们不同的生活习惯,注意对个人稳私的保密。在个人没有同意或授权的情况下,决不透露任何可能让别人辨认出访谈对象的信息。在对团体和组织进行调查时,决不透露团体和组织内部的秘密。即使属于非秘密性质的团体和组织的信息,在没有得到同意或授权情况下,也决不公开。更不能因为研究之外的目的而出卖团体、组织甚至国家的机密。

这一准则还要求研究者在研究中一旦发现参与研究的某些个人、团体和组织存在着需要改进的问题时,研究者不应当当场说三道四、指手画脚,而应当在研究结论出来以后,通过和这些个人、团体和组织共同分享研究的经验资料和研究结论的基础上,通过人们掌握的政治学知识的增多和观念的变更来发现问题、自己解决问题。

四是公正性准则。政治学经验性研究中的公正性体现在两个方面。第一个方面是要公正地对待研究的合作者、访谈对象,不能人为地依据一些指标将他们分成不同的高低贵贱等级,更不能因为某种原因将他们排除在研究对象之外。第二个方面是要将研究发现和结果让人们平等地知晓、利用和分享。决不能将研究得到的经验资料由研究者独占,不让研究者以外的人们知悉,也不能有选择地只让一部分人分享。研究者获得的经验资料应当成为社会的公共资料,既可以让社会来检验这些经验资料的可靠性,又能让这些经验资料在不断的利用中发挥出更大的作用。

研究者防范道德问题的有效手段

在政治学研究中,研究者碰到的可能引发道德问题的情况是复杂多样的。除了要依据上述准则来妥当地解决问题外,还需要对一些特殊的道德问题采取有效的手段,以主动防范不道德现象的出现。一是研究采用自愿参与和充分告知的同意手段。在研究者设计和开展问卷调查、深度访谈、焦点团体访谈以及模拟性测试这些经验性研究手段时,事先就需要准备好两份材料。一份材料是"研究活动的目的、内容与程序"。其中要告诉被抽样选中或被其它原因确定为访谈和测试对象的社会成员他们将参与的研究活动的目的和内容,活动展开的程序,活动中不同的成员将担任的角色。研究者还有必要告诉访谈和测试对象,填写问卷需要的时间,有些访谈会持续几十分钟,一些电话访谈会占用大量的时间。参加焦点团体访谈还会有电话的追踪访问。还需要告诉参与访谈和实验测试的人员可能在研究中会出现影响他们决定的重要事项,比如丧失隐私,在实验中可能会产生身体上和心理上的不适或不愉快的现象。

另一份材料是"知会同意书"。在研究活动的内容、目的和程序得到充分告知的前提下,在尊重访谈和测试对象的个人权利、完全自觉自愿的基础上,签署同意合作的书面文件。只有在做了充分告知,并且由受访者和参与实验测试者完全同意后,合作研究才能进行。

在研究活动中,访谈和测试对象有退出研究的权利。研究者不能因为某种权威地位而暗示他人参与的好处和不参与的坏处,也不应夸大研究的重要性或研究受何种权威机构的支持,而强制研究对象参与。在问卷调查、电话调查、焦点团体座谈中,研究对象有权利挂断电话,有权利不填或丢掉问卷,有权利不再参与此项研究活动。

另外,在研究活动中,研究者应当使用访谈和测试对象了解和熟悉的语言。如果研究中需要录音、录像,除非仅涉及公开场合的自然观察,否则也必须事先征得同意。在学校里,如果研究计划是课程的一部分,在参与者会增加分数的情况下,研究者就应当为不参与研究的学生提供替代方案,以免产生强制学生都参与研究的暗示。

二是研究中采用必要而善意的隐瞒手段。对于在政治学研究中研究者能否在特殊情况下采取善意的隐瞒行为存在较大的争议。赞同在研究中采取一定程度的隐瞒行为的人认为,有些研究不使用隐瞒手段就无法进行。而且研究中必需的隐瞒造成的伤害损失要比社会得到的好处小得多。比如在许多实验中,为了获得在特殊状态下人们行为反应的类型,受试者就不能预先知道实验的内容,否则他们会改变行为,从而使实验得到的结果不正确。

也有相当多的人反对在政治学研究中采取任何程度的隐瞒行为,他们认为无论隐瞒是必要的还是不必要的,是善意的还是恶意的,都是不道德的。不论是在什么情况下研究活动中的隐瞒行为本身就是对访谈对象和测试对象人格和自尊的伤害。而且一旦研究的参与者事后知道被欺骗,在以后参与的研究活动中,他们就会有再度受欺骗的感觉。

在现实的道德实践中,人们在进行行为选择时,也并不是对所有隐瞒行为都斥之为不道德的。一个孝子遇到既要照顾卧病在床的老母又要上前线打击入侵者的两难选择,如果将上前线杀敌的事情直接明白地告诉老母亲,老人可能因一时担忧而加重病情。在这种情况下,孝顺的儿子则告诉母亲自己将出远门办一件事,没有风险,好让老人家安心养病。这种隐瞒显然不能称之为不道德。因此,在特定情况下,还是允许采取没有伤害的、善意的、必要的隐瞒行为的。

相对于其它社会生活而言,政治生活是较为敏感的领域。人们一般不愿意将自己对政治问题的真实见解和心理感受告诉别人。因此在政治学研究中,研究者常常会碰到为获取对现实政治关系的真切了解,在进行有关政治感受和社情民意的访谈、调查时,把研究的真实意图隐去或淡化其政治性,这种做法还是允许的。但在作这种善意的隐瞒时,除非证明具体的研究具有科学价值,以及不使用善意隐瞒就无法进行真实的研究或得不到真切可靠的资料,才可以使用隐瞒方式。即使是在这种情况下,研究者在事后仍然应该尽可能详细地解释研究经过和采取这种行为的特殊情况,以取得访谈对象和测试对象的理解。

三是研究中对个人隐私加以保密的手段。政治学研究中容易发生个人隐私权被侵犯的场合是较小范围的实地观察和调查、访谈。在实地观察中,越是在公共场合,个人隐私问题就越少被暴露。但在有些公开场合的观察中也会有侵犯隐私的问题。比如在租借录像带的商店中,研究者是否在暗中观察究竟是哪类人喜欢租借色情片。在餐厅中,也可能会存在研究者在暗中偷听哪些人对某种政治立场表示支持。在小范围的调查、访谈中,有许多个人的隐私比如年龄、收入、住宅面积、和什么人交往等等方面的信息暴露出来的机会较多,对这些容易暴露出来的个人隐私必须做出保密的承诺。除非发生其他人或机构对整个调查、访谈、测试的活动设计提出质疑,研究者为证明研究设计的合理性而需要提供活动的全部情况外,研究者不得寻找任何借口泄露参与者的隐私。

在观察和调查、访谈中要遵守道德准则,最好的办法是采取匿名和保密措施。匿名是任何人都无法从调查和观察资料中辨识被观察的对象和被调查的人是谁。匿名的好处在于让受调查者诚实坦言,充分表现自己的特性。在某些资料无法匿名的情况下,则采取保密措施。如在深度访谈中,个人姓名、家庭电话都必须写明。在这种情况下,研究者应当让参与者确信,他们的身份可能被知晓,但访谈的内容则不会公开。如果需要公开时,那些可能让参与者的身份暴露的标记将会被删除。

四是研究中事先征得同意和争取授权的手段。在政治学研究中为了防止在利用访谈者提供的信息、别人的研究成果和其它资料时因不慎或疏忽而产生不道德问题,研究者可事先向相关人员比如研究的合作者、研究中的访谈对象和测试对象、需要引用其研究成果和资料的人提出在公开场合利用他们提供的或属于他们所有的信息资料的申请,在征得他们同意并对如何利用、如何注明资料和成果来源的方式取得一致意见后再使用。对于包含有个人年龄、职业、收入、政治态度的属于私人保密的信息资料,研究者如在特殊场合要加以公开利用时,除了要取得本人的同意外,还需要有明确的授权委托书。

第四章 政治学研究活动

本章小结

在政治学研究活动中会存在种种外部的、客观的甚至无法抗拒的压力,从而使得研究者无法完全避免不当的研究行为出现,无法完全杜绝不道德的现象发生。专业的、有意志能力的研究者,必须在研究的动机、研究的设计和计划、与研究对象的关系、研究成果的形成和处理等方面,认真、严肃地思考可能遇到的道德问题,尽量不让不道德的现象发生。研究者必须知道,他可以而且必须为研究过程中出现的道德问题承担责任。

政治学研究者要处理好研究活动中的道德问题,关键在于自觉地在追求学术成就的权利和严格履行道德义务之间求得平衡。对于一个政治学的研究者来说,忠诚于自己的专业,不断推进专业知识创新,提升学术成就,从而对社会政治文明建设贡献力量,这是他们重要的责任。同时,作为知识的创造者,保持研究行为上的正当性,坚持与一切损害他人的自由、自尊和利益的行为作斗争,这也是他们的义务。所有不当研究行为的发生,研究活动中所有不道德现象的出现,其根源就在于研究者未能将学术责任和道德义务协调起来,从而导致两者冲突而造成的。

关键概念

研究取向　心理行为研究取向　无意向的心理行为　意向性心理行为　理性选择研究取向　理性决策　博弈论　博弈策略　政治交易　公共选择　制度机构研究取向　新制度主义　系统功能研究取向　政治系统　政治传播　政治结构与功能　不当研究行为　个人隐私　无伤害准则　自主性准则　充分告之的同意　学术规范

问题与思考

心理行为研究取向经历了怎样的演变发展?
心理行为研究取向的核心策略是什么?
心理行为研究取向的缺陷是什么?
理性选择研究取向经历了怎样的演变发展?
理性选择研究取向的核心策略是什么?
理性选择研究取向的主要缺陷是什么?
制度机构研究取向经历了怎样的演变发展?

制度机构研究取向的核心策略是什么?
制度机构研究取向的主要缺陷是什么?
系统功能研究取向经历了怎样的演变发展?
系统功能研究取向的核心策略是什么?
系统功能研究取向的主要缺陷是什么?
政治学研究的道德性表现在哪些方面?
如何实现政治学研究者的专业研究权利与研究中履行道德义务的平衡?
政治学研究中容易发生的道德问题发生在哪些阶段,主要表现是什么?
政治学研究中研究者解决道德问题的主要准则是什么?
政治学研究中研究者可以采取哪些手段防范道德问题发生?
政府和非政府机构在资助政治学研究时应当如何杜绝不道德的行为发生?

相关知识

1. 科学化的思维

首先,人们需要识别一些应加以忽略的令人分心之事。科学有时被混同于技术,技术是科学在各种任务上的应用。小学课本在太空遨游图片旁附上"科学在前进!"的标题,助长了这种混淆。技术使太空遨游成为可能,它使用了推进力的研究、电子学和其他领域里的科学策略。探索模型才是科学的,太空船则从属于技术。

正如科学不同于技术,科学也不是某种具体的知识体系。"科学告诉了我们吸烟可致命",这句流行的话实际上是误导。"科学"不告诉我们任何事情,告诉我们事情的是人——在这个例子中,是那些运用科学策略调查了吸烟与癌症之间关系的人。科学作为一种思维和调查方法,我们不应把它看做存在于书本、机械和含有数字的报告中,而最好认为它存在于心灵这个无形的世界中。科学与问题的提出和回答的方式有关,它是用于探索的一套规则和形式,由那些提供可靠答案的人们创造。

另一个分心之事是把某些特殊的人认作"科学家"。这种用法并不错,因为被这样称呼的人,实践的是科学的探索形式。但说某些人是科学家,而其他人不是,并不是完全公正的做法。虽然有些人精于用科学方法获取知识,但我们所有的人都是科学思维方法的实践者。科学是一种探索模型,为全人类共同拥有。

当你更深刻地意识到自己的思维习惯时,你就会发现,我们每个人都有那么点"科学家"的意味。我们测量、比较和调整信念,获得对日常事务中的有关证据的理解,为下一步计划做出打算,并找出和别人打交道的方法。最简单的游戏也牵涉到运用执行数据来检验方法和策略,而这已初具科学的形态了。

科学是一种思考和提出问题的过程,而非一种知识体系。我们有许多方式声称我们知道某事,科学只是其中的一种。在某种意义上,科学方法是一套研究的策略。科学为运用研究结果的人一种能力,使他们能批判性地评估如何提出和使用证据来达到结论。

在寻求理解方面,科学方法有许多竞争者。纵观绝大部分历史,对于许多人来说,获胜的是那些竞争者。对现实的分析一般不如神秘、迷信和预感那样流行,后者在它们试图预测或控制的事件发生之前使人有确定感,尽管事后发现很少如此。有时候,未被证实的信念促发一种受激发的行为,或是让怀疑者继续犹豫不前,直到更好的时机来临。确实,某些个人信念构成了我们生命的重要部分。关键是,拒绝分析是自断其臂,而熟练的分析者则占得先机。

科学研究要求研究者在复杂的社会环境中进行系统的思维。大多数人类交流发生在小群体中,他们拥有共同的语言、大量的对周边世界的共同经验和理解,要达成彼此间的一致很容易。但在较为复杂的社会环境中则很难如此。尽管家庭能通过故事和箴言的传承,在代与代之间传递智慧,但在社会中却有麻烦。用悲观的形式来表达,问题就是:"要相信谁的故事?"理解周边世界、与其他人分享经验的需要,使系统的思维和探索变得至关重要。要实现系统思维就需要在各自经验的独特性而造成的差异性之间架起沟通的桥梁,这种复杂的任务需要运用训练有素的方式来获取知识。社会知识要有用,又必须是能交流的。为了能被交流,知识的表达形式又必须是清晰的。因此,系统的思维与总结发现可交流的知识、有效的知识、有说服力的知识联系在一起。

科学研究活动将人们对复杂的社会环境中的事物的探索步骤带出了心灵,引入到大众的视野中。正是在大众视野中,存在着大量的判断和意见,社会科学研究并不排除而是要运用那些有理判断和意见。有理判断是人类理解世界的重要组成部分。有理判断和证据之间有着相当程度的关系。对于研究者来说,他无法排除有理判断,但可控制有理判断,主要是运用逻辑和良好的判断来解释有理判断和各种证据间的关系。意见在科学分析中同样扮演着不必不可少的角色。探索中的意见是无法消除的。研究者能够做的就是对意见加以控制,即留意自己的价值和意见。

在科学研究中,研究者又需要和想象、直觉与习俗发生联系。正是在探索发现的领域,科学与想象结成了亲密伙伴。科学研究中的发现都是由那些大胆而富有想象力的人做出的,他们参照现实世界中的证据,不怕挑战惯常的信念结构。科学研究也决不排斥直觉。相反,它借助于一套程序,使直觉在人类智力允许的范围内尽可能变得富有成果和创造性。习俗也并非全然是坏事,因为它可能包含长期以来的教训。在不严格的意义上,习俗算是科学的。正是大量的习俗将社会群体团结在一起。不过任何社会科学研究的任务都不是仅仅承认存在习俗,而是要对其存在加以理解。

科学研究中需要运用科学方法。它是研究者利用可观察的证据,以一种训练有素的方式来检验思维的过程。一些基本的步骤构成了科学方法的骨架。这些步骤主要有鉴别需要研究的变量;提出有关变量关系或变量与环境关系的假说;进行现实检验,即测量变量中的变化并观察这种变化与假设之间的关联;实施评估,即将变量间被测量的关系与初始假说加以比较,提出有关发现的推论;就有关发现的理论意义,以及可能引出的其他假说提出建议。

(资料来源:肯尼斯·赫文,托德·多纳:《社会科学研究的思维要素》,重庆大学出版社2008年版,"第1章科学化的思维"。)

2. 不同的伦理学理论

为了较好地解决亚里士多德德行学说中相对性和主观性的矛盾,康德试图提出一个道德法则以规范主体的行为。凭借其先验的知识体系,康德以"绝对命令"作为道德法则。这一法则认为,无论做什么,个体都应当使自己的意志所遵循的原则能够同时成为一条普遍的立法原则。这个法则是相对客观和绝对的,排斥了各种主观的可能性。在"绝对命令"的法则下,"每一个人不应该只是作为工具,而应该总是作为目的","一个道德行为必须是一种意志自由行为"。

康德从道德原则中推论出义务,即责任。他把这些义务划分为对自己和对他人两个部分,而每个部分又分成完全责任和不完全责任两个部分。人作为行为的主体,其自由和独立的人格正是由义务所规定的。在康德的伦理理论中,绝对命令以及其推论出来的两种义务,尤其是不完全责任,并不是一种道德底线要求。康德实际上将"理性人"作为伦理行为的前提条件,并且突出人的"非工具性"和"自由意志"的一面,试图以此来说明人的一种内心自觉的道德状态。他将人的道德水准设置在一个较高的层次上,期望出现这样一种纯粹的人人自省的道德世界。虽然康德的规范伦理理论对于道德理论的研究或者对于现实世界的道德实践来说都是有重要的意义,但是这套包括法则和义务的规范伦理体系并没有解决好具体伦理规则之间的排序和冲突问题。

密尔在《论自由》(1859)和《功用主义》(1861)两本小册子中表述了他的实用主义伦理理论。密尔追寻边沁的功用主义,以功用即结果作为道德的基础,以幸福作为伦理学的根本目标。但他所说的功用则是最广义的,必须把人当作前进的存在而以其永久利益为根据,而幸福就是得到快乐和免除痛苦,不幸福就是感受到痛苦和丧失快乐,除了有利于取得快乐和免除痛苦外,人没有本来要美德的欲望或动机。这种伦理观主张以是否"有用"、"方便"和"有效"作为评估一切事物和行为之道德价值的唯一标准;以是否有利于个人的"利益满足",是否符合个人的主观经验与兴趣,作为道德评价的直接依据,从而使道德变成了一种方便有用的工具。

密尔倡导"最大多数人的最大幸福"的伦理学原则,赋予了边沁思想以人文主义和个人主义的倾向,使个体道德的自我完善成为终极价值。他认为功用主义的本性既不是利己的,也不是注重感官享受的,因为它既把一切人的快乐看做是同等重要的,也承认理智艺术和社会的快乐与感官快乐相比具有更高的价值,快乐不仅具有量上的差别,更具有质上的差别。

作为对绝对命令的规范伦理观和快乐功利的实用伦理观的批判,相对主义的伦理理论反对"实证主义"的形而上学抽象,肯定"存在主义"所强调的个人的主观选择。当代的相对主义道德哲学在唯科学元伦理学与非理性人学伦理学这两种平行发展的运动中产生出共同指向:摈弃传统伦理学对客观的、非个人的形而上学基础的探索,从根本上改变现代伦理道德的价值取向。

在相对主义的伦理理论中,作为人的主观偏爱、情感意志等心理状态的表达的人的道德判断、道德言辞,作为主观自由选择与创造的产物的人的道德原则、道德价值,都丧失了绝对的、普遍的、合理的权威性。所谓道德判断、道德原则的权威性都是个体的、主观的、相对的,而道德权威的个体性、主观性和相对性,则意味着没有客观的、非个人的道德标准可以依从,没有客观的非个人的道德标准就可以自行其是,其结果必然是普遍的道德与善变得不可解释和理解;只存在相互匹敌的道德理论之间毫无结果的无休无止的矛盾与纷争,从而使道德陷入一种严重的危机之中。

建议进一步阅读的书目

要对政治学研究中的实践和经验作进一步探讨,可阅读《马克思恩格斯全集》第20卷(人民出版社1971年版)中《自然辩证法》部分的内容,还可阅读阿兰·艾萨克《政治学的视野和方法》(南京大学出版社1988年版)中"政治科学的通则"部分的内容。

要对心理行为研究取向作进一步的了解,可阅读大卫·马什、格里·斯托克的《政治科学的理论与方法》(中国人民大学出版社2006年版)中"第2章行为主义"部分的内容;要对理性主义研究取向作深入了解,可以阅读大卫·马什、格里·斯托克的《政治科学的理论与方法》(中国人民大学出版社2006年版)中"第3章理性选择"部分的内容。

要对制度主义的研究取向作进一步研究,请阅读罗伯特·古丁、汉斯-迪特尔·克林格曼的《政治科学新手册》(三联书店 2006 年版)中第四章和第七章部分的内容。

要对系统功能研究取向作进一步探讨,可阅读阿兰·艾萨克的《政治学的视野和方法》(南京大学出版社 1988 年版)中"系统论与功能分析"部分的内容。

要加深对各种伦理学理论的内容、特点的理解,可以阅读希尔贝克、伊耶的《西方哲学史:从古希腊到二十世纪》(上海译文出版社 2004 年版)中第十四章第二节部分的内容。

第五章 政治学研究手段

【学习要点提示】
政治学的量化研究
　　量化研究的实质与特点
　　量化研究的变量与测量
　　量化研究的样本与抽样
政治学的质化研究
　　质化研究的实质与特点
　　质化研究的信度与效度
　　质化研究的案例与抽样
　　质化研究者与研究对象
　　质化研究资料收集途径

第一节 政治学的量化研究

一、量化研究的实质与特点

量化研究的实质

政治学量化研究方法关注政治现象、事件和过程中可以量化的部分,通过对政治生活量化的测量和分析,检验研究者关于政治生活的活动、运行和发展等方面的假设。政治学量化研究包含了一整套操作的方法和技术,比如概念的测量方法、研究对象的抽样方法、资料收集和分析的方法等等。

政治学量化研究一般包括如下步骤:首先研究者建立关于变量之间关系的假设,假设中包含的变量一般可以通过各种方式予以数字化;其次,为了实现资料的数据化,研究者把抽象的概念操作化,设计出标准化的测量工具;第三,通过概率抽样的方法选择样本;第四,通过问卷、实验等方法收集数字化的资料;第五,运用数学和数理统计的方法"对一定的政治关系进行计量,再将计量结果反过来对假设的政治学说进行检验和修正,为政治现象确定数量规律"①。

与政治学研究的质化方法相比,量化研究方法也包括很多具体的内容,陈向明对此有详细的比较,还专门列出一张表加以说明。② 其中包括研究的目的、对知识的定义、价值与事实的关系、研究的内容和问题、研究的手段和工具、收集资料的方法、资料的特点、分析框架和方法等等。

政治学量化研究的认识论基础是实证主义。实证主义主张用实证方法取代抽象思辨,认为经验是认识的基础,只有经验证实的知识才是可靠的知识,理论只有得到经验证据的完备支持时才是可接受的。实证主义认为,虽然社会科学在方法、技术的运用上有其特点,但它在理论构建、证据搜集、证据分析与评判、理论检验等方面所运用的方法,与自然科学方法并无本质区别。社会现象是客观存在的,在社会科学研究中研究的主体与客体可以截然分开,研究对象不依赖于研究者而独立存在,事物本身具有内在的规律,主体可以使用一系列程序和方法获得真实的客体的信息,发现事物的规律。获取经验证据需要采用实验、系统观察、调查、访问、文献考察等方法,以保证所获得的知识是真实可靠的,其判断知识真假的标准是客观事实和逻辑法则。

政治学量化研究的目标是发现规律。政治学量化研究者一般认为在纷繁复杂的政治现象背后有着某种内在的规律,通过对重复出现的政治现象进行观察与测量,通过观察大量案例中的各种变量,就可以对政治行为进行类型化,推论政治行为类别的构成,发现政治行为的规律。定量研究一般可以同时处理大量的数据,因此在解释的广度方面具有优势,通过对一定样本变量的统计分析,可以证明变量之间的相关性和因果关系。

政治学量化研究一般达成通则式解释,"在这种解释方式中,我们试图寻找一般性地影响某些情形或者事件的原因"③,"科学家的基本动机不但是把研究结果给通则化,而且是充满信心地进行通则化的工作"④,"凭借着大量数据,社会科学家可以自信地对经验世界作出通则性概括"⑤。无论是政治学家还是其他的社会科学家所关注的都是群体的而不是个体的行为模式,这可以部分解释为什么量化研究虽受到诸多的批判却仍然在政治学研究中占据着不可替代的地位。

---

① 李瑛:《现代政治学计量方法》,天津人民出版社 2002 年版,第 2 页。
② 陈向明:《质的研究方法与社会科学研究》,教育科学出版社 2000 年版,第 10—11 页。
③ 艾尔·巴比:《社会研究方法》,邱泽奇译,华夏出版社 2005 年版,第 23 页。
④ Thomas Herzog:《社会科学研究方法与资料分析》,扬智文化事业股份有限公司 1996 年版,第 6 页。
⑤ 大卫·马什、格里·斯托克:《政治科学的理论与方法》,景跃进等译,中国人民大学出版社 2006 年版,第 225 页。

量化研究的特点

政治学量化研究中,研究者扮演"科学家"的角色,其目标是通过各种科学的、规范的量化方法寻找"客观的"、"纯粹的"社会科学知识。为此,研究者必须将个人的主观意志、情感和态度排除在研究之外,即价值中立,并明确地说明研究的过程、方法以及使用的全部资料,以使得研究具有可重复性,即不同的研究者只要研究过程、方法和使用的资料相同,就会得出同样的结论。

美国学者巴比认为,政治学量化研究"常常使我们的观察更加明确,也比较容易将资料集合或得出结论,而且为统计分析,从简单的平均到复杂的公式以及数学模型,提供了可能性"[1]。由此可见量化研究最突出的优点就是观察的准确性,例如研究公务员职业发展的学者可能这样来描述公务员的晋升:"基层公务员职务晋升的空间十分有限,晋升的速度很慢,往往在一个职务层次上任职很长时间。"这是定性的描述。也可以采用定量的描述:"基层公务员职务晋升的空间有限,往往只有2—3个职务层次,有些公务员在一个职务层次上的任职时间长达10年。"显然后者提供的信息更为精确。

政治学量化研究凭借着大量的数据并采用各种计量方法,可以"创造出简单有用的理论,当然也更可能使我们更清楚地判断一个理论的预测准确性到底有多高"[2]。

政治学量化研究具有解释的广度,通过对变量之间关系的量化分析,可以证明变量之间的相关关系和因果关系,从而建立通则性的解释。例如研究者通过对一定样本量的人们受教育年限和是否参加基层选举投票进行调查,并借助于计量方法进行相关性分析,就可以得出受教育程度与政治参与之间相关性的通则性解释。

政治学量化研究的发展与行为主义有着密切的关系,恰恰是行为主义运动兴起之后,可观察的行为和态度成为政治学研究的焦点,从而对可观察行为和态度的观察、量化统计和分析成为政治学研究的主流。行为主义在方法论上持个体主体的观点,强调研究的"可传递性"以及"可重复性",主张价值祛除和实证研究,尤其是量化的实证研究。学者们认为行为分析方法"所倡导的运用自然科学方法的倾向,促进了政治学的科学化取向"[3]。

政治学量化研究获得精确性的代价是丢失了丰富性,"定量数据也同时附带

---

[1] 艾尔·巴比:《社会研究方法》,邱泽奇译,华夏出版社2005年版,第26页。
[2] W.菲利普斯·夏夫利:《政治科学研究方法》,新知译,上海世纪出版集团、上海人民出版社2006年版,第25页。
[3] 张铭、严强主编:《政治学方法论》,苏州大学出版社2000年版,第171页。

了数字本身的不足,其中包括意义丰富性的潜在损失"①,因为定性的语言一般都比定量的数据含义丰富。例如当我们说一个人是一个虔诚的佛教徒,这是一个定性的判断,此时读者可能会对虔诚的佛教徒有多重含义的理解,包括佛经的学习、颂念、做人的方式、去寺庙烧香拜佛的频率等等,如果为了量化的需要研究者用"每月到寺庙烧香拜佛的次数和诵经的次数"作为测量虔诚度的指标,那么虽然获得的信息更加精确了,但是对概念的理解却单一化或者肤浅了。

政治学量化研究在进行大规模调查时的"测量手段似乎忽视了社会和政治场景……另一些技术,诸如内容分析,又似乎剥离出语言场景从而导致其无义或无用。量的研究者似乎对观察者与被观察者之间的关系茫然无知,而正是被观察者使得每一项搜集数据的行为具有独一无二的特性。批评者还认为,量的研究者忽视了世界的复杂性,他们的研究探索实际上使政治生活转变成一系列反复且雷同的经验或事件"②。

虽然政治学量化研究往往能够产生简洁的通则性解释,但是并不是所有的政治现象都能够量化,并且由于搜集准确的数据往往要花费大量的时间和精力从而使研究者反而忽略了一些更为重要的、但是难以量化的方面,即"由于某些类型的数据因其特定的性质更适合于以精确的方式表达,因此就存在着因过度醉心于精确性而将我们的研究局限于那些易于量化的变量上的危险"③,这一点也是行为主义招致批判最多的方面。

政治学量化研究虽然可以建立变量之间的相关关系和因果关系,但是却不能说明因果机制,不能提供政治因果关系和影响程度的真正的有效证据。例如通过定量研究,研究者发现在中国背景下公务员的专业背景与职务晋升之间存在着相关性,但是仅仅有定量分析往往无法说明专业背景为什么、如何影响职务晋升的。

二、量化研究的变量与测量

量化研究的变量

方法论专家艾尔·巴比指出,社会科学研究中的自变量指的是"该变量的值在分析中是不受质疑的,而是被当作给定的。自变量被看做是原因或是决定因变量的因素"。因变量指的是"该变量被假定是依赖于或是由其他变量(也就是自变

---

① 艾尔·巴比:《社会研究方法》,邱泽奇译,华夏出版社2005年版,第25页。
② 大卫·马什、格里·斯托克:《政治科学的理论与方法》,景跃进等译,中国人民大学出版社2006年版,第226页。
③ W.菲利普斯·夏夫利:《政治科学研究方法》,新知译,上海世纪出版集团、上海人民出版社2006年版,第25页。

量)引起的。"①

在一个假定的政治现象或过程的逻辑关系中,独立的、不需要解释的现象或过程是自变量,其变化是依赖于其它现象或过程,是需要解释的,则是因变量。比如我们对"经济发展水平"和"政府廉洁"这两者的关系做逻辑假设:一个地区的经济发展水平越高,民间的力量就越强,对政府的监督和制约力量就越强,因此政府的廉洁度就会越高。在这一逻辑关系假设中,"经济发展水平"这一变量的属性造成了或者说促进了另一个变量"政府廉洁度"的某个属性。"经济发展水平"就是"自变量";"政府廉洁度"就是"因变量"。

自变量和因变量只有在客观的因果关系中才存在。政治学研究中的自变量的变化引起了因变量的变化,与自变量对应的政治现象或过程是"因",与因变量对应的政治现象或过程则是"果"。一个变量到底是自变量还是因变量完全取决于具体的因果联系和研究情境,同一个变量在某项研究中是自变量,在另一项研究中则可能成为因变量。如果需要分析的是"居民受教育水平与经济发展水平"的逻辑关联,"经济发展水平"则成为因变量,而"居民受教育水平"成了自变量。最后必须强调的一点是假如研究者怀疑造成政府廉洁度提高的原因不是经济发展水平,而是居民受教育水平,此时为了验证"经济发展水平"与"政府廉洁度"之间的逻辑关系,就需要控制"居民受教育水平"这一变量,这时,这一变量就被称为"控制变量",即超出假设之外的、被怀疑可能引起因变量变化的变量。"当我们认为有第三个变量导致其他两个变量恰巧同时产生时,……通过控制该第三个变量,我们可以发现是否是它导致原来两个变量以某种类似因果关系(而实际上不是)的形式同时出现。"②这第三个变量就是控制变量。

在变量中还可以区分出间断变量与连续变量。间断变量是指存在一组有限的并且是不能再作分割的数值。如在描述性别、社会阶层、党派等现象时往往使用的都是间断变量。变量"性别"就有两个值,我们无法对"男"和"女"再进行细分。连续变量是指能够有意义地被无限地分割为更小单位的数值。比如在描述居民年人均收入时,可以以万元为单位,也可以以千元为单位,还可以再细分为以百元、十元、一元、一角、一分等为单位。

政治学研究中使用的概念是"表达经过对特殊事物进行概括而形成的某种抽象观念的词汇"③。它们存在于人们的脑海中,其"建构来自于思维想像(观念)上的共识。我们的观念是看起来相关的观察和经验的集合。尽管观察和经验都是

---

① 艾尔·巴比:《社会研究方法》,邱泽奇译,华夏出版社 2005 年版,第 20 页。
② W. 菲利普斯·夏夫利:《政治科学研究方法》,新知译,上海世纪出版集团、上海人民出版社 2006 年版,第 90 页。
③ 贝蒂·H. 齐斯克:《政治学研究方法举隅》,沈明明译,中国社会科学出版社 1985 年版,第 31 页。

真实的,起码是客观的,但是从中得来的观念和概念却只是思维的产物。跟概念相关的术语,只是为了归档和沟通的目的而被创造出来的"[①]。也就是说研究中大多数概念都不是像"人民大会堂"、"国会大厦"那样客观地存在于现实世界,而是被人们创造出来的抽象物,它们的含义往往是模糊、多维度的。政治学研究中概念含义多维度的典型例子是"权力"。对于这样一个抽象的概念,不同的学者给出了不同的界定,以此为基础对政治生活中的权力分布进行研究,并得出了不同的结论:"达尔强调参与制定决策;巴克拉克和巴拉兹强调设定政策议程;卢克斯强调人们看待自身利益的东西;迪格瑟强调影响人们政治身份的事物。"[②]

寻找和确定变量的工作具体表现为对所要分析的概念进行操作化处理。政治概念的抽象性、模糊性、含义的多维度性会妨碍研究者运用它们。因此,政治学研究的一个重要的步骤是概念的操作化,即把抽象的概念转化为具体的定义和可测量的指标,指标也就是变量。概念的操作化有两种形式。常见的一种形式是给出操作性定义。另一种形式是从概念中引申出指标。前一种形式适用于抽象程度较低的概念,较为简单。对于抽象程度更高的概念,如"政府廉洁"、"公民政治参与"、"政府合法性"、"治理"、"民主"等等,其操作化则经常采用另外一种方式,即从概念中引申出若干指标,用这些指标来代表概念。

西方学者经常用下列指标来代表"公民政治参与":参加投票、参加政治性集会、参与竞选活动、为政治候选人工作、政治捐款等等。对于"政府廉洁"则可以用"贪污腐败案件的数量"、"涉案金额"、"涉案官员的职务"、"公众对政府廉洁的评价"等等来作为指标。

从概念引申出指标,通常有两种策略。一种是经验的策略。针对具体的政治概念,研究者以最粗略的定义为出发点,然后列举出一大堆指标,并依据它们收集资料。当指标过多时,研究者就会运用因素分析等统计模式以减少其数目,剩下来的才给予名称,并构成概念内涵。此策略的缺点是无法断定研究者所抽样的指标是否足以穷尽概念的含义。

另一种是理性的策略。首先,研究者审慎地诠释他要处理的概念的含义,尽量从别人的理论性著作中找出该概念的所有意义。其次,把要处理的概念与相关概念的关系抽译出来,通过对相关概念的量度来证实某一概念量度的实效。然后再设法发展出一种工具能提供要分析的概念与相关概念适当的量度,并用实证的技术来改进这些度量。[③]

---

① 艾尔·巴比:《社会研究方法》,邱泽奇译,华夏出版社2005年版,第119页。
② W.菲利普斯·夏夫利:《政治科学研究方法》,新知译,上海世纪出版集团、上海人民出版社2006年版,第46页。
③ 吕亚力:《政治学方法论》,三民书局1979年版,第172—173页。

除此以外,研究者也可以从"综合社会调查(GSS)"所列举的各项指标中发现对于某个概念适用的操作性指标。但是对于中国学者来说直接采用这些指标可能存在潜在的问题,即大部分概念的指标都是在西方背景下被认可的,用于中国政治生活研究并不太恰当,如前面提到过的"公民政治参与"概念,西方学术界经常使用的操作性指标包括参加投票、参加政治性集会、参与竞选活动、为政治候选人工作、政治捐款等等,而其中的某些指标,如为政治候选人工作、政治捐款等等在中国的现实政治生活中并不存在。因此必须寻找其他的替代性指标,如"通过各种正式渠道提出政策建议"、"报名参加听证会"等等。

无论采用哪一种策略,引申出的指标与概念之间可能存在四种不同的关系:一是只反映概念的一小部分内容;二是能反映概念的大部分内容;三是在反映概念的一小部分内容的同时,又反映另一概念的一小部分内容;四是不反映概念的任何内容。[1] 虽然第二种关系是研究者最期望的、也是应该努力达到的状态,但在很多情况下出现的却是第一种和第三种情况。

研究者要分析的政治概念大多具有不同层面、不同维度的含义,比如"自由"就有"消极意义上的自由"和"积极意义上的自由",再比如"政府廉洁"也可以区分为"客观的政府廉洁"和"主观的政府廉洁"。遇到这种情况,研究者需要先给出概念的不同层次和维度,然后再从每一个层次、维度上分别引申出可以代表这一概念的各种指标。

量化研究的测量

一旦实现了概念的操作化,有了变量,就可以实现对概念的测量。它是研究者依据一定的规则,用数字来表示政治事件、现象及其属性的过程。在政治概念的操作化完成以后,研究者需要做的下一步工作是详细说明变量的属性。首先,变量的属性要有完备性。一个变量要对研究产生效用,组成该变量的属性就应该涵盖所能观察到的所有情况。如果研究者要测量概念"受教育水平",将其属性仅仅分为"大学本科以上"、"大学本科"、"大学专科"、"高中和中专"、"初中"、"小学"几类,就不是恰当的。因为对象中本来就存在的那些未接受过教育的人或者文盲,就找不到相应的类别,这时就需要增加一个属性,即"小学以下",才能包括所有的观察结果。其次,"变量的各个属性应具有互斥性,要能将观察结果纳入某个唯一的属性"之中。[2]

一旦对政治概念变量的属性做出了详细的说明,接下来就需要按照一定的规

---

[1] 宋林飞:《社会调查研究方法》,上海人民出版社1990年版,第119页。
[2] 艾尔·巴比:《社会研究方法》,邱泽奇译,华夏出版社2005年版,第130—131页。

则给每一个属性指定数字。政治概念的测量包括三个要素：数字、指定和规则。数字是一种表征，当它指向对象时，就具有了量化意义。事物、现象一旦被量化，就可以进行数学计算和统计。指定是把某些事物、现象用数字来表示。规则是数字被指定和分配意义的方式。规则是测量的核心，如果规则出错，整个政治概念测量系统就会出问题。例如，变量"政治角色性别"，有两个属性，即"男性政治个体"和"女性政治个体"，我们规定属性"男性政治个体"用数字"1"表示，属性"女性政治个体"用数字"2"表示。

在按照上述步骤对政治概念的变量进行测量之前，必须考虑变量的变异范围和测量的精确度。在测量概念变量之前一般需要先对变量的取值范围进行合理分组，例如如果要测量的变量是政治参与者的年龄，现在随着人们生活质量的提高，人均寿命不断提高，有不少政治个体的年龄会超过 100 岁，我们在测量中是否需要专门为 100 岁以上的政治个体设一个组呢，还是仅仅以"60 岁以上"包括所有的老年人呢？答案取决于你要研究的问题是什么。如果你研究的问题是"年龄与政治参与之间的关系"，那么以"60 岁以上"作为一个组估计不会有什么问题。但是如果你研究的问题是"老年人养老方式"，那么就有必要为"100 岁以上"的政治个体单独设一个组。

艾尔·巴比在《社会研究方法》一书中还提到了另外一个变量的变异范围问题。"在对态度和取向进行研究时，变量的测量还有另一个层面的问题。如果不小心，就可能在毫不知情的状况下只测量态度一个方面。"[①]比如，要研究某地区公众是否关心在该地区建立机场，如果我们只想到有些人对此会非常感兴趣，有些人对此可能不感兴趣，就会设定从"非常感兴趣"到"不感兴趣"的选项范围。但是仔细想一下就会发现我们这样做就会把人们的态度丢掉了一半。比如有些人不仅仅是对修建机场不感兴趣，而且还由于环境保护、经济利益等各种原因而产生强烈反对的态度。因此对于上述研究项目，在测量人们的态度时，必须将选项的范围扩大，从"非常赞同或支持"到"无所谓"再到"非常反对"。

在对政治概念变量进行测量之前第二个需要考虑的问题是测量的精确度问题。如果我们要测量年龄，那么是要了解被调查的政治个体的具体年龄是 21 岁还是 22 岁呢，还是只要知道他处于哪一个年龄段如 20—30 岁或者 30—40 岁就可以了呢？与此相类似，当我们测量政治党派时，我们是仅仅需要知道被调查者是中共党员还是民主党派成员就可以了呢，还是需要知道他是哪一个民主党派的成员？这些问题属于测量的精确度，用夏夫利的话来说，测量的精确度即是"保持测

---

① 艾尔·巴比：《社会研究方法》，邱泽奇译，华夏出版社 2005 年版，第 129 页。

量的单位相对精确"①,或者用艾尔·巴比的话来说,"对变量属性的区分需要达到什么精度?"②

如同确定变量的变异范围一样,在测量的精确度上也没有确定的答案,它仍然取决于研究者所研究的问题和目的。"从原则上讲,保持精确的测量当然是件好事,但也不可过分夸大其重要性。首先,我们所需要的精确程度是由我们希望如何去使用这些数据决定的。"在有些情况下,过于精确化的测量不仅不必要反而可能是有害的。很多方法论的书中都提到了一个关于年龄与参与选举的关系的例子以说明这种情况。③ 如果我们以1年为单位来测量年龄,那么从年龄与选举参与的图表中我们很难解读出这二者之间的关系;如果我们对年龄的测量只精确到5年而不是1年,年龄和选举参与率之间的关系反而变得清晰起来。尽管如此,在资料收集阶段仍然应该尽可能地做到精确。因为在资料分析阶段,研究者可以把精确的资料通过合并形成粗略的资料,却没有办法反过来做。例如你可以把不同党派的人合并为"中共党员"、"民主党派成员"和"无党派成员",却没有办法把"民主党派成员"分解为民主党派中不同政党的成员。

测量的信度和效度

一般认为衡量政治概念变量测量优劣的标准,或者说为了保证概念的测量能够很好地反映概念的标准,是两个技术性指标即测量的信度和效度。

所谓测量的信度指的是如果我们采用相同的测量方法对同一个研究对象进行测量,每一次获得的结果都是相同的。例如,你想通过问题"平均每天在图书馆阅读政治新闻的时间"来测量学生关心政治的程度,那么如果你在半个月内每隔几天就向相同的对象提出这一问题,而每次得到的答案都是一样的,那么这一测量就是可靠的,或者说是有信度的。

在政治学研究中,可能有各种各样的原因导致概念变量的测量在信度方面产生问题,概括说来包括:一是人们会对测量中涉及的问题和概念产生不同的理解。这里的人们首先可能指的是不同的访谈人员,由于访谈人员对概念的理解不同、态度和行为不同,往往会出现尽管问题是相同的,但不同的访谈人员从同一个调查对象得到的答案却是不同的。此外,这里的人们还包括调查对象,如果调查的问题难以回答或者比较抽象,那么他们在不同的时间可能对此产生不同的理解。

---

① W.菲利普斯·夏夫利:《政治科学研究方法》,新知译,上海世纪出版集团、上海人民出版社2006年版,第69页。

② 艾尔·巴比:《社会研究方法》,邱泽奇译,华夏出版社2005年版,第129—130页。

③ W.菲利普斯·夏夫利:《政治科学研究方法》,新知译,上海世纪出版集团、上海人民出版社2006年版,第69页。

以"平均每天在图书馆阅读政治新闻的时间"这一问题为例,其中可能产生歧义的地方包括:这一问题询问的是过去一周的情况、过去一个月的情况还是过去一个学期的情况?"阅读政治新闻的时间"是否包括在图书馆做作业、观看 DVD 的时间?等等。调查者对这些问题的理解以及调查者所表现出来的偏好——例如在调查中流露出来的对于关心政治的行为的赞赏或不屑等等,都会影响被调查者的回答,而被调查者自己对此的理解也会随着时间、心情的变动而发生变化。

针对这一类原因,研究者可以重点从以下几方面来提高政治概念变量测量的信度。首先是尽量使问题与被调查者相关,以避免被调查者在不了解的情况下随意给出答案;其次,尽量使问题内容明确,让受访者知道如何回答;第三,通过对访谈人员的培训以确保对概念和问题的理解准确和调查中恰当的态度和行为;第四,进行试调查以发现和修正不恰当的问题。

导致概念变量的测量在信度方面产生问题的第二类原因是由于人为的失误造成的,如访谈人员为了偷懒而造假、记录和编码时的疏漏和笔误、被调查对象的敷衍等等。针对这类原因,研究者可以通过对访谈员的培训、由他人对部分受访者的资料进行核实、同时让多人进行记录和编码等方法来提高测量的信度。

导致概念变量的测量在信度方面产生问题的最后一个原因是客观的,即"概念本身的真正值之不定也可能使量度成为不可靠"[①]。比如,人们的态度可能会在很短的时间内因为某一个重大事件的发生而改变,人们的婚姻状态也可能会发生变化等等。

研究者们经常使用以下两种方法来检验测量的信度:一种是试验-重试信度核实法,也被称作重复测量检验法或前测-后测方法。其基本的做法就是在适当的间隔时间后重复同一个测量。如果第二次测量的结果与第一次相同,那么概念变量的测量就是有信度的。这种方法的缺点在于:如果出现了两次测量结果不一致的现象,那么这种不一致是由于概念本身的值发生了变化呢,还是由于测量过程和方法的不当造成的?试验-重试信度核实法无法对此做出区分。

第二种常用的方法是对分信度核对法,也被称作对分法或"劈开一半"检验法。这种方法对于测量多维度的概念非常有用。例如为了测量学生的学习态度,你设计了 20 个指标或者问题,此时为了检验和确保测量的信度,你可以把这些指标或者问题对分成两个组,每组包括 10 个指标或者问题,此时每个组的指标和问题都应该能够"代表"学生的学习态度。如果这两组测量的结果大致相同,那么测量就是可靠的。由于测量是在同一时间进行的,因此,这种检验方法可以排除由于时间原因而导致的信度问题,从而帮助研究者发现由概念和问题的理解造成的

[①] 吕亚力:《政治学方法论》,三民书局 1979 年版,第 175 页。

信度问题。

政治学研究中,概念变量测量的效度指的是一个测量在多大程度上反映了概念的真实含义,或者说反映了人们对于概念的共识。艾尔·巴比在《社会研究方法》中提到了五种相关的效度:表面效度、实用效度、标准关联效度、建构效度和内容效度。其中最为常用的用来检验测量效度的方法是表面效度和建构效度。

所谓表面效度就是说根据你积累的知识和经验,某一个测量的结果是否与你头脑中的印象吻合,是否符合你头脑中关于某个概念的想象。例如如果我们用"平均每天在图书馆阅读的时间"、"是否逃课"、"上课是否认真听讲"、"学生的考试成绩"来测量学生的学习态度,那么根据我们的知识和经验,这些指标的确反映了学生的学习态度,因此测量具有表面效度。但是如果用"给老师写信的数量"作为测量的指标,则大多数人都会对此提出疑义。

所谓建构效度就是"在某理论体系内,某测量与其他变量相关的程度",夏夫利对此的解说更为清楚些:"我们想去验证 α 是否是概念 A 的有效测量。如果我们可以确定测量 β 与概念 A 强烈相关,我们就可以去检查测量 β 是否与测量 α 相关。如果不相关,同时我们关于 β 和 A 之间关系的假设也是真的,那么 α 一定不是 A 的有效测量。"在这种方法中关键的是研究者要能够确定测量 β 与概念 A 强烈相关,而要做到这一点往往需要借助于理论,即通过特定的理论体系来确定它们的相关关系。仍然以前面学生的学习态度为例,如果已有的研究和理论已经表明学生学习态度(A)和学习成绩(β)之间有着强烈的正相关关系,那么在研究中,就可以借助于学习成绩的测量来验证用"平均每天在图书馆阅读的时间"(α)测量学生的学习态度是否有效,其方法就是看是否那些平均每天在图书馆阅读时间(α)长的学生有更好的学习成绩(β)。

影响测量效度的原因有很多,其中主要有三种。首先就是选择的指标可能仅反映概念的一小部分内容甚至是不反映概念的任何内容。前面提到的表面效度和建构效度实际上都是在帮助研究者避免这种情况的发生。除此以外,研究者还应该与自己的同事和研究对象就概念的含义和测量进行更多的沟通和对话,以使得测量更加符合人们对于特定概念的共识。

第二种原因是样本缺乏代表性。由于样本缺乏代表性而导致测量的失效最典型的一个例子是在各种方法论的教材中经常被提及的一个事件,即《文学文摘》在 20 世纪 20、30 年代所进行的民意测验。[①]《文学文摘》是 20 世纪早期在美国发行量很大的杂志。从 1920 年开始,在历次总统大选时,该杂志都对选举的结果进

[①] 关于这个有趣的故事请参阅艾尔·巴比《社会研究方法》,华夏出版社 2005 年版,第 175—176 页。W. 菲利普斯·夏夫利:《政治科学研究方法》,上海世纪出版集团、上海人民出版社 2006 年版,第 59—60 页。

行民意测验,被选为民意测验对象的人名是从电话簿车牌登记名单中选出来的,并在 1920 年、1924 年、1928 年、1932 年的大选中成功地预测了大选的结果,但是在 1936 年的大选中其预测结果却与实际的选举结果截然相反——富兰克林·罗斯福取得了决定性的胜利,从而导致了该杂志的破产。其原因就在于在当时的背景下,进入电话簿车牌登记名单的主要是中产阶级,如果说在罗斯福新政之前,中产阶级的投票行为还比较有代表性,那么在新政后,社会中下层对罗斯福的支持大幅增加,此时从电话簿车牌登记名单中选择样本必然影响测量的效度。因此,确保样本的代表性是提高测量效度的重要方面。我们在"样本与抽样"部分将详细地介绍相关的知识。

第三种原因是答卷者与研究者对于问卷问题的意义理解完全不同。关于这个方面很多方法论教材都提到了西德尼·塔洛对法国农民政治参与的研究。[①] 在塔洛之前的很多研究者通过调查发现法国农民不关心政治——当他们被问及"你对政治感兴趣吗"时,他们一般都会说"一点也不"。可是非常奇怪的是他们的投票率却高于社会中其他的群体。如何解释这种现象。塔洛发现原来法国农民把"对政治感兴趣"理解为"忠诚于某个政党"。与此类似,你们也可以想一想,如果你被问到"你对政治感兴趣吗",你是如何解读这个问题的呢?针对这一问题,最好的解决办法是进行试调查,以确保被调查者对问题的理解符合设计。

测量效度的提高是一个永无止境的过程,尤其是在选择恰当的指标、恰当地设计问题等方面,研究者需要通过不断的练习和反思——即不断地问自己我的测量在多大程度上反映了概念。以最近在国内影响颇大的各种大学排行榜来说,几乎每一次新的大学排行榜出笼都会引发人们的各种情绪——赞同、质疑、批评等等,而所有争论的核心就是大学评价指标体系的设计选择以及采集数据的方法,即测量是否有效?而伴随这种质疑和批评的可能就是各种不同大学排行榜在相互竞争中测量效度的不断提高。

最后要强调的是测量的信度和效度的区别。一个测量如果在多次测验中产生了相同的结果,那么它就是有信度的,但是可能发生的一种情况是每一次测验都以同样的方式歪曲了概念的含义,从而无法反映概念的真实含义,那么测量就是无效的。一个好的、有效的测量是既有信度又有效度,但是在很多情况下这二者之间又是相互冲突的,研究者为了提高效度经常需要牺牲信度,或者为了信度而牺牲效度。例如我们想测量公务员的工作满意度,那么我们可以选

[①] 艾尔·巴比:《社会研究方法》,邱泽奇译,华夏出版社 2005 年版,第 175—176 页。W. 菲利普斯·夏夫利:《政治科学研究方法》,新知译,上海世纪出版集团、上海人民出版社 2006 年版,第 60—61 页。

择以计算公务员的离职率和提出申诉的数量来测量,也可以通过深度访谈来了解公务员的工作满意度。前一种测量可以确保测量的信度可是却无法保障效度,后者正好相反。由此,或许你已经察觉到信度和效度之间的冲突和两难选择恰恰反映了社会科学研究中量的研究方法和质的研究方法之间的关系:前者更加可信,后者更加有效。

三、量化研究的样本与抽样

量化研究的样本

抽样调查中要做的第一件事就是定义母体,即研究者感兴趣的、要研究的全部事物,或者说是作为研究对象的某一时空中的政治行为者、他们的活动、产生的政治现象和事件的总体。母体是一个总的整体。例如本节开头提到的公众对公务员加薪的态度调查中,全体公众就是总体。当然在具体的研究中还要具体说明是哪一个国家或地区的公众、什么时间的、哪些人可以称之为公众等等。再比如前面提到的那个著名的早期调查的失败个案,即美国《文学文摘》在20世纪20、30年代进行的一系列总统选举预测,在这项民意调查中,调查的总体是美国全体选民。总体可能是人的集合体,也可能是组织的集合体、物的集合体、活动的集合体等。

要对母体的性质及其变化的规则进行描述和解释,最好的办法是对其中所有的行为者、所有的活动和所有的现象都进行调查和测量。这种方法被称为普查(census)。许多国家每隔若干年都会对人口情况进行一次普查,甚至对社会经济发展状况进行普查。这种普查需要花费巨大的人力、物力、财力,而且需要整个地区甚至整个国家的动员,所得资料要加以分析还需要花费很多的时间。这对于日常的政治学研究来说,不仅资源耗费不起,也没有这种必要。在政治学研究中,人们普遍使用的是从研究对象的母体中选择其中的一小部分进行研究,这些被选择出来的研究对象就是样本。从母体到样本之间还有一个重要的概念即样本框。

"样本框是通过一定的抽样方法选定的一组有同样机会被抽取的人。"从理论上来说,抽样应当在母体中进行,在这种情况下,母体就是样本框。但是在现实中由于各种原因研究者总是不得不从研究的母体中排除一些人。例如你想了解某大学教师对于高校扩招的态度,那么母体就是某大学全体教师。但是由于学生很难获得全体教师的名册,因此你不得不从大学教师电话号码簿上的名单中进行抽样,此时,大学教师电话号码簿就是样本框。再比如在《文学文摘》进行的调查中,调查的母体是美国全体选民,但是由于没有全体美国选民的名单,调查者选择了对电话簿和车牌登记名单中的人进行调查,这样研究者就排除了那些不在电话簿和没有汽车的人,电话薄和车牌登记名单就是样本框。

"从统计学上讲,样本只能代表包含在样本框中的总体。设计问题之一就是如何更好地使样本框与所要描述的总体保持一致。"在研究中研究者一般先定义和明确调查的母体,然后寻找可能的样本框,并按照一定的标准对这些可能的样本框进行评估,最后选择出最符合要求的样本框。弗罗德·J.福勒提出了评估样本框的三个标准。

一是全面性:一个样本只能代表一个样本框也即是有机会被抽样的总体。评估任何抽样设计的关键,是确定有被抽取机会的个体占总体的百分比及其与没有被抽取机会部分的差别程度。如果研究者想从已有的名单里抽样,特别重要的是要仔细评估这份名单以确定它是如何编制的、它的增删是何时及如何进行的,并要确定可能被排除在名单外的人员的数量和特点。

二是选择的概率:有可能计算出每个人被抽取的几率吗?抽样设计没有必要给予抽样框中的每个人相同的被抽取的概率。但重要的是研究者能够算出每个个体被抽取的概率,这样就有可能在分析被抽样概率的基础上校正调查资料。但是,如果研究者不可能知道每个人被抽样的概率,也就不可能准确评估出样本统计数据与其总体之间的关系。

三是有效性:在有些情况下,抽样框包括了研究者不想研究的抽样单元,如果在资料收集时能识别出符合要求的个体,那么过于全面的样本是无可厚非的。[①]

样本是研究者从研究对象的母体——样本框中选择其中的一小部分进行研究,这些被选择出来的研究对象就是样本。以对某大学教师关于高校扩招的态度调查为例,调查的母体是某大学全体教师 5000 人,出于操作的可行性,我们选择根据大学教师电话号码薄进行抽样,从而抽出了 100 名教师进行调查,这 100 名教师就构成了样本。

好的样本应该具有代表性,"当选出的样本的各种集合特征大体接近于总体的集合特征时,样本就具有代表性"[②]。例如如果全体教师中教授占 31%,那么一个具有代表性的样本也应该包括接近于 31% 的教授。当然这儿所说的特征仅限于研究者感兴趣的有关特征,例如在这个例子中研究者可能想知道不同职称、不同性别或者不同年龄段教师在高校扩招上的不同态度,那么经抽样形成的样本在职称、性别和年龄等方面就应该具有代表性。有代表性的样本为从样本推广到到母体提供了基础。

如何才能保证样本的代表性呢?最基本的一点就是抽样方法的选择。以数

[①] 弗洛德·J.福勒:《调查研究方法》,孙振东等译,重庆大学出版社 2004 年版,第 14—16 页。
[②] 艾尔·巴比:《社会研究方法》,邱泽奇译,华夏出版社 2005 年版,第 183 页。

学概率法则为标准,可以将抽样划分为两大类,即概率抽样(probability sampling)和非概率抽样(nonprobability sampling)。所谓概率抽样就是按照随机原则在母体中选取一部分单位进行调查,它要求母体中每一个个体被抽取为样本的概率是相同的。按照这种方法抽取的样本就具有对母体的代表性,这种样本通常被称作EPSEM(等概率抽样方法,Equal Probability of Selection Method)样本。通过概率抽样形成的样本虽然不能完美地代表母体,但是比非概率样本具有更好的代表性,而且更为重要的是,概率抽样使得研究者可以用样本观察来估测母体的参数,可以估计抽样误差——即样本指标的值与相应的母体指标的值可能的相差范围,它是由于抽样的随机性产生的代表性误差。此外,概率抽样还使研究者能够判断对母体参数的估测在什么程度上代表了母体的参数。

样本代表性还与样本框的选择、样本规模的大小以及抽样的具体步骤和方法有关。抽样的具体步骤和方法及其对样本代表性的影响将在下面两部分介绍。这儿先简单地介绍一下样本规模问题。

很多学生和刚刚进入研究领域的学者在研究中经常感到困惑的问题就是样本的规模应该有多大才能保证代表性呢?概率理论已经在数学上证明了一点,即样本规模越大,抽样误差越小,因此从理论上来说,样本规模越大越好,但是研究者之所以进行抽样,就是要通过缩减研究的对象节省时间、人力和资源。而且概率理论还证明当样本量达到一定数量后,样本量的增加在减少抽样误差方面的效度就变得很小,因此过大的样本规模不仅浪费而且是没有必要的。那么多大的样本规模是合适的呢?

关于这个问题没有标准答案,可以明确的是,首先样本规模的大小与母体的大小无关,无论研究者研究的对象是全体中国公民还是某个城市的公民,其所需样本规模并无大的区别,一个包含1200人的样本既可以用来对一个由12000人组成的母体进行推论,也可以用来对一个由1200万人组成的母体进行推论。其次,样本规模与样本抽取率无关,即与样本数占母体数的百分比无关。指导性的原则是根据以下两点来确定恰当的样本规模:(1)母体各单位之间的差异度,差异度越大,所需样本就越大;(2)"样本的规模应该是大到足以消除可以容忍的错误之外的全部偏差,小到足以适合于这项研究项目的预算。……可接受的错误程度取决于研究项目的目的,特别取决于研究者对有关的研究结果的陈述方式"[1]。

---

[1] 贝蒂·H.齐斯克:《政治学研究方法举隅》,沈明明译,中国社会科学出版社1985年版,第111页。另参见弗罗德·J.福勒《调查研究方法》,孙振东等译,重庆大学出版社2004年版,第16页。

量化研究的抽样

量化研究的抽样可以有多种方式。第一种方式是概率抽样。概率抽样要求母体中的每一个个体都有相同的被抽取为样本的概率,由于它具备前面提到的各种优点,因此是社会科学中选取大型的和具有代表性的样本的主要方式。概率抽样可以分为一阶段抽样和多阶段抽样。

常用的一阶段抽样方法,包括简单随机抽样、系统抽样(等距抽样)和分层抽样。所谓简单随机抽样就是按照随机原则直接从母体中抽取样本,即"一次选择一个总体的成员,每个成员是独立且不能互相代替的;一旦某个单位被抽取,他就没有再被抽取的机会"①。

简单随机抽样的具体操作一般分为两步:第一步为母体或样本框中的每一个个体编上数字号码,例如从1—999,尤其要注意的是不可以遗漏任何一个个体;第二步随机抽取必要数目的样本,例如100。一般说来,随机抽取样本的常用方法有三种:第一种是利用随机数表(乱数表)进行选择。随机数表中包含了从00001到99999的一系列的随机数字,在本例子中,因为总人数是999人,所以需要三位数字来保证所有的人都有被选择的机会,因此我们可以规定每次只看乱数表中每个五位数字的前三位,然后选择一个起点,例如从第五列的第五个数字开始,从上而下依次选择100个数字,那么第一个是61,第二个是277,第三个是988等等,依此类推,而这些编号所对应的100个人就组成了母体为999人的简单随机样本。

第二种方法是抽签法。把每一个编号制成一个卡片,并进行均匀的混合,然后随机抽签,抽出来的编号所对应的人组成样本,直到抽满所需样本数。最后,如果研究者的样本框是电子文本,那么就可以借助于电脑自动完成随机抽样的工作。

简单随机抽样是社会科学研究中进行统计估计的最基本的抽样方法,但是你们会发现这种方法尽管在理论上很重要,在实际的研究中却很少使用。原因是什么呢?"首先,除了最简易的抽样框之外,对于其他形式的抽样框来说,这种方式并不可行;其次,令人惊讶的是,简单随机抽样方法可能并不是最精确的。"②

在现实中经常出现下面的情况,即虽然研究者有母体的名单,但是母体的数量很大,例如一个城市中的全体居民,而且没有所有居民名单的电子文本,这些名单事先也没有编号,那么要想使用简单随机抽样就很困难。在这种情况下就可以

---

① 弗罗德·J. 福勒:《调查研究方法》,孙振东等译,重庆大学出版社2004年版,第16页。
② 艾尔·巴比:《社会研究方法》,邱泽奇译,华夏出版社2005年版,第195页。

使用另外一种常用的抽样方法——系统抽样,也叫做等距抽样。

系统抽样是"选择完整名单中的每 K 个要素组成样本的概率抽样方法"。K 是抽样间隔,例如母体为 2 万,样本需要 1000 人,那么 K=母体大小/样本大小=20,也就是说研究者每隔 20 人抽取一个样本。那么从哪儿开始呢? 一般是从 1—K 中选择一个随机数,在上例中就是从 1—20 中任意选择一个数字,例如 6,这种随机的起点保证了它是一个随机抽样过程。接下来研究者要做的就是以 6 为起点每隔 20 个抽取一个样本,即 26、32、38、44……,一直抽满 1000 个样本。

系统抽样中研究者经常碰到的一个问题是 K 不是整数,例如如果母体数是 100,样本数是 13,那么 K=100/13=7.692,在这种情况下抽样间隔应该是多少呢? 是 7 还是 8? 为了提高精确度,抽样理论提出了一种解决的办法,即"借一位小数",具体如下:

令 K=76,从 1—73 中随机抽取一个数字,例如 20,然后每隔 76 抽取一个数字,分别是 96、172、248、324、400、476、552、628、704、780、856、932,然后再把每个数字的个位数去掉,就组成了实际的样本,分别是:2、9、17、24、32、40、47、55、62、70、78、85、93。同学们可以计算一下每个数字之间的差,会发现实际的抽样间隔在 7 和 8 之间摇摆。

从统计学上来说,如果母体名单是随机排列的,系统抽样与简单随机抽样具有相同的精确性。与此同时,系统抽样比简单随机抽样更加简便易行,因此其使用也更加普遍。但是系统抽样暗含着一种可能的问题——周期性问题,即"如果名单是按某些特征排序或者有一种循环格局的情况时,即使是随机的起点,系统样本也会受到明显的影响"①。

因此研究者在采用系统抽样时要仔细考察母体名册是否存在周期性排列问题,如果存在会不会影响样本的代表性,如果有影响就必须想办法解决。常用的解决方法有三种:一是调整名单,打破排序的周期性;二是在每段间隔中使用随机抽样的方法,例如在 1—20 间随机选择一个数字,在 21—40 中随机选择一个数字等等,一直抽满 1000 个样本;第三种方法是调整抽样间隔,例如 K=20,那么不是每隔 20 个数字抽取一个样本,而是每隔 40 个数字抽取两个样本,或者每隔 60 个数字抽取三个样本。同学们可以尝试着用这三种方法来解决上例中的周期性问题。系统抽样的优点是:容易选择样本;样本选择比简单随机抽样精确;抽样所费成本较少。系统抽样的缺点是:必须有母体的详细名单;周期性会导致抽样的偏差。

简单随机抽样和系统抽样有一个共同的特点,即所抽取的每一个样本都是独

---

① 弗罗德·J. 福勒:《调查研究方法》,孙振东等译,重庆大学出版社 2004 年版,第 17 页。

立的,都不受先前已经抽取的其他样本的影响,这样就可能会导致样本的一些特点与其母体不同。因此,当研究者在资料收集之前知道母体的某些特征,那么就可以采用另外一种更好的抽样方法,即分层抽样。

所谓分层抽样就是依据某种变量先将母体中所有的单位区分成若干种类型(层),然后再在每种类型(层)中抽取必要的样本。例如,如果我们想调查大学生的就业意愿或者对在公共场所吸烟的看法,为此我们选择在一所大学进行抽样调查,样本数为1000。如果这所大学中学生总数为1万,其中女生的比例仅为30%,那么如果按照简单随机抽样或者系统抽样得到的样本中女生的比例可能就会少于或者多于母体的30%。但是研究者又知道性别与就业意愿或对在公共场所吸烟的看法有很大的相关性,在这种情况下研究者就可以先把学生按照性别区分为两种类型:女生3000人,男生7000人,然后再分别从女生中抽取300人、男生中抽取700人组成样本,这样就保证了抽样比例与实际比例相吻合——10%。

那么一般应选择什么变量来对母体分层呢?分层变量的选择首先要考虑研究者要描述和解释的变量是什么,例如前例中的就业意愿、对公共场所吸烟的看法就是研究者要描述和解释的变量;然后研究者要分析什么变量可能与上述变量相关呢——性别,因此研究者就可以选择性别作为分层变量。常用的分层变量还有年龄、地理位置、专业、党派等等。

分层抽样包括等比例分层抽样和不等比例分层抽样。前面例子中采用的就是等比例分层抽样,即在把母体分成若干种类(层)后,在每个层中抽取样本的比例是相同的。不等比例分层抽样是在把母体分成若干种类(层)后,在每个层中抽取样本的比例是不同的。在什么情况下要使用不等比例分层抽样呢?在一些情况下,由于母体中某种类型的数量过少,因此如果采用等比例分层抽样就会产生样本代表性不足问题,此时就应该采用不等比例分层抽样。请看下例:

一个大学共有10个系10000名学生,其中人数最多的A系有1000名学生,人数最少的B系只有100名学生,假如样本数为1000,即抽样比例为10%。如果按照等比例分层抽样,最小的系被抽取的样本只有10人,这样就无法保证样本的可靠性,研究者也没有办法对不同专业进行单独分析。为了解决这个问题,研究者可以进行不等比例分层抽样,如从每个系中各抽取100个学生,即各层分配相同的样本数。但是当研究者把从各个系抽出的100个学生组成一个样本时,此时的抽样就变成了一个非随机抽样。为了解决这个问题就需要对来自各层的样本数进行加权处理,权数等于该层被抽选比例的倒数,例如A系的抽取比例是1/10,因此权数是10,而B系的抽取比例是100/100,权数就是1(见表5-1)。

根据抽样理论,样本越大抽样误差越小,母体内个体之间的差异越小抽样误差就越小。分层抽样就是通过第二点来缩小抽样误差的,也就是说分层抽样通过缩小母体内部的差异来降低抽样误差,这一点在数学上也是可以证明的①。因此在了解母体的情况下可以说分层一定比不分层要好。

表 5-1　不等比例分层抽样

	A 系	B 系	……
总体人数	1000	100	
在母体中所占比例	1/10	1/100	
抽样比例	1/10	100/100	
样本中的人数	100	100	
样本中没有加权处理的比例	1/10	1/10	
加权(以调整概率选择)	10	1	
样本加权处理后的人数	1000	100	
样本中加权处理后的比例	1/10	1/100	

资料来源：弗罗德·J.福勒：《调查研究方法》,重庆大学出版社 2004 年版,第 19 页。

概率抽样的另一方式是多阶段整群抽样。运用这些一阶段抽样方法的前提是研究者能得到母体的名单。但是相当多的社会科学研究中,研究者很难得到母体的全部名单,例如全省党员的名单。又或者母体分布在较广的地理范围内。在这种情况下,研究者就要用更为复杂的抽样方法——多阶段整群抽样。

在多阶段整群抽样中研究者虽然无法获得母体的名单,但是母体中的单位往往已经被分为较小的次级团体,例如全省的党员都分布在各个区县中,研究者可以从各个区县获得本区县的所有党员的名单。这样研究者就可以用前面介绍过的三种一阶段抽样方法中的任何一种先从全省各个区县中抽取若干区县,然后从这些区县获得党员名单,然后再对这些党员进行抽样,从而组成研究样本。这是最简单的二阶段整群抽样。研究者也可以先抽取若干区县,然后从被抽中的区县中分别抽取若干乡镇和街道,最后从这些乡镇和街道中抽取党员组成样本,这就是三阶段整群抽样。

可见,"多级整群抽样方法一直重复两个基本步骤：列表名册和抽样。先编制初级抽样单位的名册或将之分层,然后对这个名册进行抽样,根据选出的初级抽样单位再编制其要素名单或被分层,得到次级抽样单位名单并进行抽样,如此一直重复下去"②。直到抽出所需要的样本。在多阶段整群抽样中,前面的各个阶段

---

① 艾尔·巴比：《社会研究方法》,邱泽奇译,华夏出版社 2005 年版,第 203 页。
② 艾尔·巴比：《社会研究方法》,邱泽奇译,华夏出版社 2005 年版,第 203 页。

抽样的对象都是集体,最后一个阶段抽样的对象是个体。

研究者在运用多阶段整群抽样方法中会遇到效率和样本代表性之间的两难选择。多阶段抽样方法最重要的优势就是效率高。例如在对全省党员进行调查时,如果采用前述二阶段整群抽样方法,那么研究者不需要列出各个区县党员的名单,而只需要列出被抽中区县的党员名册,同时研究者也不需要到各个区县去调查而只要到少数被抽中的区县就行了,这无疑可以节省大量的时间和经费。但是整群抽样最大的问题是抽样误差大于一阶段随机抽样,因为每进行一次随机抽样就产生一次抽样误差,因此原则上抽样的阶段越少越好。

多阶段整群抽样还有一个重要的问题,即如何决定每一阶段抽取的样本数量呢?下面以一个例子来说明这个问题及其解决的思路和原则。

研究者要对 A 省全部的中国共产党党员进行调查,已知党员总数为 80 万人,需要的样本数为 1000 人,全省共有 200 个区县,如果采用三阶段整群抽样,即区县—乡镇和街道—党员,那么研究者应该如何抽样呢?考虑一下几种选择:

(1) 10 个区县—10 个乡镇和街道—10 个党员
(2) 20 个区县—10 个乡镇和街道—5 个党员
(3) 40 个区县—5 个乡镇和街道—5 个党员

如果愿意这个选择单可以继续列下去,那么上述三种方案哪一种更好呢?解决这个问题的关键仍然是效率和样本代表性之间的取舍。在上述三个方案中,从效率的角度来看,方案一是最好的,方案三所需的成本最大。但是从样本代表性来看正好相反。为什么呢?前面提到母体内个体之间的差异越小抽样误差就越小,根据常识,"总体中组成自然群的要素之间的同质性要比该总体所有要素之间的同质性高……所以,充分代表一个自然群所需的要素可能相对要少;但可能需要大量的群,才能充分代表所有群之间的差异性"[1],也就是说,根据常识,不同区县党员之间的差异一般要大于同一区县党员之间的差异,因此为了保证样本的代表性,应该尽可能地抽取更多的区县,即研究者应该在各种约束条件下尽可能抽取更多的群。

由于多阶段整群抽样方法比较复杂,因此有学者认为:"研究者必须具有特别卓越的技能与训练。甚至需要一位良好的统计专家之协助,才能有把握地使用此类抽样,否则很难避免单位选择与资料分析上重大的错误。"[2]

量化研究的抽样的第二种方式是非概率抽样。虽然概率抽样不仅可以更好地保证样本的代表性,并且还使得研究者可以用样本观察来估测母体的参数、估

---

[1] 艾尔·巴比:《社会研究方法》,邱泽奇译,华夏出版社 2005 年版,第 203 页。
[2] 吕亚力:《政治学方法论》,三民书局 1979 年版,第 162 页。

计抽样误差,因而成为主导的抽样方式,但是现实中的很多情形使得研究者无法或没有必要进行概率抽样,或者进行概率抽样的成本很大。例如如果研究者想调查吸毒者或者调查考试作弊的学生,就很难进行概率抽样。此时就需要运用非概率抽样。本部分介绍四种常用的非概率抽样方法:偶遇抽样、目标式或者判断式抽样、滚雪球抽样和配额抽样。

偶遇抽样就是研究者根据方便任意抽取样本,常见的如研究者在街头、校园、政府机关的大门口等场所拦下路人进行调查。例如我们想了解人们对政府机关的办公效率、服务质量、服务态度等方面的看法,于是我们在某天的上午选择了某个直接面向公众的政府机关门口,询问每一个刚刚从里面走出的人。仔细想想会发现这种方法被经常使用,例如一些学者为了了解公务员的职业发展轨迹,把MPA班上的学生作为调查的对象,你们走在校园中、走在大街上可能都碰到过这种调查,我们在电视节目上也经常看到记者在街头对人们的随机采访。

偶遇抽样因为非常方便、成本小因而经常被使用,但是通过这种方法获得的样本代表性有很大的问题,无论产生什么结果都不能代表母体,因为缺乏外在效度。"只有在研究的目的是要了解在某特定时间内通过抽样地点的路人的一些特征,或采取更少冒险性的抽样方法不可能时,这种抽样方法才具有合理性。"[1]当然这种抽样方法也可以用来进行前测,以发现测量设计中存在的问题,或者用来进行初步的调查以发现一些有益的见解。必须再次强调的一点是,通过这种抽样方法获得的结论不能对母体进行推论。

判断式抽样也是非概率抽样。这种抽样方法也叫做立意抽样,即研究者根据研究目标和对母体的了解,有意识地选择能代表母体中特定部分的样本。例如,我们想了解在汉族地区不同民族的人们在参与基层选举方面的差异,由于各个少数民族的人口数量很少,因此如果采用随机抽样的方法就可能无法产生足够数目的少数民族公民作为比较,这时研究者就可以分别从不同民族中抽取一定数量的样本进行研究,虽然这个样本不能代表母体,但是却符合研究者的目的,即比较不同民族公民参与基层选举的差异。此外在问卷的前测中也经常用到立意抽样,以确保不同的调查对象对问题的理解、发现设计中的缺陷。

总之,"立意抽样并不试图去复制整个总体。相反,这样抽取研究对象的目的是使得所关注的自变量变化值最大,这样我们探寻的关系将会变得非常清晰"[2]。因此立意抽样往往用于特定目的的研究,但是与偶遇抽样一样,立意抽样的结果也不能用来推论。

---

[1] 艾尔·巴比:《社会研究方法》,邱泽奇译,华夏出版社2005年版,第177页。
[2] W.菲利普斯·夏夫利:《政治科学研究方法》,新知译,上海世纪出版集团、上海人民出版社2006年版,第119页。

非概率抽样还有滚雪球抽样和配额抽样。在一些社会科学研究中,研究者很难找到调查的对象,例如对吸毒者、同性恋者、作弊学生、超生儿童的调查等等。这种情况下研究者可以先设法找到少数几个调查对象进行调查,然后再向这些人询问有关的信息,找出他们认识的其他调查对象进行调查,如此不断扩大被访者名单,就像滚雪球一样,样本不断扩大。这种方法就是滚雪球抽样。

使用这种方法的前提是"总体分子之间具有一定的联系……如果个体之间有意割断联系,也会影响滚雪球的效果"。而且与其他非概率抽样一样,这种方法产生的样本也有代表性问题,因此通常用于探索性的研究。

"将预定的样本容量按各层单位在总体中的比例分配至各层,然后按这些比例从各层中非随机地抽取样本的方法,叫配额抽样。"[①]这种抽样方法的操作一般可以分为三个步骤:首先按照若干特征将母体分成若干类(层),例如根据年龄将母体分成 18 岁以下、19—40 岁、41—60 岁、60 岁以上四个类别;然后确定各个类别在母体中所占的比例,例如分别是 20%、30%、25%、25%,根据这些比例确定样本总数在各类别中的数额,假如样本总数是 100,那么四类样本数分别为 20、30、25 和 25;最后从各个类别中非随机地抽取所需的样本数。这是以一个特征配额,也可以按照两个甚至更多的特征进行配额,那样就会变得复杂,形成描述母体特征的矩阵式表格。

这种方法与分层抽样有相似之处,都是先根据某些特征把母体分类,但是重要的是分层抽样在各层内部的抽样是随机的,而配额抽样是非随机的。一般认为配额抽样方法有两个主要的问题。"首先配额的框架必须十分精确。为了做到这一点,必须掌握最新的资料,但这是十分困难的……其次,从某些特定的格子中选择样本时,可能会存在偏误。"[②]因为采用的是非随机抽样。

第二节 政治学的质化研究手段

一、质化研究的实质与特点

质化研究的实质

所谓"质的研究是以研究者本人作为研究工具,在自然情景下采用多种资料收集方法对社会现象进行整体性研究,使用归纳法分析资料和形成理论,通过与

---

① 宋林飞:《社会调查研究方法》,上海人民出版社 1990 年版,第 176 页。
② 艾尔·巴比:《社会研究方法》,邱泽奇译,华夏出版社 2005 年版,第 179 页。

研究对象互动对其行为和意义建构获得解释性理解的一种活动"①。

政治学质化研究一般在自然情景下展开,研究者通过本人深入地实际体验研究对象的生活,"藉由观察、聆听及参与,从当地人士那里所得知的真相"②从事研究。

政治学质化研究的认识论基础包括后实证主义、批判理论和诠释理论。后实证主义坚持实证主义的基本信念,但是认为人们只能不完善地、或然性地认识社会现实。客观真理虽然存在,但即使采用细致严谨的研究方法,我们所了解的"真实"也永远只是客观实体的部分或一种表象,科学是在不断证伪中发展的,理性批判是知识增长的惟一途径,必须通过不断的"猜想与反驳",才可能逐步接近真理。③

批判理论主要受康德、黑格尔和马克思主义思想的影响。批判理论承认客观现实的存在,但是"现实"是历史的产物,是在历史发展过程中由政治、经济文化等各种因素塑造而成的。"批判研究者进行研究以批判和改变社会关系。他们达成这项工作的方式是透过揭开社会关系的基本来源,并就此赋予人们力量,特别是那些较没有什么权力的人……是行动取向的……责问令人尴尬的问题、揭露伪善、调查状况,以便激起剧烈的草根行动。"④

"批判理论指导下的研究主要使用辩证对话的方式,通过研究者与被研究者之间平等的交流,逐步去除被研究者的'虚假意识'达到意识上的真实。衡量研究的标准不是证实,也不是证伪,而是消除参与者无知和误解的能力。"⑤政治学研究中的一些研究范式,如女性主义、常人方法论、参与行动研究等都带有浓厚的批判理论色彩。

诠释理论认为人们对世界的解释是受到文化制约的,具有历史的情境性。"社会生活是建立在社会互动与社会建构的意义体系之上。"⑥因此在社会科学研究中,诠释者"寻求在与研究对象沟通的过程中,试图了解自己作为研究者是如何存在,藉由与研究对象的沟通,进入研究对象的生活情景,学习体会研究对象的喜怒哀乐……如同学习一种语言,诠释者便是在学习研究对象的语言,站在研究对象的角度来说明他/她的行为意义,如此研究者不假定研究对象与自己是受到同一种普世行为法则的规范,反而从行为对象的意义体系中反省研究者自己的意义

---

① 陈向明:《质的研究方法与社会科学研究》,教育科学出版社 2000 年版。
② Benjamin F. Carbtree and William L. Miller:《最新质性研究与方法》,韦伯文化国际出版有限公司 2003 年版,第 15 页。
③ 卡尔·波普尔:《历史决定论的贫困》,杜汝楫等译,华夏出版社 1987 年版。
④ W. Lawrence Neuman:《社会研究方法》,扬智文化事业股份有限公司 2003 年版,第 146 页。
⑤ 陈向明:《质的研究方法与社会科学研究》,教育科学出版社 2000 年版,第 16 页。
⑥ W. Lawrence Neuman,《社会研究方法》,扬智文化事业股份有限公司 2003 年版,第 136 页。

体系"①。

批判理论和诠释理论也被人们称作自然主义或者建构主义。质化研究遵循的就是自然主义的探究传统。强调研究必须在自然情景而不是人工环境中进行,社会现象具有整体性和相关性,因此要理解特定的社会想象就必须把它置于其背景和环境中,循着整体主义的路径进行研究。由此,质化研究一般以文字、图片等而不是数字来呈现研究结果。

质化研究的研究目标是对意义的"解释性理解",即对被研究者的个人经验和意义建构作"解释性理解",这就需要研究者在自然情境中,通过与被研究者的沟通和对自身的反思,进入被研究者的生活情景以达成解释性理解。研究者"先进入成员的意义体系,然后再回到局外人的观点、或研究的观点"②。

质化研究追求的是解释的深度,寻求的是个案式的解释。"在这种解释方式中,我们试图穷尽某个特定情形或是事件的所有原因。"③质化研究认为人与人是不一样的,研究者只能对特定环境中特定的人做出独特的解释。因此质化研究重视个案研究的价值,个案研究——单个案或多个案——是质化研究中常见的方式。

质化研究认为,研究的客体是不能离开研究主体而存在的,"意义"并不是客观地存在于被研究的对象那里,而是存在于研究者和被研究者的关系之中,因此质化研究非常重视研究者与被研究者之间的关系,要求研究者对自己的角色、倾向、与被研究者之间的关系、沟通方式等不断进行反思。由于质化研究中研究者往往更为深入地进入了被研究者的生活,并与之建立了更为密切的关系,因此,质化研究对伦理道德问题非常关注,要求研究者时刻警惕可能出现的伦理道德问题。

质化研究的特点

政治学质化研究有其优点。夏夫利认为,质化研究"提供了更为广阔的视野、对全新理论更开放的态度以及对复杂社会现象更深入的认识"④。质化研究虽然不能通过数字化的资料提供精确的描述和解释,但是,"定性数据的意义比定量数据更为丰富"⑤。说一个人是虔诚的基督徒有着非常丰富的含义,而如果转化为一

---

① 石之渝:《社会科学方法新论》,五南图书出版股份有限公司2003年版,第31页。
② W. Lawrence Neuman:《社会研究方法》,扬智文化事业股份有限公司2003年版,第646页。
③ 艾尔·巴比:《社会研究方法》,邱泽奇译,华夏出版社2005年版,第22页。
④ W. 菲利普斯·夏夫利:《政治科学研究方法》,新知译,上海世纪出版集团、上海人民出版社2006年版,第25页。
⑤ 艾尔·巴比:《社会研究方法》,邱泽奇译,华夏出版社2005年版,第26页。

些定量化的指标,如每周去教堂的次数,其含义就变得单一了。

质化研究通过把政治现象置于特定的背景之中,通过研究者与被研究者的沟通,不仅可以为人们提供全景式的社会图景,而且可以提供对复杂政治现象深度的、综合性的解释。它能够追溯政治演变过程的细节,从而揭示政治现象之间的关联,找出关键的变因。换句话说,量化研究虽然可以发现变量之间的因果关系,但是政治学质化研究却可以揭示因果机制。例如通过量化研究,研究者可以证明一个国家的经济发展水平越高,公共支出占 GNP 的比重就越大。为什么呢? 一国的经济发展水平是如何影响公共支出水平的,其中的因果机制是什么? 有哪些中间变量在发生作用? 对这些问题的回答往往需要质化研究。

质化研究往往能够带来理论的重大突破。在质化研究中,研究者的研究路线往往是循环式的,研究者在研究过程中需要根据收集到的资料不断地对研究议题、假设、方法等进行反思,因而对于全新的理论持一种更为开放的态度。

政治学质化研究也有其弱点:一是不适合在宏观层面对规模较大的人群或社会机构进行研究;二是不擅长对事情的因果关系或相关关系进行直接的辨别;三是不能像量的研究那样对研究结果的效度和信度进行工具性的、准确的测量;四是研究的结果不具备量的研究意义上的代表性,不能推广到其他地点和人群;五是资料庞杂,没有统一的标准进行整理,给整理和分析资料的工作带来很大的困难;六是研究没有统一的程序,很难建立公认的质量衡量标准;七是研究既费时又费工。[1]

基于质化方法的上述特点,质化方法特别适用于以下类型的研究课题,首先是"那些目的在于探究人们的主观经验以及他们附加在这些经验之上的意义的研究课题";其次,"质的研究方法还适用于梳理由人们自己所构建的思维过程或叙述框架"[2];第三,质化研究"特别适合跨越时间的社会过程研究"[3]。

二、质化研究的信度与效度

质化研究的信度

关于质化研究中的信度问题有两种不同的观点。一种观点认为,"信度"这一量化研究中的概念不符合质化研究的实际情况,因此,在质化研究中不需要讨论信度问题。持这种观点的质化研究者认为,在质化研究中,研究者本人是研究工

---

[1] 陈向明:《质的研究方法与社会科学研究》,教育科学出版社 2000 年版,第 473 页。
[2] 大卫·马什、格里·斯托克:《政治科学的理论与方法》,景跃进等译,中国人民大学出版社 2006 年版,第 205—206 页。
[3] 艾尔·巴比:《社会研究方法》,邱泽奇译,华夏出版社 2005 年版,第 276 页。

具,研究是通过研究者与被研究者的沟通,通过研究者进入被研究者的生活情景展开的,因此研究者本人的各种特征都会影响研究的过程和结果,包括研究者的专业背景、个人的价值观和偏好、个人的出身和成长经历、性格、性别、经济地位等等。不同的研究者会形成与被研究者不同的互动方式,从而不断形构着双方的观念与行为,并最终形成研究结果。与此同时,即使是同一个研究者在一段时间后重复先前的研究过程,也不可能得出完全相同的结果,因为无论是研究者还是被研究者都已经被"污染"了,再也不可能回到前研究状态。正如古希腊哲学家赫拉克利特所说,人不可能两次踏入同一条河流。

另一种观点认为在质化研究中也需要讨论信度问题。例如罗伯特·K.殷在《案例研究》一书中把信度作为评判案例研究设计质量的标准之一,并专门讨论了提高信度的方法。① 科克和米勒还提出了质化研究中的三种信度类型:"1) 狂想信度,即对不同的个案持续不断地采用同一种方式进行探究,看是否会出现不一致或误导的现象;2) 历时信度,即在不同的时间用同样的研究方法对同一研究对象进行研究,考察研究结果之间的相似性;3) 共时信度,即不同的研究者使用同样的方法在同一时间内对同一个研究对象进行探究,考察不同研究者所获得研究结果之间的相似性。"②

虽然质化研究中的研究信度与量化研究中的不同,但是在质化研究中提醒研究者通过对自身主观偏见、对与被研究者的关系、对研究过程和程序等的反思来改善研究仍然是非常必要的。

殷认为,"提高信度的一般方法,是尽可能详细地记录研究的每一个步骤"③。具体方法有两种,第一种是使用案例研究草案。案例研究草案在功能上类似于量化研究中的调查量表,但是其内容比调查量表复杂得多,一般包括如下部分:一是对案例研究项目进行审查、评估④;二是实地调查的程序⑤;三是需要研究的问题⑥;四是指导撰写案例研究报告⑦。

第二种方法是建立案例研究数据库。"每个案例研究课题都应建立符合规范的、直观易懂的数据库,这样其他的研究者就可以直接使用这些资料,不再局限于

---

① 罗伯特·K.殷:《案例研究:设计与方法》,周海涛等译,重庆大学出版社2004年版,第38、42—43页。
② 陈向明:《质的研究方法与社会科学研究》,教育科学出版社2000年版,第100页。
③ 罗伯特·K.殷:《案例研究:设计与方法》,周海涛等译,重庆大学出版社2004年版,第43页。
④ 研究项目的目的及其前景,需要研究的问题,有关研究问题的相关研究成果等。
⑤ 调查时需要出示的介绍信,接近访谈对象的方法,证据的主要来源渠道,应遵守的程序。
⑥ 研究者在收集证据过程中必须牢记的特定问题,资料的呈现形式,能够回答特定问题的证据的来源渠道。
⑦ 案例研究报告的大纲,证据、资料的呈现形式,其他记录资料的使用和呈现,研究者的简介等等。

使用书面的研究报告。数据库从而极大地增强了整个案例研究的信度。"①案例研究数据库的内容一般包括案例研究记录、案例研究文献、图表资料和研究者做出的各种描述。

此外,研究者还应该时刻"对访谈的进行和参与观察时所发生的情节进行反思,对他们说什么、怎么说等互动行为的性质进行思考……明确承认主观偏见对于搜集经验材料过程的影响,并且切实思考主观偏见对研究发现的影响"②。研究者还可以在研究过程中经常与同行展开讨论,甚至在一组研究者中对材料进行讨论以求得对访谈和观察材料的诠释,也可以就材料的诠释与被研究者展开讨论,例如把初步的研究报告给被研究者阅读,看他们的反应和意见,并进行必要的修改和再诠释。

质化研究的效度

虽然大多数学者同意在质化研究中必须要考虑研究的效度问题,但是质化研究的特点使得质化研究者往往对于质化研究中效度的含义存在各种不同的看法,并且提出了不同的效度类型。然而,无论如何大家都认为质化研究中的效度与量化研究中的效度具有不同的含义。在量化研究中,效度指的是一个测量在多大程度上反映了概念的真实含义,研究的结果是否反映了研究对象的真实情况。质化研究中的效度"指的是一种'关系',是研究结果和研究的其他部分(包括研究者、研究的问题、目的、对象、方法和情景)之间的一种'一致性'。当我们说某一项研究结果是'真实可靠的'时候,我们不是将这一结果与某一个可以辨认的、外在的客观存在相比较(事实上这一'存在'并不存在)。而是指对这个结果的'表述'是否'真实'地反映了在某一特定条件下某一研究人员为了达到某一特定目的而使用某一研究问题以及与其相适应的方法对某一事物进行研究这一活动"③。

质化研究中的效度可以分为不同的类型。陈向明以马克斯威尔的分类为基础介绍了质化研究中效度的五种类型,即描述型效度、解释型效度、理论型效度、推论型效度和评估型效度,同时还介绍了拉舍的五种效度类型,即反身性效度、反讽效度、新实用主义效度、根状效度和情景化效度。殷在《案例研究》一书中在介绍评判案例研究设计质量标准时提到了案例研究中的三种效度,分别是

---

① 罗伯特·K.殷:《案例研究:设计与方法》,周海涛等译,重庆大学出版社2004年版,第110页。
② 大卫·马什、格里·斯托克:《政治科学的理论与方法》,景跃进等译,中国人民大学出版社2006年版,第212页。
③ 陈向明:《质的研究方法与社会科学研究》,教育科学出版社2000年版,第389页。

建构效度、内在效度和外在效度。① 综合各位学者的观点,我们认为把效度分为以下几个层面更便于人们对质化研究中效度概念的理解。

首先是描述型效度,这一概念包含了殷所说的建构效度——"对所要研究的概念形成一套正确的、可操作性的测量"②,指的是"对外在可观察到的现象或事物进行描述的准确程度"③;描述型效度与研究者使用的测量工具、研究者个人的特征、研究者与被研究者的关系、观察与访谈时的场景等因素相关。

其次是解释型效度,这是在质化研究中特有的一种效度类型,指的是"研究者了解、理解和表达被研究者对事物所赋予的意义的'确切'程度"④。质化研究强调的是研究者通过与被研究者的沟通,站在被研究者的立场,想象其所处的环境和背景,理解被研究者的语言和行为,是一种"神入"。解释型效度指的就是研究者在多大程度上做到了这一点。显然要真正做到这一点是相当困难的,也是质化研究面临的主要挑战之一。

第三是理论效度,指的是从研究结果中得出的理论是否真实地反映了研究对象,这类似于殷提出的内在效度,即"从各种纷乱的假象中找出因果联系,即证明某一特定的条件将引起另一特定的结果"⑤。读者可以结合量化研究部分关于实验内在效度的内容进行理解。马什认为:"可以通过证实有关分析是否与已辨识的主题相连贯来评估有关解释的内部自洽性。"⑥

第四是外在效度或者叫推论型效度,指的是研究成果"是否具备可归纳性,即是否可以归纳为理论,并推广到其他案例研究中"⑦。质化研究在这一点上经常受到人们的批评,认为质化研究的结果仅仅是个案式解释,往往没有外在效度,无法实现外部推论。虽然有些质化研究者认为质化研究中不需要考虑外在效度,但是更多的学者认为,如果一项研究在研究对象之外没有任何借鉴意义,那么研究本身的意义就大打折扣。学者们认为通过一些途径可以提高质化研究的外在效度:"1)通过对研究结果的认同来达到推论;2)通过建立有关的理论来达到推论"⑧;3)"通过重复、复制的方法进行多案例研究"⑨;4)"将新研究发现与其他研究的成

---

① 详细介绍参见陈向明《质的研究方法与社会科学研究》,教育科学出版社 2000 年版,第 391—396、409—424 页。
② 罗伯特·K.殷:《案例研究:设计与方法》,周海涛等译,重庆大学出版社 2004 年版,第 38 页。
③ 陈向明:《质的研究方法与社会科学研究》,教育科学出版社 2000 年版,第 391 页。
④ 陈向明:《质的研究方法与社会科学研究》,教育科学出版社 2000 年版,第 392 页。
⑤ 罗伯特·K.殷:《案例研究:设计与方法》,周海涛等译,重庆大学出版社 2004 年版,第 38—39 页。
⑥ 大卫·马什、格里·斯托克:《政治科学的理论与方法》,景跃进等译,中国人民大学出版社 2006 年版,第 213 页。
⑦ 罗伯特·K.殷:《案例研究:设计与方法》,周海涛等译,重庆大学出版社 2004 年版,第 41 页。
⑧ 陈向明:《质的研究方法与社会科学研究》,教育科学出版社 2000 年版,第 410 页。
⑨ 罗伯特·K.殷:《案例研究:设计与方法》,周海涛等译,重庆大学出版社 2004 年版,第 38 页。

果进行对比检查以考量其外部有效性"①。

效度威胁及其排除

效度威胁指的是质化研究中那些影响效度的因素。效度威胁有很多来源,包括研究者、被研究者、双方互动的场景和过程等等。概括说来主要的效度威胁包括以下几个方面。

首先人们经常批评质化研究者在研究中没能开发出一套比较完善、可操作的指标体系,因此在资料收集过程中往往带有很大的主观判断。例如近年来很多学者开始关注城市社区的结构性变化,并对此展开个案式的质化研究。但是什么是结构性变化?哪些变化称得上是结构性的变化?研究者往往并没有明确的定义,这就使得研究者在研究过程中根据自己的经验和感受收集结构性变化的资料,并做出解释。

其次,在质化研究中经常采用访谈的形式来搜集资料,这样被访谈者的记忆失误就成为一种效度威胁。随着时间的流逝,过去的事情会变得模糊,不仅细节会遗失,而且由于人们的记忆是有选择的,例如人们或许会"选择"忘记一些不愉快的事件,甚至是一些重要的信息也会遗失。

第三,质化研究中,研究者一般通过观察或者访谈"神入"被研究者的生活情景,以达成对被研究者语言和行为的解释性理解。但是,在很多情形下,研究者与被研究者双方往往有着不同的文化背景和价值观,甚至使用完全不同的语言,此时双方的沟通与互动就很容易发生误解,从而影响研究的效度。例如当一位没有农村生活背景的研究者对中国西部农民政治参与进行研究时,往往会遇到此类问题。

第四,如同在实验研究中,当实验对象知道自己正在参与一项实验的情景下,实验本身往往会改变实验对象的行为一样,质化研究中当被研究者知道自己是被研究对象时,也会改变自身的行为和态度,甚至隐藏自己的真实想法,更多地表现出与社会规范相一致的行为与观点,从而影响研究的效度。

在量化研究中,研究者可以通过精心的研究设计,如随机抽样、复杂的实验设计、试调查等方法事先消除效度威胁,但是在质化研究中却很难做到这一点,而只能在研究过程中通过不断的反思找出效度威胁并努力排除。陈向明在《质的研究方法与社会科学研究》一书中专门辟出一节,讨论排除效度威胁的具体手段。② 殷的《案例研究:设计与方法》一书中更是有大量的内容都是围绕着如何提高案例研

---

① 大卫·马什、格里·斯托克:《政治科学的理论与方法》,景跃进等译,中国人民大学出版社 2006 年版,第 213 页。
② 陈向明:《质的研究方法与社会科学研究》,教育科学出版社 2000 年版,第 400—408 页。

究的效度来讨论的。① 下面选择其中的主要方法进行介绍。

首先是收集丰富的原始资料，使用多元的证据来源。质化研究的效度在很大程度上依赖于研究者本人及其研究的方法和过程，因此收集丰富的原始资料并保存下来无论对于研究的信度和效度都是非常有帮助的，这使得研究者本人和他人都可以重新回到原始资料对已做出的研究结论进行检验。同时在质化研究中还应该尽量通过多种渠道收集资料，使用多元的证据来源，如历史文献、档案记录、深度访谈、参与式观察、焦点团体访谈等等，这样研究者不仅可以全方位地考察问题，而且可以起到相互印证的作用，从而形成证据三角形。②

其次是形成证据链，或者是陈向明所说的侦探法。就像公安人员在侦破案件时，一般是从可疑的现象出发，搜集各种可能的证据，并把这些证据放在一起进行对比和分析，看是否能形成完整的证据链，从而侦破案件。在质化研究中，研究人员从研究问题出发，搜集各种可能的"证据"，努力形成逻辑严密的证据链，从而导出研究结果。

第三是证伪法或者形成竞争性假设。与量化研究中通过对假设的验证来完成研究不同，质化研究中往往是通过"证伪"法来提高研究的效度的。研究者首先建立一个假设，为了证明这个假设是最合理的，研究者必须努力在收集到的材料中寻找那些能证伪该假设的材料，一旦发现后，研究者就对原先的假设进行修正和补充，如此不断反复，直到无法找到反例。与此相类似的一种做法是在建立最初的假设时，同时形成多个竞争性的假设，然后根据收集到的资料对各个竞争性假设进行比较，逐步排除不合理的假设，并最终找到最合理的假设。

第四是参与者检验法，即要求被研究者或者证据的提供者对研究报告草案提出意见和建议。这是质化研究中相当重要的步骤。当研究者完成初步的研究报告后就应该及时地将研究报告反馈给研究中的参与者，参与者可能对研究者的结论有不同的看法，也可能认为研究者误解了他们在研究过程中的语言和行为，此时，研究者应该根据情况做出修改或者做出说明。这一征求意见和建议的过程也可以扩展到同行或研究对象以外的其他非专业人士。

第五是复制法则，即通过重复的、复制的方法进行研究，类似于陈向明所说的"相关检验法"，即将同一结论用不同的方法、在不同的情景和时间里，对样本中不同的人进行检验，目的是通过尽可能多的渠道对目前已经建立的结论进行检验，

---

① 罗伯特·K.殷：《案例研究：设计与方法》，周海涛等译，重庆大学出版社 2004 年版，第四、五、六章。

② 罗伯特·K.殷：《案例研究：设计与方法》，周海涛等译，重庆大学出版社 2004 年版，第 106—108 页。

以求获得结论的最大真实度"①。研究者可以进行多案例研究，也可以在不同的时间对相同的研究对象进行研究，如著名的江村调查，还可以在相同的时间由不同的学者对相同的研究对象进行研究。殷特别指出，案例研究遵循的是复制法则——与实验法相似，而不是抽样法则。

三、质化研究的案例与抽样

在政治学质化研究中，研究者一般致力于获取对研究对象的比较深入、细致和全面的解释性理解，因此质化研究中"样本规模常是小型样本——通常是5至20个分析单位"②。

质化研究案例的类别

典型个案。学者们在质化研究中经常选取典型个案展开研究。所谓典型个案，指的是具有代表性的、一般性的个案。例如我们要了解社区医院的运作状况，可以选择一个典型的、最具一般性的社区及其社区医院进行研究。此时，研究的目的并不是为了把研究的结果推论到更为广泛的范围中，而是为了展示和说明一个典型的社区医院是如何运作的，同时"从这一案例中得到的结论应该有助于加深对同类事件、事物的理解"③。

极端案例。与典型个案相反，极端案例指的是独一无二的、或者是被人们认为不正常的个案以及分布在"两端"的个案。例如，研究课题是中国女性政治参与，研究者想了解农村基层实行选举后女性政治参与的变化。各种统计资料表明，实行基层选举后，农村基层干部中女性比例普遍出现了下降的趋势，但是有极个别的村子却出现了上升的趋势，这个村子就成为极端案例。再比如我们想了解免收农业税以后，农村公共物品供给状况发生了哪些变化？为什么？研究者就可以选择免税后公共物品供给状况改变最大的乡镇或者没有发生变化的乡镇——即分布在"两端"的个案进行调查，以了解在哪些方面发生了变化、变化为什么发生或者不发生。极端个案研究往往可以使研究者发现某些意想不到的结果，对某些理所当然的假设提出挑战，并推动理论的发展。

证实和证伪个案。如果研究者想挑战一个广为接受的理论，或者"研究者已经在研究结果的基础上建立了一个初步的结论，希望通过抽样来证实或证伪自己的初步理论假设"时，可以采用这一抽样策略。有些理论已经被人们广泛接受，它

---

① 陈向明：《质的研究方法与社会科学研究》，教育科学出版社2000年版，第402页。
② W. Lawrence Neuman：《社会研究方法》，扬智文化事业股份有限公司2003年版，第38页。
③ 罗伯特·K. 殷：《案例研究：设计与方法》，周海涛等译，重庆大学出版社2004年版，第46页。

们有明确的观点以及观点成立的条件,研究者可以通过个案的研究对这些理论进行验证、挑战或者拓展。例如格瑞汉姆·亚里森对 1962 年古巴导弹危机的个案研究即是一例。[1]

研究者在完成初步的研究之后,为了验证和发展自己的研究,提高研究的信度和效度,往往会寻找更多的个案来证实或者证伪自己的初步结论,按照 Patton 的话来说这是一个"阐释及加深最初的分析、寻求例外情况、测试变项的过程"[2]。

质化研究抽样的类型

关键个案抽样。关键个案抽样"选择那些可以对事情产生决定性影响的个案进行研究,目的是将从这些个案中获得的结果逻辑地推论至其他个案"[3],其背后隐含的逻辑是如果事情在这个个案中是这样的,那么在其他个案中就会发生,反之亦然。从某种意义上说,关键个案与极端个案有相似之处,例如它们关注的都是非典型的个案,但是极端个案选择的是不正常的个案,而关键个案选择的是研究中自变量的值处于临界点的个案,即如果自变量在这个值左右发生变动,因变量就会发生变化。

最大差异抽样。前述各种抽样策略一般既可以抽取单样本研究,也可以抽取多样本研究,而最大差异抽样策略一般要抽取多样本进行研究,其基本的目的是使研究的结果能够覆盖研究现象的各种不同情况。例如中国城市正在逐步建立社区医院,研究者想了解社区医院的运作情况,但是了解中国城市情况的人们都知道,中国城市中不同的社区,如老城区中的社区、新兴郊区化的社区、有大型驻区单位的社区等等其基本的权力和资源格局都是不同的,此时,研究者可以遵循"最大差异原则"选取不同类型社区中的社区医院作为样本进行研究。这样,研究者不仅可以了解到不同社区医院的运作状况,而且可以对不同类型社区中的社区医院的运作进行比较,并作出解释。这种方法也被称作"极相异个案研究"。

同质型抽样。与上述抽样策略截然相反的一种策略是"极相似个案研究",即选择同质性很强的若干个案进行研究,其目的是"寻求更加清楚理解特定族群及/或对环境的控制,加上有待探索且不清楚的差异性的正确评价及进一步研究的建议或计划"[4]。仍然以社区医院的研究为例,研究者可以选择若干同为新兴郊区化社区的社区医院作为样本,一方面可以起到控制某些变量的作用,另一方面如果研究结果表明同质性社区的社区医院的运作有较大的差异,就为理论的探讨和发

---

[1] Graham Allison, *Essence of Decision*, Scott, Foreman and Company, 1971.
[2] 转引自 W. Lawrence Neuman《社会研究方法》,扬智文化事业股份有限公司 2003 年版,第 46 页。
[3] 陈向明:《质的研究方法与社会科学研究》,教育科学出版社 2000 年版,第 108 页。
[4] W. Lawrence Neuman:《社会研究方法》,扬智文化事业股份有限公司 2003 年版,第 44 页。

展提供了很好的材料。此外,同质型抽样也可以用来对某些现象进行深入的分析。例如研究者想了解公务员的交流制度——包括不同职位之间的交流和跨部门、跨地区的交流——对公务员工作和生活的影响,研究者就可以选择若干在近年有交流经验的公务员进行研究,以获得对这个问题比较深入、细致的了解和分析。

分层目的型抽样。在分层目的型抽样中,"研究者首先将研究现象按照一定的标准进行分层,然后在不同的层面上进行目的性抽样,这么做是为了了解每一个同质性较强的层次内部的具体情况,以便在不同层次中进行比较,进而达到对总体异质性的了解"。与概率抽样中的分层抽样类似,这儿的分层在很多情况下就是分类。例如研究者了解到公务员的交流制度对于不同职务层级的公务员的影响是不同的,但是具体的差别是什么?不同职务层次公务员是如何看待这种影响的?为了回答这个问题,研究者可以分别在处级以下公务员、部级以上公务员及居于二者之间的公务员中选择一定的样本进行研究。

效标抽样。质化研究中最后一种常用的抽样策略是效标抽样,即研究者按照事先确定的某种标准——或者是经验层面的,或者是某个理论——选择样本,即选出所有符合标准的样本进行研究。例如,研究公务员交流制度对公务员的影响时,研究者可以事先规定只选择那些在五年内有过两次交流经历的公务员进行研究,这是按照某种经验层面的标准来选择样本。或者已有的理论认为交流制度能够预防腐败,研究者就可以选择两组样本,一组是近年内有交流经历的公务员,一组是没有交流经历的公务员,然后分别对两组公务员进行观察和访谈,以验证或者修正和发展这一理论。

质化研究抽样的方法

一旦确定了抽样的策略,即符合什么标准或条件的样本能够成为研究样本,研究者需要思考的另一个问题就是如何找到符合标准或条件的样本,即抽样的方法。概括说来质化研究中抽样的主要方法包括偶遇抽样、滚雪球抽样、方便抽样、目的性随机抽样等。

偶遇抽样与滚雪球抽样。在量化研究中,我们曾经介绍过偶遇抽样和滚雪球抽样,因此这儿不再赘述。不过需要说明的是虽然这两种方法用于量化研究会带来很多的问题,因此常常是在不得已的情况下无奈的选择,或者是用来作为大规模调查的前测。但是在质化研究中这两种方法都是非常常用的方法。质化研究并不寻求把研究的结果外推到更为广泛的母体中,因此这两种方法在量化研究中存在的困境也就不存在。

目的性随机抽样。在目的性随机抽样中,研究者首先根据研究的目的确定选择样本的标准——即效标抽样,然后把符合标准的样本找出来,如果样本的数量仍然比较多,研究者再按照随机的原则从中抽取少数的样本进行研究。仍然以效标抽样中提到的关于公务员交流制度的研究为例,如果研究者发现五年内有过两次交流经历的公务员仍然数量较多,就可以进一步按照随机原则从中抽取少量的公务员进行研究。这是一个两阶段抽取样本的方法。

方便抽样。所谓方便抽样,指的是研究者由于受到各种条件的限制,只能根据自己的方便进行抽样、选择研究对象。这种方法有时成为一种偷懒的方法。例如一个学生研究者想了解大学生考公务员的复杂动机和心理,就选择自己所在学校和院系的毕业生进行访谈。这种研究虽然方便易行,但是往往影响研究的信度。一般说来研究者只有在不得已的情况下,即很难找到自己需要的样本,才使用这种方法。

无论是抽样策略还是抽样方法,都不存在所谓绝对的优与劣,就如同量化方法与质化方法是解决同一问题的不同方法一样,它们是解决不同问题的不同方法。因此研究者在研究中重要的是根据自己的研究问题和各种约束条件——如经费、人员、时间等选择抽样策略和方法。

四、质化研究者与研究对象

研究者与研究对象的关系

一般说来,研究者的角色是研究者在开始研究之前可以也必须做出选择的,而研究者与研究对象的关系往往是不可选择的,研究者需要做的是了解不同的关系对研究可能的影响,并对此加以运用。

研究者与研究对象的关系主要指的是双方的相似性和亲疏程度。从双方的相似性来说,研究者可以分为"局内人"与"局外人"。"局内人"指的是"那些与研究对象同属于一个文化群体的人,他们享有共同的(或者比较类似)价值观念、生活习惯、行为方式或生活经历,对事物往往有比较一致的看法"[①]。如果研究者与研究对象属于不同的文化群体则是"局外人"。

质化研究中,如果研究者属于"局内人",无疑会使得研究者更容易被研究对象接纳,更容易进入研究的情景。同时,由于研究者与研究对象有相似的价值观念、生活习惯、行为方式或生活经历等,因此研究者更容易与研究对象进行对话和沟通,更容易进入研究对象的"世界",对研究对象的语言和行为的意义能形成更好更深刻的理解,更能够从研究对象的角度形成解释。但是作为"局内人",研究

---

① 陈向明:《质的研究方法与社会科学研究》,教育科学出版社2000年版,第134页。

者也可能由于与研究对象有很多的相似性,而忽略一些现象,即所谓"熟视无睹",对研究对象的某些独特性视而不见,同时由于缺乏必要的距离感,正如"完全的参与者"一样研究者往往也会沉浸于一些具体的细节和感受,而忽略社会过程的整体和发展脉络。双方的相似性还会诱发研究者理所当然地认为研究对象在某些问题上的想法与自己的是一致的,而失去"深究"的机会。

与此相反,作为"局外人"的研究者虽然由于与研究对象的较大差异,因而在沟通、达成深刻细致的理解方面有一定的困难,但是由于与研究对象保持了必要的距离,因此反而在某种程度上可以更加客观、中立地进行研究。同时,研究者在研究中可能对研究对象的某些独特性更为敏感,研究者还可以利用双方的文化差异来对研究对象和自身的观念和行为进行比较,通过再诠释来更好地理解研究对象的文化。

从亲疏程度来说,研究者可以分为"熟人"和"陌生人"两种。前者指的是研究者在研究开始之前就认识研究对象,双方可能是亲友、同事等关系;后者指的是双方互不相识,在研究过程中才建立相互联系。研究者作为"熟人"还是"陌生人"展开研究所遭遇的问题与"局内人"和"局外人"是一样的,其根本的问题都是双方距离的远近。

个人特征对质化研究的影响

质化研究中所谓的"意义"存在于研究者和被研究者的关系之中,研究者的个人特征在研究中具有重要的影响。首先,研究者的个人特征会影响研究者的研究兴趣、研究能力和看待问题的视角,正如 Bernstein 所说的:"我们个人的'前设'和'倾见'是使我们成为现在的'我'的关键,我们个人的看法和生活经历构成了自己现在所拥有的研究能力,并且决定了我们向世界的某一个方面开放自我"。[①]

其次研究者的个人特征还会影响双方的互动模式和关系的构建。因此,质化研究中研究者需要对自身个人特征,如性别、年龄、社会地位与受教育程度等,对研究的潜在影响进行反思。

研究者的性别特征对研究的各个环节都有影响。首先从研究课题的选择来说,人们一般对与自己性别关系比较密切的社会现象比较关注,因此男性往往对政治问题、宏观的社会问题比较感兴趣,而女性则对于两性平等、女性解放、婚姻家庭情感、子女教育等方面的问题比较感兴趣。其次在研究过程中,女性研究者一般更容易使被研究者感到轻松自如和安全,从而被接纳,建立起良好的沟通、互动关系。但是当女性研究者面对男性研究对象,尤其是具有一定社会地位的男性

---

① 转引自陈向明《质的研究方法与社会科学研究》,教育科学出版社 2000 年版,第 118 页。

研究对象时,往往会缺乏自信或受到研究对象的轻视,从而被敷衍或者被研究对象牵引。而男性研究者则往往习惯于控制谈话的方向、主题,尤其是当被研究者是女性时。第三,研究者与被研究者如果属于相同的性别,则双方可能更容易产生某种认同感,从而更容易沟通和达成相互理解,但是如果双方的社会经济地位相似,则容易产生相互攀比和竞争的心态,从而很难坦诚地交流。如果双方属于不同的性别则正好相反,此外还必须注意可能发生的性吸引及其影响。

年龄的影响与性别的影响相似。首先由于实地调查研究的艰苦、年轻人的体力和精力较好以及适应性较强,因此从整体上来说,质化研究中从事实地调查研究的大多数都是年轻人。其次,年龄也影响了研究者对研究课题的选择,如在校大学生经常选择大学生就业、考研动机、大学生选举行为研究等课题。第三,研究者与被研究者之间的年龄差异越大对研究的潜在影响就可能越大。例如一位年长者可能不愿意接受一位年轻的研究者的访谈,觉得研究者人生阅历不够、理解能力不够强。相反,如果研究者较研究对象年长很多,研究者则可能对研究对象施加年龄的压力,甚至运用年龄优势控制影响和诱导研究对象的语言和行为。此外如果双方的年龄差异较大,也使得隐蔽式的研究成为不可能。

研究者与被研究者的相对社会地位和受教育程度对质化研究过程也会产生重要的影响。一般说来,双方的地位和受教育程度如果差异过大,就会使双方在研究过程中的关系趋于紧张。一方面,如果研究者的社会地位和受教育程度较高,那么研究对象在研究过程中就会感到压力和紧张,过分担心自己的言语和行为,从而无法有效地沟通。例如我在对社区矫正对象进行访谈时,他们一般都非常拘谨,目光低垂,回答问题往往只用简单的词汇。如果研究者是研究对象的上级,这种压力更为明显。另一方面,如果研究对象的社会地位和受教育程度较高,那么研究者就可能会感到紧张,在研究过程中出现被研究对象牵引、偏离自己课题或者不敢深究、迎合对方等现象。因此研究者应该尽量使自己与被研究者"处于"平等的地位,反思由于地位不平等可能带来的影响。与此相反,如果研究者与被研究者地位相似,同时又是同行,此时就像双方同属一个性别时一样,也会受到竞争心理的干扰。

此外研究者的种族和民族背景也会对质化研究产生影响。这与"局外人"与"局内人"之间的区别相关,如果研究者与被研究者的种族和民族背景相似,则属于"局内人",如不同,则属于"局外人",此时双方种族与民族之间的关系,例如敌对抑或友好、社会经济发展程度差异的大小等(包括现实的和历史的)等对质化研究的过程和结果都会产生一定的影响。

一般而言,研究者与被研究者之间的差异越小,越有利于双方的沟通和相互理解,因此研究者在意识到与研究对象的差异的同时,应尽量缩小双方的差异,使双方"处于"平等的地位。例如,尽量在服饰上符合研究对象的期待,使用他们的语言,尊重对方的风俗和习惯,调整自己的心态,缩减双方在地位上的差异,等等。

除了上述研究者的外在特征外,研究者的某些内在特征也会对质化研究产生影响,包括研究者的个人性格特征、研究者的价值偏好或者说"前设"、研究者的个人经历等,它们对于课题的选择、研究设计、研究过程中与研究对象的互动模式、研究结果的阐释等都有一定的影响。[1]

五、质化研究资料收集途径

参与式观察途径

质化研究中常用的是参与式观察。所谓参与式观察,是观察者直接加入到某一社会群体之中,以内部成员的角色参与他们的各种活动,与被观察者一起生活、工作,在共同生活中通过密切的相互接触和直接体验进行观察,收集与分析有关资料。参与式观察的主要特点是"对整体情景的考量、对参与者行为的关注、对当地人理性的尊重"[2];非参与观察是指观察者以旁观者身份,置身于调查对象群体之外进行的观察,即不参与被观察者的任何活动。例如对中国农村基层的选举进行观察。非参与式观察有时也被称作直接观察。

参与式观察具有下列特点。首先是当某些社会现象很少为人所知时,例如吸毒、黑社会、精神病院的生活等,此时,采用隐蔽性的参与式观察可以使研究者进入内部,对这些人群的生活进行观察和研究,获得比较全面、细致和"真实"的信息,同时对研究对象生活的影响也较小。但是这种方法一方面违背了参与者志愿的原则,另一方面研究者也面临着巨大的压力和挑战。

其次当研究者需要了解有关事情的连续性、关联性以及背景脉络时,研究者可以考虑采用参与式观察法。观察法的优点之一就是可以涵盖事件发生的过程和背景。

第三,当研究者以及普通公众看到的"事实"与当事人所说的内容之间存在明显的差异,或者"局外人"与"局内人"对同一事物的看法很不相同时,研究者需要通过参与式观察进入到研究对象的日常生活,了解他们的意义建构和行为方式。

第四,当研究对象是一些特殊的群体,即由于各种原因无法或者不需要进行语言交流的群体时,研究者可以通过参与式观察借助于看、闻和触摸等形式收集资料,了解研究对象行为的意义。例如当研究对象是婴儿、聋哑人时,或者当研究

---

[1] 这部分主要参阅了陈向明《质的研究方法与社会科学研究》,教育科学出版社2000年版,第七章。
[2] 陈向明:《质的研究方法与社会科学研究》,教育科学出版社2000年版,第229页。

者面对的研究对象使用的语言与研究者截然不同、又无法借助于翻译进行语言交流时。

第五,当研究者采用"扎根方法"以发现新观点、建构自己的"扎根理论"时,研究者可以通过参与式观察不断地定义和重新定义研究问题,通过一种开放灵活的发现逻辑形成理论。

最后,参与式观察也可以作为其他方法的辅助方法,一般是用于深度访谈和焦点访谈之前的准备阶段,以使访谈更具针对性。[①]

参与式观察通常依据下列步骤来实施。首先是确定观察的问题和内容。观察的问题比研究的问题更加具体,是研究者为了回答研究问题而通过观察活动来回答的问题。观察的内容是观察问题的进一步细化。观察的内容一般包括六个方面,即谁、什么、何时、何地、如何、为什么。其次是制定观察计划。主要包括观察的对象和范围,观察的地点,观察的时间维度,观察的方式,观察的效度,观察的伦理道德等方面的内容。

第三是进入观察现场。在具体观察中会有很多因素影响或者限制研究者进入观察现场,因此,研究者必须对如何进入观察现场加以考虑。研究者需要对"守门人"加以识别,并且通过与"守门人"的沟通和协商,争取进入观察现场的机会。

第四是与被观察者建立关系。研究者要取得被观察者的信任和配合,就必须注意装扮和言行都不要引人注目,让被观察对象慢慢习惯于研究者在场;尽量向被观察对象说明和解释自己的研究兴趣和计划,向他们保证研究的匿名性和保密性;尽量降低专家的姿态,避免对社会现象和过程做出事先的假定;研究者要不断反思自己的所见所闻,尽量了解研究对象重视的事物以及看待世界的方式;研究者通过与研究对象分享生活经验和兴趣能促进双方的信任关系。

第五是进行观察。在观察的初期,研究者通常采取比较开放的方式,用一种开放的心态对研究现场进行全方位的、整体的、感受性的观察。研究者经过初期的对现场的整体性观察之后,就可以根据观察的问题和内容,通过主次程序法、方位程序法、动与静结合法、时间抽样法、场面抽样法、追踪法等聚焦方法来逐步缩小观察的范围和对象。

最后是做观察笔记。参与式观察中做观察笔记是非常重要的一个步骤。由于人的记忆的有限性,如果不及时做记录现场的很多细节就会"转瞬即逝"。同时记录本身也是一个澄清事实、理清思路的过程,因此作观察笔记也有助于研究者对自己的研究进行及时的总结和反思,并对下一步的研究进行调整。做观察笔记是一件繁琐、艰苦和沉闷的工作,同时它也是一项重要的技能,最重要的是勤于

[①] 陈向明:《质的研究方法与社会科学研究》,教育科学出版社 2000 年版,第 232—233 页。

练习。

深度访谈途径

深度访谈是一种以探究受访者真实信息为目的，经过与受访者进行充分的互动，进而获得重要资料的多次性访谈。"深度访谈"过程中访谈的类型应该是从无结构式向半结构式逐步深入的。深度访谈是建立在语言交流基础之上的研究，它用来研究的工具是访谈者自身，研究的对象是受访者。

与观察的途径相比，深度访谈具有独特的功用，首先，与观察相比，深度访谈可以进入到受访者的内心，了解他们的心理活动和思想观念。观察只能看到或听到被研究者的外显行为。与问卷调查相比，深度访谈具有更大的灵活性及对意义的解释空间。与实物分析相比，深度访谈更具有灵活性、及时性和意义解释功能。在使用观察、问卷或实物分析的同时使用深度访谈还可以起到检验相关研究结果的作用。

通常以下列步骤来实施深度访谈。一是要调整访谈者的心态。访谈时要仔细地听受访者的论点，绝不能抢着发言，以免造成受访者的厌恶。二是要做访谈前的准备。通常包括确定访谈的时间和地点、建立访谈关系、设计访谈提纲等。三是要预防。预访对象可以是该领域的专家，有经验的实际工作者，借助预访可修正访谈提纲，从而使深度访谈更精彩实用。四是约访。对于比较熟识者，可以采用电话、网络等方式访谈；若约访对象为比较不熟悉的，则最好能先登门拜访，当面约访。五是现场笔录。通常有内容型记录、观察型记录、方法型记录和内省型记录等四种方式。

做好深度访谈需要运用一些技巧。访谈中的技巧包括提问、倾听、回应三个方面，三者在实际操作中是相互交融、密不可分的。访谈中的提问有很大的灵活性，对待不同的人、不同的话题要采用不同的方式，访谈者必须学会随机应变。如果研究的问题属于敏感话题，访谈者应十分谨慎，采取迂回的方式进行。如果受访者的性格比较内向、不善言谈，访谈者可以多问细节，以启发受访者回应。如果访谈关系尚未建立，访谈者应该避免直接询问个人隐私，等到关系融洽后再试探性地询问。访谈中的提问尽量要语义清晰，避免含混不清。

访谈中的提问除了要多用开放型、具体型、清晰型问题外，还要学会追问的技巧。追问是使用受访者自己曾提到的语言和概念加以询问。追问可以深挖受访者的思想，但必须适时适度。在访谈所提问题之间必须注意先后顺序，问题之间要符合自然的逻辑，相互之间有承前启后的关系。不同的问题之间的过渡要自然、流畅，善于用过渡性的问话巧妙转换话题。

访谈中的倾听是一种无形的工作。在一定意义上"听"比"问"更加重要。因为访谈的目的就是要了解和理解受访者对研究问题的看法,只有倾听受访者的心声才能达成这样的目标。访谈中的倾听是一种积极关注的听,也是一种接受/建构、有感情/共情的听。在倾听过程中,访谈者要遵守两条重要原则:一是不轻易打断对方的谈话;二是要能容忍对方的沉默。

访谈中的回应是指访谈者对受访者的言行做出的语言和非语言的反应,常用的回应有:认可;重复、重组和总结;自我暴露;鼓励。这些回应可以分别起到接受、理解、询问、共情的作用。应该避免"论说型回应"和"评价型回应",因为这两种回应会妨碍受访者自由表露自己的思想。访谈中的回应必须把握时机,访谈者不仅要考虑到"跑题者"和"健谈者",还应该照顾到那些缺乏勇气和口才的"怀疑者"或"胆怯者"

焦点团体访谈途径

所谓的焦点团体访谈法就是研究者根据研究的议题选择一群参与者围绕焦点议题进行讨论,透过不同参与者对同一主题进行交谈,助长各种意见的提出,并且针对争论的问题,获得完全且更具启发性的理解。

与深入访谈相比,焦点团体访谈是团体式的访谈,它"不是神入,而由研究者主动注入一个刺激,受访者不能拒绝,研究者要看受访者的响应,假如深入访谈称为神入,焦点访谈可以称为神出,是把受访者潜在的反应拉出来……去开创各种可能的答案"。有的学者把焦点团体访谈的特征概括为四点:"受访者有涉入某种事务的认知能力;访问进行之前就已经知道受访者对焦点所在有兴趣;主持人必须将讨论集中于焦点上;非常强调受访者本身的主观经验。"[①]

通常认为焦点团体访谈法有五个方面的优点:是社会取向的研究方法,能抓住社会环境中真实生活的资料;具有弹性;具有很高的表面效度;结果来得快;成本较低。焦点团体访谈法也有六个方面的不足:研究者的控制能力降低了;资料难以分析;协调人员需要特殊技巧;小组间的差异也很麻烦;小组之间总是存在差异;讨论必须在有益的环境下进行。[②]

焦点团体访谈被用来作为实现下列研究目的的手段:要获得一项有兴趣主题的一般背景资料;要产生可用比较量化的方法检验和进一步研究的研究假设;刺激新想法和有创意的概念;要调查新方案、服务或产品等问题的潜在性看法;要了解产品、计划、服务、机构或其他有兴趣之主题的印象;要了解受访者如何谈论所关心的现象,然后协助设计可用于较量化研究的问卷、调查工具或其他研究工具;

---

① 石之瑜:《社会科学方法新论》,五南图书出版公司 2003 年版,第 157、160 页。
② 转引自艾尔·巴比《社会研究方法》,邱泽奇译,华夏出版社 2005 年版,第 296 页。

解释先前所获得的量化结果。①

焦点团体访谈前要做好准备工作。研究者首先要根据研究的目的明确焦点团体访谈的目标和预期成果。并且要制定出具体的、想通过访谈获得的信息一览表,比如是对一个政策作访谈,就需了解相关各方能理解政策的含义吗?他们对政策的评价如何?为什么?政策的缺陷是什么?为什么?政策实施后,对普通消费者的购房需求和行为将有什么影响?政策实施后,对开发商的投资有什么影响?政策实施后,对银行的放贷行为有什么影响?等等。

其次,研究者要发展出引导主持人的访谈导引。一般包括以下几方面的内容:首先是引言,包括致欢迎词、介绍与会人员、说明访谈的目的、概述访谈的程序和规则等,尤其需要强调保密原则以及说明讨论时答案没有对错;其次是"暖身活动",即通过何种方式如讲笑话或者请大家自我介绍建立轻松愉快的气氛;第三是对讨论中核心概念的明确定义;第四是拟定较容易且不具威胁性的问题;第五拟定较难的问题,即需要询问个人意见或看法、具有挑战性的问题;第六是总结说明,包括确定并概括受访者的立场和观点、确定要提及未能完全对话的部分;第七是结束时陈述,包括再次强调保密和匿名性、回答留存下来的问题、表达谢意。

第三,研究者要决定焦点团体的数量、大小、访谈时间和场所。在一次研究中需要组织多少个焦点团体进行访谈,这应当根据研究目的、个别研究者需要的背景信息、焦点团体的性质而定。在一般情况下,三到四个焦点团体是比较常见的,但是如果仍然不能达到资料饱和状态,则需要增加新的焦点团体。每一个焦点团体应该由多少人组成,这并没有固定答案,需要根据参与者的特征以及讨论的话题来定。通常认为5—10人为宜,这样可以保证每一个人都有充分发言的机会。每一次访谈的时间以多久为宜呢?一般认为一个半至两小时比较合适,也有的认为一至三小时都是可以接受的。时间太短有可能无法展开充分的讨论,太长则可能带来疲惫感。

焦点团体访谈的场所选择非常重要,其基本的原则应是使受访者感觉轻松自在的地方,清洁、宽松、安静、温馨、方便被访者到达等应是基本的要求,此外现场的布置和安排也很重要,包括圆桌型的座位安排、布置应尽量接近受访者的生活和工作场景等。此外现场也可以放置茶点和水果。

第四是选择"样本"。焦点团体访谈选择样本的方法也是"立意抽样",即根据研究的目标及根据研究目标确定的标准进行抽样。一般说来,"样本"即参与者"需要对检视的主题有某种程度之个人的与专业的投入,他们也需要具备清楚的口语表达能力,意即能表达意见并且可以在团体情境中自在地谈话"。一般认为,

---

① 转引自高博铨"教育研究法:焦点团体访谈法",《教育学术新知》2002年第11期,第101—110页。

焦点团体成员以同质性为好，即参与者在社会地位、教育背景、职业、性别、种族、年龄等方面比较相似，他们由于有共同的背景或经验而比较容易沟通和交流。但是也有的学者认为异质性团体可以刺激和丰富讨论内容，避免"团体式思考"的危险。此外，研究者最好把彼此陌生的参与者放在一个团体中，以消除人们的顾虑和可能的"团体式思考"，使人们畅所欲言，激发出更为丰富的观点和信息。

本章小结

政治学研究获取资料的手段和方式是多种多样的。总体上可以分为两大类。一类是量化手段和方式，另一类是质化手段和方式。这两类研究手段和方式与哲学上所讲的定量与定性既有联系，但也有区别。

在运用政治学的量化研究手段时，应当了解量化研究的实质与特点，量化研究的变量与测量，以及量化研究的样本与抽样。

在运用政治学的质化研究手段时，也要了解质化研究的实质与特点，质化研究的信度与效度，质化研究的案例与抽样，质化研究者与研究对象，质化研究资料的收集途径。

在政治学研究中究竟是运用量化手段还是运用质化手段，主要是依据不同课题研究的需要而定。这两类研究手段也不是对立的，在具体研究中，可以将两者结合起来。

关键概念

量化研究　质化研究　自变量　因变量　控制变量　间断变量　连续变量　变量的变异范围　测量的信度　测量的效度　量化研究的母体　量化研究的样本　量化研究的抽样　质化研究的信度　质化研究的效度　质化研究的效度威胁　质化研究的案例　参与式观察　深度访谈　焦点团体访谈

研究与思考

政治学研究中量化研究的实质与特点是什么？

什么是量化研究的变量？怎样进行测量？

何为量化研究的样本？如何正确抽样？

政治学研究中质化研究的实质与特点是什么？

如何看待质化研究的信度与效度。

什么是质化研究的案例?
质化研究中如何抽样?
质化研究者与研究对象的关系怎样?
质化研究资料收集有哪些具体途径?

相关知识

各种研究方法的前提条件

在决定采用某种研究方法之前所必需的三个条件是:① 该研究所要回答的问题的类型是什么;② 研究者对研究对象及事件的控制程度如何;③ 研究的重心是当前发生的事,或者是过去发生的事。表5-2中列示了实验、调查、档案分析、历史分析、案例分析等五种主要的研究方法与这三个前提条件之间的关系。

表5-2 不同研究方法适用的条件

研究方法	研究问题的类型	是否需要对研究过程进行控制	研究焦点是否集中在当前问题
实验方法	怎么样、为什么	需要	是
调查方法	什么人、什么事在哪里、有多少	不需要	是
档案分析法	什么人、什么事在哪里、有多少	不需要	是/否
历史分析法	怎么样、为什么	不需要	否
案例研究法	怎么样、为什么	不需要	是

资料来源:罗伯特·K.殷:《案例研究:设计与方法》,重庆大学出版社,2004年版,第7页。

依据所要回答的问题类型选择研究方法

这是研究前要考虑的第一个条件。所要回答的问题可以用"5W"表示,即"什么人"(Who)、"什么事"(What)、"在哪里"(Where)、"怎么样"(How)、"为什么"(Why)。

"什么事"的问题,实际上又可以分为两类。第一类"什么事"的问题是探索性的。例如,"研究这个成功的学校,可以学到什么经验?"有关这个问题的研究目的,是提出可供进一步研究的恰当的假设与命题。这种研究当然是探索性研究。五种研究方法都可以用来处理这种探索性研究,即探索性实验,探索性调查,探索性档案分析,探索性历史分析,探索性案例研究。

"什么事"的问题的第二种类型,可以表述为是一连串的"有多少"的问题。例如,"上次管理体制调整的后果是什么?"对于这类问题,调查或者档案分析会显得更为合适、更为顺手。例如,设计一个调查问卷,从而获得结果。对于这类问题,运用案例研究方法就会费力不讨好。

对于"什么人"、"在哪里",包括"多少个"之类的问题,较适合的是采用调查和档案分析的研究方法。当研究的目的是描述某一现象出现的范围、程度或频率,或预测其未来的结果时,运用统计调查或者档案分析的研究方法就比较有优势。比如要了解当前流行的政治思潮,某种传染病的扩散,等等,使用民意调查、统计分析的研究方法就较为适合。

对于"怎么样"和"为什么"之类的问题,因为更富有解释性,适合处理这类问题的研究方法是案例研究法、历史分析方法和比较方法。这是因为这类问题的研究需要按时间顺序追溯相互关联的各种事件,并找出它们之间的联系,而不是仅仅找出它们出现的频率和范围。

比如如果你想要知道政府某一新措施的后果"是什么",那就必须根据这一措施的类型,或者进行问卷调查,或者研究数据。如果要回答"哪些人可以从中受惠"、"他们从中得到哪些好处"、"他们能受惠几次"之类的问题,就不需要采用案例研究的方法。但是,如果你要想知道新措施的实施情况"怎么样"或者其进展"为什么"顺利或不顺利,你就需要进行案例研究,或进行现场实验。

总之,决定采用何种研究方法的第一个条件、也是最重要的条件,就是弄清楚你的研究是要回答何种类型的问题。一般来说,"什么事"之类的问题可能是探索性的,在这种情况下,用任何一种方法都可以。"什么事"之类的问题也可能是关于范围、程度或频率的,在这种情况下,统计调查或档案分析会更适合。"怎么样"和"为什么"之类的问题,比较适合采用案例研究方法、实验方法和历史分析方法。

依据研究对象的时代性质及对研究对象的控制范围、程度选择研究方法

假设某一研究所要回答的问题类型是"怎么样"和"为什么",那么,要确定采用历史分析、案例研究、历史分析方法中的哪一种方法,就需要进一步分析研究者对研究对象的控制范围、程度,看其是否能接近研究对象所处的实际环境。当研究者无法控制、无法实际接触研究对象时,历史分析方法是最适合的研究方法。历史研究法的突出特色,在于其可以用来研究已经成为历史的事件,也就是短途于没有相关人向你报告或者回忆发生过什么事的时候,以及研究者必须以原始资料、第二手资料,或者传说、故事、历史文物作为主要依据的时候。历史分析方法当然可以用于研究当代发生的事件,在这种情况下,这种研究方法就容易与案例研究方法混在一起。

案例研究方法适合用于研究发生在当代但无法对相关因素进行控制的事件。案例研究方法与历史研究方法大致相同,但它比历史研究方法多了两种资料来

源：直接观察事件过程；事件的参与者进行访谈。虽然案例研究方法与历史研究方法有相同之处，但案例研究的长处在于，它与传统的历史研究方法相比，获得资料的渠道更多、更广泛——文件档案、物证、访谈、观察等。除此以外，在某些情况下，还能够进行参与式观察，对研究对象进行某种程度的、非正式的控制。

最后，当研究者可以直接地、精确地、系统的控制事件过程时，才可以采用实验的方法。实验可以在实验环境中进行，研究者能集中研究一个或两个独立的变量；实验也可以在实验室之外的现实环境中进行，这被称为"社会实验"。在这种情况下，研究者给受试者施加不同的刺激，例如给受试者不同的优惠购物券，观察受试者在各种情况下的反应。实验方法和其他方法也有交叉之处。广义的实验研究也包括实验者不能控制实验过程，但实验设计仍然符合实验的基本逻辑要求。这种情况通常被称为"准实验方法"。

（资料来源：罗伯特·K.殷：《案例研究：设计与方法》，重庆大学出版社 2004 年版，导论。）

建议进一步阅读的文献

要对政治学研究手段作进一步的了解，可阅读肯尼斯·赫文、托德·多纳的《社会科学研究的思维要素》（重庆大学出版社 2008 年版）中第 5、6 章部分的内容。

要对政治学研究手段作进一步的了解，还可阅读罗伯特·古丁、汉斯-迪特尔·克林格曼主编的《政治科学新手册》（下册）（三联书店 2006 年版）中第三十三、三十五章部分的内容。

第六章 政治学理论构成

【学习要点提示】
政治学理论的性质与功能
　政治学理论的性质
　政治学理论的功能
政治学理论的形式构成
　政治学理论概念
　政治学理论通则
政治学理论的类别构成
　政治学哲学理论
　政治学规范理论
　政治学经验理论
政治学理论的层次构成
　政治学微观理论
　政治学制度理论
　政治学宏观理论

　　政治学科学研究的成果最终都会直接或间接地为构建政治学理论服务。虽然有不少政治学课题研究的成果是对解决某些政治问题作出的政策建议,它可能不是直接以理论的形式而是以总结报告或论文的形式出现的,但是,这些行动方案、政策建议和研究论文中必然包含着理论成分,或包含着为新的理论构建提供的理论素材。它们最终都会为构建不同层面的政治学理论提供条件,任何科学的政治学理论的形成和完善都是建立在大量细致的科学研究的基础之上的。

　　完整的政治学研究,不仅要对课题选择与规划、逻辑思维方向、研究的策略取向加以精心设计,还要研究如何把研究成果最终汇集到理论的建构及其发展中去。政治学理论是政治学研究成果中处于较高层次的形式。并不是任何表述政治生活的抽象知识都能称得上政治学理论,政治学理论也不是与政治实践经验相割裂的空洞形式。政治学理论是扎根于政治实践经验之中的被建构起来的一套理论通则。

　　政治学研究者在研究中形成的理论概念,一头连着实际的政治实践经验,另一头则与其它的理论概念发生着关系。由包含相互联系的理论概念构成的理论通则的集合形成了政治学理论的框架。来源于理论概念的理论通则本身也扎根在政治实践经验之中。正因为理论概念和理论通则具有政治实践经验的特性,它们才能发挥出帮助人们观察、理解、预测和改造现实政治生活的功能。

政治生活的不断变化和政治学研究的不断进展,为政治学理论的发展提供了前提。政治学理论的发展,是通过不同范式的变化体现出来的。

第一节 政治学理论的性质与功能

一、政治学理论的性质

要构建政治学理论,首先就要弄清楚政治学理论的性质。而要弄清楚政治学理论的性质,又需要弄清楚哪些知识属于政治学理论,哪些知识不属于政治学理论。人们通常总是从对照比较中来指认政治学理论的。比如,通过对感性的、具体的知识和理性的、抽象的知识的比照,指认后者是政治学理论,前者则不是;通过对操作性的、经验性的知识和主观性的、逻辑性的知识的比照,指认后者是政治学理论,而前者则不是。这种依赖比照指认政治学理论的做法并不是很妥当的。正如阿兰·艾萨克所指出的,由此产生的两个结果,一个结果是掩盖了重要的区别,一个结果是导致了歪曲的理解。"一个很重要,但往往被忽略;另一个有错误,但流传甚广。"[1]

艾萨克所讲的"往往被忽略"的东西是由第一个比照即将政治学理论与抽象的、理性的知识等同起来导致的结果,被忽略掉的东西就是政治哲学和政治学理论的区别。哲学有其心脏地带,也有其外围的分支部分。处于心脏地带的哲学有本体论哲学(又称形而上学)、认识论哲学、语言哲学、心智哲学。处在外围的分支哲学则有伦理学、美学、科学哲学、数学哲学、历史哲学、宗教哲学和政治哲学。[2] 因此,政治哲学是一个跨领域的知识分支。由于哲学用来阐释和表述智慧和知识的概念和原理都是抽象的、理性的,因此,人们通常都把哲学和理论联系在一起,称为哲学理论。自然也会有政治哲学理论,并且把它视为政治学理论的一部分。

但很多政治学家并不同意这种看法。政治哲学和政治学理论虽然在表现形式上都是抽象的、理性的,但是它们所要表达的内容是不同的。前者要回答的问

---

[1] 杰佛里·托马斯:《政治哲学导论》,顾肃等译,中国人民大学出版社2006年版,第28页。
[2] 阿兰·艾萨克:《政治学的视野和方法》,张继武等译,南京大学出版社1988年版,第230页。

题是"政治生活应当是什么",而后者要回答的问题是"现实的政治生活是什么"。前者关心的是一个政治系统存在和运行的目标是什么,什么样的政治系统才算是好的政治系统;后者关心的是一个具体的政治系统现在是怎样存在和运行的,它还存在哪些缺陷。政治哲学要研究的是政治生活的"应有",使用的是价值判断。因此,它是一种规范理论。政治学理论研究的是政治生活的"实有",使用的是事实判断,因而它是一种经验理论。

艾萨克所讲的"流传甚广"的错误是由第二个比照导致的结果,流传甚广的错误就是理论不是实践,政治学理论与政治实践相割裂。由于过分地强调理论的抽象性,理论与实践就被分割成两种人类活动。也由于过分地强调人类的认识基础是实践,实践常常被看成是没有理论的、与理论相割裂的盲目行动。这种将与实践相割裂的观念一旦运用到政治学研究中来,政治学理论就被视为没有实践经验的空洞的知识。在日常生活中,人们常常喜欢讲这样的话:"政治学理论是一回事,政治现实又是另一回事,理论虽好,实践能行得通吗?"这也是不少人轻视政治学理论,把它看成是无用的或作用不大的原因之一。①

上述的看法是对政治学理论的错误看法,其要害就在于人为地将政治学理论与政治实践经验相分离、相割裂。虽然人们在思维中能暂时地将政治学理论与政治实践分开,但是在实际的政治生活中,两者永远是有机地结合在一起的。政治学研究的目的就是要从政治生活的现实中提升出扎根于政治实践经验的政治学理论,并让它成为描述、解释和预测现实政治生活的工具和手段。因此,好的政治学理论一定是内在地包含着现实政治实践经验的理论。任何与政治实践经验相脱离的理论并不是科学的政治学研究所要追求的东西。

既区别于政治哲学,又把政治实践经验包含在自身的政治学理论是一套建构起来的关于现实政治生活的理论通则。首先,政治学理论是关于现实政治生活的理论通则。政治学理论的表现形式是抽象的,它由许多理论通则构成。现实的政治生活与其它的社会生活交融在一起,本身也是复杂的和变动不居的。要形成有关政治生活的图像,必须借助于将政治生活简化和结构化的理论通则。而政治学理论的内容则是经验的,它所运用的理论通则是从政治实践的经验中提升出来的,同时又时刻经受着政治实践经验的验证。经验性内容正是政治学理论的一个重要的实体性特点。

其次,政治学理论是一套关于现实政治生活的理论通则。政治学理论构成的细胞是政治理论概念,而政治学理论中凸现出来的骨架则是理论通则。对应于政治生活的复杂性和系统性,政治学理论需要有一套政治理论通则按照一定的结构

---

① 阿兰·艾萨克:《政治学的视野和方法》,张继武等译,南京大学出版社1988年版,第230页。

组合起来。这套理论通则组合而成的知识之网反映着现实政治生活。理论概念则是这张通则之网上的纽结。运用通则表明理论概念之间的关系,利用通则结构表明政治生活的复杂动态关系则是政治学理论结构上的特点。

第三,政治学理论是建构起来的一套关于现实政治生活的理论通则。政治学理论是政治学研究者精神劳动的产物。从日常知识中并不能自然而然地生长出政治理论知识,它需要经过政治学专业训练的研究者按照一定的模式获取和运用政治实践经验,采取一定的策略分析、解释政治生活现实,再选择一定的范式将提炼出来的理论概念和提升出来的理论通则建构为政治学理论体系。不同的政治学研究者由于依据、选择和采用的模式、取向和范式不同,产生出来的政治学理论风格和流派也是不一样的。允许模式、取向、范式上的差别则是政治学理论建构上的特点。

二、政治学理论的功能

作为政治学研究成果和产物的政治学理论,其性质是由它的功能决定的,同时通过考察其功能,也可以对其性质加以检验。如果政治学理论具有以政治实践经验为基础的性质,它就能发挥出与实践经验相联系的功能。如果政治学理论真的能发挥出这样的功能,那么也就检测出它真的具有以政治实践经验为基础的性质。政治学理论是通过理论通则来再现生动现实的政治生活的。政治生活中千百次重复出现的经验性的因果关系正是以稳定的逻辑关联凝结在理论通则之中。人们正是依据这些理论通则来描述、解释、预测和改造现实政治生活的。

政治学理论的一个重要功能是引导人们去观察、描述自己活动于其中的政治生活。不少政治学家不承认理论能帮助人们观察世界、能真实描写世界。持这种见解的学者坚持的是工具论立场。他们认为理论既非真,又非假,理论不描述世界上的现象,而只能解释和预测世界上的现象。但另外一些政治学家则认为理论是真的,并且得到过证实的。因此,人们能够运用理论来对世界进行观察和做出真实的描述。持有这种见解的学者坚持的是实在论的立场。工具论者把解释、预测政治生活与观察、描述政治生活割裂开来,实在论者又将理论上的真实与观察、解释的对象的实在混为一谈。这两类政治学者都不能正确估计政治学理论在观察和描述政治生活中的作用。

人们并不是带着一块"头脑白板"去观察政治生活的,无论是意识到还是没有意识到,人们头脑里事先已经存贮了某种政治学理论。只有在一定的理论指导下,观察者才能从无比复杂多样的政治生活世界里选择、分辨、确定自己所要观察的那些政治现象、事件和过程。在观察过程中,人们凭借感官和思维会产生出众多零碎的有关政治生活的感性和知性知识。不对这些知识加以组合,呈现在人们头脑中的政治世界将是一团混乱。正像一张导游地图能将游客看得眼花缭乱的景致有序地整理,从而使他获得对整个风景区总体了解一样,政治学理论能起到将人们头脑中零乱的、不相联系的、交错一团的感受、判断进行组合、归类、联系,以便形成对政治生活的整体把握。政治学理论是通过实证主义的模式发挥这方面的功能的。观察和描述者所依据的理论不同,得到的观察结果和描述出来的政治生活景象也是不一样的。

政治学理论的另一个重要功能是帮助人们理解和解释现实的政治生活。这是得到多数政治学者认同的政治学理论的功能。一旦对政治生活作细心观察和描述,人们就会发现在政治生活中时刻发生着各种各样的现象、事件和过程。它们究竟是怎样发生的?它们为什么会发生?要回答这些问题就需要对政治生活中的因果关系加以把握。政治学理论中的通则体系就能给予人们帮助。在一大堆的政治现象、事件、过程中,只要运用理论通则这一工具,就能检测出现象之间、事件之间、过程之间是否存在因果关系。找到了政治现象、事件和过程之间的因果联系,人们就能对政治生活中发生的变化作出合理的解释,也就理解了我们生活于其中的政治生活的存在和变化。

政治学理论在发挥解释和理解政治生活的功能时,持实证主义立场的学者总是把现实政治生活视为脱离政策行动主体的客观世界,对政治生活的解释和理解就是说明其中存在的与人的活动无关的规则。持诠释主义立场的学者则把现实的政治生活看成是由政治行动主体创造的世界,对政治生活的解释和理解就是说明包含人们活动在内的政治生活运行的通则。所以政治学理论是通过诠释主义模式发挥这方面的功能的。同样,解释和理解者所凭借的理论不同,得到的解释和理解也是千差万别。

政治学理论还有一个重要功能是预测并改造现实的政治生活。对于政治学理论是否具有这方面的功能,政治学家们是存在争议的。一些政治学家认为要预测政治生活将来的变化,并要对现存的政治生活加以改造,涉及到的就不是政治学理论,而是政治哲学。另一部分政治学家认为,对政治生活运行的预测和改造只涉及到现存的政治生活,依据扎根于现实政治实践经验的政治学理论就足够了。其实,对政治生活运行发展的预测和改造不仅涉及从过去到现在的时间维度,还涉及从现在到未来的时间维度。政治实践经验能解决的是从过去到现在的时间维度上的政治现象、事件和过程间的因果联系,当然这种已经出现的因果联系在相同的条件下,还会在从现在到未来的时间维度上再现出来。而从现在到未来的时间维度人们政治生活的条件会发生何种变化,原有的稳定的因果联系会不会以相同的方式再现出来,这是一个未知数。同样,人们要想对现实的政治生活加以改造,一个目的是为了让后续的政治生活在已有的环境下更加有序、更加具有效率。然而正像人们并不甘心进行简单再生产,总要进行扩大再生产一样,人们总是希望将政治生活改造得比现在更好。

在对政治生活进行预测和改造时,凭借的不仅是政治学理论,还需要政治哲学的引导。政治哲学是关于人类应当具有的美好的政治生活的知识体系。政治哲学中包含的关于政治生活应当如何的话语,是以价值判断的形式出现的。但是,任何的政治理想都是从现实向前的合乎逻辑的延伸。政治哲学中包含的政治生活理想也是建立在现实政治生活的坚实基地之上的。因此,政治哲学并不与政治学理论相脱离,而是相互联系的。

政治学理论在帮助人们预测和改造政治生活时,仍旧依靠政治学理论中的通则,它指示着政治活动中的因果关系,依据这些已经千百次发生过的稳定逻辑联系,人们可以知道一旦发生了某种行动,就会产生出与之有着因果关联的结果。如果某种行动的结果能使人们过上民主、自由、和谐的政治生活,那么就多提倡这种行动。反之,如果某种政治行为会带来专制、权力腐败和不和谐,我们则应禁止。知道了这些也就能自觉地对现实政治生活加以改造。这些预测和改造,都会指向人类对美好政治生活的追求。由于从现实到未来的时间维度上,许多环境条件会发生人们预料不到的变化,因此,人们凭借政治学理论和政治哲学对未来政治生活的预测与改造常常不能如愿以偿。政治学理论是通过批判主义模式发挥上述功能的。由于预测和改造者所依据的政治学理论及政治哲学不同,他们得出的结论也是非常不一样的。

第二节 政治学理论的形式构成

一、政治学理论概念

如同建筑大厦,建构政治学理论也需要砖块和钢筋这些材料。构建政治学理论大厦的砖块就是理论概念,钢筋就是理论通则。只有依靠理论概念和理论通则,政治学理论的框架才能构建出来。

政治学理论始于对政治生活的描述,描述政治生活必须运用概念,对政治生活的描述正是在直观、操作、分类、比较、测量的概念框架内实现的。政治学理论的基础是理论概念,没有理论概念就没有政治学理论,但若不超越理论概念也就形不成政治学理论。

进行政治学研究就需要学会运用政治专业语言来再现政治生活世界。在现实的政治生活中,人们运用的是日常社会交往语言。在构造政治学概念时,人们使用两种语言:一种是表示逻辑关系的逻辑语言或结构语言,一种是政治现象、关系、过程的描述语言。虽然在政治学研究中,研究者常常接触的是个别的行动者和事件、案例,会运用个别性描述词语,但构成政治学概念的绝大部分是普遍性描述词语。

只有通过不同方式的界定并赋予意义,概念才能引入到政治科学中来。由直接观察以及与实际现象、关系、过程相联系的定义方式所产生的经验概念是直觉概念。比如权力是影响、控制、强制他人的行为,可以把这一权力概念表示为:X(权力)=A(影响)、B(控制)、C(强制)。另一种经验概念则是由操作宣言的方式形成的。仍以权力概念为例,A对B有权力即表示为:A能使B去做某事,而B不得不去做。可以将这一权力概念表示为:某人对某物进行操作O(A支配B去做某事),并得到了某个特殊的结果R(B不得不去做),某人就具有特殊的性质X(A对B有权力)。由于政治学中不能由人对人进行操作,可以把操作概念改为习性概念。有时为了将习性概念变得更精确,人们还运用变项和度量来构成经验概念。如要界定政治不稳定,则可以找出若干变项,如定期选举、群体性突发事件、社会治安、地区戒严等。这些变项可以进行量度。以一年为时间单位,如果A地区参加定期选举的选民少于1/3,出现10次群体性突发事件,有几十起盗窃、斗殴事件,实行过一次地区紧急戒严,这就表明A地区政治不稳定。

通过不同方式的界定和赋予意义,日常社会交往工具的概念就被引入到政治科学的专业语言中来,成为建构政治学理论的材料。其实,还能从其它途径获得构建政治学理论的概念材料,其中一个非常重要的途径就是从别的学科中移植。随着人类对整体世界探索和认识的深化,知识分化日益加快,从而也导致学科分化和专业聚合的双重运动。在今天知识呈现爆炸式增长的形势下,一个学者要能全部精通一个学科中各个分支的知识已经极其困难,更不说能做跨学科、多学科的发展了。唯一现实的道路是不同学科内部分化出的碎片之间产生杂化。作为这种学科碎片杂化的一种形式就是一些概念从一门学科的碎片中转出,再被吸纳到另一个学科的碎片中去。政治学理论近50年来的发展中,从与之相近的学科如社会学、心理学、经济学、人类学、哲学中移植了大量概念。像社会化、多元主义、社团主义、民主、一致同意、社会整合等已经在现代政治学研究中发挥重要作用的概念,原先都不属于政治科学。

无论是通过直观界定,还是操作界定,以及从别的学科碎片中移入,进入政治学专业语言的概念都是经验概念。直觉概念的经验性是一目了然的,操作或习性概念虽然借助于中间变项和量度,最终也都和经验相联,从而也都具有经验的基础。至于从别的学科碎片中移植的概念,也许它们在原有学科的理论体系中因为和其它概念结成一定的关系而成为理论概念,但是在被移入到政治科学语言中时,仍旧需要重新做出界定和赋予新的意义,这时也就具有了经验基础。

经验概念是政治学研究的产物,是构建理论体系的最为原始的材料。但仅凭这类概念不能直接构建政治学理论体系。构建政治学理论大厦的直接材料是理论概念。理论概念虽然也会创造出一些不是经过直观定义和操作定义而产生的概念,但绝大多数仍旧来源于经验概念。理论概念通常的组合或结构方式是两个经验概念的联结,或者是一个经验概念与另一个非经验概念的联结。在两种结构方式下,理论概念都会具有经验内容。

理论概念与经验概念的区别在于:经验概念是独立的,离开了某个理论体系,它们还具有独立存在的意义。但是理论概念因为依存于概念的组合及其相互关系,一旦从组合和关系中分离出来,就会失去意义,因此它是不独立的。理论概念和经验概念相比,除了同样具有经验属性外,还具有另一个最为重要的属性即结构属性。

提升到理论高度、既具有经验属性又具有结构属性的理论概念,除了具有组合成理论通则的作用外,还有其它的功能,其中最主要的是分类、比较和量度。要让人们认识、理解现实的政治生活,前提就是要让各种政治现象、关系条理化,这就需要对政治现象、事件和过程加以分类。理论概念正好具有这一功能。典型的分类是二分法。依据一个概念将与之对应的一类现象、事件、过程归为一类,在此之外的归为一类。比如将政治体制分为民主的与非民主的,这种分类既具有统摄性,又具有排他性。而要对政治生活有更为细微的认识,就需要使用多分法。比如,亚里士多德就把国家政体划分为君主政体、民主政体、寡头政体三大类。也有学者将人的政治倾向分为左派、中派、右派三种。如果更细微一点,还会有左派、中间偏左派、中派、中间偏右派、右派等分类。在采用多分方法时,虽然也要强调统摄和排他的原则,但常常不容易完全做到,最现实的要求是尽力而为。

政治学理论中的理论概念的另一个重要功能是比较。利用概念进行分类是把一定数目的政治现象、事件按照特殊性质加以整理。分类的逻辑发展就是比较。将每个类别中的现象、事件再按性质的程度排序,这就是比较。比如,可以在将国家政体分成民主的和不民主的两大类的基础上,再对民主的政体做出比较:高度民主的、中度民主的和低度民主的。政治学理论概念的比较功能要优于分类功能,因为分类只是基于政治现象、事件的性质,而比较则基于相同性质的现象、事件之间的细微差别。

政治学理论概念的分类和比较功能只是帮助研究者对需要研究的一批政治现象、事件按其性质分类,再按其性质的程度进行排序,还没有给出不同政治现象、事件性质程度的数量。这是由政治学理论概念的量度功能来承担的。对政治现象、事件加以量度或测量有两种基本方式。一种方式是间距刻度的方式,将政治现象、事件按某种性质程度的量度指标用大致相同的间隔给出量的标记。比如选民参加定期选举的态度,可以区分出 5 个量级:特别积极、积极、中等、被动、拒绝。在政治学研究中,研究者不大可能像测量天气清晰度那样去量度政治行为、现象和事件,运用的间隔刻度也是粗略的,有时间隔也很难保持完全相同。

另一种方式是运用比率表。虽然间隔刻度可以对各个类别中的政治现象、事件的次序按大体相同的量度间隔进行排序,但是,这种量度间隔并没有绝对的零点即最初的起点或最终的结点。正像天气预报中的零度并不是真的没有清晰度一样。同样,也不能说态度积极的选民与态度中等的选民相比前者的态度是后者的两倍。而如果能运用比率表,在政治现象、行为、事件的比较中,就会有最初的起点,也能计算出两者的比率。比如,县政协委员 A 在 5 年中提出了 20 份经济发展方面的提案,其中有 10 份提案被政府采纳,县政协委员 B 在相同时间内也提出了 20 份有关经济发展方面的提案,只有 5 份被政府采纳,就可以说,A 有双倍于 B 的权威。相比较而言,在政治学研究中,比率表的量度方式比间隔刻度方式更少见。

二、政治学理论通则

完善的理论概念除了具有经验性特征外,还具有系统性特征,即一个概念能与其它概念形成一定的关系。概念通过组合,所产生的用来表达相互关系的形式就是通则。只有通过概念的组合,概念间才能发生联系,一旦这种联系产生的关系得到经验检验,或者被证实,或者被证伪,通则也就产生了。因此,概念的系统化,其实就是概念的通则化。

概念的通则化很重要。首先,政治学理论框架是由若干理论通则建构起来的。虽然概念是建构政治学理论不可缺省的原始材料,但政治学理论的框架却是由通则按一定的逻辑结构创建的。建构理论大厦没有和政治实践经验相一致的概念不行。不利用概念中的系统特征,形成超越概念的通则也不行。其次,仅有理论概念,人们只能运用它来对现实的政治现象、关系、过程进行分类、比较和量度,如果要对政治现象、事件、过程加以解释、预测和改造,需要的就是蕴含因果关系的由概念组合起来的通则了。

通则是以综合条件的形式对概念之间经验关系的陈述。这里包含着有关完备的通则必须符合的五个基本要求。一是完备的通则必须是或可以转化为有条件的陈述。在结构上,通则都是以条件句表述的:如果 A,那么 B。"如果"若表示研究者选择的具有 A 性质的一类政治现象、事件和过程,"那么"则会告诉研究者可以预料这类被选择出来的政治现象、事件和过程会具有另外的性质B。

二是完备的通则包含的概念必须是具有独立的经验特性的。通则是概念组合而形成的关系。通则中的概念如果不是独立的,通则则会成为循环陈述。比如,决策精英被界定为做出重要决策的人,如果通则的陈述是"决策精英总是对重大政策加以决策",将这一陈述加以还原的结果是"做出重大决策的人对重大政策作出决策"。

三是完备的通则必须是能够用经验加以检验的。通则是由概念构成的,即使概念是以观察和经验为基础的,也不等于通则就是经验性的。通则的经验性还必须表现在它能够接受经验的检验。比如有一个通则:政治冷漠的人在古腊城邦中就会积极投票。在这一陈述中,"政治冷漠的人"具有经验基础,"投票"也有经验基础,两者都是可观察、可操作的。但是这两个具有经验基础的概念组合的通则显然不可能检验,因此,它不是一个完备的通则陈述。

四是完备的通则必须避免指涉单个特定的人或现象、事件。通则的真正作用在于揭示一类人和事物具有共同性质。如果通则只表明特定的个人或现象、事件具有某种性质,它的作用就丧失了。

五是完备的通则必须对机遇和趋势做出经验说明。如果通则的陈述表明所有的对象都具有某种特性,这种通则是普遍通则,如"所有的退休领导都要接受离任审计"。但是在相当多的情况下,研究者不容易得到这类通则,他们发现一类政治现象、事件和过程只有一部分具有这种性质。这便是统计通则。统计通则的表述有两种方式。一种是余地较大的表述方式,经常使用的语言是"大多数"、"趋向于",如:"在多数情况下,民主治理更有效率。"另一种是精确的表述方式,如:"某乡镇有75%的村实行了差额投票选举村民委员会主任。"也有学者倾向于把统计通则分为机遇性陈述和趋势性陈述两种。前一种陈述相当于前面已经讲到过的用余地较大的语言或精确数字表示的通则陈述。后一种则常用"若其他条件相同"或"若没有其他因素发生"的短语来强调,如:"假设没有其他因素发生,以市场方式配置资源将保证稀缺资源的有效使用。"

完备的通则也是富有经验性的陈述。通则的经验性既要靠构成它的概念的经验性来保障,也需要通过检验来保证。通则的检验离不开政治实践。从政治实验的类别来审视,一般有三类方式可用来检验通则。一类是直观的检验,主要是借助于常识、直觉和移情来检验通则与经验是否一致。常识对于认识政治生活很重要,但常识是因人而异的,靠常识对通则的检验并不可靠。直觉是人们理解政治生活的一种途径,但是直觉的发生过程至今仍然是不清楚的,用直觉检验通则也不可靠。移情的通俗说法就是设身处地地思考,将研究者置身于另外的政治行动主体的情境之中,这虽然能起到从当事人的角度看待问题的作用,但是作为检验通则的方式仍然是不可靠的。

另一类是反应式检验：利用刺激反应的原理，研究者设计一定的刺激，再观察研究对象的反应，由此来验证通则所包含的关系。这类检验方式还有细微的小类。其中抽样调查是一个较好的手段。调查的目的是对特定行动群体的行为态度做出描述，以检验通则与实际经验是否相符。为保证只以小的群体研究就能够了解较大规模群体的特征，研究者常采用的方法是随机抽样。如果需要分析的行动主体的规模非常大，就可采用分层抽样和分群抽样的技术。另外，实验也是检验通则的反应手段之一。虽然在自然科学和工程科学的研究中，实验方法几乎是科学方法的等同语，但在社会科学研究中特别是在政治学的研究中，研究者一般对这种方法采取慎重的态度，在检验通则时也只能使用一种替代性的模拟技术，比如可以通过模拟技术来检验"政策制定中行动主体的参与能提升政策行动方案的有效性"这一通则。

还有一种是非反应式检验。这也是一种实践检验的手段。这种检验方式也可分为几种小类。一类是运用现成的经验资料来检验通则。这些经验资料可以是政府文件、社会统计汇编，也可以是报纸、各类历史记录，等等，可以通过对这些资料做出系统分析，以检验某些通则是否与实际相符。一类是对现成的经验资料中的关键词汇、典型行为做出分析即内容分析。内容分析较为简单省力，不是对所有资料进行系统统计，而只是从中选取关键的部分做出分析，并以结果去比照通则。这种内容分析因选择的关键词汇和典型行动也是因人而异的，因而以这种手段检验通则，也具有一定的不明确性。还有一类非反应式检验，即参与式观察。研究者以隐秘身份进入某些政治活动，直接观察政策行动者的行为，以此来检验某些通则。因在隐瞒身份的情况下与其他政治行动主体交谈、沟通，事先没有透露参与行动的真实身份和意图，被观察的政治行动主体就有受到欺骗的不良感受。因此，参与式观察使用不当就会引发政治学研究中的道德问题。

第三节　政治学理论的类别构成

任何一种政治学理论都包含着三种基本的要素：经验、规范和哲理。在政治理论的历史发展中，政治学家们往往将这三者分离开来。有的政治学家认为政治理论主要是引导人们去建立完美的政治制度和政治体制，从而让公民享受到最为圆满的政治生活。政治学理论首先应当探讨的是政治活动中的准则、规范、程序。因此对那些崇尚规范理论的政治学家来说，他们的理论兴趣主要是放在注重政治生活与伦理、法律的联系，致力于建立种种在他们看来是最为重要的政治行为规范体系。

另外一些政治学家却认为最好的政治生活是符合理性的政治生活。一种政治制度、政治体制的优劣主要是看它是否符合历史的必然性。因此，任何一种合理的政治理论要告诉人们的就是排除了各种偶然性的、客观的政治运行和发展的逻辑。这种客观的政治逻辑与政治行为主体的能动性是无关的，人充其量只不过是政治必然性的奴隶罢了。这一派政治学家所要致力建构的是政治生活的理性体系，他们关注的是政治理论与哲学的联系。

相当多的政治学家并不同意上述两种关于政治理论的本质的分析，他们认为政治生活在根本上就是人的政治活动。无数具有不同政治利益、政治目标的政治行为主体的活动所产生的结果就是现实的政治生活。因此，人们没有必要去探究政治理性，也没有必要去研究政治规范，重要的是政治事实，即人们在怎样行动。这一派政治学家所关心的是政治行为本身，他们试图建立政治行为分析体系。

在当代政治理论的发展中，规范的政治理论、经验的政治理论与哲学的政治理论的分歧并没有消除。但已经出现一些理论建构的尝试，他们将政治学理论中的哲理、规范和经验的元素有机结合起来。随着政治学理论研究的发展，相信不同主张的政治学家们在建构理论时，最终能够在基础理论的层面上将规范理论、经验理论和哲学理论统一起来。

一、政治学哲学理论

政治学理论和哲学的联系具有悠久的历史传统。最初的政治学理论就是存活在哲学的母体之中的。虽然亚里士多德在2500年前就写下了以"政治学"命名的著作，但依据本来的意义，那仍然是一本政治哲学的巨著。在政治学从哲学中分离出来以后，政治学的理论研究一直没有中断过与哲学的联系。

政治学中的哲学理论从近代到20世纪经历了四个发展时期，其间有两次高潮。政治哲学在政治学从哲学中独立出来以后的第一个发展时期是从托马斯·霍布斯和约翰·洛克开始的，一直延续到黑格尔、马克思。在这一漫长的岁月中，出现了像霍布斯、洛克、孟德斯鸠、卢梭、黑格尔、马克思这样一批在近代政治学哲学理论研究上留下深深足迹的巨匠。虽然研究政治学理论发展史的学者喜欢将这些理论家的贡献更多的算在政治学规范理论的行列，但是，人们还是不得不承认霍布斯的"政治理论不过是他打算根据科学原理构成一套无所不包的哲学体系"[1]。其实在这一时期诞生的伟大的政治学理论作品，都具有规范理论和哲学理

---

[1] 乔治·霍兰·萨拜因：《政治学说史》（上），盛葵阳等译，商务印书馆1990年版，第516页。

论兼有的特点。

从霍布斯、洛克、马克思的著述中,人们能看到传统意义上的政治哲学研究所具有的三个基本特征。首先,政治哲学家们都关心人的本性。亲历许多战乱的霍布斯,探索了处在自然状态下的人其本性中恶的方面,现实政治生活呈现出来的是一场一切人对一切人的战争。但是洛克则强调了人性中友善的成分,他认为处在自然状态下的人是"和平、亲善、互助和不受危害的"。马克思并不同意关于人的自然状态的假设,他坚持认为,在现实中生活的人,就其本性来说,是各种社会关系的总和。

其次,政治哲学家们在他们各自假定的人性理论的基础上,尽量地想象和刻画出美好政治制度的图景。霍布斯认为,如果让人们相互残杀下去,人类必将毁灭。好的办法是通过缔结契约,个人让渡出一部分权利,将其授予由少数人构成的国家。在国家权力的掌控下,人们能够依据自己保留的权利平安生存。霍布斯推崇几何学,他运用几何学中的演绎法,将这种设计出来的可行的政治制度,用一整套政治学理论范畴建构了金字塔式的严密体系。虽然洛克没有像霍布斯那样拿出一套范畴众多、结构严密的理论体系,但是,他仍然设计了通过建立政府、设立官吏、制定成文法来形成美好政治生活的图景。马克思更是在现实的人性基础上,论述了资本主义政治制度的进步性和不可克服的内在矛盾,并设想出经过政治革命和社会革命的途径,建立新的更为美好的政治生活的蓝图。

第三,这一时期的政治哲学家们也非常关切对政治生活的实际改造。霍布斯虽然没有详细地谈论国家的建设,但他强调国家是人类的一种艺术设计,必须精心制作。洛克虽然没有能拿出一套精细的有关理想政治制度的逻辑结构,但他从经验主义出发,以人类学和伦理学为前提,勾画了以构建政府为中心的改造政治生活的设想。更不用说作为革命实践家的马克思,在详尽地研究了处在自由资本主义阶段的资产阶级政治制度的基础上,对符合人性的政治制度做了详尽的设计。当然,马克思和恩格斯只想将他们的理论作为一种行动指南传播出去,因而,他们并没有像一般的社会预言家那样,向人们过多地承诺什么,他们生前拒绝对未来的政治制度做细节化的描述。

从19世纪末到20世纪60年代,政治哲学的研究进入了第二个时期。在这一时期,政治哲学已经失去了第一个时期所展现的活力。政治哲学家们更多的是运用时代所流行的哲学思潮来观察政治生活,并力求得出自己的结论。美国著名的历史学家和政治学家爱德华·麦克纳尔·伯恩斯在他的《冲突中的各种思想:当代世界各派政治理论》一书中,谈到过不同的哲学逻辑对政治理论建构的影响。他认为,从20世纪初到60年代,西方有三种哲学十分流行:一是实证主义,二是实用主义,三是唯实主义。这三种哲学分别影响了三种政治学理论。

第六章 政治学理论构成

法国的维尔弗雷多·帕雷托崇尚实证主义。他认为,在一切领域中,事实就是事实,因此社会学家和经济学家的任务就在于发现事实和寻找事实之间的关系。他无情地斥责一切自然法、社会契约、正义以及公正、理性等等学说。

帕雷托指出,要推想出自然法比发掘不同国家在不同时期的法典中实际规定了些什么容易得多,空谈上帝的旨意和它对人间的事具有什么关系也是很悠闲的事情。但是,究竟什么是上帝呢?是基督教的上帝呢,或是穆斯林的真主呢,还是印度的主神呢?帕雷托只接受能够经受考验、测量和证实的原理和主张,其余的一切只能归于寓言或者偶然性。他提出逻辑书上著名的三段式——"一切人都是不能免于死的;苏格拉底是人;所以苏格拉底是不能免于死的"——应当改为:"所有我们已经知道的人都不能免于死;我们对于苏格拉底的知识使我们把他归于这样的人;因此苏格拉底很可能是不能免于死的。"①

依据实证主义哲学,帕雷托将政治社会分成两部分:杰出分子和非杰出分子。在杰出分子中又可分出执政的与非执政的两类。对于执政分子再作进一步的划分:一个是掌握实权的核心集团,一个是具有权威的外围集团。帕雷托认为,当某个统治阶级背弃职责而到了无法再用强制的方法来进行统治时,它就应当被推翻。

与帕雷托不同,美国的威廉·詹姆斯信奉的是实用主义哲学。他认为社会完全像一大堆原子,除了社会成员的福利之外,就不存在任何其他重要的东西了。社会只能通过福利手段来促使人们前进,否则不可能有进步。但是,社会的进步又必须由智力高的人来领导或引导,否则普通人终将一事无成。詹姆斯的这套政治理论来源于他的哲学。他认为哲学是一个感情与感觉问题,人们应放弃逻辑推理,而代之以"实际、生活、经验、具体"。他说,思想只要在与事实及日常经验有直接关系的范围内,就具有了真理的性质。而真理是不断变化的,"在一个时期是'成功'的或者能取得实际效益的东西,在另一个时期可能完全没有价值"。正是基于这种理由,人们必须准备"今天用人们今天所能得到的真理来生活,并且准备明天又把它叫做荒谬"。② 因此,詹姆斯拒绝把任何一种形式的政治制度视为在所有的人那里、在所有的条件下都是理想的制度。

英国的伯兰特·罗素崇尚唯实主义哲学,他的政治学理论与帕雷托和詹姆斯不同。在罗素看来,科学是最重要的,然而人类的知识又具有局限性。人类具有理性,从理性中推演出来的知识有可能是真实的。罗素认为,肯定存在客观真理,不管这种真理能否使人们满意,人们都得承认它。唯实主义哲学对现实世界所抱

---

① 爱·麦·伯恩斯:《当代世界政治理论》,曾炳钧译,商务印书馆1990年版,第72页。
② 爱·麦·伯恩斯:《当代世界政治理论》,曾炳钧译,商务印书馆1990年版,第83页。

有的态度是积极的而不是消极的。这种哲学认为,对现存的世界既不应当绝望,也不应当诉苦。人们应当在力所能及的范围内同一切邪恶作斗争。只有那些轻视自己命运的奴隶才会懦夫般地拜倒在自己亲手建造的圣坛面前,聪明的人应怀抱"崇高的思想以使他的渺小的日子变得高贵"①。

在唯实主义哲学的影响下,罗素信仰民有与民享的政府,而反对任何为少数人所操纵的政府。罗素主张人们有言论和组织宣传的权利,即使这种自由和宣传会煽动暗杀或引发暴力革命也还是需要它,因为这些是保存民主制度所不可缺少的因素。罗素主张实实在在的集体主义。他认为私有制是人类进步的最大障碍之一,毁掉私有制乃是改善世界的一个前提条件。罗素也不同意废除国家,他认为只要社会需要一种有组织的生活,那么国家就是一种必要的和有用的制度。罗素所推崇的集体主义是20世纪20年代流行的基尔特社会主义,在这种社会里,国家占有生产资料,代表消费者的利益,而工厂、矿山、铁路、商店则由基尔特即工人的行会来经营、管理。②

20世纪50、60年代是政治哲学发展的第三个时期。这一时期的政治哲学家们开始反思他们的前辈的研究。虽然在20世纪50年代以前,政治哲学也对政治生活进行沉思和反省,但是,他们却过多地继承了第一个时期的政治哲学家的作品中的规范性的传统,太多地显示出对现实政治生活进行设计的愿望。而且,他们也过分地贪恋于哲学学科中的知识。在20世纪50、60年代进入创作的旺盛期的一大批学者认为:"政治哲学主要关注的是理解而非指导,它所运作的层面使它避免推荐具体制度和政策,它绝对不可能成为一种实践哲学。"③

另外,对于前一时期的政治哲学家们过多地追随社会上的哲学潮流的倾向,不少学者也表示出不同的看法。他们认为政治哲学家在此前的几十年中,过分地依赖于普通哲学,从而失去了政治哲学的自主性,成为形式不断翻新着的哲学流派的傀儡。政治哲学不是一种单纯的应用哲学,不是孤立发展的一般性哲学学说在政治生活领域的扩展,一句话,它不是普通哲学的一个分支。政治哲学应当有一种独立的研究模式,应当具有属于自己的独特范畴。

在这一时期,出现了一大批有建树的政治哲学家和被人们一直阅读着的作品。其中有代表性的是迈克尔·奥克肖特、汉娜·阿伦特、艾赛亚·柏林。奥克肖特在1962年出版的《政治中的理性主义》一书中,对政治哲学提出了一种全新的观念,对西方思想中一直占据统治地位的理性主义提出了挑战。他认为这种传

---

① 爱·麦·伯恩斯:《当代世界政治理论》,曾炳钧译,商务印书馆1990年版,第93页。
② 爱·麦·伯恩斯:《当代世界政治理论》,曾炳钧译,商务印书馆1990年版,第95页。
③ 罗伯特·古丁、汉斯-迪特尔·克林格曼主编:《政治科学新手册》(下册),钟开斌等译,三联书店2006年版,第718页。

第六章 政治学理论构成

统的理性主义应当为二战中发生的灾难负责。奥克肖特提出了一种独创性的与宗教、历史主义、道德主义、民族主义相脱离的保守主义。

阿伦特在20世纪50、60年代出版了一系列著作,其中较有影响的有1958年出版的《人的条件》、1961年出版的《在过去和未来之间》和其后两年出版的《论革命》。阿伦特认为,我们接受的关于传统的人性概念存在问题,但此前的政治哲学却没有进行探索。人们如果想对二战的苦难、某些政治系统出现的极权主义、德国纳粹的恶行有深切的理解,就必须彻底改变政治哲学的概念和有关人性的假设。

柏林是这一时期具有独特性的政治哲学家。他并不像前面两位政治哲学家那样多产,但他发表的论文却有着无比的影响力。其中有两篇最值得人们阅读。一篇是1958年发表的"有关的两种概念",另一篇是1962年发表的"政治理论还存在吗"。特别是第一篇论文,"所引发的评论性文章的数量远远超过了包括罗尔斯《正义论》在内的当代其他任何著作"。[①] 柏林主要是对传统政治哲学中的道德一元论提出了质疑。他认为现存的道德价值具有不可比较和不可简化的多元性的特征。他独创了能反映明显时代特征的、具有高度影响力的新的自由主义形式。

这一批经历了二战恐怖的学者,看到了德国法西斯发动的残忍的战争,也目睹了纳粹党徒建造集中营屠杀犹太人的暴行,反思了欧洲文明中潜在的残暴倾向,将所有这一切的根源追溯到理性主义、历史主义、道德一元论。他们无情地批判了非历史的理性主义、非社会的个人观、专注富足的物质主义、对待政治的工具主义、道德主观主义。他们呼吁建立"自由的"、"开放的"、"公民的"、"经过讨论的"政治共同体或公共社会。

这一时期是继由霍布斯等人为代表的政治哲学的高潮时期以后,政治哲学发展的第二个高潮期。这一时期的政治学哲学理论发展具有三个基本特征。其一是明确回答了政治哲学存在的必然性。在20世纪50、60年代,由于行为主义的盛行,政治学的哲学理论和规范理论同时受到批评,行为主义政治学甚至认为政治学理论没有存在的必要。针对这种挑战,政治哲学家们做了明确的回答。他们认为,政治哲学既是可能的,也是必要的一种研究形式。

其二是重新规定了政治哲学的本质。这一时期的政治哲学家也不满意此前政治哲学的状况,认为政治哲学应当回归到传统时期的发展轨道。政治哲学的范围应当具有普遍性,它的定位具有批判性。其目标在于对于人类的政治生活做出合理的解释。政治哲学主要是一种沉思性和反思性的研究,以便用来理解一般意

[①] 罗伯特·古丁、汉斯-迪特尔·克林格曼主编:《政治科学新手册》(下册),钟开斌等译,三联书店2006年版,第716页。

义上的人类存在意义上的现代世界。政治哲学中固然有规范的元素,但是政治哲学既不是道德哲学的分支,也不具有规范的取向。它的目标在于发现人类的特性,主要回答人类在历史上是如何了解自己、人类经历的现代性的本质是什么、现代自我意识具有何种不同的特征等等问题。

其三是对政治哲学中的根本问题做了新的探索。这一时期的政治哲学家研究了人类的基本能力和需求,研究了人性和人类理性,研究了人的条件和人类遇到的困境。从这种人性研究出发,政治哲学家们认为,政治是人类生活的最高贵的表现。政治作为集体性的公共生活,使人们从自身的需要和苦难中解脱出来创建一个公共的世界。在这个公共的世界中,每一个人都以其独特性面对其他人。在公共生活中,人们依据环境调整自己的语言和行动,从而实现对法律和政治制度的再创造。

政治哲学在经过这一轮高潮以后,似乎就陷入了发展的迷茫之中。在行为主义失去主流地位以后,政治学的规范理论又重新占据了政治学的理论舞台的中心。政治哲学再也没有显现出 20 世纪 50、60 年代的那种辉煌。但这并不意味着政治哲学又衰落了,政治哲学以新的方式将自己的元素渗入了规范理论和经验理论之中。

二、政治学规范理论

政治学从依附于哲学开始它的童年时代起,就和规范因素结下了不解之缘。将政治与伦理结合起来,可以说是规范政治理论发展中的一种传统。柏拉图的老师苏格拉底就认为知识与美德是一回事。柏拉图从自己不幸的政治经历中加深了对这一论断的理解。在这位政治学家看来,善这种客观实在是不以人们对它认识与否、需要与否而转移的。人们可能对善的认识有高有低,但一个事物之所以善,并非仅仅是人们认识了它,或仅仅人们需要它。正因为善是一种客观的实在,所以拥有知识的人即对善了解的人就应当是掌握具有决定性权力的人。这种人之所以拥有这种权力,就是因为他知道善。

亚里士多德认为,对政治生活进行统治的力量不应是那些个人而应当是法律。但是,对法律的重视并没有排斥这位政治学家对道德的追求。因为,亚里士多德一直认为,国家的真正目的应当包括提高其公民的道德水准在内,国家是一个能使人生活在一起以实现最美好的生活的共同体。这种将伦理理论与政治知识结合在一起的政治学传统一直到当代都没有中断过。

马基雅维利也是对政治理论做出过贡献的学者。只是由于他在《君主论》中表述过的观点被后世的人所曲解,人们才惧怕谈论他的思想。其实马基雅维利并没否定道德对政治生活的作用,他只是强调作为君主应该将维护权力放在优先的位置上。从这一点看,他是一个强权政治学家,是一个现实主义者。从亚里士多德到马基雅维利的一个时期中,政治学规范理论的研究主要集中在政治权力与道德关系这一主题上,政治学家们理想中的政治应该是基于道德的权力行为。

在近代,霍布斯、洛克、卢梭、孟德斯鸠等学者也在他们将哲理与规范结合在一起的著作中围绕国家的建构和政府的设立原则进行了探讨。政治学家们在承认必须维护个人权益的前提下,论述了政治国家存在的必要性和必然性,同时也研究了作为国家表现形式的政府设立的原则。这一时期英法的政治学家的贡献在于论述了理想的公共政治权力运行中应当确立的分立和制衡的原则。

在这一时期对规范政治学理论研究做出杰出贡献的是马克思和恩格斯。作为他们政治理论研究的哲学先导,黑格尔论述了政治国家是绝对理念的实现形式。他们将这一颠倒的理论再颠倒过来,让它站立在唯物主义的基地上。国家的本质得到了正确的揭示,它是在物质生产方式基础上竖立起来的政治上层建筑。他们考察了家庭、私有制和国家的起源,指出在阶级对抗的社会中,国家的出现表明阶级冲突已经到了不可调和的地步,国家只不过是阶级矛盾调和的产物。任何想上升为统治阶级的政治力量,都会打破旧的暴力国家机器,并建立新国家。作为国家运行形式的政府,不应当只考虑权力的分立,还应当考虑在权力制衡的同时,实行议行合一的原则。

从19世纪末一直到20世纪60年代,政治学的规范理论建树不多。特别是在20世纪的50、60年代,由于重视个体与群体行为实证研究的行为主义占据了欧美政治学理论研究的主导地位,规范政治理论差不多被作为过时的、无用的传统被抛弃了。1979年,当布赖恩·巴里在回顾过去20年间的政治学理论时,他甚至认为,在第一个10年中政治理论几乎是一片空白[①],只有到了第二个10年即20世纪60年代以后,才获得了空前的繁荣。

从20世纪70年代开始,政治学规范理论的研究得到了复兴。人们常常提起的是罗尔斯的《正义论》的问世。其实这只是规范政治理论复兴中的一个成就,当然是最为伟大的成就。在其余的政治理论的论题上,政治学家们还做了许多工作。一些重要的思想得到了阐发,主要是民主理论、女权理论、公民社会理论、社群主义理论、后现代主义理论、社会正义理论。

民主一直是政治学规范理论研究的主题。传统的理论所向往的政治民主是公众的自由选举,投票、选举成为民主研究中的固有范畴。但是,人们渐渐觉得如

---

① 罗伯特·古丁、汉斯-迪特尔·克林格曼主编:《政治科学新手册》(下册),钟开斌等译,三联书店2006年版,第680页。

果民主仅仅是允许公民为远离现实的政治机构选举代表,以及保证公民不受滥用权力的影响,这种民主就是一套实用的制度。另外,民主也不是多元民主理论所设计的利益集团的充分利益之争。完全意义上的民主应当意味着人们能够作为公民在所有的主要机构中行动。要实现这种民主,阐明公民权的条件就成为重要的研究论题。这一条件就是积极的自由。分配的正义只是为实现这种积极自由的一种方式,光有这一点还不行。积极的自由是在没有外界支配下自我实现的积极能力。

这种真正的行使公民权的民主,在国家、政府和利益集团中是不能培育的。在这些政治机构和集团之外的公民团体则是扩展这种真正民主实践的最好场所。公民可以通过对话、论辩,广泛实行对公共生活的参与。这种公共生活中的民主既不是敌对的,也不是强求一致性的。在一些对话民主和审议民主的研究中,一些理论家提出要实行竞争、论辩,要力求取得一致。但是,真正的公民民主,需要超越围绕利益的对抗性的竞争。民主也不能局限于墨守成规和强调集体主义的一致性。作为一种参与式民主,公民可以在一定制度下对某种公共利益达成公共的承诺。

与这种公民民主理论相关联的是公民社会的规范理论研究。公民社会这一概念,最早来源于东欧国家在20世纪80年代出现的社会反抗运动。后来这一概念也在南部非洲和拉丁美洲的反抗运动中流行。但这一概念后来成为探讨参与型民主的重要范畴。在现代社会中,国家行动被高度技术化了。政治国家已经不再能发挥出作为审议政治场所的功能。这时政治就会更多地变成在国家之外的关键性的公共领域的活动。这种能把人们聚集到一起讨论他们所关心的共同问题的,也是作为自由和审议政治所在地的就是公民社会。

公民社会由自愿的联合构成,包括公民团体、非营利性服务组织,它们与政府和企业仅保持松散的联系。公民社会的发展并不是排除国家,因为公民社会的行动确实需要一个能够保障言论、结社和集会等自由的强大的国家。相比之下,公民与国家机构的联系,不如公民社会的行动具有更加直接的参与性质。

虽然社群主义的讨论非常抽象,但是它和自由主义的辩论也成为20世纪80年代中期政治学规范理论研究的课题之一。自由主义政治理论将现代社会中的个体仅仅视为个体。在商品社会中,个体成为一个个原子。因此,每个个体都有自己认定的道德,在这些相互竞争的道德中,不存在认定某些是正确的而其他是错误的方法。道德主体变得支离破碎。社群主义理论反对这种道德相对主义。个体总是处在具体的社会背景中,他们分享着共同的价值和美德。

女权主义理论也是这一时期政治学规范理论的重要方面。女权主义理论认为,现代政治理论对人性、行动所提出的假设,其实是一种单向的解释,体现了男权主义的经验。现代政治理论热衷讨论的社会契约论、个人主义、原子式的自治与独立等等,其中包含的理性公民的概念,预先假定了一种不需要身体呵护的独立状态。这种概念承载着一种自我繁殖的个人形象,既没有诞生,也不需要依赖。正是从这种错误的概念出发,所塑造的正义、权力、义务等等理论只反映了男性的经验。如果要将女性的经验包括进去,这些所有的理论都要修正。女权主义理论的关键是提出要对传统和当代政治理论的重要前提即公共与私人的划分加以解构,因为她们认为所谓的私人领域,如家庭关系、性别以及社区、学校和工作场所的性别分类实质上已经是政治关系,即公共关系了。

在 20 世纪 80 年代,后现代主义理论虽然以一种十分松散的方式介入到政治学理论研究中来,但是,其影响仍旧是巨大的。其中较为重要的是惩戒性权力理论和主体的多元性理论。福柯认为现代的政治理论和政治话语仍在继续采用一种源于前现代经验的权力范式。而从 18 世纪以来,一种新的权力建构已经运行。旧的权力范式把权力视为统治权,即通过具有压制力量法令规定什么是允许的什么是被禁止的。新的权力体制较少通过命令,而更多的是通过惩戒性规范运行。政治管理者及其代理人并不是通过让人们产生恐惧而从中心延伸其权力来控制民众。社会是通过外围毛细血管中的统治制度从底部向上过滤,约束人们,使其遵守理性、秩序和良好品质的规范。

同时后现代主义理论还认为主体性是语言和互动的产物。主体就如同他们生活的社会领域一样,是多元的和充满矛盾的。因此,民主政治是身份和团体不断变动的一个领域。这些身份和团体寻求相互的类似性,也相互进行竞争。因此,现代政治不可能依据一种统一的"人民意志"而建立合法性。相反,现代民主恰恰是各种要求进行竞争的过程。而这些要求并不是以任何统一主体作为基础的。民主政治应当被理解为公民社会中多元运动的联合。

最后,需要讨论的仍旧是这一时期影响最大的平等正义理论。在 20 世纪 60 年代,当行为主义政治学差不多要刻写理性主义墓志铭时,罗尔斯的《正义论》问世了。占据政治学理论主流地位的行为主义终结了。罗尔斯主张,在社会管理中平等自由这一首要原则具有优先性。不管罗尔斯自己怎么想,人们将他的著作解释为主张政府扮演一种积极干预的角色,不仅要促进自由,而且要带来更大的社会平等。《正义论》并没有提出关于人类的新见解,没有提出对人性的新假设,也没有对现代性的张力与分歧给出新颖的分析。罗尔斯只是运用原始位置和反思平衡这些启发性的工具,明确地提出了一种具有高度影响力、大体上属于自由理性主义的道德和政治推理形式的内在结构。

如果说罗尔斯主张公共政策应针对最不具优势者来改善相应的分配,那么罗伯特·诺齐克则反对这种要求公共行动者以达成某种特殊分配模式为目标的原则,他认为这是一种模式化原则,相反,他主张一种非模式化原则,即规定正当获取财产的程序。诺齐克的理论赋予自由以优先权,认为它优先于任何试图破坏分配不公状态的尝试。

有人认为,罗尔斯在一些方面已经背离了20世纪50、60年代的政治哲学。"对于他的前辈来说,政治哲学主要关注如何理解政治生活;对他来说,政治哲学是规范性的,是一种实践哲学的形式。他们认为,政治哲学阐明了人类生活的基本特征,包括人类的基本能力与需求,并且不能处于某种层次之下;而对他来说,政治哲学家不但被装备起来为人类提供理论,而且建立一种有关理想制度、政策和实践的结构。"[1]似乎从罗尔斯开始,政治学哲学理论发生了变化。

罗尔斯的社会公平正义理论的主要方面不是政治哲学,虽然他论述了政治哲学的一些内容,但是,他的主要兴趣却是规范理论。因为,罗尔斯的论述的基础和学科的联系根本就不是哲学,他的研究"脱离了逻辑、修辞学、本体论,以及以前与其密切联系在一起的西方文明史,而与经济学、心理学、政治制度研究,以及社会政策等学科结成联盟"[2]。不过罗尔斯也的确开辟了一个新的研究方式,即将政治学的规范理论研究与经验理论研究结合起来。

20世纪60至80年代的政治学理论研究是围绕一个什么样的主题展开的呢?是社会政治化。政治学的规范理论研究走过了阶级、革命、国家、权力、民主这些重要的作为政治生活标志的片段和环节,现在终于将目光聚焦在社会政治化上。无论是社会正义和福利理论、民主理论,还是女权主义政治理论、后现代主义理论,包括公民社会理论,都只是表达使社会政治化的不同形式,都证明真正的政治乃是从公民社会中提升出来的公共生活。

三、政治学经验理论

政治学理论从诞生时起就具有现实性,它既是一个获取知识、求索真理的学科门类,又是富有实用性的指导实践的学科门类。另外,追求实际效用,力求理论在政治生活的实践改造中发挥作用,这也是社会科学研究者的社会责任。因此,政治学理论在以亚里士多德和马基雅维利为代表的发展时期,就已经表现出对经验理论的兴趣。亚里士多德对古希腊半岛上150个城邦共同体体制的分析,奠定了政治学经验理论研究的基本方法和途径。马基雅维利除了继续对意大利半岛

---

[1] 罗伯特·古丁、汉斯-迪特尔·克林格曼主编:《政治科学新手册》(下册),钟开斌等译,三联书店2006年版,第721页。

[2] 罗伯特·古丁、汉斯-迪特尔·克林格曼主编:《政治科学新手册》(下册),钟开斌等译,三联书店2006年版,第721页。

第六章 政治学理论构成

上的君主制加以比较研究外,更提出了政治统治的艺术问题。

从17世纪开始,一直到20世纪50年代,政治学的经验理论建构主要服务于资本主义发展中的国家与民主建设,也服务于无产阶级革命和新的社会主义制度建设。工业化和资本主义发展从欧洲开始。接着向北美转移和扩展。新兴的美国资产阶级必须研究国家的建设问题。以《联邦党人文集》为代表的政治学经验理论集中发展了国家结构理论、政府权力配置理论、选举民主理论。在资本主义制度向全球移植扩散的时候,无产阶级也成长起来。作为这一阶级实践的理论产物,马克思、恩格斯,包括后来的列宁、毛泽东,集中研究和建构了以政党理论、革命理论、国家理论为主要内容的政治学经验理论。

20世纪50、60年代,虽然"规范性政治理论出现了明显的衰退"[1],但经验理论的研究却进入了繁荣时期。这股发展势头一直延续到80、90年代。政治学理论研究的类别之所以会发生这种变化,既有政治学科内部因素的作用,也有学科之外的政治因素的影响。总之,从20世纪70年代开始,"政治科学的主流已经对实现宏大的意识形态观感到厌倦,而走向经验性政治研究,满足于从事政策周期类型以及政治和社会行动者之类型的研究"[2]。

虽然在20世纪50、60年代,以方法论的个人主义和实证研究为主导的行为主义发展出一种个体的、群体的、集团的行动理论,但是,由于恪守价值中立,并将兴趣专注于狭隘的投票统计,行为主义政治学本身并没有在经验理论方面结出真正的果实。但它对后来的经验理论研究却产生了深远的影响。在这一时期,对政治学经验理论有影响的领域主要集中在三个方面:公共行政理论、公共政策理论、社会转型理论。

首先是公共行政理论的研究在这一时期收获了丰硕的成果。公共行政的传统观念是强调"政治/行政"的两分。这种观念已经在实践中产生了问题,最终为主张行政公平、民主的"新公共行政"理论所动摇。虽然许多人认为新公共行政只代表了一种思潮,并没有产生相应的实践效果,但是公共行政中的公平、民主观念还是对只强调行政效率的做法构成了极大的冲击。公共行政的公共性受到研究者和实践者的关注。

当70年代经济市场化的发展显示出极高的效率的时候,人们对效率低下、变革迟缓、臃肿僵化的官僚制普遍表示不满。一股摒弃官僚制,重塑、重理政府的浪潮席卷了欧美发达国家。"一些新自由主义的经济学家、利益集团理论家和理性

---

[1] 罗伯特·古丁、汉斯-迪特尔·克林格曼主编:《政治科学新手册》(下册),钟开斌等译,三联书店2006年版,第739页。

[2] 罗伯特·古丁、汉斯-迪特尔·克林格曼主编:《政治科学新手册》(下册),钟开斌等译,三联书店2006年版,第740页。

选择学派的学者为那些易于接受新思想、决心缩减公共部门规模和范围的政治家们提供了理论根据。"①这种虽然并不严谨、也不系统、但影响却是巨大的、以"新管理主义"面目出现的新公共管理思潮,先在西方发达国家流行,后来又迅速传播到正在实行改革开放政策的发展中国家,逐渐成为波及面相当广泛的新型政治学经验理论。

这种以市场力量介入为主要手段,以经济、效率、效益的"3Es"为标准,以结果为导向的新公共管理,虽然提升了政府在公共物品供给和解决公共问题方面的效率,但是,它抹杀了公共管理与私人管理的界限,在亲近市场和企业化政府的口号下,公共行政应有的民主、公正和服务的属性正在悄然流失。为了纠正这种理论的实践带来的偏差,一些政治系统中的政府提出了以人为本、强化公共服务的服务型行政理论。

其次是公共政策理论得到了重视和发展。在越来越多的政治系统中,政治家们和负责社会治理研究的学者们意识到,现代政治实践的重要方面是快速、有效、公平地解决政治和社会中出现的公共问题。这种实践的需要推动了从20世纪50年代初就诞生的一种属于经验理论的政策科学的发展。传统的治理立足于两种对立的假设,并产生两种治理途径。一种是立足于人性恶的假说,产生出依靠建立制度,防止人们破坏,以达到维持秩序目的的治理途径;另一种是立足于人性善的假说,产生出依靠教育培养美德,以此来维护良好秩序的治理途径。公共政策建立的是第三条途径,它相信知识,相信公众,希望建立一条受过训练的技术专家,负责任、有道德感、民主意识强的公众和服务型的政府官员相结合的途径,来对社会实行良好的治理。公共政策理论需要解决政府权力与公众要求、专业主义和公众参与、政治艺术和科学价值之间的关系。

公共政策理论强调治理活动的整体性、结果的有效性、获取知识的有用性和增强政治的民主性。公共政策理论通过政策周期和政策类型的研究,探索政府在解决公共问题过程中的功能和不同的行为模式。公共政策理论的研究证明,好的政策不是利益团体争斗的产物,而是理性分析的结果。政策的分析,既要强调职业分析人员独立思维的作用,也要强调公众参与的作用。正如政策科学的创始人拉斯韦尔所说的,好的政策决定是由讨论和经验培养而成的,它存在于被告之的拥有决定权的大众之中。公众的判断和与多重训练高度相关的政策分析同等重要。②

---

① 罗伯特·古丁、汉斯-迪特尔·克林格曼主编:《政治科学新手册》(下册),钟开斌等译,三联书店2006年版,第902页。

② 罗伯特·古丁、汉斯-迪特尔·克林格曼主编:《政治科学新手册》(下册),钟开斌等译,三联书店2006年版,第801页。

第三是社会转型理论的研究受到特别的关注。20世纪80年代,政治学家们将南欧和南美的一些政治系统作为研究社会转型和民主政治发展的模本。在80年代末和90年代初苏联解体和东欧社会制度发生剧变以后,人们开始把研究的重点转移到这些地区政治系统上来。对政治系统转型的研究关注三个主题。一是研究政治系统转型的次序。原先人们期望的转型是先建立自由的市场经济,接下来就是建立民主政治。但是,东欧的实践说明,在市场经济建立后,人们并没有看到预期的政治民主化。中国的改革开放和社会转型的实践告诉人们,市场经济的发育与发展,只是为民主政治改革提供了基础。但是改革和转型的次序不是人们主观确定的。在经济取得发展之后,建设民生社会可能是最为重要的。社会转型会沿着经济—社会—政治的次序推进。但是民生社会的建设并不是否定政治民主建设,而是为政治民主建设奠定公民社会的基础。

社会转型理论研究关注的另一个主题是建立何种政治体制。许多实践的事实表明,原先属于极权型的政治体制,在社会转型中,不一定能走向民主的政治体制,而可能出现"过渡政体"。这是一种无政府主义和权威主义的混合物。这种过渡型体制不仅不能带来发展,有时会导致某种程度的倒退。

在社会转型研究中,不少研究人员对后发国家在向现代化迈进时遇到的矛盾表示了关注。其中最主要的是传统和现代的矛盾,自主发展和对外开放的矛盾,改革与稳定的矛盾。如果将这些矛盾的两个方面对立起来,或者只要一个方面,

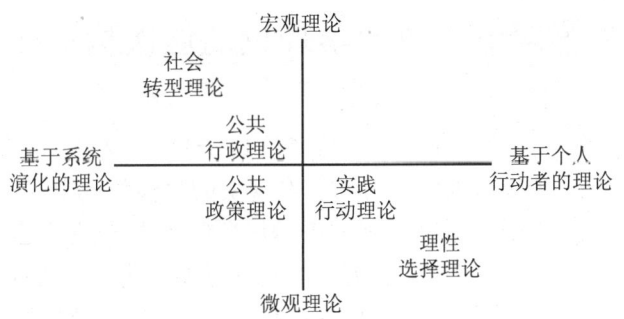

图6-1 政治学经验理论建构矩阵

否定另一个方面,都会让社会转型和发展陷入困境。

在20世纪60至90年代的政治学经验理论的发展中,研究者突破了"一个学科、一种方法、一个首选的分析单位"的传统模式,不再固守某种不变的研究目标和分析层次,而是将理论建构的途径和模式看做一个矩阵。该矩阵一方面区分出微观和宏观的层次,另一方面区分出基于系统之上的理论和基于行动者之上的理论。研究者可以依据自己研究的论题和实践的需要,在系统理论与行动者理论两个极点之间,在微观和宏观层次之间,选择合适的理论建构的途径和模式。

随着政治学研究在哲理、规范和经验三者之间的互动和融合，一些体现三种理论元素综合的理论类别开始出现。其中，最受人们关注的是理性选择理论。这一点可以从美国政治科学学会（APSA）的有关政治理论态势报告中得到证明。在20世纪80年代初，美国的政治学理论还主要由经验性和规范性政治理论所构成。而当时刚刚露头的"形式化理性选择"只是被一笔带过。但在90年代，理性选择理论已经成为一种运动，理性选择模型已经征服了美国的各个大学，并且风靡欧洲。

不少学者认为，理性选择理论之所以获得如此大的成功，其中一个重要原因是这一理论既包含了新实证主义对形式化模型的理论诉求，也包含着新制度主义对规范的要求，另外理性选择存在着一种行动者的建构。这种形式化的理性选择将政治学理论的哲学、规范和经验的几种类别很好地结合起来，从而具有较强的解释力和较大的实际运用空间。当然，人们对于理性选择理论的评价并不是非常一致的。也有学者认为这一理论并不是一种无所不包的解释方案，对于它在过去的功效并不充满热情，对其未来会产生的成功也并不乐观。其实理性选择理论最有用的贡献在于提出了问题：为什么存在着不符合"集体行动逻辑"的具有明显而重要的例外？奥尔森证明，我们无法将追求公共物品的个人行动解释为指望通过贡献而获得利益的一种自利反应。①

第四节　政治学理论的层次构成

尽管人类的政治生活既依托于又渗透在经济生活、文化生活和社会生活之中，并且自身又是一个有机的整体，但是，在现实的政治领域中，政治关系的分布和政治的运行又是分层次的。人们能够每天都观察到的，就在自己身边发生的政治关系的总和，是一种由各种政治行为主体通过行为行动和活动所构成的微观政治生活。这种层面的政治关系又是受另一种较高、也较广层面的政治生活制约的。在这一政治生活层面上，人们通过思考可以感受到种种政治组织和行为规则的存在和作用。这就是政治生活的制度层面，也可称之为中观层面。在这一政治生活层面上，政治行为主体都被吸纳到各类政治组织之中，组织起来的政治行为主体的行为、行动和活动，都受到种种政治规则、规范和程序的约束和控制。政治制度和政治体制在这一层面上显露出来。

---

① 罗伯特·古丁、汉斯-迪特尔·克林格曼主编：《政治科学新手册》（下册），钟开斌等译，三联书店2006年版，第762页。

上述的两个层面还没有完全覆盖整个人类政治生活。在中观政治层面之上，还有一个更为高耸的、更为广阔的政治生活层面，这就是宏观政治层面。在这一层面上，人们必须通过抽象的政治思维，才能把握其内容。政治生活在这一层面上高度整合起来。政治生活成为由外部生态环境所包裹的，具有内在结构和形态的政治系统。在这一层面上，政治权力以一定的原则和方式，在纵向和横向上配置起来。

对人类整体政治生活做层次的划分，有利于人们从不同的层面观察和思考我们生活于其中的政治关系、政治结构和政治运行。与不同层面的政治生活相对应的，也是作为各层面政治生活反映的政治理论，也必然可以划分出不同的层次：既有与微观政治生活相对应的微观政治理论，也有与中观政治生活、宏观政治生活分别对应的制度政治理论、宏观政治理论。在这些政治理论的后面，作为这些理论的形式模式的是理论的理论，即政治学基础理论。

一、政治学微观理论

对于我们每个人来说，我们每时每刻都能亲眼看见、亲身感受各种各样的就在自己身边发生的政治行为、政治事件，正是这些能看见能感受的政治行为、政治事件构成了现实的政治生活。这是一种与自己最为贴近的政治生活。人们正是从这里出发去思考政治的。离开了这一层面的政治生活，人们对政治的理解就有可能是虚空的、不真实的。

人类在观察和思考外部世界时，为了衡量物体和事件在外部世界的哪一个层面出现和运行，通常将客观世界划分为许多认识层次。由于研究的对象不同，不同的知识门类在对外部划分层次时，划分的方法、标准和结果是不一样的。比如天文学家，他们将整个宇宙划分为微观、宏观和宇观三个层面。社会学家比如默顿在谈到社会学理论时，将其区分出微观、中观和宏观三个层面。经济学家在对人类的经济行为做划分时，区分出微观经济生活和宏观经济生活两个层面。政治学也可以依据研究的需要，将政治生活区分为微观、中观和宏观三个层面。

依据这种划分，上面所提到的政治生活就是一种微观的政治生活，它虽然只是整体政治生活的一个层面，但它却是最为真实的政治关系和政治行为的总和。为了对微观政治生活进行观察、分析，政治学就需要建立与之对应的理论形态，这就是微观政治理论。

虽然微观政治生活是人们最为熟悉的政治生活，对微观政治生活中最核心的部分比如政治行为，人们每天都在观察，也在研究，但是，一旦政治学家将政治行为作为研究对象，形成一种政治学理论时，人们又开始怀疑了。美国在二战之后，形成了一个政治学上的行为主义时期。政治行为得到了广泛的重视,政治行为也从理论上得到了规范的分析。但由于种种原因,对政治行为的研究却没有在中国政治学界开展起来。

在微观政治生活中,人们能见到层出不穷的政治现象、政治事件、政治过程。但从中人们可以过滤出的两个最为核心的元素是政治行为和政治行为的所有者、表现者等政治行为主体。微观政治理论就是依据这两个基本元素建构起来的知识体系。围绕这两个元素,微观政治理论应当对以下的课题展开研究:政治行为主体的生成,政治行为的内在结构,政治个体及其政治行为,政治群体及其政治行为,政治团体及其政治行为,政治党派及其政治行为。

政治行为主体的生成理论是微观政治学首先要考虑的理论建构。并不是每一个生命一来到人世间就成为政治行为主体。政治行为主体有一个生成过程。在这一过程起决定性作用的是政治社会化。因此,关于政治行为主体生成的理论就其实质来说,所探讨的就是非政治行为主体如何经过复杂的政治社会化长成为一个具有政治自我的政治行为主体的过程及其规律。政治社会是一个有结构、有层次的组织过程。由政治文化派生出来的以政治象征符号为特征的政治情境、政治传承的渠道与方式,由政治态度和政治评价等组成的政治自我,是政治社会化的基本要素。初步的、深度的、再度的政治社会化分别构成了政治行为主体形成中的若干层次。经过政治社会化所形成的政治行为主体是多元的,个体、群体、团体、集团和党派组织是经常出现的几种政治行为主体类别。

政治行为主体内在结构理论是微观政治学非常重要的构成部分。它以政治个体的内在结构分析为重点。政治个体不仅是政治行为主体分析的逻辑起点,而且,在所有的现实政治行为中,作为一切政治行动单元的政治个体行为是分析的焦点。政治行为个体总是在对外部环境的认知基础上,经过激励,并立足于自己的权益,依据自己的价值选择,产生行为目标,形成政治行为。政治行为只是政治主体的内在心理倾向。内在的行为外化出来,就成为政治行动和政治活动,并对政治环境发生作用。政治行为、行动的效果会以反馈的方式再传输给行为者,成为他产生下一次政治行为的重要输入信息。

在分析政治个体的政治行为结构时,一些重要的因素必须引起政治学家的关注。政治个体的政治行为是在一定的政治制度和政治体制下孕育形成的。政治制度和政治体制是否能够为自由、平等地设计和展开自己的政治行动提供方便,这对于个体建构自己的政治行为结构是有重要影响的。同时,政治生活总是和利益联系在一起,在思考政治个体的行为结构时,也需要将竞争、冲突和合作这些因素纳入其中。

政治个体及其政治行为的理论也一直是微观政治学关注的中心。无论政治社会的组织化程度如何提高,政治个体及其行为总是重要的分析对象。因为,即使是在现代政治系统中,独立行动的政治个体是存在的。更为重要的是在高度组织化的政治系统中,虽然个体为了保护和实现自己的政治权益,需要加入政治群体、团体,甚至政党组织,但是,即使是在组合性的政治主体中,作为其成员的政治个体的个体性并不完全消失。组合性政治主体只不过是政治个体实现其政治权益的工具或手段而已。

现实政治系统中的政治个体就是社会领域中的公民或公众。当他们身上的利己性在充分发挥作用时,他们是家庭的成员,是经济生活中的活动者,或者是某种文化的传播者、享受者,是文化人、道德人、经济人、宗教人,等等。当他们身上的利他性充分展现时,他们进入公共生活,他们就成为政治人。在现代政治系统中,作为个体的政治人,与政治权力的距离是不一样的。总有一些人更接近公共政治权力,他们也更有资源去从事政治事业。这些人可能是经济领域的精英,可能是文化领域的精英,也可能是社会领域的精英,但他们都有可能成为政治领域的精英。政治精英虽然也是政治个体,但他们更有抱负、技能和耐心,他们或者是社会政治权力中的代表者,或者是公共政治权力的掌管者、支配者。政治精英的产生、更替遵循着一定的程序和规则。

在公民社会中活动的普通公众,他们不可能是职业的政治行为者。但他们在经营自己的经济生活、文化生活和社会生活的同时,也在参与和建设作为公共生活的政治生活。在现代生活的设施条件和技术手段充分提高的情况下,公众政治个体参与政治的途径和渠道日益增多。很多公众个体可能是地方政治的积极参与者,也有相当多的公众个体是系统政治的参与者。公众政治参与的形式和程度,已经成为政治学家最感兴趣的研究课题。政治文化的性质、政治民主化的程度、经济生活的状况、对政治知识的掌握、社会政治组织的发育程度,等等,都影响着公众个体的政治参与。不过有一点已经形成共识,平等的持续推进的政治参与对政治民主化建设是有利的,而急剧的、动员式的、无序高涨的政治参与可能反而不利于政治民主建设。

在公众政治个体的政治参与研究中,政治学家尤其关注政治选举。无论是选择政治候选人的选民投票,还是对政治中有争议的重大决策加以选择的公民投票,都是政治生活中最敏感的,也是最具标志性的现象和过程。政治学对政治选举中两方面的问题特别关注:一方面的问题是究竟有哪些因素吸引着选民或公民去参加投票;另一方面的问题是不同的规则对政治选举的过程与结果会产生什么影响。

行为主义政治学虽然强调了对行动的研究,但是,由于它只把目光集中在个体行为的考察上,并以为所有政治行为主体的行动都可以化归为个体的行为,因而无法对错综复杂的政治活动、政治关系做出富有成效的分析。微观政治学在对个体的政治行为、行动分析的基础上,继续对聚合为群体的政治行动者加以研究。政治群体是一个由多种更加细微的形式构成的总称,依据研究的需要和自身的紧密程度,可以区分出群众、抗争群体、阶级阶层、民族等等。抗争群体、阶级阶层和民族都是围绕着某些特殊的利益聚合的群体。当这些群体与政治权益相关联而行动时,就成为政治行动主体。群众运动、突发性群体抗争、由阶级的经济和思想运动发展出来的政治运动、由民族问题产生出来的政治行动、族群政治行动,等等,都是需要政治学分析的群体政治行为。另外,在现代社会中,还出现了种种"新社会运动",对其中包含的政治意涵也需要加以研究。

内部结构更加紧密的政治个体的聚合就成为政治团体和政治集团。常见的政治团体有几种类别,比如存在于国家政治权力组织中的制度性政治团体、具有准政府组织性质的中介性或纽带性政治团体、民间政治团体。虽然前两种政治团体的政治行为带有明显的意识形态主导性,但是现代社会中的公职人员也有自身政治权益需要维护的问题,因此并不能忽略对制度性和中介性政治团体行动的研究。民间政治团体是市场经济体制建立起来以后迅速发展起来的政治行为主体类型。民间团体包括市场中介组织、非营利性组织、各种公益性的团体等。它们名称不一,种类繁多。民间团体自身行为的规范性和生存发展的条件是政治学研究的内容。

随着利益的高度分化,从经济、文化和社会生活中产生出利益清晰且内部结构较为紧密的利益集团。它们极容易演变为政治利益集团。虽然成长中的利益集团还没有成为重大公共政策制定中的关键角色,但它们对政策过程的影响日益增大。中国的利益集团在政治行为上有其特点,它们通常不会成为在政府之外独立的争斗力量,更多地在不同领域和政府保持程度不同的合作关系。

现代政治的突出标志是政党组织的发展。研究政党的形成、类型和功能已经成为一般政治学的规定性研究内容。虽然执政的政党是政权组织体系的一部分,但在微观政治分析中,政党只是作为非政府组织的类别出现的。政党也只是若干政治行为主体中的一种,其行为也遵循着一般政治行为主体的行动规律。微观政治理论不把政治系统中的政党关系或政党制度作为研究的重点,更多的是考察政党的内部结构和行为特征。

不同政治系统中的政治行为主体类别及其行为特点是不一样的。细心辨别政治行为主体的分化和新的类别的出现,以及不同行为主体间的关系,是微观政治分析的任务。但是,政治行为主体的行为、行动和活动虽然带有特点,但并不完全是错杂和混乱无章的,它们都受到一定的既成规则的约束和控制。对这方面的研究就超出了微观政治分析的范围,只能由中观的或制度政治分析来解决。

二、政治学制度理论

在传统的政治学中,政治制度的研究成为知识的核心。现代政治学也将政治制度研究作为政治学的重要内容。进入社会转型的许多政治系统也都把政治制度的创新、建设作为政治变革的重要方面。因此,构建政治制度理论是完善政治学知识体系的重要工作。

研究和考察政治制度,总是和分析政治系统中的政治机构联系在一起的。虽然整个政治系统的骨架结构并不完全是由政治机构担负的,但是,政治机构却是其中最基本的成分。政治机构有法定的政治设施和法定的政治组织构成。作为政治机构的政治组织与政治系统中非政治机构的组织是有区别的,其组织结构和职能都是由法律明文规定的。政治机构中的政治设施通常具有一定的以强制为特征的物质附属物,被配置一定的公共政治权力。由政治设施和政治组织结合而成的政治机构是一定的政治规则的供给者、维护者和实施者。

政治生活是由政治主体的行为、行动、活动所形成的政治关系的总和。政治主体的行为、行动和活动总是遵循一定的政治规则的。政治规则可以是由政治机构自觉创设并以明文方式表现的,也可以是约定俗成以习俗方式体现的。前者是正式规则,后者是非正式规则。所有的政治规则都以一定的奖惩为特征。政治规则既引导政治主体从事规则所提倡的行为、行动,同时又限制甚至禁止规则所反对的行为与行动。

政治规则的规范化和条理化形成政治制度。政治规则作为控制、引导、调节政治主体的行为规范,是多种多样的。因此,由政治规则组合而成的政治制度也是多领域、多层次的。在政治生活制度的一些主要领域起着引导、控制作用的政治制度是基本政治制度。在总体和宏观层面上发挥作用的政治制度则是政治系统的根本政治制度,它决定着政治系统的性质。

具体的政治机构与具体的政治规则的结合,并以一定的程度发挥作用,这就是政治体制。政治制度总是要通过具体的政治体制表现出来。政治体制与政治制度相比,前者是具体的、动态的,因此,政治体制又总是和一定的运行机制联系在一起的。后者则是抽象的、稳定的,一种根本的政治制度可以容纳多种政治体制。

政治系统的演变必然推动政治制度的演化。政治制度的变迁是通过具体的政治规则的变革实现的。当政治系统中基于新的政治需求的政治行为与旧的政治制度格局发生矛盾时,要维持政治系统的稳定和秩序,就需要新的政治规则的供给。

在政治规则的变革中,正式规则的变化较为迅速,非正式的政治规则的变化则较为缓慢。政治规则的变化与新的政治权益的出现有关。政治规则的变革会出现路径依赖的现象。政治制度的变革可以是渐进的、连续的,也可能是激进的、断裂式的。前者是通过根本制度内的政治体制改革来实现的,后者则是通过瓦解旧的根本制度来达成的。政治制度变革的基本趋势是追求政治系统的民主化。

政治规则的具体变化和政治机构的变革相结合就构成了政治体制的变革。政治体制改革既包括政治机构的变革,也包括政治规则的改变。同时,政治体制改革还需要更新政治规则实施的程序和机制。政治体制改革的目标是寻找更好的政治制度的实现方式,是寻求更多更好的实现政治民主的方式。

在世界不同的地方,政治制度和政治体制是不一样的。人们会去追问:为什么在某一地理空间和某一时期,某一种政治制度及其政治体制会很好地运行,而几乎是在相同的时期和差不多类似的地理环境下,却产生出非常不一样的政治制度以及相对应的政治体制?其原因可能要到政治生活的更高层面即宏观层面去寻找。

三、政治学宏观理论

当人们从系统生态的观点去思考人类的政治生活时,政治生活的系统性质就会显露出来。在地球表面的一定地理位置上,在特定的环境和气候条件下,以一定的人口、文化、经济和社会为基础,形成了只有从其整体上才能加以辨别的政治系统。人口、经济、文化和社会状况的总和构成这一政治系统的社会环境因素。基于地理位置的自然禀赋、自然生态与气候条件的总和构成了这一政治系统的自然环境因素。在这些社会的和自然环境条件下生存和发展的政治系统中的成员,曾经想过并使用过掠夺、侵占和转移的手段,来营造有利的自然环境条件。但是,进入现代社会以后,各个政治系统的成员逐渐意识到只有联合起来共同保护便于所有人的自然环境生态,才能让每个政治系统都有较好的自然环境条件。

虽然在全球化程度不断加速的情况下,政治系统之间的交往更为频繁和深入,但是政治系统之间的边界是存在的。它既成为政治系统与外界交换能量、物质和信息的通道,同时,它又是一种限制,以防止过多的外来因素无秩序地涌入后,会导致政治系统在容量有限的情况下产生无序甚至运行的中断。

从结构和静态的视角来审视地球上的大大小小的政治系统,人们就会看到并列着的是一个个政治共同体,在世界地图上,它是用不同颜色表示出来的非常不规则的块状。如果从政治系统的运行和历史演变来观察,展现出来的则是一个个政治形态。

在政治共同体中,既有呈现出网络状的政治关系,也有由政治关系汇集起来的纽结构成的组织、机构、实体。在政治系统中政治国家是作为最重要的实体而存在的。它曾经被当作政治生活的全部,许多政治学都以国家学的形式出现。但是,在人们学会用系统观念看待政治生活以后,政治国家就回归到它本来的地位上。

在分析政治形态时,重要的是找出区分不同类别的标准和它的内部结构。政治形态的概念与总体社会形态的概念有着联系,物质生产方式的性质是划分政治形态的首要标准。另外在政治系统中谁占据统治地位也是重要的区分标准。依照这些标准,可以将有文字记载以来的人类政治生活大体划分出原始平等的政治形态、奴隶主占统治地位的政治形态、封建主占统治地位的政治形态、资本家占统治地位的政治形态和人民民主的政治形态。但是,几乎所有出现过的和现在的政治形态都和上述的类型不相同,因为那些只是一种抽象出来的模式。另外,也有更多的现实政治形态常常处在两种类别之间,成为过渡型的政治形态。在每一类别的政治形态中,都有着中观政治分析中所讲的政治制度和与之相对应的政治体制,它们成为政治形态的内部结构内容。

在现实的政治共同体和政治形态中,以整体方式存在和发挥作用的政治权力是政治生活运行的轴心。政治权力是社会权力的一部分。政治系统的政治权力总量是由这一系统赖以存在的人类生活的总体社会权力分配的。国家实体掌控的公共政治权力也只是政治系统政治权力总量的一部分。而且国家掌控的政治权力的大小往往还需要看它如何将这些权力在纵向与横向上实际地配置起来。

国家政治权力的纵向配置首先与领土范围内的政治区划和国家的关系直接相联。这就是传统意义上的国家结构形式问题。一种是复合制结构,它又分化出邦联制和联邦制两个类别。在今天,世界上的邦联制可能只有独立国家联合体和欧共体这类形式了。实行联邦制的政治系统不少,多数幅员辽阔的政治系统都采用了这种国家结构形式。从国家结构形式的意义上来说,国家公共权力的纵向配置其实就是中央政府与地方政府的分权问题,可以是政治式分权,也可以是行政式分权,还有授权式分权。

在同一治理层面上,政治权力需要横向的配置。一些国家选择了不同权力的分立与制衡的原则,但哪些权力需要分立和制衡,又如何分立,能制衡到何种程度,情况是多种多样的。为了决策和实施能够有机统一起来,也有政治系统实行议行合一的原则。这一原则在实行中,除了强调合作统一的一面外,也加入了制衡的因素。

政治系统的政治权力无论是其总量,还是配置后的效能,其实都需要经过系统的运行才能体现和发挥出来。在任何一个现实的政治系统中,通过以暴力为后盾的强制控制,占据统治地位的阶级或政治力量,总要让自己的意志和权威在系统的所有地方得到响应和维护。但政治统治的合法性又需要政治管理的绩效为其显示合理性。以政治统治为前提的政治管理又必须借助政治领导、政治动员、政治指挥、政治协调、政治沟通这类具体手段来实施。

政治统治也为政治决策提供权威的保障。在政治系统的运行中,政治决策是持续的,并且贯彻到所有的领域。政治决策是一个社会的、心理的、技术的过程。政治决策中的技术因素日益发挥出巨大作用。但是在政治决策中更为重要的是民主。只有让政策产品的消费者和享用者即普通民众积极、广泛地参与其中,决策的有效性才能得到保证。

政治运行中的决策、实施是否有效、正确,需要政治监督来监测、督查。政治监督是不容易做好的事情,因为需要监督的是掌握公共政治权力的国家权力机构和在其中工作的公职人员。要保证政治监督的有效性,构筑完整的监督体系非常重要。虽然同体监督是一切监督的基础,但为了防止相互的庇护,异体监督是不可缺少的。其中,普通公众的监督、大众媒体的监督又被看成是现代政治监督中最为有效的形式。

虽然有些政治系统在运行中崩溃了,有些政治系统在运行中出现某些倒退,但是从总体上考察,政治系统的运行总是从低级形态向更高级的形态演变的。这种演变有时甚至是跃迁式的。政治系统的发展并不是均匀的。有时一个政治系统能在某种形态上平稳地运行几百年,甚至几千年,但有时却在几十年中发生翻天覆地的质变。政治系统的发展有不同的方式和途径。西方发达国家非要将自己的演变模式强加给其他系统,这种做法只能让仿效的政治系统蒙受损失。

政治系统的发展可以通过多种方式来实现,其中政治革命是典型的方式。这种导致政治形态质变的激烈革新,需要一定的客观和主观条件。虽然有些政治系统内部矛盾重重,但是,只要旧的形态能够维持下去,只要创造新形态的力量还未组织起来,政治革命不会真正爆发。政治改革也是促进政治系统发展的现实途径。它通常是在原有的政治形态框架之内,对政治体制加以革新来实现的。对于政治体制改革来说,也会因为改革本身具有不同的特点,新旧政治体制的转轨可能以渐进和激进两种不同形式进行。

不同政治系统的并存形成了国家间的关系。国际政治是国家间关系的总和。世界上所有的政治系统为了有序地运行都建立了负责社会治理的政府体系,而数量不断增加的主权国家之间的关系却呈现出无政府主义状态。所有的进步也仅仅表现为从绝对的无政府主义走向等级式无政府主义。从失败的国联到今天仍在活动的联合国,只是提供了就国际问题展开论辩和合作的平台。在世界上,由于主权国家间事实上强弱不等、大小不一、贫穷不均,因此,一些强大、富有的主权国家成为国际关系中的"极"。反映国际政治中力量对比的国际政治格局,从零极格局、一极格局、两极格局,到三个世界,进展到今天的一超多强局面。

具有政治主权、一定的解决国际问题的物质力量的国际政治行为主体,在国际政治的演变中呈现出多元化的趋势。除了传统的主权国家外,政府间的国际组织、非政府间的国际组织、跨国公司、恐怖组织、杰出的国际活动家,都逐渐成为国际政治的行为主体。国际政治关系日益复杂化、多样化,仅仅依靠主权国家间的关系已经无法解决当今的共同问题。

在国际政治中,非主权国家的各类政治行为主体之间的相互关系日益影响着政治关系的变化。但主权国家间的行为仍然是举足轻重的。人类在经历了两次世界大战和其他各种各样的国家间的全面的、局部的战争之后,越来越意识到国际间战争的非人道性和对人类生存的危害。虽然从冷战结束后,世界上的热战从未完全停息过,但反对战争、争取和平、谋求发展已经成为新世纪人类生活的主题。

当今世界上主权国家之间,其他各种政治行为主体之间,都面临着许多单靠个别国家或少数几个国家的力量所无法解决的全球问题。世界要平稳发展,就必须实行全球治理。鉴于国际政治的无政府状态,实施全球治理只有依靠两种方式,一种是联合国框架下的全球治理,另一种是国际法框架下的全球治理。

四、政治学理论的理论

元理论(meta-theory)是关于理论的科学方法论,它以一个学科理论的形式和形成模式(而不是其内容)为自己的分析对象。对于元理论为什么能够存在,它的功能是什么,它主要研究什么这一类问题,科学哲学已经做出了专门研究并产生了许多积极成果。在科学哲学中,元理论已经成为一个具有特殊价值的、独立性的分支学科。政治学的元理论,就是要在唯科学论意义上对政治学理论进行反思、分析和研究,即在一种旨在求取政治的知识的学科层面上对政治科学形成和建构的理论与方法进行探讨。

由于元理论的研究最早来自西方学术界,加上国内政治科学学术界始终缺乏唯科学主义精神,因此,不少人对"元理论"产生了种种误解,有些人甚至错误地认为元理论是资产阶级的学术话语,不理解为什么在对某一门学科的理论进行研究时,还要在学科理论之外去研究和建构该学科的元理论。产生这种误解的主要原因在于人们对建构政治学理论的意义并没有做全面的研究。

有些研究者记住政治科学为意识形态和现实政策服务的社会应用功能,而不知道或有意否认政治科学还有一个重要的功能是求知,即通过政治学的研究,获取人类关于政治生活的良知。因此,完整的政治学理论的功能是两个方面的统一。一个方面是政治学理论的经验价值,其理论水平的高低取决于它能够作用于实践的程度;另一个方面是政治学理论的科学价值,其科学水准的高低取决于它所形成的理论,即系统的知识的真实程度。

西方学术界所讲的一门学科的元理论指的是超越学科具体的理论内容,对学科的理论的构成、研究方法、范式转变等等所作的理性思考与逻辑设计。著名伦理学家J. P. 蒂洛在《伦理学：理论与实践》一书中谈到元伦理学(meta-ethics)或分析伦理学时指出，元伦理学不是描述或规定，而是从两个方面进行分析。首先，元伦理学家分析道德语言；其次，他们分析道德体系的理性根据，或各派伦理学家的逻辑和论证。元伦理学家不规定任何东西，也不直接讨论规范体系，而是超越规定和规范，着力研究论证、逻辑结构和语言而非内容，他们仅仅间接关心规范伦理学的体系。

元理论实际上是超越具体学科的内容自身之外，但又深入到学科最深层的一种形式和模式层次的分析。因此，也有人将元理论称之为对这一学科建构的哲学分析。元理论研究的作用就在于提升科学知识的真理性。元理论所关切的是如何才能让一个学科的理论在建构起来以后更能反映出科学研究对象的本质及其运动规律，从而使学科理论成为真的知识。

一门学科的元理论是指在这门学科自身的理论之外的、与构建这一学科理论体系又有着密切关联的属于逻辑层次的分析系统。人类的知识分类是以知识所反映的客观世界即人类不断发展的实践活动以及与这些实践活动相关联的要素为根据的。人类实践的对象是连成一体的自然物和人工自然物，尽管今天信息技术已经发展到如此高超的水平，乃至于可以为人们提供某些虚拟的环境与对象，但它们归根到底仍旧是人工自然现象。实践对象的一体化、整体性决定了人类的各种实践是相互联系、相互作用的。由实践产生出来的人类知识最终是一个按照逻辑严密地组织起来的理论系统。

学科的元理论是关于学科理论建构的科学逻辑和科学方法论，主要是研究学科理论的各种构成要素、理论要素之间的关联、理论要素结合的逻辑模式。同时，元理论还要对这一学科中存在的各种理论的逻辑论证方法、理论与实践结合的途径等等方面进行分析。总之，元理论是对这门学科本身的理论建构进行研究的理论，因此，元理论有时又可称为一门学科"理论的理论"。

就内容来看，学科理论和学科理论的元理论的区别在于：学科理论是一般意义上的认识论和知识论，它是通过建立一定的核心概念、基本范畴，以一定的世界观为指导对感性经验的描述与升华，包括科学理论史的研究，科学理论探究的心理学、社会学方面的研究，科学理论与其他各种人类活动领域的关系的研究，人们还利用这些研究的成果去影响政策，去解决种种公共问题，而学科理论的元理论所探讨的问题则更侧重于形式的、方法论的方面，它关心学科理论实际上所采取的研究程序和遵循的原理，或科学理论的结构，科学理论形成中概念、基本范畴确立的规则等。科学理论以经验事实为依据；科学理论的元理论以先验的逻辑分析为原则。

第六章 政治学理论构成

本章小结

政治学学科知识通常是通过政治学理论表现出来的。应当了解政治学理论的性质与功能。政治学理论是建构起来的一套关于现实政治生活的理论通则。它在政治生活中发挥着观察、解释、预测和批判的功能。

政治学理论有其形式构成、类别构成和层次构成。理论概念和理论通则是构成政治学理论的基本要素。政治学哲学理论、政治学规范理论和政治学经验理论则是政治学理论构成中的几大主要类别。另外,政治学理论也可以区分成一些层次,主要有政治学微观理论、政治学制度理论和政治学宏观理论。

关键概念

政治学理论　政治学通则　政治学哲学理论　政治学规范理论　政治学经验理论　政治学微观理论　政治学制度理论　政治学宏观理论

研究与思考

如何看待政治学理论的性质。
政治学理论具有哪些功能?
政治学理论中的通则是什么?
政治学理论有哪些类别?
什么是政治学哲学理论?
何为政治学的规范理论?
何为政治学的经验理论?
政治学理论有哪些层次?
政治学微观理论关注什么内容?
政治学制度理论关注什么内容?
政治学宏观理论关注什么内容?

相关知识

1. 作为结构和经验概括的理论

对理论给出一个清晰的定义,并不是一件轻而易举的工作。至少存在两种不同的方式来描述科学理论的性质:一是过程取向的定义,即在科学工作中理论有何功能。二是划界定义即为科学家们所从事的许多活动中的一种特殊的活动。

在过程取向的定义中,理论是主导探寻各种稳定的关系的指导原则。它是最后的要点,包摄了单个的观察,据此不同的研究结果被按照主要的解释而组织起来。因此理论提供了对很多和各种孤立现象的回答。按照这一定义,一种理论对产生于各孤立观察的许多问题提供了一般的解释。

在过程取向的定义中,从理论和假设到检验的各个步骤表明了个别被包摄到一般是怎么来的。一种理论是由多种假设组成的,即关于一个社会中某些关系是如何出现的各种论点。因此有可能由理论来推论,即提出许多不同的假设,它们都以同一种理论作为它们的共同基础。

除此以外,一个假设是由推出多种检验的各种选择组成的,这些选择考察的是如果假设得到证伪或证实的话,经验现实将会是什么。这种定义理论的方式意味着理论不是可以直接验证的,验证的目标是由理论推出的各种假设。其程序是基于这么一种假定,即一种理论是在一般层次上的一个陈述,假设是由理论推出的一个具体陈述。

一种理论可以是真的或假的,这通过具体假设的衍生来决定,而这些假设又由经验证据来验证。一种理论可以是有效或无效的,这里的区分有赖于其推出有意思的不同假设的潜力,而这些又要由可获得的经验知识来验证。

理论的"模样"可以很不相同。整个一本书可以是"某理论"。该理论也可以采取一个数学公式或一个缩减了的句子。在社会科学中我们经常看到作者们不加区别地使用理论和模型这两个术语。也存在着这样的情况,即讨论了具体的假设,同时没有以简明的语句给出理论,但被默示地理解为一个潜藏的前提。

一个理论是有关相同类型的全部或某些现象以何种方式影响另一相同类型的全部或某些现象的论点。在当今的术语中这些"现象"被称为变量。为人们接受的公式化表述是自变量改变因变量:当因变量 Y 发生变化时,这乃是因为自变量 X 发生了变化。X 的变化导致 Y 的变化:$X \to Y$。

理论的第二种定义意在把理论和其他陈述划分开来。在科学史上这接近于所谓的分界原则,即确定——"划定"——科学与非科学的界限。哲学家卡尔·波普尔在与其所谓的维也纳学派的辩论中提出了这一定义,维也纳学派的成员坚持科学与非科学的分界可以通过现实检验来确定。在这方面维也纳哲学家和波普尔之间是一致的。

分歧产生于关于理论作为最终的地位有各种观点。波普尔坚持,确定理论的真实性是不可能的,即使是通过从同一种理论中正确地推论出来的验证已经得到了确认。之后,可以从所讨论的、新的验证未能证实的理论中提出新的假设。因此,我们永远无法得出结论说一种理论为真,只能证明它为假。没有终极真理,尽管我们至少可以得出结论说一个陈述是不正确的或假的。在波普尔看来科学的任务因此是使理论无效,而不是建立"终极"真理。

根据分界定义,一种科学理论因此是可由现实证伪的一个一般的陈述。这种证伪通过上面所说的过程而生效:理论、可证伪的假设和验证。

(资料来源:斯坦因·U.拉尔森主编:《社会科学理论与方法》,上海人民出版社2002年版,"导论"。)

2. 无根的政治哲学

尽管有其缺陷,罗尔斯的正义理论还是提出了政治哲学的一系列十分重要的问题。恰恰因为他无力对这些问题做出令人满意的回答,才揭示了自由观点的局限性并预示了一条解决途径。罗尔斯的伟大功绩就在于,他强调指出,在现代民主社会中不再存在一种唯一的实质性共同善,多元主义是这个社会的核心,而正义的政治观念不可能源自关于幸福生活的一种特别的宗教的、道德的或哲学的观念。今天,我们应该拒绝那种借一种客观的道德次序联结一个政治共同体的理念,而这正是像桑德尔这样的一些社群主义者所渴望的。

如果"权利相对于善的优先性"仅仅意味着这一点,那它必是不可客观化的。问题是罗尔斯不能接受这种优先性是作为自由民主政体特征的社会关系象征性次序的一个后果,因而,他也不能接受它是源于这样一种善的理念——在此,善被界定为一种政治关联,而后者作为一种政治原则就构成了善。其中的原因有两个方面。准确说来,在罗尔斯那里,政治是不在场的,而且那种作为政治的政体概念是被排除了的;其次,他对一种自由个人主义的主体观念的依赖也不允许他作这样的考虑,即把主体看成是通过社会行动者参与其中的多种多样的语言游戏随机地构造起来的。主体在罗尔斯那里仍然是一个原初点,它独立于它在其中得到刻画的社会关系之外。

诚然,他现在坚持说,他所说的原初地位仅仅涉及到作为公民的我们,而这并不暗示着一个完全成熟的自我理论。但是,问题在于他讨论作为公民的我们的本质的方式甚至也是不恰当的,他没有认识到某种特定类型的公民身份是实践、对话及制度的产物。罗尔斯在抛弃了"自然权利"的理念后,没能认识到,只有作为某种特定类型的政治共同体的公民,我们才拥有了权利;因此,他的整个观念仍然是空泛的。

罗尔斯一直都想摆脱那种普遍主义、个人主义和自然-权利自由话语,然而,他却未能成功地找到一种令人满意的替代物来取而代之,原因在于他没能考虑到人类作为构成性存在的群体层面。个人仍然是起点和终点,这就妨碍了他的政治理论的构建。他用道德话语来混充政治话语,回避作为政治核心概念的权力、冲突、分层、对抗以及统治权等,不谈那些可以在群体行动中实现的价值。

结果就是,罗尔斯作为政治哲学呈现出来的其实仅仅是一种特殊类型的道德哲学,一种用以调节社会基本结构的公共道德。事实上,他主张:"正义的政治观念与其他道德观念之间的区分只是一个视野问题;这也就是主体运用某种观念的范围,而且内涵越丰富它所要求的范围就越广泛。"这正是出问题的地方,因为这种区分应该是一种自然区分,而不只是视野问题。一种现代政治哲学应该阐明政治价值观,通过群体行动以及共同归属于一个政治共同体就可以实现这种政治价值观。它的主题就是政治伦理学,而这应与道德区分开来。

但是,罗尔斯的观念却正好排除了对政治哲学的这样一种理解:在其中没有政治共同善概念的地位,也没有对公民身份作出政治定义的空间,而且,他只能把公民设想为投身于公平的社会合作的自由的和平等的道德人。在这里,那些试图复活市民共和主义理想的社群主义批评者们确实抓住了他的要害。

在一个民主的现代社会中,政治哲学不应是对根基的一种寻求,而应是对那种重新隐喻性地描绘了我们社会关系的语言的一种阐释。通过将关于自由平等的民主理想的各种不同的理解展示在我们面前,它并不会为自由民主政体提供某些形而上学根基,但是通过在一个民主母体中创造新的主体地位,深化和扩展民主实践的领域,它可以协助我们捍卫民主制度。

罗尔斯对政治自由主义的辩护应该在这样一种话语中重新加以组织——引入经典政治哲学的某些主题,提升市民共和主义传统的政治学价值;借此,他的这种辩护也得到说明。承认亚里士多德的洞见——人是一种政治动物,并不意味着我们必然得认可一种目的论的和本质主义的观念。强调如何参与进一种语言共同体中去是构造人类同一性的排他性的关键,并且这还使我们得以用一种非本质主义的方式来描述人的社会与政治本性。以此为共识,几种当代理论思潮就此合流。

(资料来源:查特尔·墨非:《政治的回归》,江苏人民出版社2001年版,第62—65页。)

建议进一步阅读的文献

要对政治学研究手段作进一步的了解,还可阅读罗伯特·古丁、汉斯-迪特尔·克林格曼主编的《政治科学新手册》(下册)(三联书店2006年版)中第二十一、二十二章部分的内容。

第七章 政治学意义图景

【学习要点提示】
政治认识与意义图景建构
  政治认识的主体客体
  政治现实与意义图景
政治学范畴的性质与功能
  政治学范畴的性质
  政治学范畴的功能
政治学范畴的特性与发展
  政治学范畴的特性
  政治学范畴的类型
  政治学范畴的发展
政治学范畴的体系与原则
  政治学范畴体系的客观基础
  政治学范畴体系的构成原则
  政治学范畴体系的初始范畴

任何一门已经获得初步发展的科学,都是通过一定的范畴体系来表现其知识形态的,政治科学也不例外。政治科学的范畴及其范畴体系从来就是政治学家分析和制作的对象。由一系列范畴所组成的政治知识体系概括和反映了人类政治活动的普遍本质,是实现对客观政治生活进行描述、认知、预测和改造的思维工具。人类政治生活的发展水平,一方面与政治关系、政治体制、政治制度的成熟程度、完善程度有关,另一方面与政治理论特别是政治范畴体系的完整程度、严密程度有关。政治科学发展的重要任务,在于不断地提炼和制作科学的政治范畴,在于探索和勾划政治科学的范畴体系。

建立政治科学的范畴体系是否必要?有些政治学家认为能否建立起一个完整的政治科学范畴体系是衡量政治科学发展程度的标志,而另一些政治学家则反对花工夫去建立政治科学范畴体系。

反对将政治科学范畴体系化的政治学家们认为,建立政治科学范畴体系既是不可能的,也是不应该的。因为要有政治科学的范畴体系,首先就必须要有一个个政治科学的范畴;而要形成一个个政治科学的范畴,就必须将真实的政治生活分割开来。但是客观的政治生活却是一个政治学家们无法加以分割的整体。同时,客观的政治生活是丰富的、灵活多变的,而范畴体系则是贫乏的、刻板的;政治科学研究强调的是其内容,而范畴体系重视的却是形式。

显然,以此来作为从根本上否定建立政治科学范畴体系的论据是不充分的。客观的政治生活固然是一个不可分割的整体,人们不可能将它在实体形态上分割,但人的理性恰恰在于他能够在思维中将客观世界按其内在的结构进行"分解"、"分割"、"分析",形成一个个反映政治生活不同部分、不同侧面的范畴;同时,人的思维的精巧还在于,它能够将经过思维"分割"的部分、侧面重新在思维中整合、综合,从而更深刻地把握政治生活的整体。

从根本上讲,只要建立和运用的范畴体系是合理的、科学的,它就不会将政治生活的内容与形式分离开来。政治科学范畴体系更多的是将政治生活形式化,但是,这种形式化是以政治生活的真实内容为基础的,而范畴的本质则是客观内容的内在结构方式的思维化。范畴对应着它所概括的内容,范畴间的联系对应着各组成部分的内容间的关联、不同侧面内容间的关系。

政治科学的范畴结构从其存在形式来说有一定的稳定性,但是,不能因此就断言范畴体系是刻板的。事实上,政治科学的范畴并不是一成不变的,其内涵会随着政治生活的发展而不断地得到充实,其数量会随着政治生活的变化而增减,其相互间的关联会随着政治生活的复杂化而变得丰富多样。因此,只要正确地运用和不断地修正政治科学的范畴及其相互联系,政治范畴的体系化就不会变得刻板、僵硬。

政治科学的范畴体系是运用一定的符号及其逻辑规则来反映社会政治生活的,因此,政治科学范畴体系是一种形式系统。正如形式与内容具有复杂的关系一样,政治科学范畴体系与客观的政治生活的关系也是复杂的。在这里也存在着一元论与多样性相统一的辩证法,科学的政治理论应当坚持一元论。这种一元论是指政治理论体系是统一的,而政治科学的范畴体系是多样的,其目的都是为了从不同的方面和不同的角度科学地、合理地反映真实的政治生活。这种统一性是与"多元论"相区别的,这种多样性又是与教条化相区别的。当然,最重要的是如果没有公认的范畴体系的确立,政治科学的基础理论就不存在。

第一节 政治认识与意义图景建构

一、政治认识的主体与客体

认识主体是指在具体的认识活动中,能够主动地运用感觉器官和思维器官,去观察、理解、反思、预测客观对象的个体、群体、组织。只要个体具备了基本的政治认知能力,并且能够对政治现象、事件和过程加以观察、思考,他就是一个社会生活中的政治认识主体。广义社会生活中的政治认识主体是非常多的。但是,在现实社会中不可能人人都成为政治学的研究者,在分析政治学研究过程中的认识主体时,需要做出一些限制。

可以将政治社会中能动的认识主体从逻辑上划分为三类。一类是只从事日常的与政治生活发生关联的能动的认识主体。一类是专门从事政治学科学研究的能动的认识主体。还有一类则是介于这两者中间的运用科学研究成果与政治生活发生联系的能动的认识主体。我们称政治学科学研究也是政治认识的过程,主要是指第二类的能动的认识主体所进行的政治认识活动。

政治学研究中的政治认识主体显然只是社会中政治认识主体中的极少的一部分,他们组成了政治学科学研究社群。要成为政治学研究的认识主体必须具备一些主观的和客观的条件。从主观条件来衡量,政治学研究中的认识主体必须具备一定程度的政治学理论和方法方面的基础,必须熟悉政治学科学研究的规范、程序、方法和技术,必须具有政治学研究的科学精神和科学态度,必须事实上从事过具体政治课题的研究工作并具有一定的研究经验。从客观条件来衡量,政治学科学研究中的认识主体必须加入一定的科学研究组织和团体,必须获得一定的课题研究资助,必须有一定的渠道发表和公布研究成果。

政治学科学研究中的政治认识主体的活动既可以是个体性的,也可以是群体性的,还可以是组织的。这既取决于研究课题的性质,也取决于对学术流派的态度。有一些政治学研究课题适合于个人通过长期的钻研和知识积累,只有通过个体性的认识,最终才能形成具有个体风格的研究成果。有些研究课题需要较多的认识主体配合,通过专业交叉、方法渗透、观点整合,方才能形成系统的研究结论。这类课题研究需要认识主体的团队来承担。

在政治学的学术研究中,形成不同的学派,相互展开学术争论,是繁荣政治学研究的重要途径。要构建政治学研究的学派,就需要围绕学术带头人形成学术研究群体。在学派形成和发展中,认识主体只有既保持个人风格,又善于进行团队合作,才能在尊重个人的劳动和知识产权的基础上,提高整个学派的研究特色和水平。

在相当多的场合,一些政治学研究必须借助于一定的组织机构才能进行。为了让政治学研究产生更重要的成果,从中央到地方,甚至到基层,各级政府大都设立了课题和项目研究的资助与管理机构,民间也在不同的层次上组织和设立各种专门指导政治学研究的协会。

既然政治学科学研究在政治理论建设和政治实践发展中具有积极功能,每一个国家都会努力培养和保持具有一定质量、一定规模和合理的层次分布的属于政治学研究的政治认识主体队伍。国家通过设立大学和科研院所的政治学类专业的学位教育制度来保持和控制政治学科学研究人才的培养数量和质量。国家还通过大学中政治学专业的合理布局以及在国家和各省、市、自治区社会科学院中设立政治学研究机构,在国家和地方政府建立政策研究部门,从而保证政治学科学研究人才有相对合理的空间分布和层次结构。国家和地方政府还通过设立一定数量的社会科学研究基金,依据政治体制改革和发展的要求,以课题指南和申报评审的方式资助政治学的科学研究。国家和地方政府还通过制定和实施社会科学研究成果的评审奖励制度来提高包括政治学研究在内的社会科学研究的总体水平。

从广义说,所有的在认识主体之外的、不以认识主体的意志为转移的政治现象、政治事件、政治过程都是政治认识客体,它是政治认识的本原。但是,在政治学的科学研究活动中,认识客体有其特殊的范围。一般的政治认识主体所关注的认识对象主要是自己生活的空间和时间中的政治现象、事件、过程。虽然有时也会注意某些历史上和国际上的政治现象、事件和过程,但只是粗略地了解。政治学研究的有些认识主体则有特定的认识客体。比如研究古代中国政治思想和制度的学者,则会把中国古代的政治现象、事件和过程作为主要的甚至是终身的认识客体。对于那些研究国际政治、国别政治、外交活动和政策的研究者来说,他们对国际的和别国的政治现象、事件和过程的关心可能要更甚于对本国的政治的关心。一般来说,一个有作为的政治学专业研究者,如果他想有所成就,他就必须先选择好特定的、有限的认识客体,一直盯住这些认识对象,甚至一辈子与它们打交道。如果研究者不断地更换认识客体,他的研究只能是浮光掠影式的。

政治学研究中的认识客体是有层次的。处于表面层次的认识客体,是科学研究的认识主体直接或间接观察、了解的政治现象、事件和过程。但是,政治生活决不是许多偶然现象、事件和过程的堆积。重要的不是记载和描述这些现象、事件和过程,而是发现它们后面的活动和关系。任何重要的政治现象、事件和过程,都是具有政治要求和利益的政治行为主体的活动造成的结果。这些活动无论是自觉的还是自发的,是个体性的还是群体性的、集团性的,都是政治行为主体依据已有的政治关系实行的。政治行为主体实施种种政治活动,或者是为了维护这些政治关系,或者是为了改变这些政治关系。因此,对于政治研究中的认识主体来说,其更深一层的政治认识客体就是种种历史的和现实的政治关系。

但是政治科学研究中的认识主体并不满足于对政治现象、事件和过程后面的政治关系作一般的了解,他们要进一步排除众多政治行为主体关系中的偶然的、不确定的、外在的成分,从中筛选出内在的、必然的、重复出现的关系,把这类关系视为政治生活的运行规律。

政治学科学研究中的认识主体或从历史的角度,或从比较的角度,或从结构功能的角度,或从系统生态的角度去努力发现深藏在大量的、变动着的政治现象、事件和过程中的政治生活规律。每一次的研究,认识主体发现的只是局部的规则,它们只是总体的政治生活规律的构成部分。政治学研究中的认识主体会一个课题、一个课题地研究下去,会一代接一代地研究下去,使认识到的规则、规律更多。

在政治学科学研究的认识论范围内讨论政治认识主体与认识客体的关系,首先需要回答的是在两者之中何者是本原的。对于马克思主义认识论来说,这一问题已经解决了,即毫不动摇地坚持政治认识客体的本原性。政治认识的客体是在政治认识主体之外存在的,不依认识主体的主观愿望和意志为转移的。虽然政治认识客体也是政治生活中的行为主体,但是,一旦形成政治学研究中的认识关系,一部分政治生活的行为主体就成为认识主体,而另一部分的政治行为主体则成为认识客体。这种认识客体不同于自然科学中的,比如物理学中的认识客体,那些认识客体可能是没有生命、没有意识、没有主观意志的。但在政治认识中,认识客体都是有血有肉的、有个人思维的、有政治意识的人。尽管如此,政治学研究中政治认识的客体是客观的。

政治认识的本质就是有关政治认识客体的印象在政治认识过程中进入到政治认识主体的头脑之中,在政治认识主体的头脑中形成的主观图景是对政治认识客体的临摹、复写、摄影。政治认识主体内部的图像虽然是主观的,但它不是头脑中自生的,它是从认识主体之外移入主体头脑的。头脑中的印象与头脑外的认识客体是对应的。不坚持政治学科学研究中认识主体与认识客体的这一反映和被反映的关系,就会滑入政治唯心主义,就会去赞同政治学研究中的反科学方法和结论,也会失去对政治学研究中歪曲事实、胡编乱造行为的批判权利。

承认政治学研究中认识客体对认识主体的本原性,只是政治认识主体和客体关系的一个方面。除政治学唯心论者不赞成这一方面内容外,机械唯物论者、形而上学的政治学家都不会反对这一观点。但是,政治学研究中的认识主体和认识客体的关系还有另一个更为重要的方面,这就是政治认识主体以何种方式去反映政治认识客体。

马克思主义的哲学认识论在坚持认识客体对认识主体的本原性的同时,坚持政治认识主体对政治认识客体的能动性。这种能动性主要体现在以下方面:首先,在政治学科学研究中认识主体对认识客体进行了能动的形式转化。政治认识主体是对认识客体作了改造以后才将其移入主体头脑的。这种能动改造包括形式上的和语言上的。认识客体是以实体的、动态的、人的活动而存在的,但移入认识主体头脑并存在的却是感觉、知觉、表象、概念、判断、命题。认识主体表述出来的是符合政治学专业要求的语言。

其次,在政治学科学研究中认识主体对认识客体进行了能动的层次分析。对于政治认识主体来说,展现在其面前的只是政治现象、事件和过程。政治学科学研究仅仅停留在这一层次的认识客体上,是不能达到认识目的的。要最终获得对政治生活运行、变化规律的认识,认识主体就需要透过政治现象、事件,寻找政治行为主体间的关系,再透过政治行为主体间的关系找到政治运行的内在的、必然的、本质的联系即规律。政治认识主体对认识客体分析的层次越深,越能接近规律,认识主体的能动性就越强。

第三,在政治学科学研究中认识主体对认识客体进行了能动的内容分析。政治学研究中认识主体在对认识客体作分析时,不仅需要寻找出其中包含的规律,还需要运用头脑中已经存储的知识,将认识客体所提供的资料和其它的认识客体相比较、对照,从个别推论到一般,形成既与面对的认识客体相关联,但又超出直接的认识客体,得出更为普遍的结论。这种在认识客体上附加更多内容的做法,也体现出政治认识主体的能动性。

第四,在政治学科学研究中认识主体对认识客体的认识是历史的和社会的。任何一个政治研究的认识主体即研究者都不是仅仅用一个空空的头脑去反映认识对象的。研究者是已有的政治学知识存贮的享有者,他预先已经接受了前人和同时代的其他人获得的有关研究对象的知识。这种政治学的知识是历史上经过时间的过滤积累起来的并经过社会组织起来的知识。认识主体是在充分占有这些历史的、社会的政治知识的前提和基础上再来认识研究的对象的。研究者通过自己的研究,又将获得的有关研究对象的新知识并入到政治学知识中去。因此,政治学研究中的认识过程是一个历史的社会的能动过程。

总之,在政治学研究中,认识主体不是机械地、刻板地反映认识客体,而是对认识客体做出能动的反映。正是这种反映的能动性使政治学的科学研究能够发现政治生活运行的规律,能够构建创造政治学理论,能够寻找改造现实政治生活的战略与策略。

二、政治现实与意义图景

要进行自觉的政治学科学研究就必须对政治学知识有一定的了解(也有人将知识论称为知识社会学)。有一个很好的读本可以帮助我们进入这一领域,它是由美国波士顿大学的社会学教授彼德·伯格(Peter L. Berger)和德国康士坦兹大学社会学教授托马斯·卢卡曼(Thomas Luckmann)合著的《知识社会学:社会实

第七章 政治学意义图景

体的建构》①,1991 年台湾出了一个中译本,由邹理民翻译,1997 年第三次印刷。台湾巨流出版社是积极介绍柏格学派著作的出版商。这本知识社会学主要的章节包括:日常生活中的知识基础②,社会是客观的现实③,社会是主观的现实④。政治学研究的结果,无论最终的形式是学术论文、学术著作,还是集体行动建议,都是政治思维活动的产物即政治学知识。它是通过以文字语言为主的符号体系表现出来的。政治学认识只是获取和形成政治学知识的手段和过程,政治学知识才是政治认识的产出或产品。人类的认识过程是流动的,并且是在每一个认识主体的大脑中进行的,它不能保存下来并加以传播,能够保留下来的是政治学知识。它通过语言、声音、文字等物质载体将认识的内容外显出来并保留下来。政治学的知识还可以通过文字、画面和声音得以传承。我们今天之所以还能了解古希腊的政治学家的认识,之所以能了解在我们居住地之外遥远地区的政治实践和政治认识,都是凭借政治知识的保存和传播。

政治学科学研究的知识论着重探讨和解决政治学研究中的"政治实体"或"政治现实"与"政治学知识"的关系问题。它涉及到三个基本的概念:一是"政治实体"或"政治现实",二是"政治学研究者",三是"政治知识"。正是政治学研究者通过积累和创新政治学知识,不断地建构着"政治现实"或"政治实体"。

在一般社会生活中,单个个体经过社会化,接受群体观念,融入群体,接受组织规范,融入组织,最终融入社会。通过初步社会化、深度社会化和再社会化,个体与社会合为一体,成为不可分割的整体。在多层次社会化过程中,社会的结构、规范、制度逐步地内化为个体的主观观念、行动规则,社会实体就在个体头脑中建构起来。这种被建构的社会实体是被个体理解的,并赋予意义和一致性的主观社会实体。个体正是以主观建构出来的社会实体去理解和指导自己的行动,给他生活于其中的社会赋予意义和一致性。不同的社会行动个体正是通过主观社会实体交流,达成对整体社会的共同认识。

但是作为社会认识主体的个体、群体、团体和组织,同时也是社会改造和建设的能动主体,他们会将自己的需求、愿望和理想通过行动变为现实,从而创造出他们所希望的主观社会实体。因此,对于认识主体来说,从他们所赋予意义和一致性的社会实体,到他们批判、改造、建设的社会实体,要经过将客观的社会实体的内化、主观化过程和再将主观社会实体外化、客观化的过程,认识主体的主观实体

---

① Peter L. Berger & Thomas Luckmann, *The Social Construction of Reality: A Treatise in the Sociology of Knowledge*.
② 日常生活的现实,日常生活中的社会互动,日常生活中的评议和知识。
③ 社会的制度化,社会的合法化。
④ 实体的内化过程,内化与社会结构,与认同有关的理论,有机体与认同。

正是在这种互动建构中不断变化的。

　　这种经过互动建构而实现的主观社会实体变革、更新的过程同样发生在政治学研究中。通常人们也将政治现实或政治实体分成两种。一种是在政治行动主体之外存在的客观的政治现实或客观的政治实体。一种是在政治行动主体头脑中存在的主观的政治现实或主观的政治实体。主观的政治现实或政治实体是在政治行动个体、群体、团体、组织的政治社会化过程中经过内化、主观化而形成的。在初步的、深度的和再度的政治社会化中，客观的政治实体或政治现实中的系统、结构、制度、体制逐步为政治行动个体所接受，并转化为内在的观念和习惯行为，从而形成赋予意义和一致性的主观政治实体或主观政治现实。不同政治行动主体可以相互交流主观政治实体或主观政治现实，在此基础上形成共同的主观的政治实体观或主观的政治现实观。

　　政治行动主体的能动性又促使他们反思、批判已有的主观政治实体或主观政治现实，他们将自己的愿望、价值、理想加入到主观的政治实体或政治现实之中，并在政治实践中将其转化为现实的政治系统、政治结构、政治制度、政治体制，这是一个将主观政治实体或主观政治现实外化、客观化的过程。经过外化、客观化而形成客观政治实体或客观政治现实，从而完成了一个"客观—主观—客观"的周期。接下来，客观的政治实体或客观的政治现实又会再次被内化、主观化，构建出新的主观政治实体或主观政治现实，进入第二个认识活动的周期。人类对政治生活的能动认识就这样周而复始地进行着。

三、政治意义图景的建构

　　在社会生活中，人们通过互动建构，不断形成并变革主观的社会实体。但是，发生在每个社会行动主体身上的内化、主观化和外化、客观化过程是流动的，而且个体、群体、团体、组织及其行动，也都是流动的，即一个个具体的个体、群体、团体、组织的活生生的行为、活动总是会消失的。这种流动性所造成的行动和活动的迅速消失，显然不易于个体和人类整体建立可以交流的、传播的主观实体观念。这就需要借助于一定的符号体系来建构人类的认识，将人类活生生的、流动和消逝的认识行动、活动固化。

　　人类在发展中终于找到了使流动的、易于消逝的主观思维观念可以记载、传播和构造的客观手段，这就是符号，包括身体姿态符号、物质产品符号、声音文字语言符号。这三个符号体系，特别是语言符号体系，可以独立出来，超越人们面对面交流的局限，使主观意义客观化。随着信息论、控制论的出现，今天的人们已经知道人类的思维过程归根到底是认识主体运用符号体系对所形成的信息进行编码、传输、转化的过程。

在政治学研究中,这种以语言、文字为主的符号系统显得格外重要。因为对任何一个政治学研究者来说,他们不可能将已经逝去的政治生活、政治世界再找回来。政治学研究者告诉人们,历史上的和现实中的认识政治现实、政治生活和政治世界的方法和手段就是政治学知识。他们用政治学特有的专业符号体系即一个个政治学概念和由概念间关系表达的政治生活规则即政治通则,还有运用概念、通则的逻辑关联形成的整体范畴体系来将注入了政治行动主体的能动性的整个政治生活、政治现实和政治世界再现出来。

作为普通的社会个体,他们也在通过自己的感觉器官和思维器官观察、理解客观的政治实体或政治现实。他们也运用日常的语言在政治社会化过程中,建构自己的主观政治意义图景。这些主观的政治意义图景是经过个体理解的、被赋予意义的。个体之间的政治沟通和交流,会让不同的包含在主观政治意义图景中的不同意义产生碰撞,从而产生出共同的意义和认识的一致性。

政治学研究者不是从政治行动个体、群体、团体、组织之外去凭空构造人们关于政治实体或政治现实的意义图景,而是通过深入到个体、群体、团体、组织之中,通过个别的和集体的对话、访谈、个案分析,参与观察,来对不同的政治意义图景进行交流、论辩、协商。政治学研究的过程就是研究者去了解人们对现实政治生活的真实理解的过程。人们面对的、生活于其中的政治实体、政治现实是人们理解的并赋予意义的政治实体、政治现实。人们需要改造和建设的政治实体、政治现实也是他们希望的、理想的政治实体、政治现实。政治学研究者的任务就是要从人们对政治实体、政治现实加以理解而产生的主观政治意义图景中综合出合理的政治生活的共同意义结构框架,并用它来改变和重构人们主观的政治意义图景。

政治学研究创造政治学知识的活动是政治学专业的研究者运用专业的语言即范畴及范畴体系来构建新的政治实体或政治现实的意义图景,赋予政治生活以新的意义结构框架的能动活动。通过严格的科学研究,在丰富翔实的经验资料基础上对政治现象、事件和过程中的因果关系做出新的理解,对现实政治关系、政治结构、政治运行机制进行反思和批判,从而形成理解和指导政治实体或政治现实变革的新的意义结构框架。当这些新的意义图景渗透到普通的政治行动个体内在的、主观的有关政治实体或政治现实的意义图景之中时,就会产生出主观政治实体及其意义图景的互动建构,人们将以新的意义结构框架来观照政治实体或政治现实,人们也会依据新的意义结构框架或意义图景来指导个体的、群体的、团体的、组织的政治行为和活动,从而去改造和建设客观的政治实体或政治现实。

虽然并不是任何一个政治行为主体的任何一个行为、活动都是自觉的、符合政治生活运行和变化的规律的,但是,无数的政治行为主体的行为、活动相互作用的结果,社会政治生活最终被组织成为有意义的实践整体。在现实政治生活中活动的政治认识主体,都会拥有一套有关客观和主观的政治现实、政治实体的意义图景。他们运用这一意义图景来构思、设计、预测其政治行动和活动,并在不断的行动中改变其意义图景。理解和建构这种意义图景的工具就是语言。普通的行动个体、群体、团体、组织,以带有个体的、群体的、团体的、组织的和地方色彩的日常语言来建构其头脑中的政治实体或政治现实的意义图景。但是当他们要把这种意义图景与其他人沟通、交流时,则会选择适合大家理解的社会交流语言。

对于政治学研究者来说,政治学专业语言则是政治知识的仓储,政治知识则是政治生活制度化、体制化的动力和纽带。政治学研究者运用他们独有的专业语言来构建人们头脑中的政治实体或政治现实的意义结构框架。当他们作为普通人与另外的普通人或其他非政治学专业的研究者交流对政治实体或政治现实的意义结构的理解时,他们需要使用社会交流语言。当他们是政治学的研究者时,他们则要从调查、访谈时听到的日常语言转换成社会交流语言,最后再转换为专业语言,才能构建出理论的政治实体或政治现实的意义结构框架或意义图景。当政治学研究者要将其研究成果告诉别人,让别人共享并重新建构人们的主观政治实体或政治现实的意义图景时,他们先要将专业的语言转变为社会交流语言,甚至还要转化为日常语言,才能为各种各样的人们所接受。

作为专业的政治认识主体,政治学研究者在运用专业的语言建构自己头脑中的政治实体或政治现实的意义图景时,实际上是在制作和加工政治学范畴。正是借助于本专业的范畴和范畴间的关联,政治学家才能去分析、处理作为其研究对象的政治现象、政治事件和政治过程。因此,在分析了政治认识过程和作为这种认识过程的结果之后,我们需要关心的就是政治学范畴的性质与功能、特性与发展、体系与建构原则了。

第二节 政治学范畴的性质与功能

一、政治学范畴的性质

政治学范畴是建构政治意义图景的材料,又是政治学者可以将其独立出来加以处理的对象。对于政治学家来说,政治学范畴是他在专业研究中时刻要处理和运用的工具。政治学范畴的特性是政治学研究中首先必须把握的问题。

第七章 政治学意义图景

范畴的经验性与先验性

政治学范畴的经验性,是相对于整个人类政治生活的实践而言的。从哲学实证主义的立场看问题,政治学的范畴与其他所有科学的范畴一样,都具有经验的起源,其产生与发展的基础是人类有目的的、感性的、客观实在的政治实践活动。正是政治学范畴所包含的经验性或经验的成分,人们才能借助人类所独有的精神与知识的传承机制将政治学的范畴引入社会生活,特别是政治生活之中。同时,政治学范畴的经验性又成为政治理论发展的动力和源泉。政治学范畴是对客观政治现实的最一般存在形式的能动反映。政治学理论的每一次发展与演进,都是通过政治学家从新的政治实践经验中提炼出新的范畴,从而建构出新的政治学范畴体系来实现的。

对整个人类来说,范畴只能以经验作为基础,并且在运用范畴思考问题时,人们又总是要处处以经验作为依据和验证的标准。因此,人们必须承认政治学范畴与政治生活具有密切的联系。但是,仅仅依靠经验还不可能认识与运用政治学范畴。政治学范畴又有其相对的先验性。仅从政治学理论的起源来考察,政治学最先是从别的学科中借用现成的范畴来构筑自己的知识体系的。这些移植而来的属于别的学科的范畴,对于形成中的政治学来说就是先验的。

在政治学发展中,每一个后来的研究者,并不都是从头开始的。他们总是将先前许多政治学范畴接受下来并作为自己政治思维的基本因素和出发点。对于每一个政治认识主体来说,这些预先就存在的政治学范畴仿佛是准备好了的,他们不假思索地接受下来,因而这些范畴对他们来说也就是先验的。

政治学对现实政治生活系统的分析是在范畴或概念的推理过程中实现的。政治学范畴所具有的经验性和先验性的特点,要求科学的或有效的政治分析能缜密地对待所使用的范畴,体现和保证知识运用的规范性。一门学科的科学价值也反映在学科自己成熟的学理语言中。学理语言的要素就是范畴或概念体系,理解范畴的经验性和先验性,是摆脱对范畴的疑虑从而在科学的而不是前科学和非科学的游戏规则中分析政治现象、政治活动和政治过程的关键。

范畴的本体性与工具性

政治学范畴总是代表着客观的、现实的政治生活的某个方面、某个过程或某个部分,因而,它具有本体论的功能。同时,政治科学范畴又是人类认识政治生活的"小阶段",是促进思维运动的手段。因此,任何政治科学范畴又都是认识的工具,具有工具性的特征。

政治学范畴既是稳定的,又是变动的,这完全是由政治学范畴的本体性决定的。政治生活,包括其政治系统、政治形态、政治制度和政治体制,都有相对稳定的一面,这就决定了政治范畴具有稳定性。但是,在政治生活中人们的现实权益总会发生差异、矛盾和冲突,政治生活,包括其政治系统、政治形态、政治制度和政治体制,既有微小的量变,也有巨大的质变,这也就决定了政治学范畴的变动性。

政治学范畴的能动性正表现在,它一方面能够透过一定的逻辑形式使变动的政治生活处于相对静止的状态,但另一方面,它又通过相互过渡、相互转化,以范畴的活动来反映政治生活的变动。如果政治学范畴完全是变动的,则人们无法通过它去认识政治生活。因为一切都是过眼的烟云,人们就无法去分辨政治现象、政治事件,从而也就无法去认识它们的特性。但如果政治学范畴完全是静止的,那么,它就无法反映活生生的、变动着的政治生活。因为一切都是分割的、僵化的,人们看不到政治现象、政治事件之间的联系、转化,从而也就形成不了变动的观念。

政治学范畴又具有工具性。对于从事政治思维的人来说,在他们面前存在着两个既相互对应又相互区别的世界:一个是在人们的头脑以外的活生生的、真实的政治生活世界,另一个是在人们的大脑中以主观映像的方式表现出来的政治生活世界。后一个政治生活世界就是政治意义图景。现实的政治生活就是这两个政治世界交相作用的产物。

前一个政治生活世界是由人们的政治行为所构成的感性的、实在的政治关系、政治过程的总和。在这一个政治世界中,人们看到的是已经产生或正在产生的政治事件、政治行为主体、政治形态、政治结构、政治制度、政治体制。这些政治现象、政治事件、政治力量、政治过程,都是既成的,具有不依人的意志为转移的特点。

政治学范畴的产生要经过复杂的过程。政治学的范畴和范畴结构体系固然是以政治事实及政治事实之间的关联为基础的,但是仅有这个基础还不行。必须首先通过对这些事实和事实之间的关联进行分类、分析、解释,从中找出隐含着的概念与逻辑结构,接着,再经过政治学家们的专门加工制作,将隐含在运用日常语言和社会交流语言所表示的概念及其结构体系,转换成显露的、用政治学专业语言表示的政治学范畴及其范畴结构体系。

人脑中的政治世界则是由政治理想、政治信念、政治原则、政治思想等等构成的非实在的政治生活世界,是一套政治意义图景或框架。这种主观的政治世界在不同的人那里是不一样的。在这一主观的政治世界中,人们只能用隐含的或显露的范畴来思考问题。范畴成为人们主观政治世界的最主要的构成要素。正是大量的政治学范畴以及由这些范畴所形成的判断、推论,编织成人脑中的主观政治世界之网。人们又正是用这张主观的范畴之网去观察、理解、预测和创造现实的政治生活的。

范畴的对应性与独立性

如果我们将人们头脑之外的政治生活世界称为政治世界Ⅰ,将人们头脑之内的由范畴构成的政治世界或政治意义图景称为政治世界Ⅱ,显然政治世界Ⅱ是以政治世界Ⅰ作为原形的。政治世界Ⅱ只是反映者,而政治世界Ⅰ则是被反映者。

在人们头脑的主观政治世界即政治世界Ⅱ中,在由政治学范畴构成的认识之网上,凝结着一个个纽结。正是靠着这些纽结和纽结间的关联形成的体系,人们才能将头脑之外的客观的政治生活纳入到主观认识的框架之中。这种由一整套政治范畴构成的范畴之网与人们头脑之外的政治生活世界形成了对应关系。

客观、外在的政治生活世界与人们主观、内在的政治生活世界既有对应的关系,也有不对应的关系。当客观、外在的政治生活经过千百万次的重复,形成了人们政治行为中的现实逻辑即"行动逻辑"的结构,并且按这种"行动逻辑"去操作时,人们能达到预先的目的。这样产生出来的范畴与外在的现实就应当是一致的、对应的。当然也有与此相反的情况。人们不是遵循科学的逻辑规则,而是主观随意地从客观、外在的政治生活中引出一些名词、术语,运用这些带有随意性的范畴去指导政治实践,往往达不到预定的目的。这时,政治学范畴与客观、外在的政治生活就构不成对应关系了。

但是仅仅考察政治世界Ⅰ和政治世界Ⅱ的对应关系,专业的政治学研究就会被曲解。专业的政治学研究与只为解决现实中的政治问题的决策咨询不同,它要求政治学家发展出纯粹的知识,即找出政治生活中的逻辑关系和规则。这就要求政治学的专业研究者暂时离开现实政治生活,暂时离开头脑中的政治意义图景,将政治学范畴独立出来,加以逻辑的关联和处理,从而形成抽象的政治学理论。当然,这种纯粹的政治学理论,必须要拿到现实的政治生活中去检验和修正。政治学研究者所运用和处理的已经具有相对独立意义的政治学范畴及范畴结构体系所构成的世界则是与政治世界Ⅰ、政治世界Ⅱ不同的政治世界Ⅲ。

将人脑之外的客观的政治生活作为政治学范畴及其体系的基础,这只是从政治学范畴的最终来源即政治哲学的本原上来说的。离开了政治哲学的本原问题,认识活动中的反映者与被反映者其实是相互作用的。人们头脑中的政治理想、政治信念、政治原则、政治思想在现实的政治行为与活动中所产生出来的力量是现实的并且是巨大的。但从政治哲学上来说,政治世界Ⅱ是来源于政治世界Ⅰ的。正是客观、外在的政治生活经过人们的思维加工、制作,才形成人们头脑中的政治学范畴及其结构体系。有了政治世界Ⅰ、政治世界Ⅱ,才会有政治世界Ⅲ。

另外，现实的政治生活本身是复杂的。固然客观、外在的政治生活具有感性实在性，但是，人们头脑中的范畴也并不是一直封闭在主观世界之中的，人们可以借助于一定的形式将主观的东西外在化。而且，政治学的范畴、理论只有赋予外在的感性实在的形态，才能成为传播和交流的内容。

政治学的范畴、理论可以通过语言、有形符号从人们的头脑中再转移出来。这是一个与思维对客观现实反映正好相反的过程。对于范畴的形成来说，它是将客观、外在的政治生活"移入"到人们的大脑之中，将客观的、感性的、实在的东西变成主观的、理性的、非实在的东西。而政治学范畴的外化则是将主观的、观念形态的东西从头脑中"移出"来，变成客观的、感性的、实在的东西。正是通过这种"移出"，政治学范畴才变成政治学研究者处理、加工的对象，并具有了现实的力量，才能对现实的政治生活产生作用。

二、政治学范畴的功能

政治学范畴是从客观现实的政治生活中产生出来的，因此，它与现实的政治生活有着关联。政治学范畴又是从现实政治生活中提炼出来的，因此，它又超越了现实政治生活。正因为如此，政治学范畴才具有自身特殊的功能。

观察政治生活

人们可以凭两只眼睛去观察一片树叶，也可以用鼻子去嗅出各种液体的气味，但是，人们无法用眼睛去直接观察国家、政治体制、政治制度。政治生活不是用色、香、味组合起来的普通物体，人们光凭感觉是观察不了政治的。你在大街上、教室里死命地看，也看不出政治运行的制度、体制和机制。人们必须有目的地去看，有准备地去看，才能"看到"政治。因此，在观察政治生活之前，先要有某种框架，然后，现实的政治现象、政治过程才能进入人们的视野，政治现象才能被人们观察到。这种观察之前的框架就是一定的政治学范畴和范畴结构体系。

对于一个不知道政治学范畴的人来说，他只看到许多人在行动，他观察不到哪些行为是属于政治的，哪些行为是与政治无关的。对于一个熟悉政治学范畴的人来说，情况就完全不同了，他能将人们的行为做出分类，弄清楚哪些是属于政治的，哪些则是非政治的。他能够把一些行为与另一些行为联系起来，从两种或更多种行为中看出某种政治倾向。他还能将政治行为与非政治行为联系起来，并找出两者的关联。

政治学范畴的先验性、工具性可以帮助人们有目的地观察现实的和历史的政治现象、政治事件。凭借政治学范畴，人们可以把杂乱的行为和活动归结为某种政治关系,可以将发生在不同政治系统中的政治行为进行分类、比较,还可以通过考古和对历史文献的检索,猜想出数百年甚至上千年以前发生过的,现在已经消失得无影无踪的政治事件。

解释政治过程

对政治生活的观察只是接近政治生活的第一步,要真正认识政治生活,就必须对现实的政治生活加以解释。这种对政治生活的理解,反过来又会进一步使人们更为深刻地感受到一个个政治现象和政治事件。人们每天都生活在政治现象和政治事件之中,只是有些政治现象、政治事件过于细小,或者影响不大而不为人们所关注。而一些新奇的、造成巨大影响的政治现象、政治事件则会在人们头脑中留下深刻的印象。这些印象和人们头脑中已经形成的政治意义图景肯定有某些不同。这就需要进行解释。其实每个人都在以自己的方式对观察到的政治现象和政治事件进行解释,只是这些解释并不规范,不够合理,或者缺乏说服力。要对发生的政治现象、政治事件做出合理的、规范的、有说服力的解释,就需要政治学的范畴及其结构体系。

但是在对日常的政治生活做出解释时,人们似乎只重视政治事实。有时我们碰到人们围绕着社会上出现的某个政治问题发表见解,甚至发生争论。争论的双方又都会要求对方拿出事实来:"不要讲抽象的理论,让事实来说话!"的确,在任何一个社会生活领域中,事实是最重要的,事实胜于雄辩。当然政治生活领域也不例外。但是,在政治生活中,有时仅凭事实并不能解决问题。这是因为:一方面,事实上"事实"本身是不能也不会说话的。我们常讲"让事实说话",其实是人在引用事实说话。另一方面,不同的人对同一个事实会讲出不同的话。人是用感官去体验和观察、用大脑去整理和思考事实的,因此,对同一个事实不同的人就会说出不同的话来。

其实每一个有思维能力的人都在经常不断地对大量的由政治现象、政治事件所组成的政治事实进行着解释。人们在做这些事情时,都会使用自己所知道的、熟悉的一些名词、术语、判断和推论,并得出自己认为是合理的结论。比如,在1995年底和1996年初,人们都在谈论美国克林顿政府因没有能获得议会批准拨付的行政经费,白宫的许多部门只好关门这一现象和事件。如果用事实说话,一两句话就说完了。无非是克林顿政府办公需要经费,议会不同意拨付这笔经费,结果政府只好关门。但人们对这样的解释肯定不满意。当人们要去认真描述和解释这一事实时,多数人都会使用立法机构、行政机构、政治权力、权力制衡等概念,也会使用"美国实行的是三权分立的制度"这一判断。很多人还会做出以下推论:"三权分立是立法机构、行政机构和司法机构相互制约,立法机构对行政机构的财政预算有审查批准权";"美国实行三权分立,克林顿政府是行政机构,议会是立法机构";"因此,美国议会可以不批准政府的财政预算,让政府关门"。当然,还可能有人使用政党政治、两党制、总统竞选等概念来评价、解释这一事件。

上述所讲的那些概念、判断和推论,其实就是政治学中的范畴或范畴间的逻辑关联。如果不使用这些政治学范畴,上面发生在美国的政治事件就说不清楚,更不可能做出令别人信服的解释了。只是人们在使用这些政治学范畴和范畴的逻辑结构时,并不知道或没有意识到自己正在运用着政治学范畴,并进行着政治学范畴的逻辑推论。人们可以将这种在不知不觉中使用着的政治学范畴及其逻辑结构称为隐性的范畴和隐性的范畴逻辑运算。这种隐性的政治学范畴和范畴的逻辑运算常常是不规范的、不清晰的。当人们需要围绕着对政治事实的不同解释进行争论时,这些模糊的隐性范畴及其逻辑运算就不够用了,人们需要正规的、外显的政治范畴及其逻辑运算。

预测政治变化

人们要能在政治生活中获得主动性,就不仅需要掌握大量的确凿的政治事实,而且要对这些已经发生的政治事实运用政治学范畴做出解释。更为重要的是,人们必须对现在虽未发生但不久的未来一定会发生的事情做出预测。对于有利的政治趋势,人们可以抓住机遇,充分利用;对于不利的趋势,人们则可以加以防备,将不可避免的损失尽量减少。

要对政治运行和发展的趋势做出合理的、科学的预测,就需要利用政治学的范畴,通过运用范畴对已经发生过的政治事件加以整理,将客观的政治生活的结构、运动、发展的必然性转变为政治学范畴之间的逻辑联系,再依照将来的条件与思维的规则,对范畴加以逻辑运算,从而推测出逻辑上的有关未来的政治生活变化的趋势。

这一过程与人们的物质生产劳动有某些相似性。对于物质生产者来说,其活动过程的逻辑公式为:生产活动的主体①+生产工具+生产对象→生产活动的结果。对于政治行为主体来说,其认识政治对象的活动的逻辑公式为:政治思维活动主体②+政治科学范畴+已有的政治生活状况→政治认知活动的结果。

虽然政治科学范畴的逻辑运算,其结果还需要由政治事实来做出最终的裁定,但是,只要我们使用的范畴是正确的,在运算过程中严格地遵循了逻辑规律,那么,对未来政治生活发展的基本趋势的预测就是可靠的。有了这种预测,人类

---

① 关于生产活动结果的图像。
② 对对象预先的期望。

就能在政治生活领域中获得较大的自由。

运用政治科学的范畴还可以对政治生活加以创造。政治行为主体既是政治关系的承担者,也是政治生活的创造者。任何一个政治集团都是按照自己的政治理想去从事政治改造活动的。正如人在其他生活领域中所做的那样,它们并不是随心所欲地创造,而是有目的地改造。在动手对原有的、已经不再符合人的需要的政治生活加以改造以前,人们总要对改造活动的效果进行事先的深思熟虑。这一思考过程的逻辑公式为:政治行为主体[①]+政治科学范畴+原有的政治生活规则和秩序→新的政治生活的规则和秩序[②]。

发展中国家在进行制度创新时,对政治生活未来发展的预测在很大程度上运用的是对政治科学范畴进行逻辑推论的方法。多数发展中国家由于是世界现代化进程中的后起国家,在赶超发达国家时,政治的推进作用特别明显。这种政治引导或政治推进,主要的是对现代化进程的条件进行科学分析,对本国国情做出客观正确的估计,然后合理地借鉴先进入现代化行列的发达国家的经验,在此基础上,设计出适合本国情况的现代化之路。这些研究、分析与设计,都要涉及到运用政治科学范畴对未来的政治发展做出科学预测。

设计政治行动

观察、解释和预测政治生活,说到底都要服务于对政治生活的变革和塑造。人类在政治生活中的能动性最重要的表现就是能够按照自己的理想和价值,变革现存的政治系统、政治形态、政治制度和政治体制,塑造适合人类需要的政治生活。这种对政治生活的变革与塑造依赖于人们对未来政治运行所做出的正确、合理的行动设计。

正确、合理的政治行动设计建立在对现实政治生活加以批判、反思的基础之上。人们按照自己的愿望创立了适合人类生存和发展需要的政治生活。但是人类的需求在变化,智慧也在发展。他们运用在认识政治生活中发展起来的范畴和范畴间的联系,不断地加深对自己创造的政治生活规律的认识。政治学范畴的先验性、独立性和工具性的特征,使得政治学的研究者不仅能从旧范畴中发展出新的范畴,而且能够从已知的范畴间的联系中派生、引申甚至创造出新的关联。

通过对政治学范畴的创新和对范畴间联系的发展,人们就能发现新的政治因素、政治形式、政治权益、政治理想。当人们用创立出来的新范畴、范畴间新的联系去对照现存的政治生活和政治权益时,他们就会在反思和批判中提出革新政治

---

① 关于政治改造活动结果的图像。
② 政治改造活动的结果。

生活现有形态、结构、制度和体制的要求。这种革新的愿望和要求就会促使人们产生出政治行动的冲动。

要让政治革新取得成功,仅仅凭愿望和蛮干是不行的。许多失败的教训让人们渐渐懂得,成功的政治革新必须依靠周密的行动设计。这就要求政治革命家和革新者运用政治范畴和范畴间的联系,设计出符合政治生活变革、发展规律的行动方案。这些正确、合理的政治革新行动方案,是由政治发展目标,政治革新方式与途径,新的政治结构、政治制度、政治体制等政治范畴和范畴体系构成的。

第三节 政治学范畴的要求与发展

一、政治学范畴的要求

范畴的明晰性

政治学范畴的明晰性主要涉及范畴的表达与内容方面的问题。第一,表达范畴的语词要准确。政治学范畴都是通过语词来表达的。语词通常可以分成逻辑的和描述的两大类别。逻辑的语词又称为结构语词,比如"和"。世界上没有与"和"相对应的事物。其他的如"有的"、"一些"、"一点也不"、"或者"等等都属于逻辑语言。另一类语词就是描述性的语词,像"椅子"、"权力"这些语词是与人们直接或间接观察到的事物、关系相对应的。"椅子"是可以直接观察到的事物;而"权力"则只能是间接观察到的关系。描述性语词也可以区分为两种:或者是表示事物特征的,或者是表示特定事物的。表示事物特征的语词就是基本概念即范畴,它是政治学理论知识的基本要素。第二,范畴的内涵要明确。有些人不同意关于某一范畴是一类政治现象或事物本质的说法,认为在科学中没有"本质"特征和"真正"含义的位置,人们只能赋予范畴以经验的特征。这种看法是不对的,范畴表述的正是一类政治现象、政治事件的本质特性。

对范畴下定义是保证范畴明晰性的重要途径。一种定义方法是直接定义,能进行直接定义的必须是这一事物的特征是人人所熟悉的。另一种常用的定义方法就是从操作上给概念下定义。操作原指科学家将概念与观察到的特征联结起来的一种做法。自然科学中最为典型的操作性定义的例子是:使 O 作用于某物,产生出某个特定结果 R,我们就说它具有某种特征 D。以权力为例,在日常生活中,人们认为权力是影响他人的行为、控制他人和让他人做他所不愿做的事情的一种支配力量。其实,这只是一个借助于直觉的日常定义。如果我们观察外交官 A 与另一国的外交官 B 的行为,在 B 当众宣布他绝不会同意 A 对边界的看法后,仍接受了 A 规定的边界,这时就可以给"权力"下一个操作性的定义:每当 A 能够使 B 做他本来也不愿意做的事情时,A 对 B 就拥有权力。

但是在政治科学中并不是任何定义都可以操作的。政治学家决不能像化学家对待化学元素那样来对待人民。从严格的意义上来说,"权力"的定义不是操作性的,只是在结构上与操作性定义有某些相同之处。在政治学中,政治学家对政治概念下定义,只是从反应的或倾向的意义上来说的。倾向性定义往往借助于某一特定的范围给特殊的事物或关系下定义。

倾向性定义还可以通过态度或舆论来加以说明,如某个人以一定的方式回答一系列的问题,那么,我们就可以认为他是一个 XX 主义者。在使政治范畴操作化时,人们常常使用"变量"(variable)和"量度"(measure)等术语,这主要是为了使抽象的东西变得更加易于观察。如"政治不稳定"这一范畴就比较抽象,若对动乱加以量化,原先的抽象范畴就会变得直观化。

除了通过操作性定义的办法将范畴引入语言外,还可以使用理论的办法,即在某一理论系统中定义某一范畴。如欧几里得几何学中"点"、"线"的定义,是以它们在系统中的位置以及与其他范畴的关系来定义的。这样对于政治学来说,就存在三种形成范畴的方法:直觉的、倾向性的和理论性的。

范畴的类别性

政治学范畴表达形式与内涵的明晰性为其分类提供了基础。最常用的分类技术是二分法,比如将国家分为"民主的"与"不民主的"。分类的要求是穷尽性和排他性。要做到这一点,必须对标准和数量有一定的把握。有些概念不能采取二分法。比如,描述一个人的政治态度,除了用支持、反对以外,事实上还必须用中立这一指标,因为现实的政治人还有"沉默的大多数"。因此,对范畴进行分类时,不能拘泥于二分法,可以有多重标准,以哲学的抽象思维将事物的类型在最一般性上分为二元化存在,因为这里的哲学分析是在本体论层次上展开研究的。但在政治科学的范畴体系中,既有属于本体论的范畴,也有属于认识论或其他结构层次的范畴,不同层次的范畴,其分类方式是不同的。为了使分类比较合理,在研究政治现象时,必须从大量的经验观察中得出分类框架。

属于政治学范畴分类技术的有两种:一种是名目分类技术,一种是类型学分类技术。名目分类技术是一种悠久的传统,一直为人们所使用。在形式上它只是简单的名称排列,没有两个或两个以上变量之间的互动,也不需要详细的测量。比如,有的学者将非洲的政治系统区分为多元统治、社会主义、威权主义、执政官型政权等几大类别,使用的就是范畴的名目分类技术。

政治学范畴的名目分类技术也可用在对个别名称的解释上。比如有些学者对统合主义做了如下的界定：一种利益代表系统，构成单位的组织是单一、强制性、无竞争性、阶层化排列、功能分殊化的，为国家所承认的。这种范畴分类，其中虽然也包含着一系列的测量项，但并没有详细到程度上的区分。

政治学范畴的另一种分类技术是类型学的分类技术。它通常是运用两个或两个以上的变量间的互动来产生出政治共同体的新的类别。古代对类型学技术运用的较成功的是亚里士多德。现代比较政治学研究中较为典型的范畴类型学分类是李帕特和卡尔所作的民主和社会发展的分类。李帕特以精英行为和政治文化为两大维度，对当代的民主政治加以分类。精英行为有两种：联合的和竞争的。政治文化也有两类：同质性的和异质性的。这样民主政治的范畴就有四种：去政治式民主、向心式民主、协和式民主和离心式民主。[1] 卡尔则以相关行为者的力量和转型策略为两大维度，对社会转型范畴加以分类。相关行为者的力量有两种：精英占优势和大众占优势。转型策略也有两种：妥协和强制。社会转型的范畴就分为协议、改革、强制执行和命令四种。[2]

虽然类型学的分类技术对于发展经验理论有很大的贡献，但这一技术本身仍然存在缺陷。这一技术所列出的每一种面向实际上是连续的，但分类时却采取二分法或三分法，将每一种研究的面向武断地加以分割。这是等级主义的表现。有些人试图打破这种二分法或三分法的做法，结果又陷入烦琐的类别之中。另外，这种类型学的分类技术总是以整体比较为背景的。其实有许多政治共同体在局部上表现出另外的类型特征。

范畴的类比性

政治科学范畴的类比性是其类别性的发展。比较比分类更为有用也更为复杂。分类在于将各种政治现象归并到各个范畴之中去。每个范畴都有特性，人们可以按其特性将它们排列起来。比如，我们可以对民主国家加以比较，分为非常民主的、相当民主的和不太民主的几大类。比较的指标在于合格的选民在选民总数中所占有的比例，若比例为 1/3 以上则为非常民主，等于 1/3 为相当民主，低于 1/3 则为不太民主。

比较的目的在于对范畴可以作进一步的和详尽的区分，从而产生出更多的知识，它使人们对政治现象的认识从"或者……或者"的形式变为"或多或少"的形式。比如，我们在对西方国家议员的权力进行分类时，通常总是使用"有权"或"无权"的分类，而且必须对有权、无权进行定义。如果加以比较，就无所谓定义了。

---

[1] A. Lijphart, "Typologies of Democratic Systems", *Comparative Political Studies*, 1968, 1, 3–44.
[2] L. Karl, "Dilemmas of Democratization in Latin America", *Comparative Political Studies*, 1990, 23, 1–22.

我们不是在有权和无权两者之间选择,而是按"权力"概念对议员的地位进行排列,如"史密斯较其他议员有更大的权力"。

　　对政治科学范畴进行比较还可以找到政治中的某些规则。例如,在仅仅运用分类功能时,人们只能发现民主的政治系统是不稳定的。而当进一步加以比较,人们就能发现一个规则,即超过一定界限时,一个国家越是民主,就越不稳定。一般地说,一门科学的范畴的比较特性越是明显,标志着这门科学越是成熟。

　　在范畴具有类比和比较特性的基础上,给范畴加上某些数字上的特征,比如从"在某个冲突中,A 国比 B 国拥有更多的权力",到"A 国的权力是 B 国权力的两倍",就形成了范畴的量化功能。仅仅有比较,即只有排列,还无法让人知道前后两者之间的具体差异。对政治学家来说,如果想获得更为可靠的而不是"或者……或者"、"或多或少"的知识,就应当形成范畴的量化特征。

　　研究者一般将测量分为四种不同的层级,即定性测量或名义测量、定序测量、定距测量和定比测量。名义测量是层级最低的测量,其实质就是从性质上对研究对象进行分类,且类别是完备和互斥的,常见的如性别、党派、种族、地区、职业、专业等等。这类变量所含的信息最少、精确度最低,通过名义变量我们只能知道两个研究对象在这一变量上是一样还是不一样,而无法知道其他信息。名义测量属于定性的测量。在名义测量中,研究者也会为每一个类别指定数字,从而形成名义数据,如用"1"代表"男性",用"2"代表"女性",但是"名义数据不具备数字本身所具有的意义。对于名义尺度的变量不能进行实数域的计算,我们既不能比较所谓的'1'和'2'之间哪个大,也不能比较它们之间到底相差多少……在这里需要指出的是数字的给定是任意的"[①]。

　　比名义测量略高一个层次的是定序测量。这种测量不仅从性质上对研究对象进行分类,而且进一步根据特征的多寡强弱对各个类别进行排序,"该测量层次描述了变量的属性沿着某个纬度的排行序列"[②]。比如测量"经济发展水平"就有"高"、"中"、"低"三个序列属性。常见的定序测量还有教育水平、公务员的职务、社会阶层等等。此外,在政治学研究中很多对于公众态度的调查使用的都是定序测量,你们可能在很多问卷中看到过与下列问题相似的问题:

请问你对本市的公务员服务态度的总体评价是(　　)
很好　……………5
比较好……………4

[①] 李瑛:《现代政治学计量方法》,天津人民出版社 2002 年版,第 84—85 页。
[②] 艾尔·巴比:《社会研究方法》,邱泽奇译,华夏出版社 2005 年版,第 131 页。

一般 ……………3
比较差……………2
很差 ……………1

虽然定序测量不仅表明了不同的类别,而且还对不同的类别进行了排序,例如在对上述问卷的回答中,在"5"上打勾的人一定比在"3"上打勾的人对该市公务员服务的满意度高,但是与名义测量相似的是我们仍然无法对定序变量进行实数域的计算,例如我们不能说在"4"上打勾的人对该市公务员服务的满意度比在"2"上打勾的人多两个,也不能说前者的满意度是后者的两倍。表明变量值的数字仍然是任意给定的,例如我们也可以赋予这一问卷中的五种态度分别为:7、6、5、4、3。

定距测量"不仅可以测量被研究对象的类别和顺序,而且还可以测量被研究对象的类别之间相差的数值。定距测量除了具有定序测量级的特征之外,还具有相同的测量单位。有了相同的测量单位,类别间的距离就具有了实际意义"①。在定距测量中,类别间不仅具有固定的距离,并且类别间的距离具有意义。也就是说表明变量值的数字不再是任意给定的,而是实际的统计数字,可以对其进行加减运算。

定距测量最典型的例子是温度计上的刻度。我们知道摄氏30度和摄氏20度之间的距离与摄氏20度和摄氏10度之间的距离是相等的,我们可以说摄氏28度比摄氏24度高4度。需要特别强调的是在定距测量中,"0"值的意义是人为设定的,并不意味着特征不存在,例如摄氏零度并不意味着没有任何温度。

在政治学研究中能实际运用的定距测量很少。"社会科学研究仅有的而且常用的定距测量,是多少已被接受的标准化智力测验。多年以来,数以千计的人们接受智力测验的结果分布显示,IQ成绩100和110之间的差距,与110和120之间的差距应被看成差距不大。"但是与温度计类似,当一个人IQ为0时并不是说他没有任何智力。

另外就是定比测量。"该测量层级不仅描述了定性、定序和定距测量所提到过的属性,另外它还是以'真实的零'为基础的。"②定比测量有一个自然发生的零点,比如当我们测量收入时,收入为零意味着没有任何收入,在这种情形下,我们就可以计算变量不同值之间的比率,例如我们可以说年收入10万元是年收入5万元的2倍。常见的定比测量包括重量、收入、支出、长度、距离、人数、人均GDP、时

---

① 宋林飞:《社会调查研究方法》,上海人民出版社1990年版,第128页。
② 艾尔·巴比:《社会研究方法》,邱泽奇译,华夏出版社2005年版,第132页。

间、年龄、次数等等。由于定距测量与定比测量性质上非常接近,并且在社会科学研究中实际运用的定距测量很少,因此很多学者把两者合并称之为"定距测量",例如夏夫利在介绍测量层级时就没有区分定距测量和定比测量。

政治概念变量的测量层次越高,所包含的信息就越多,测量就越精确。正如夏夫利所说:"(1)如果变量在定类层次上被测量,我们就只知道这两个对象在这个变量上是不同的;(2)如果变量被定序测量,我们不但知道这两个对象是不同的并且知道哪一个有更高的分数;(3)如果变量被定距测量,我们知道它们是不同的,也知道哪一个有较高的分数,甚至还知道高了多少。"①

因此在政治学研究中我们应该尽可能地采用高层级的测量,因为我们总是可以把较高层级的测量转化为较低层级的测量,例如:

城　市	财　政　收　入	
	定比(距)测量(亿元)	定序测量
A	400	2
B	350	2
C	89	1
D	800	3
E	900	4
F	200	2

(假如我们设定:财政收入少于 100 亿元为"1",101—400 亿元为"2",401—800 亿元为"3",800 亿元以上为"4")

此外,"测量越精确,我们就可以用这些数据做越多的事情,也就意味着有更多的机会去发展有趣的理论"②。尽管如此,在研究中到底在哪个层级上进行测量并不能完全由我们随心所欲地加以选择。例如对于性别、地区、党派等变量来说,我们只能采用定类测量。一般说来,绝大部分的间断变量只能用定类或定序测量,而连续变量则可以采用定距测量或定比测量。

二、政治学范畴的类型

范畴类别的划分

政治学范畴的数量不仅相当大,而且还是变动的。政治现象是复杂的,要能

---

① W. 菲利普斯·夏夫利:《政治科学研究方法》,新知译,上海世纪出版集团、上海人民出版社 2006 年版,第 74 页。

② W. 菲利普斯·夏夫利:《政治科学研究方法》,新知译,上海世纪出版集团、上海人民出版社 2006 年版,第 76 页。

观察、解释、预测、创造错综复杂的政治生活，就必须加工制作出相当数量的范畴；同时，政治生活又是多变的，一些政治现象消失了，另一些政治现象又产生出来。因此，用来概括政治现象的范畴就不能一成不变，有些范畴会失去作用而被淘汰，而有些概括新的政治现象的范畴又会产生出来。

所有的政治科学的范畴并不是同等重要的。有些范畴只对某些政治现象作了概括，而有些范畴则对整个政治生活作了概括。前者显然不能算作主要范畴，后者则是主要范畴。政治学家应当特别重视的是在政治科学中占据主要地位，对观察、理解和预测政治生活特别重要的那些范畴。我们将这类在政治科学发展中具有重要地位的范畴作为基本范畴。

确定政治科学中哪些范畴属于基本范畴的原则是两个：一个原则是范畴本身所概括的政治现象的范围，另一个原则是范畴在整个理论体系中所占的位置。

对政治科学的基本范畴可以进一步加以分类。有些政治学家还按照不同的政治标准将政治科学基本范畴进行了分类。

德国政治理论学家克劳斯·冯·柏伊姆在其《当代政治理论》一书中将政治学的基本范畴分为两大类：一类是一体化的范畴，主要包括"国家"、"权力"、"政治系统"、"政治文化"、"民主"等具体的范畴；另一类是冲突性范畴，主要包括"利益集团"、"阶级冲突"、"领袖人物"等具体的范畴。

柏伊姆选择这种政治学范畴的分类方式是和当时欧洲政治生活中出现的两种趋势相关联的。一方面，欧洲特别是西欧和北欧的一些国家正努力建立共同市场，向着一体化方向迈进。另一方面东德和西德的长期分立，整个西欧和东欧对立，又表现出欧洲政治冲突的趋势。这些就成为柏伊姆思考政治学范畴分类的重要现实背景。但这种分类方式并不是非常科学和合理的。因为对于任何一个政治生活系统来说，它都存在着对立与统一这两方面的因素。将一些范畴归于一体化的模式，而将另一些范畴归于冲突的模式，难免会有牵强附会的感觉。

另外一种对政治学范畴分类做出有益尝试的是美国政治学家迈克尔·罗斯金。他在和其他多位学者共同编著的政治学教科书《政治科学》中，选择了五类范畴，用来概括美国社会生活中纷纭复杂的政治现象和政治关系。

第一类是基础性的政治范畴，主要包括"合法性"、"权力"、"民族、国家与政府"、"个人与宪法"、"民主主义、极权主义和威权主义"等具体的政治范畴。

第二类是态度性的政治范畴，主要包括"意识形态"、"政治文化"、"公共舆论"等具体的政治范畴。

第三类是互动性的政治范畴，主要包括"政治沟通和大众媒介"、"利益集团"、"政党和政党制度"、"投票"等具体的政治范畴。

第四类是制度性的政治范畴，主要包括"政府的基本结构"、"立法机关"、"行政机关"、"行政与官僚"、"法律制度和法院"等具体政治范畴。

第五类是行为性的政治范畴,主要包括"公共政策"、"暴力与革命"、"国际关系"等具体的政治范畴。

第三类、第四类和第五类范畴和政治学中的经验理论是相联系的。

这种分类方式显然和柏伊姆的完全不同,它更多的反映出美国政治学发展的特点。这五大类政治学范畴实际上是对政治生活领域的现象、关系和过程进行了逻辑建构。它有利于人们从不同角度考察和分析现实的政治生活。

基本的范畴类别

古代的、近代的和现代的政治学家们,依据政治生活呈现出来的关系、结构、性质,创立和发展出众多用以建构政治意义图景的范畴。可以说,每一部经典性的政治学著作,都包含着一整套政治学范畴体系。伴随政治生活的演变和政治学知识的变化,一些范畴因丧失了合理性,从政治学学科知识中逐步消失了。一些新的范畴则适应新的政治生活和新的政治学研究的需要而产生出来。对演变中的政治范畴进行适当的归类管理既有利于发挥出政治学范畴的各项功能,也有利于政治学范畴自身的演变发展。

虽然柏伊姆和罗斯金都是从各自所处的现实政治生活出发来对政治学范畴进行类别化处理的,但是,他们所采取的分类方式也给了人们重要的启发。柏伊姆是从现实政治生活的总体趋势入手对众多政治学范畴概括归类的。这种分类方式有利于运用范畴体系来观察、解释、预测和反思现实政治生活,对政治学理论构成中的经验理论的发展有重要帮助。罗斯金等人则是从政治学理论的逻辑结构入手对政治学范畴进行概括归类的。这种分类方式不仅有利于人们在头脑中建构政治意义图景,也兼顾了哲学理论、规范理论和经验理论的发展。

借鉴柏伊姆和罗斯金的范畴分类方式,依据政治生活的本质规定和各种政治现象、活动领域的属性差异,可以将政治学的范畴划分为以下几大基本类别。

首先是政治关系类范畴。从自然界中分化出来的人类社会形成了各种社会关系。与自然界相对应的人类社会就是所有社会关系的总和。正是这种社会关系的总和规定着人的本质。人类分领域的生活,包括经济、文化、社会和政治生活在内,都是特定的社会关系的总和。最早支配着人类的是基于血缘的伦理关系,它决定着人们繁衍、生存和发展所不可缺少的公共领域,基于伦理、生存所产生的是狭义的社会关系和文化关系。但在人类关系中变动最为迅速的是经济关系。当经济关系成为社会公共领域中占据主导地位的关系时,接下来政治关系就产生了。人们可以从逻辑上推断现代意义上的政治关系起源于以伦理权威分配公共资源的包含着权益和权威的、原始形态的政治关系。现代意义上的政治关系是以经济关系为基础的,同时又是以一定的法律为依据、以一定的强制性为前提的关系。

如同从关系中产生相互影响、相互制约,从而产生出运动一样,政治关系是政治生活中一切其他现象、活动、过程的构成元素。所有的政治生活经过过滤、分析,最终都会归结到政治关系上。因此政治关系是政治学的起始范畴。政治关系直接表现为权益关系和权力关系。为了对政治关系这一范畴加以规定并在内容上展开,就需要引入权益和权力两个核心范畴。这也是导致所有政治学理论分歧的最终原因。重视权益的则形成利益政治学,重视权力的则形成权力政治学。

其次是政治主体类范畴。政治生活决不是无主体的运动。政治关系归根到底是活动着的、具体现实的人之间发生的有关权益和权力的关系。因此,政治学应当研究政治行为主体。政治行为主体也是多种多样的。因此,在政治行为主体展开中,就会派生出政治个体、政治群体、政治集团、政治组织等等具体的范畴,诸如政治角色、政治阶级、政党、利益集团、政治精英、民族等等都可以包括在内。

同时,政治行为主体并不仅仅是一种存在的实体,它最重要的是行为、活动和行动。正是政治行为主体的行为、行动和活动,才有了政治事件、政治过程。因此,在政治行为主体这一范畴的展开中,就需要有政治行为这一具体范畴。当众多的政治行为主体类别与政治行为结合起来时,更多的、具体的政治范畴就会出现,如政党的政治行为、阶级的政治行为、群体的政治行为、协商的政治行为、合作的政治行为、冲突的政治行为,等等。

第三是政治制度类范畴。政治制度是传统政治学的分析重点。后来的行为主义对传统的制度主义发起攻击的一个重要理由是,旧制度主义没有用政治行为来说明制度是怎么产生、延续和变迁的。这也从一个方面说明,对政治行为主体及其行为的分析,必须引入政治制度这一重要范畴。当然新制度主义在引入历史的、社会的分析视角的同时,还特别强调了政治制度的资源性,从而使政治制度范畴内涵变得更为丰富,而且富有生命力。

政治制度是一整套规则。但是无论是正式的还是非正式的规则,它本身并不能凭空存在并发挥作用,规则和制度必须有载体,这就是政治组织机构。因此,在政治制度的范畴中,必须包含政治规则和政治组织机构这两个具体的政治范畴。正是这两个具体范畴,使得政治制度和政治行为主体及其政治行为联系起来。也正是在这里,行为主义和制度主义不再是对立的,而是紧密地联系着。在政治规则和政治组织机构之下,政府的结构形式、立法制度、司法制度、政党制度等等,都有了自己的逻辑地位。

第四是政治文化类范畴。政治文化是现代政治学非常重视的范畴。政治文化范畴的创立,提供了解释政治生活差异和演变的有用工具。政治文化从其结构因素来分析,既包括微观层面上的政治行为的心理因素,如信念、情感及评价意向等,也包括宏观、整体层面上的社会政治心理、政治意识形态、政治理论等。

同时,政治文化又不是静态的,它需要传承,这就是政治社会化。因此,在政治文化范畴展开时,就必须引入政治社会化范畴。在这一范畴之下,政治符号、政治传播、初步政治社会化、深度政治社会化、政治再社会化、政治世代等管理权限范畴都能找到自己发挥作用的地方。

第五是政治系统类范畴。政治系统范畴是在政治学行为主义运动中产生出来的。当代西方一大批知名的政治学家如伊斯顿、阿尔蒙德都为这一范畴的创立做出过贡献。政治系统范畴的出现,使人类对政治生活的认识有了巨大的进步。有关政治生活的整体化、政治范畴的体系化观念从此得到了确立。政治系统范畴使传统政治学中的国家范畴失去了神圣性,也使国家范畴从原来过于抽象而变得丰富具体。

政治系统范畴的展开使得政治生活环境成为政治学中不可或缺的范畴。这一具体范畴的确立,使得政治生态学、地缘政治学、气候政治学成为重要的研究领域。政治系统范畴的展开,也使政治形态与政治共同体这两个范畴变得更为重要。政治系统的存在和变迁可以借助政治共同体和政治形态得到说明。

要展示政治系统的动态性,就需要引入政治过程范畴。政治过程是政治关系一连串的相关行动或操作,最常见的是政治主体努力获取和运用合法权力的全部活动。运用政治过程范畴可以观察、解释和预测政治统治、政治治理、政治决策、政治监督、政治沟通等等现象,而政治过程本身就包含着政治变革和政治发展。

三、政治学范畴的发展

范畴发展的条件

任何一门学科知识的发展,总是首先表现在其逻辑范畴的变动和发展上。政治学的范畴是来源于现实政治生活的,但是范畴一经产生,又会对人们的政治思维产生引导、规范、制约的作用。当社会政治生活突破旧的状态向前变革、发展时,人们要观察、理解、预测、反思这些新的有时还不太确定的政治现象、政治活动、政治过程,就需要使用和选择能够对这些加以运用和操作的一套新范畴。

有时某种范畴的缺乏,常常不仅表明缺乏某些观点,也表明缺乏千方百计去解决某些政治生活问题的能力。比如,在政治学中相对较晚才出现的"合法性"这个概念就证明:包含在"合法性"概念中的一些问题以前从未被提出过;同样,"合法性"概念所表示的明确的经验模式以前也从未存在过。循此看法,政治科学的范畴或概念的发展要有两个基本条件:一是政治科学理论需要提高描述、解释和预测新异的能力,另一个是必须产生新的学术思想和观点。

新异政治现象的出现是否一定带来政治科学范畴的发展,这就取决于从事政治科学研究的知识分子的成熟度。虽然一切知识来自经验,但科学概念的形成与发展的主体不在于人民的实践,而在于知识精英的思辨精神。康德说,知识是心灵的创造。确乎如此,自亚里士多德至今,政治科学知识总是某些精英创造性的心灵与政治秩序中的问题碰撞的结果。理论的原意就是指观察和心灵的思考,是思维和智慧不断逼近永恒世界的活动,政治学家发现和推动政治范畴的动力,更主要的来自探求奥秘的心理激励。没有这样的科学知识内部的质素,难有政治科学知识的创新。不用说现实的政治权力的支持和反对影响不了知识的创新,就是优裕的物质条件也只是知识创新的有益因素,没有"醉心于真理的壮丽景象"的精英精神,科学知识必难发展。政治科学基础理论研究似乎也应分析和关心这样的问题。

范畴发展的方式

政治科学范畴的发展包括新范畴的推出和旧范畴的更新。思想观念的差异总是在语言差异中表现出来。政治科学范畴的变动性,首先表现在范畴的"过渡"与"转移"上。政治科学范畴的过渡与转移有下列几种情况:一是过渡的基础是普遍性的改变,即由一种普遍性转移到另一种普遍性;二是过渡的基础是内容要素的关联,即一个内容与另一个内容是相联的;三是过渡的基础具有相同的内容,即从不同角度分析同一个内容产生的侧面。

通常,政治科学范畴的发展方式(approach)可以概括为先验推理式和后验推理式两种:

先验推理(a priori)指不受经验和观察的制约,建立在不证自明的原理之上的推理知识和推理方式。先验推理是演绎性的,因为它是从能够用理智或直觉认识的一般观念或理论开始推论,然后才得出关于这些观念的结果或效果的逻辑上的决定因素。例如,我们从直觉上得出"公共理性的职责在于谋求一致性"这一命题,然后从这里推论出一种适用于各种情况的公共伦理范畴。先验构设方式通常与规范性政治理论研究范式相关联。

后验推理(a posteriori)指以观察和经验为根据的推理知识或推理方式。后验推理在本质上是归纳的。通过这一方法建构政治科学范畴,可以避免建立在想当然基础上的理想系统的主观臆造,而代之以对真正存在的或存在过的实体的分析。这一方式主要与实证性的政治理论研究范式相联系。

第四节　政治学范畴的体系与原则

一、政治学范畴体系的客观基础

　　作为学科门类的政治学当然不是同科学不相容的,按其本性来说,政治学是能够发展成为一门真正的科学的。但是,政治学要成为政治科学也绝不是一件轻而易举的事。它有待于人类在这一知识领域里不断地积累、创新和发展。政治学知识的积累和发展,既表现在它的内容的逐步丰富和完善上,也表现在它的结构的整体化和系统化上。从某种意义上可以说,政治学知识走向整体性是和这一学科门类走向科学性相一致的。

　　政治学知识是人类知识的一部分。同人类所有的其他知识一样,政治学知识的本性或本质是对客观现实的近似的反映。人类知识宝库中的各个部分产生的时间是不完全相同的,政治学知识是在人类历史较晚的时期才出现的。尽管亚里士多德曾经把人说成是天生的"政治动物",但这仅仅是就人生活的某个方面而言的。而且也只有人类的智慧发展到能够从公民社会的角度来观察、理解高贵的公共生活时,政治学知识才会出现。

　　政治学知识坚持把现实的政治实践和客观的政治世界作为自己的源泉和发展的动力。政治实践和客观的政治世界的变化决定着政治学知识的发展与完善。作为科学门类的政治学,其知识必然要走向整体化,这种整体化是由两方面因素决定的:一是政治学知识的来源即人类客观的政治生活的一体化;二是人类政治思维不断地走向科学化、规范化,并形成政治学知识所特有的基础理论,以及范畴结构的体系化。

　　政治学知识的整体化依赖于人类客观的政治生活的一体化。虽然人类的政治实践在相当长的时间内是分散的、自发的,由这种实践的结果所造成的人类的客观政治世界是分裂的、隔离的,但是,从整个历史的进程来说,人类的政治实践和客观的政治世界总是在缓慢地然而又是坚定地在朝着整体化的方向前进。

　　当人类结束了无阶级、无国家、无军队、无警察的"美妙"的原始社会生活,进入了阶级分裂、国家统治的社会,虽然这时的政治生活比起原始社会中群居状态下的人们的政治生活来,范围要大得多,但是政治生活的范围在最初的奴隶制国家内仍然是极其狭小的,而且是割裂的。在西欧的城邦国家中,虽然史书记载当时希腊城邦的贵族、平民热衷于进行政治辩论,但是同这些关心政治的贵族、平民相比,城邦中的地位低下的奴隶则没有任何的政治权利,他们基本上被排除在政治生活之外。

在奴隶制的条件下,由于交通条件的改善和奴隶主之间的攻城略地,人们的生活空间和观察世界的视野扩大了。尽管如此,当时的奴隶主所控制的政治共同体仍然是相当小的,而且诸侯各霸一方,政治生活并不统一,在一个区域内可能出现若干个代表民族利益的政治中心。当政治生活进入封建地主占统治地位形态以后,在西方宗教权力和世俗权力的对抗,使得政治生活进入另一种分裂状态。在东方,虽然出现了大的封建帝国,一方面是民族和国家的分离,另一方面是封闭和专制导致政治生活的保守、僵化,从而妨碍政治生活走向整体化的进程。

民族与国家的统一,政治生活的最初一体化,只有在西欧发生了第一次产业革命后才能出现。从封建专制统治下挣脱出来的早期资产阶级,以新的观念看待世界。开初只是作为冒险行为的环球航行,让欧洲人发现了新大陆。接下来的海上贸易则让新兴的资产阶级在全球到处落脚谋生。在资本家占统治地位的政治形态中,尽管政治生活因为阶级的压迫仍然是分裂的,但是资产阶级的全球化投资、经营却无意中提供了政治生活走向整体化的条件。而且,更为重要的是联合起来的无产阶级却让穷苦人的政治愿望和政治价值统一起来。

在人类社会发展的一定阶段上,客观的政治生活在形式上的一体化最先总是在民族国家中实现的,这种国家范围内的客观政治生活的一体化可以说是与国家权力机构的强化几乎是成正比例的。掌握公共政治权力的国家是对存在于社会生活各个部分、各个领域中的分散的政治权力加以集中管理的强制性机构。这一机构总是掌握在那些在经济领域中占统治地位的阶级、集团手中。这些阶级、集团正是通过强制性的政治统治和政治管理,将国家范围内的政治生活统一起来。

当然这种国家范围内的客观政治生活的统一性并不是绝对的。一方面,即使是在政治十分稳定和有序的国家中,政治生活也不可能是完全一体化的,因为总存在被统治的阶级和集团。如果把服从统治阶级的统治与控制的那部分政治生活看做是属于一定政治形态的政治生活的话,那么,不服从统治阶级统治与控制的、甚至是反对现存政治制度和体制的那部分政治生活,则是处于既定的政治形态之外的,或是非形态化的政治生活,它同属于某一既定政治形态的政治生活不可能是统一的。

另一方面,作为上述现象的某些极端化,比如战争、种族冲突乃至革命,国家政治生活的一体化就会出现明显的中断。后一种国家政治生活的分裂化只能是暂时的,一旦战争、冲突、革命结束,国家的政治生活的严重分裂就会得到缓解,并逐步消失。但是那种由于阶级的、根本利益的矛盾而引起的反制度的、处于既定政治形态之外的政治生活,在存在阶级的政治系统中是无法完全消灭的。这种形式的政治生活的非整合性、非一体化的现象会长期存在下去。因此,对于国家范围内的政治生活来说,其一体化总是相对的,它是包含着某种程度的非整合化在内的动态过程。

而在人类社会发展的另外一些阶段上,政治生活的一体化又会越出民族国家的范围,走向全球的客观政治生活的一体化。而这一过程又是同民族国家政权机器的相对弱化联系在一起的。工业革命是一股巨大的、不可抗拒的潮流,它使各个民族的经济生活、文化生活、精神生活、狭义的社会生活,开始冲破单个民族的狭隘的界限,融入到全球化的大潮之中。这种全球化的趋势屡屡被国家或国家联盟之间的冲突、纷争乃至战争所阻拦,"二战"结束以后,人类几乎有半个世纪生活在两大体系的冷战对峙之中,这对人类全球政治生活的一体化无疑是个阻碍。

在全球冷战对峙的条件下,政治生活的严重对抗既表现在国家联盟的尖锐利害冲突上,也表现在东西方政治意识的明显对立上。在20世纪80、90年代,人类终于从这种全球性的对峙与冲突中走了出来。在当代,全球的经济、政治、精神文化正以一种前所未有的速度和规模向前发展。其中,国家间政治生活在一体化方面迈出步伐最大的要数西欧。在90年代,欧洲的一些国家在经济上实现一体化以后,正在朝着政治一体化的方向前进。欧洲政治生活的一体化即超越民族国家之上的区域政治生活的整体化,必然要以单个民族政治生活的独立性的减弱为前提。我们还应当看到,在当今世界上,国家间的政治生活的一体化又是同政治生活的分裂化并存的。许多国家在同一区域内实现了政治上的联合,但有些国家却在不断地分化、解体。这种国家的联合与分裂相并存的局面可能还会长期延续下去。

全球范围内政治生活的一体化除了在国家之间的关系上有所表现之外,更为重要的还体现在政治生活的内容上。在传统社会中,由于民族、国家内部的封闭性,各个政治共同体之间的差异性比较大。而从出现产业革命、建立起世界市场、人类历史步入现代化的进程以后,各个民族国家的政治发展开始或快或慢地纳入到共同的轨道上来。各种国际政治组织的出现,各国多方位的政治外交,各国普遍遵守的国际法的建立和完善,以及越来越多的国家对民主政治的体认等等,所有这些都说明全球政治生活的一体化是一个有其客观需要的政治生活再结构化过程。

二、政治学范畴体系的构成原则

既然政治学的范畴是以客观的、外在的、感性实在的政治生活作为自己的原形和本原的,那么,政治学范畴之间的联系也必然是以感性实在的政治生活世界内部的关联作为基础的。客观外在的政治生活世界并不是杂乱无章的,就单个人的主观想象来说,他仿佛是可以"随心所欲"地参与政治的,他可以不与别的个人发生关系,但是,在现实的政治生活中,人们又总是结成一定的群体、团体、集团、组织去行动的,每个政治生活的参与者,不管他主观怎样想,事实上他总是与整个政治生活结成一定的联系,他不可能逃避这种错综复杂的联系。

感性实在的政治生活是有规则、有联系的系统,反映这一真实系统的政治学范畴也是构成体系的。而且,只有当政治学的范畴真正体系化了,政治科学才能充分显示出科学性。当然,政治学范畴的体系决不是由政治学家随意构造出来的。就政治学家的本性来说,他的确是政治学范畴大厦的建筑师。有作为的政治学家,在自己的政治学研究中,总是希望或者构筑一个局部的政治学范畴体系,或者建造一个完整的政治学范畴系统。

构筑一个完整的政治学范畴体系,需要具备一些基本的要件。一是范畴体系的构成原则,即依据什么原则将为数众多的政治学范畴排列起来,有序地链接起来。二是范畴体系的逻辑起点,即要选择一个范畴作为整个体系的起始概念。要确定这两个要件,必须选择一些成功的科学知识范畴体系作为分析研究的蓝本。在构造科学的范畴体系方面最为成功的要数黑格尔与马克思。

黑格尔在他的《逻辑学》中创立的哲学范畴体系,就其严密程度来说,是无与伦比的。作为黑格尔哲学革命内容最优秀的继承者的马克思所创作的《资本论》,则是政治经济学这一科学范畴体系的最为完美形态的创立。迄今为止,人们尽管会对《资本论》中的个别内容因时代的变迁而提出某些修改意见,但还没有谁能对这一科学范畴体系的典范性提出疑义。对于这两个科学范畴体系,列宁都作过精辟的评述。

无论是黑格尔还是马克思,对构造科学范畴体系的原则都坚持了两条。一条是逻辑与历史相统一的原则,一条是从抽象上升到具体的原则。第一条原则是要求科学范畴体系的逻辑结构与现实基础相一致。任何学科的科学范畴体系都是对已经发生的社会生活的再现。它必须将历史原原本本地展示出来。一切的社会生活历史都是由过程构成的,历史本身就蕴含在全部的过程之中。但是,任何社会科学都无法原原本本地记录历史,它必须把历史过程加以逻辑地处理。这种处理就在于将真实生活中的偶然性、曲折性去除掉,让历史变得较为平直,并从这种平直中找出必然的逻辑线索。[①]

历史与逻辑相一致的原则要求人们在构建范畴体系时,必须顾及以下两个方

[①] 关于历史与逻辑的关系有多种含义:第一种含义是指客观实在及其在人的意识中的反映之间的关系,第二种含义是指客观实际本身发展过程的表现与客体发展中的规律性之间的关系,第三种含义是指客体发展过程与客体发展结果之间的关系,第四种含义是指认识过程中经验的层次与理论层次之间的关系。这里主要取第二种含义。

面。一个方面是必须让逻辑去追寻历史。逻辑一旦脱离了历史,逻辑就会成为人们的臆造。因此,作为科学范畴的结构或范畴间的合理的顺序与关联,它必须与历史上出现的真实关系的空间的排列与时间的推移是吻合的。另一方面是历史也必须追寻逻辑。历史的确也是有缺陷的。历史并不是笔直的,其间充满了在后来的人们看来完全没有必要的曲折和弯路。人们不可能预先对历史做出严格的设计,人类社会的历史只不过是许多人非常不自觉的活动的集合而已。因此,逻辑在某种程度上也可以"修正"历史。当然,它不可能让时光倒流,但它却可以指出现实历史的缺陷,将不必要的曲折和弯路去除掉。

从抽象上升为具体是建构科学范畴体系的另一条原则。这里的抽象与具体已经不再具有日常语言中的含义了。无论是抽象还是具体都属于与感性实在相对立的方面。这里的抽象指的是从感性实在中抽取出来的某些个别的规定性,它是从整体中分析出来的、抽取出来的东西。这里的具体指的是对象的规定性已不再处于孤立的状态,而是相互联系,结成一个完整的系统。从抽象到具体的过程,就是对象的规定性不断增加的过程。黑格尔曾经用一个比喻来说明抽象和具体的区别。他说一个天真的幼童偶尔也会模仿大人讲话,说生活真不容易。一个老人在回顾一生的坎坷的经历时,也说了一句人生真不容易。完全一样的话,从幼童口中讲出和从饱经风霜的老人嘴中道出,所包含的内容是不一样的。前者只是一种抽象,后者则是具体。

从抽象到具体,即对象的规定性不断地增加,这种规定性的增多就好像是植物从一颗种子开始不断地依次长出主根、须根、叶片、枝干直至开花结果。这一过程有时与真实的植物生长史是一致的,有时却不完全一致。因此,从抽象上升到思维的具体的原则,"只是思维用来掌握具体、把它当作一个精神上的具体再现出来的方式"。[①] 而在从抽象上升到具体的过程中,任何一个范畴"只是认识具体事物的一个阶段,因为我们永远不会完全认识具体事物。一般概念、规律等等的无限总和才提供完全的具体事物"[②]。

三、政治学范畴体系的初始范畴

正是上述的两条原则规定了作为科学范畴体系的起始范畴的基本属性。作为一个科学范畴体系的起始范畴,它必须是处在真实的历史起点上;作为初始性范畴,它又必须是最简单的。因为处在逻辑的起点上,因而其规定性是最少的,是

---

① 《马克思恩格斯选集》第 2 卷,人民出版社 1995 年版,第 19 页。
② 参见《列宁全集》第 55 卷,人民出版社 1990 年版,第 85—90 页。

最为抽象的。但是,作为起始性范畴,它又必须是这一对象中最平常的、最普通的。它本身必定是蕴含着以后一切发展过程的矛盾的萌芽。

黑格尔认为:离开开端而前进,应当看做只不过是开端的进一步规定,所以开端的东西仍然是一切后继者的基础,并不因其后继者而消灭。——而且只要这种过渡一发生,这种前进也便同样又把自己扬弃了,所以哲学的开端,在一切后继的发展中,都是当前现在的、自己保持的基础,是完全长留在以后规定的内部的东西。

在《逻辑学》中,黑格尔选择了"有"即"存在"作为最初的范畴。"有"即"是",但是"是"是什么?没有规定,实质上就是"无"。作为"开始"来说,它既是"有",因为"开始了";然而这又是"无",因这仅仅是开始,还没有任何东西。正是这种"有"与"无"的交互作用,产生出"变"。

黑格尔将这三个哲学范畴"有"、"无"、"变",分别与历史上的三种哲学体系联系起来。"有"即"存在",来自阿那克塞哥拉哲学的核心概念,"无"来自印度佛教哲学的核心概念,"变"则是赫拉克利特哲学中的核心思想。虽然这三种哲学未必在时间上真的是按照上述的次序出现的,但是,它们在逻辑上结成了相互依存的关系。

在《资本论》中,马克思比较了研究资本主义政治经济关系的两条道路。第一条道路是从人口开始研究,然后转到它的阶级划分,转到城乡之间、不同生产部门之间的人口分布,接着转到输出与输入、生产和消费、商品的价格、价值、货币、雇佣劳动,等等。这条道路是政治经济学在其产生时期走过的历史道路。

马克思指出:"如果我从人口着手,那么,这就是关于整体的一个混沌的表象,并且通过更切近的规定我就会在分析中达到越来越简单的概念;从表象中的具体达到越来越稀薄的抽象,直到我达到一些最简单的规定。于是行程又得从那里回过头来,直到我最后又回到人口,但这回人口已不是关于整体的一个混沌的表象,而是一个具有许多规定和关系的丰富的总体了。"①

在第二条道路上,则实现着从最简单的抽象,诸如"劳动"、"交换价值",上升到具体的东西,诸如"国家"、"世界市场"。在这里,"具体的东西"不是第一条道路通常由之开头的那种感性的具体,它是再现客体的本质和运行规律的思维中的具体。

马克思指出:"后一种方法显然是科学上正确的方法。具体之所以具体,因为它是许多规定的综合,因而是多样性的统一。因此它在思维中表现为综合的过程,表现为结果,而不是表现为起点,虽然它是现实的起点,因而也是直观和表象的起点。在第一条道路上,完整的表象蒸发为抽象的规定;在第二条道路上,抽象

---

① 《马克思恩格斯选集》第2卷,人民出版社1995年版,第18页。

的规定在思维行程中导致具体的再现。"①

马克思没有将社会或人作为这一体系的起始范畴,他认为人并不是单个的原子,人恰恰是复杂的社会关系的总和,要了解人,必须先对社会有所认识;同样,社会本来就是一个由多种因素组成的有机体,社会却是要通过研究加以分析的对象,只有对其组成部分理解了,方能最终认识社会。马克思最后是把商品作为资本运动分析的起点的。因为,在资本主义社会中,商品乃是最平常的、最普遍的存在物,是资本主义的细胞,资本主义本身就是一个巨大的商品堆积;同时,商品中已经蕴含着资本主义一切矛盾的胚胎,商品的发展过程就是这些矛盾展开的过程。

无论是黑格尔、马克思还是列宁,都曾探讨过知识体系的逻辑起点问题。但是,马克思所研究的《资本论》的逻辑起点,显然与黑格尔、列宁所研究的逻辑起点是不一样的。马克思研究的不是哲学这一学科知识体系的逻辑起点,他要寻找的是一个特殊社会制度运动的历史与逻辑的起点;而黑格尔与列宁要探讨的是一般哲学体系的逻辑上的起始范畴。

对于非哲学的具体学科比如政治学学科来说,究竟用什么范畴来作为其知识体系的逻辑起始概念,这需要从这一学科所研究的客观现象本身的历史与发展规律来考察。能够作为政治科学范畴体系逻辑起点的范畴,必须符合以下规定:一是这一范畴所反映的必须是政治生活领域中的关系;二是这一范畴应当是政治生活中的最为简单的关系;三是这一范畴应该包含处在胚芽阶段的矛盾关系。

在选择以什么范畴作为政治学知识体系的起始范畴的问题上,目前学术界有四种主要观点:第一种观点是把政治人作为最基本的分析工具。第二种观点是将政治权力看做是最初的概念。第三种观点是将政治系统作为整个政治学知识的初始范畴。最后一种观点是把政治学知识体系的逻辑起点确定为政治共同体。

能不能将政治人作为政治学知识体系的最初概念呢?显然不能。理由是:首先,尽管这种观点对人作了接近现实的规定,即不是完全抽象地讲人,而是赋予了人一定的属性即政治属性,但是,这种政治人的假设依然是不科学的。现实的人其属性决不是分裂的,他们不是以什么"经济人"、"宗教人"、"伦理人"、"政治人"的形态而存在的。在政治生活中活动的人是一个完整的人。

其次,既然在政治生活中活动着的人是有多方面属性的、活生生的人,那么,这种政治人与社会政治关系的联系就不是政治人决定政治关系,相反的,是错综复杂的政治关系决定了政治人。这样,本来以为可以通过政治人来研究政治关系,结果却走到反面:只有先研究好了政治关系,然后才有可能去研究政治人。

---

① 《马克思恩格斯选集》第2卷,人民出版社1995年版,第18页。

能不能把权力作为政治学知识体系的逻辑起点呢？显然也不能。因为：首先，权力并不是一种独立的存在物，权力不过是一种社会关系，它表明在社会生活中，一些现象对另一些现象的制约与影响。因此，应当用社会关系来说明权力，而不是用权力来说明社会关系，因此权力具有派生性。

其次，权力是一个外延很大从而内涵不怎么确定的概念。从人与自然的关系来看，自然对人或人对自然都存在权力，这时权力的双方不一定都是人；而对于社会权力来说，权力的双方既可以是单个的人，也可以是某个团体。因此，权力带有较大的模糊性。

再次，即使将权力限制在社会政治的范围内，权力也绝不可能成为将一切政治现象统括起来的概念。因为与其说政治权力在维持着某种政治制度，还不如说是某种政治制度赋予某些团体、集团以不同程度的政治权力。而在对抗性的社会中，政治生活中经常出现的现象是，当一些集团具有权力时，另一些集团则很少有权力，甚至完全失去权力。

能不能将政治系统作为政治学知识体系的起始范畴呢？这也值得商量。政治系统范畴是西方行为主义政治学家们创立起来的。美国政治学家戴维·伊斯顿将政治生活视为一个系统，它被周围的环境包围着，并与其进行着能量的、信息的、物质的交换。政治生活系统作为一个开放的体系，人们对政治当局的支持和要求成为它的输入，而当局制定的政策就成为它的输出。政策实施的结果又成为一种新的输入，这是系统的反馈环节。

伊斯顿认为有了政治系统这一范畴，就可以确定政治生活中的一些主要变量，就可以详细说明这些变量之间的关系，就可以将政治生活的要素概括成为一个逻辑上连贯的有机体。应当说，伊斯顿的这一想法是不错的。

但是，政治系统同样不能作为政治科学范畴体系的起始范畴，这是因为：首先，政治系统是政治生活发展到一定程度才出现的，人类在相当长的历史阶段上，尽管已经有了政治关系，但政治生活不发达，国家机构不健全，也没有政治活动。真正系统化的政治生活只是现代的事。它本身就是一个复杂的有机体。

其次，政治系统本身是复杂的，要了解政治系统，就必须首先去研究构成政治系统的外在环境因素、内在结构因素。政治系统不是作为政治生活的起始因素而出现的；相反，它是作为多因素的综合体而存在的。

能不能将政治共同体作为政治科学范畴体系的逻辑起点呢？可能也不行。首先，政治共同体这一概念比较含糊。如果将现在存在的西欧经济政治共同体作为政治共同体的例子，那么，政治共同体的复杂性显然比政治系统多得多，它将许多国家聚合在一起。要分析政治共同体，首先就要分析国家这一概念。

其次，如果将政治共同体仅仅作为一个国家来看待，共同体这一概念给人的表象是基于一定空间范围内的集合,它可以指一个民族国家。而在很多情况下,一定空间范围内的政治生活并不是完全和谐一致的,国家内部有时会出现分裂。致力于国家内部的和谐一致,使整个社会凝结为一个整体却是国家政治生活一直所希望达到的状态。

真正能够作为政治科学范畴体系的逻辑起点的范畴只能是政治关系。

马克思在《资本论》中将商品作为逻辑分析的起点,在现代社会中,商品既包括货物(goods)也包括服务(services)。因此,商品绝不仅仅是一种物品,它的本质是一种关系。正因为商品是人与人的关系,因而,商品是可以交换的,这种交换是商品供给者的劳动与商品需求者的劳动所实行的等价交换。正因为有了商品这种关系,现代经济社会才会建立起来。

政治关系表示的是政治活动主体之间的以经济利益作为基础的对社会中有价值东西进行权威分配的关系。政治关系范畴之所以能够成为政治科学范畴体系的初始范畴是基于下述理由:

首先,政治关系是政治生活中最基本的因素。政治科学中的其他概念,如政治系统、政治体系、政治权力、政治行为、政治统治、政治管理,等等,都与政治关系联系在一起。

政治系统、政治体系不过是一定时空中的政治关系的总和;政治权力尽管在人们的表象上具有某种实在物的形象,但究其实质,它只是一种影响与被影响、支配与被支配、制约与被制约的关系,政治行为仿佛只是行为主体的能动性的结果。但是,只要我们稍微深入分析一下就会马上发现,正是行为主体所具有的种种政治关系才使他产生了活动动机、目的及行为所指向的客体,这样一来,似乎最初的规定被颠倒过来了:不是行为导致了关系,而是关系导致了行为。至于政治统治、政治管理等等,无一不是政治关系的表现。

其次,政治关系本身蕴含着政治生活系统发展的一切矛盾的萌芽。政治关系只是社会关系中的一种关系,它首先与经济关系有着密切的关联。政治关系与经济关系的矛盾是政治生活发展的外部推动力量。从政治关系本身的结构来看,任何政治关系反映的都是两个或两个以上的利益集团之间的影响与被影响、支配与服从的关系。这种关系会演变为阶级矛盾关系、政党竞争关系、政治统治关系、政治控制关系。正是这些内在的关系,推动着政治生活的运动、变化。

本章小结

政治认识的本质是政治认识客体在政治认识主体的头脑中形成的主观图景。政治学研究创造政治学知识的活动是政治学专业的研究者运用专业的语言即范畴及范畴体系来构建新的政治实体或政治现实的意义图景,赋予政治生活以新的意义结构框架的能动活动。

政治学范畴既是建构政治意义图景的材料,又是政治学者可以将其独立出来加以处理的对象。对于政治学家来说,政治学范畴是他在专业研究中时刻要处理和运用的工具。政治学范畴具有经验性与先验性、本体性与工具性、对应性与独立性等特性。政治学范畴发挥着观察政治生活、解释政治过程、预测政治变化和设计政治行动的功能。在政治学研究中,表达范畴的语词要准确,范畴的内涵要明确。对政治学范畴做适当分类至关重要,可借助名目分类技术和类型学分类技术来进行。还需要对政治学范畴做比较,其目的在于对范畴可以作进一步的和详尽的区分,从而产生出更多的知识。

政治学知识的积累与更新也表现在政治学理论范畴的变动和发展上,其主要方式有先验推理式和后验推理式两种。人类政治思维的不断的科学化、规范化,必然导致政治学范畴结构的整合化和体系化。同所有学科知识一样,政治学范畴的体系化必须坚持逻辑与历史相统一的原则、从抽象上升到具体的原则。这两条原则又规定了作为理论范畴体系的起始范畴的基本属性。真正能够作为政治科学范畴体系的逻辑起点的范畴只能是政治关系。

关键概念

政治意义图景　政治学范畴　政治学范畴类型　政治学范畴体系　初始范畴

研究与思考

如何理解政治认识主体对政治认识客体的能动性?
政治现实与政治主体头脑中的意义图景是什么关系?
政治主体头脑中的政治意义图景是如何建构的?
如何理解政治学范畴的性质?
政治学范畴具有哪些基本功能?
如何实现政治学范畴的明晰性?
怎样才能使政治学范畴具有类别性和类比性?
政治学范畴发展的条件和方式是什么?
为什么政治学理论发展会导致范畴的体系化?
为什么政治关系是政治学范畴体系的起始范畴?

※※※※※※※※※
※ 相关知识 ※
※※※※※※※※※

《资本论》中经济范畴的体系

马克思在《资本论》中构建了一个反映资本主义产生与发展的历史和现实资本主义运行过程的经济范畴体系。

从抽象上升到具体的原则

在《〈政治经济学批判〉导言》中，马克思认为政治经济学研究的正确方法应该是从抽象上升到具体的方法。这是一种"思维用来掌握具体并把它当作一个精神上的具体再现出来的方法"。人们在现实中看到的具体的事物只是直观和表象中的混沌的具体。对这种具体需要进行加工。运用从抽象上升到具体的方法或原则，研究者就需要在头脑中展开像化学过滤一样的分析过程。在分析中，思维要经过两条道路。在"第一条道路"上，"完整的表象蒸发为抽象的规定"。这时已经从直观混沌的具体上升为抽象。在"第二条道路上，抽象的规定在思维行程中导致具体的再现"。这时又从抽象上升为思维和精神上的具体，这种具体"已不是一个整体的混沌表象，而是一个具有许多规定和关系的丰富的总体了"。

范畴体系开端的细胞

要在思维中将客观事物、运动再现出来，就需要一步一步地进行范畴的创设和排列组合。"只有这项工作完成之后，现实的运动才能适当地叙述出来。这一点一旦做到，材料的生命一旦观念地反映出来，呈现在我们面前的就好像是一个先验的结构了"。要形成这么一个似乎是先验的范畴结构，第一步就需要确定起始范畴。

起始范畴不应当是直观、表象或实在的具体。"从实在和具体开始，从现实的前提开始，因而，例如在经济学上从作为全部社会生产行为的基础和主体的人口开始，似乎是正确的。但是，更仔细地考察起来，这是错误的。"作为政治经济学范畴体系的起始范围应当是整个客观现实运动中的细胞。这个就是商品。"以货币形式为其完成形态的价值形式，是极无内容和极其简单的。然而，2000多年来人类智慧在这方面进行探索的努力，并未得到什么结果，而对更有内容和更复杂的形式的分析，却至少已接近于成功。为什么会这样呢？因为已经发育的身体比身体的细胞容易研究些。并且，分析经济形式，既不能用显微镜，也不能用化学试剂。二者都必须用抽象力来代替。而对资产阶级社会说来，劳动产品的商品形式，或者商品的价值形式，就是经济的细胞形式。"把握了商品，就能准确地发现资产阶级社会一切矛盾的胚芽。

逻辑和历史统一的体系

构建的范畴体系要再现客观的现象和运动,就必须将历史和逻辑有机结合起来。"历史常常是跳跃式地和曲折前进的,如果必须处处跟随着它,那就势必不仅会注意许多无关紧要的材料,而且也会常常打断思想进程。"因此,在构建范畴体系时,尽管"历史从哪里开始,思想的进程也应当从哪里开始,而思想进程的进一步发展不过是历史过程在抽象的、理论上前后一贯的形式上的反映;这种反映是经过修正的,然而是按照现实的历史过程本身的规律修正的"。

这种对历史的所作的必要的逻辑修正是科学、合理地排列范畴所必需的。经过细致的范畴创设与安排,从细胞开始的范畴体系就逐步从抽象走向思维上的具体。这种以范畴体系的形式呈现出来的"具体之所以具体,因为它是许多规定的综合,因而是多样性的统一。因此它在思维中表现为综合的过程,表现为结果"。

(资料来源:《马克思恩格斯全集》第12、23卷,《马克思恩格斯选集》第2卷。)

建议进一步阅读的文献

要对政治学研究中必须运用社会理性思维作进一步的了解,可阅读吉登斯的《社会学方法的新规则:一种对解释社会学的建设性批判》(社会科学文献出版社2003年版)中第一版导言、第二章部分的内容。

第八章 政治学范畴体系

【学习要点提示】

政治关系类范畴
    政治关系
    政治权益
    政治权力

政治主体类范畴
    政治主体
    政治社会化
    政治行为

政治制度类范畴
    政治制度
    政治机构
    政治体制

政治文化类范畴
    政治文化
    政治心理
    意识形态

政治系统类范畴
    政治系统
    政治形态
    政治发展

第一节 政治关系类范畴

一、政治关系

政治关系是指人们之间的一种以政治权益和政治权力为主要内容的相互依存、相互关联。

首先,政治关系是人们之间的相互依存。它表示行为者之间并不是随意聚在一起的,让他们聚合的原因是相互的关联和依存。一旦这种相互的关联和依存消失了,行为者就没有必要聚合在一起。

其次,政治关系又是人们之间特定的关系。行为者之间依存和关联的原因可能是相同血缘,可能是经济利益、可能是宗教信仰、可能是讲相同的语言,等等。但这些都不是政治关系,政治关系是指行为者因为权益和权力才相互关联、相互依存的。

政治关系的形成

亚里士多德这位从古希腊的城邦中产生出来的政治学家说过一句话:人是天生的政治动物。达尔与亚里士多德的看法是相同的。他认为政治是人类生存的一个无法回避的事实,"无论一个人是否喜欢,实际上都不能完全置身于某种政治体系之外。一位公民,在一个国家、市镇、学校、教会、商行、工会、俱乐部、政党、公民社团以及许多其他组织的治理部门中,处处都会碰到政治"[①]。

亚里士多德强调人身上具有政治关系,这种看法在今天仍然是正确的。但是,要让这一见解更完善一点,我们就必须从两方面展开阐释:一方面是作为一个类的人从无政治状态向政治生活的过渡;另一方面是个体的人要从无政治状态向政治生活的过渡。前者是关于整个人类政治关系的形成问题,后者是关于个体的政治关系的形成问题。前一个问题是一个逻辑起源的考察,后一个问题则是现实起源的考察。

对于在地球上已经存续了数百万年的生物种类,它是否从一出现就有了政治生活,在整个类中就具有了政治关系的问题,人们的认识并不是很一致的。相当多的政治学者认为,只有到了人类社会出现了阶级、国家之后,人类才有了政治生活,从那里开始的个体身上才有了政治关系。而这种认识必然要回答与此相关的另一问题,即人类何时才会从政治生活中退出,个体身上的政治关系从此消失,很多答案也是和国家、阶级的消亡与消灭联系在一起的。

有些学者将这种说法归结为马克思、恩格斯、列宁的观点。这是十分牵强附会的。马克思和恩格斯的确论述过家庭、国家和私有制的起源问题。他们将阶级的分化与私有制的出现联系起来,将国家的产生与对立阶级不可调和的矛盾联系起来。但是,他们并没有认定,在没有国家、阶级之前人类就没有政治生活和政治关系。列宁也谈到过在无产阶级上升为统治阶级之后,仍然需要国家。但是当阶级消灭以后,国家就会消亡。从存在国家到国家消亡之间有一个漫长的过渡时期,在这一时期中存在的将是不再有暴力成分而只有管事成分的"半国家"。列宁

---

① Robert A. Dahl, *Molitical Analysis*, Prentice-Hall, Inc. 1963, p.1.

甚至认为总有一天人类会把国家送入博物馆,与青铜器陈列在一起。但是列宁也没有讲过,在阶级、国家消失以后,人类就没有了政治生活。

另外一种极端的观点是法国学者莫里斯·迪韦尔热提出来的。他不同意关于只有到了阶级社会、有了国家之后才有政治的看法,他认为,在"基本上建立在血缘关系上"的散落社会里,家族集团及缓解相互间的"对抗与冲突、联盟体系、调解方式——这些基本上都属于政治关系"①,他从逻辑上得出政治关系是贯穿人类社会始终的永恒关系的结论。

如果将政治生活看成是人们的一种基于公民社会的公共生活,那么人作为一个类,可能一开始的群居生活是以血缘生活出现的,人类最早的相互关系只能是血缘关系。只有突破血缘关系,产生不同血缘群体间的交往,才会有最初的公共生活。为了协调不同血缘群体之间、个体之间的关系,人类必然要发展起组织公共生活的管理机构,为了管理而制定各种成文的或不成文的规则。氏族、胞族、部落制度正是人类在其发展的早期阶段所产生的管理制度和管理规则。这种人类发展早期阶段上的公共管理机构、公共管理制度和规则,是一种"原始民主制"或"原始军事民主集中制"。摩尔根在他的《古代社会》这一著作中曾讲过,酋长统治集团在形式上是一种寡头政治,但却是古老类型的代议制的民主制。虽然严格地讲,这决不是现代意义上的"政治",但也不能说那就不是政治,那是一种原始的、低级形态的政治。

人类一旦有了公共生活,产生了公共管理的需要,就会有行动主体的权益和公共权力的问题,政治生活自然而然就产生了,政治关系也就出现了。至于人们在何时发现了这种生活类别,何时认识到存在这种特殊的人类关系,这显然是另外一个问题,即政治学知识的发生学问题。人类一旦有了政治生活,不管这种政治生活最初的范围多么狭小,也不管其程度如何低下,它就像是一种既得的力量一样,会传承和延续下去。随着人类群居共同体的扩大,需要管理的公共问题日益增多,各种管理机构、管理规则就逐步地被发明出来。另外,人类智力的提升,也使政治生活和政治关系成为研究的对象,有关政治的知识获得发展,这也促进了政治生活和政治关系向更高的水平演进。

与人类政治生活、政治关系的产生、形成既有关联也有区别的问题,是人类个体的政治生活与政治关系的产生与形成。就个体而言,显然并不是一来到人世,他就能立即进入政治生活,马上就具有政治关系的。当一个新生命降临到人世间时,他只是一个生物学意义上的人,要变成政治意义上的人需要经过一个政治社会化过程。在一个人未成为"政治人"以前,作为一种既成现象的政治形态、政治

---

① 莫里斯·迪韦尔热:《政治社会学》,杨祖功等译,华夏出版社1987年版,第264页。

文化、政治结构、政治制度、政治体制已经存在。这些当时人们普遍认同的政治生活系统的因素,会通过家庭和学校的教化、同龄群体的交往、各种传媒的影响、组织机构的教育等多种形式,灌输给新的一代。同时,新成长起来的一代人在政治社会化过程中,又会加入到一定的政治群体、团体、集团和组织之中,并接受群体、团体、集团、组织内部特有的文化、规范。

只有当社会普遍通行的政治文化、政治规范、政治价值内化为一个新的社会成员的政治行为、政治行动价值取向和判断标准时,他才成为一个政治人,他才会进入政治关系之中。在通常情况下,一个人只有当个体的生命结束时,他才退出了政治生活,他身上的政治关系也才会消失。有时,政治生活系统也会对某些对抗政治制度、政治体制的个体加以行为和行动上的限制,剥夺其政治权利,不让他继续进入政治生活。这时,这些个体身上的政治关系也就不存在了。

政治关系的情境

既然政治生活是政治关系的总和,研究政治学似乎就应当径直去研究政治关系。但是,人们是难以直接抓取到完全独立的、纯粹的政治关系的。我们能够观察、审视的只是政治关系的情境。政治关系就潜藏在这种情境之中。善于做政治学研究的人,总是先掌握政治关系的情境,然后再从这种情境中像做化学实验一样,剥离出、过滤出他所要研究分析的政治关系。政治关系的情境性是由现实人的本质决定的。

政治学反对把抽象的人作为研究对象,它研究的出发点是在现实社会中生活着的具体的、现实的、"社会的"人。这种现实的人,与他人、与社会结成了各种各样的关系。他要改造自然,生产出维持自己生存的物质生活资料,就必须与他人结成生产关系;如果他生产的产品需要进行交换,他就创造着经济关系;如果他组成了家庭并生育了后代,其身上就增加出婚姻关系、血缘关系,等等。因此,人的本质不是由其肉体、骨骼即其生物学的属性来决定的,而是由其赖以存在的社会关系决定的。正是在这一意义上,马克思在批判人本主义哲学家路德维希·费尔巴哈时才正确地指出:"人的本质……是一切社会关系的总和。"[①]

一个人,一个现实的人,处在各种关系之中,每一种关系都赋予他一定的角色。一个人可以同时扮演多种角色,形成角色丛。每种角色都使人成为一种专门的人。因此,具体的人可以是个"文化人"、"社会人"、"经济人"。当然,经过政治社会化以后,他还会是一个"政治人"。显然,作为现实的"政治人",他既不可能是离群索居的孤立的政治个体,也不可能是只有政治关系的纯粹的政治个体,他必

[①] 《马克思恩格斯选集》第1卷,人民出版社1995年版,第60页。

须是群体、团体、集团、组织的成员,必须是经济人、文化人、社会化和政治人的有机统一体。正是在与其他政治个体的交往中,他才具有政治关系。也正是在经济关系、社会关系和文化关系的背景之上,他才有了真实的政治关系。

因此,现实的政治关系决不是孤立的、纯粹的关系。政治关系植根于经济关系、文化关系、社会关系之中,并且和它们交织在一起。政治关系总是以这些关系作为自己存在和发展的前提与背景。当然,政治关系也有一定的独立性,其存在和发展有时似乎不一定要追随特定的经济关系、文化关系和社会关系,特定的经济关系、文化关系和社会关系也不是随时都直接决定着某种政治关系的,但这种独立性和分离性是非常有限的。

正因为政治关系植根于、交织于其他的人类生活关系之中,我们在观察、分析具体的政治关系的存在与发展演变时,就应当认真考察与政治关系相联系的人们的经济关系、文化关系、社会关系。对于这一点,政治学家们是在研究中逐步认识到的。在马克思、恩格斯以前的政治学家们喜欢把政治关系看成是决定人类存在和发展的根本性关系。马克思、恩格斯纠正了这种偏见,指出物质的生产关系、经济关系才是起决定作用的关系。但是,对于文化关系与政治关系的联系,只是到了20世纪四五十年代阿尔蒙德提出了政治文化理论以后,文化关系才进入了政治学研究者的视野。至于从公民社会、从狭义的社会关系来研究政治关系,则更是到了20世纪70年代以后才被很多的政治学学者所认同。[①]

政治关系的表现

人类的政治关系如同其他的经济关系、文化关系、社会关系一样,并不是一成不变的。在不同的时期会有不同的内容和表现形式。这也是导致人们在关于什么是政治的问题上产生争论的原因之一。在原始平等的政治形态中,人们之间政治关系的主要内容是处理氏族、部落中的公共问题。这些公共问题主要与处理和周边部落间的冲突、组织军事行动实行血族复仇、进行大型的围猎以及开展祭祀活动有关。政治关系主要表现为部落关系,尤其是血族复仇关系。

在出现私有制、产生阶级以后,人们政治生活的主要内容就是解决基于阶级利益冲突之上的公共问题。政治关系主要表现为阶级关系。在对抗的阶级从人类社会生活中消失之前,政治关系中的阶级因素是不会消失的。因此,无论是法国大革命时期的历史学家,还是马克思、恩格斯、列宁、毛泽东,都曾经正确地指出

[①] 艾里斯·扬认为,虽然在20世纪50年代,阿伦特就主张将公共参与行动视为人类自由和高贵的体现,但是只是到了20世纪70年代,政治理论家们才成为政治是有关公民权的一种参与式的理性活动这一观念的守护者。参见罗伯特·古丁、汉斯-迪特尔·克林格曼主编《政治科学新手册》(下册),钟开斌等译,三联书店2006年版,第667—668页。

过,自从进入阶级社会以后,人类历史就是阶级斗争的历史,人类的政治就是阶级之间的斗争,人们之间的政治关系主要是阶级关系。与阶级斗争有关的人类活动,如阶级统治活动、对立阶级之间矛盾不可调和的产物即国家的活动、阶级先锋队组织即政党的活动、一个阶级推翻另一个阶级统治的革命活动,所有这些都是政治生活的主要内容。

由于在蒙昧时代和野蛮时代人类智力的发展还没有达到能够用文字来记载自己的生活的程度,再加上时代久远,能够保留下来的遗迹非常稀少,因此今天的人们对自己的祖先在进入阶级对立以前究竟有过何种政治生活和政治关系,已经无法知道了。但是,人们对于存在阶级和阶级斗争条件下的人类政治生活和政治关系却有过长久和详细的记载与研究。这种状况就容易使生活在今天的政治学家们产生一种观念,即政治生活就是阶级斗争,政治关系就是阶级和阶级斗争的关系。

这种把特定时期政治生活的特定内容和政治关系的特定表现当作人类所有政治生活的内容和所有政治关系表现的做法,已经让我们遭受了巨大的痛苦。在新中国建立以后,敌对的阶级分子已经逐步地消失了,不可调和的对抗阶级之间的关系也逐步消失了,政治生活的内容已经转向不同利益的个体、群体、团体、集团和组织之间,以合作、协商来解决社会公共问题。以你死我活的阶级关系为表现形式的政治关系,也已经有了人们之间合作、协商关系的新的表现形式。但是,一些政治家依然把政治看成是阶级之间的斗争,把政治关系依然看成是阶级关系,一场接一场的以阶级斗争为纲的运动,最终酿成让整个民族陷入空前浩劫的灾难之中。

在今天,除了一些极左分子外,没有人再会把现代化建设中的政治看成是阶级斗争的政治,也没有人再把现今中国的政治关系说成是阶级关系。在社会转型中,政治生活并没有消失,也不能简单地用经济关系来代替政治关系。今天的政治关系更多的表现为在公民社会基础之上,人们在广泛参与公共生活时发生的合作、协商关系。政治建设的首要任务也是确保人民当家作主。

政治关系的内容

政治关系之所以和其他人类的关系相区别,就在于这种关系是围绕政治权益发生的。两个个体之间或两个团体之间,如果不发生政治权益方面的问题,不会在政治上相互依存和相互关联。政治关系和经济关系、文化关系、社会关系的不同就在于它是以政治权益为基础的。政治权益中的关键问题是差异。这种差异因程度的不同而导致不同的政治关系。差异可以是巨大的,也可以是微小的,导致的政治关系则可能是冲突的和合作的。

在现代政治生活中,赞同民主政治的政治系统几乎都强调人们的基本政治权益是平等的,为什么会发生事实上人们享受到的政治权益却是有差异的?关键就在于,政治权益的获得在从法律的规定到政治行为主体的实际获取之间,有政治权力和由它所规定的政治规则的作用。因此,政治关系的核心是政治权力。政治权力的配置和运用涉及的是集中与分散、专制与民主的问题。政治权力的配置与使用的一个极端状况是集中、专制,造成的是专制的政治关系;政治权力的配置与使用的另一个极端状况则是分散、民主,造成的是民主的政治关系。

二、政治权益

政治权益是在公共领域中存在的,通常是由法律加以重申和保护的,但在具体的政治行为主体获取和享受时,却受到政治规则和政治权力影响的权利和利益。政治权益是政治权利和政治利益的有机统一。政治权益不是一般意义上的权利和利益。一般意义上的行为主体的权利是多方面的,有父母的权利、儿女的权利、具体的法律上的权利,等等。但在政治生活中,通常所讲的权利则是属于作为个体、群体、团体、集团、组织所应当具有的基本权利。比如每个人都具有享受教育的权利、享受居住的权利、享受医疗的权利、享受劳动的权利、享受养老的权利,都有政治参与的权利,都有选举和被选举的权利,等等。

政治权益也不是一般意义上的利益。人们有多种利益,比如经济利益、宗教利益、文化利益、社会利益,等等。政治权益主要是指政治利益,另外还指受到政治规则和政治力量影响的其他方面的利益。

政治权益的特点

政治权益的基本特点是两个。一个特点是,现代宪法和法律规定了政治行为主体的政治权利是平等的。这里之所以要强调宪法和法律,是因为,在相当多的政治系统中,或者根本就没有宪法和法律,或者虽有宪法和法律的文本,但从来都没有被尊重过、被认真地实行过。这是一种人治的状态。在人治的条件下,人们的政治权益是不可能平等的。这里之所以特别要强调现代的宪法和法律,是因为在奴隶社会、封建社会,甚至包括资本主义早期阶段上,宪法和法律都有承认和保护特权的内容。只有在现代的、文明的、合理的宪法和法律中,才强调人们的政治权利是平等的。

政治权益的第二个特点是政治行为主体在获得和享受时因受政治规则和政治力量的影响而不是平等的。如果政治行为主体处在人治的条件下,或处在不合理的宪法和法律作用下,他们能够获得的和能够享受的基本政治权益肯定是不平等的。排除上述两种情况,政治行为主体完全处在现代的、文明的、合理的宪法和法律条件下,他们是否一定能够获得和享受到平等的政治权益呢? 答案也是否定的。因为政治行为主体要真正能够获得和享受政治权益,必须受到政治规则和政治力量的影响。这些政治规则和政治力量总是掌握在具有权力和资源的某些政治行为主体手中。政治规则和政治力量的不公平性,以及政治权益的稀缺性,就会导致政治生活系统中的政治行为主体在获得和享受的政治权益方面是有差异的。

政治行为主体获得和享受的政治权益在形式上是平等的,但在事实上是有差异的。这就构成了政治生活和政治关系中的矛盾,正是这一矛盾推动着政治生活的演变和政治关系的发展。

政治权益的实现

政治权益的实现是指政治行为主体真正获得的政治权益。由于政治权益的获得和享受受到政治规则和政治力量的影响,政治行为主体事实上所获得的和享受到的政治权益与宪法和法律上所重申的权益平等是有差距的,实现出来的政治行为主体的政治权益是不平等的,从而围绕政治权益的获得和享受,政治行为主体之间就会出现差异性。这种差异性按照程度的不同,会形成一个连续谱,从极端的差异到极小的差异,中间会有较大的差异、差异、较小的差异等等。

政治行为主体事实上获得和享受的政治权益存在着不同程度的差异,就会产生出政治行为主体之间的关系变化。获得和享受的政治权益如果存在极大的差异,政治主体间的政治关系就会成为冲突关系;如果获得和享受的政治权益只存在极小的差异,那么在政治行为主体之间形成的则是合作关系。从政治行为主体间的冲突关系到他们之间的合作关系,中间也有一个政治关系变化的连续谱,比如从冲突关系,到对立关系,到争议关系,到协商关系,再到合作关系。

三、政治权力

政治权力无疑是政治科学范畴体系中处在中心位置上的基本概念。[①] 因为所有的政治家以及政治学家都不否认,在政治生活中,政治权力是重要的因素。不研究政治权力就无法去了解和说明政治生活的本质、运行和发展。几乎所有的政治学著作都会将政治权力的分析作为重要内容。

---

① 克劳斯·冯·柏伊姆指出,"'权力'是政治科学的核心概念之一",见《当代政治理论》,李黎译,商务印书馆1990年版,第134页;罗伯特·达尔认为,"权力概念是政治分析的中心",参见《现代政治分析》,王沪宁等译,上海译文出版社1987年版,第31页。

当然,不同的政治学家对政治权力的重视程度可能是不一样的。多数西方的政治学家特别是行为主义学派,过分夸大了政治权力的地位,他们认为政治学就是研究权力的学问。①

马克思主义者在研究政治科学时,既反对把政治归结为权力的观点,也反对不讲权力的观点。无论是马克思、恩格斯、列宁还是毛泽东,都把政治与国家政治权力联系起来。在论述社会革命时,马克思主义者明确地将国家政权问题作为社会革命的根本问题;在谈到社会主义制度的建立和发展时,马克思主义者首先重视的是无产阶级对政治权力的控制和利用。

政治权力的实质

在政治生活中,政治权力也像政治国家一样,是一个内涵被诠释得混乱不堪的范畴。在现实生活中,人们每时每刻都在感受着权力,也都经常地谈论着权力,然而人们却很少去科学地考察政治权力究竟是什么,就是那些大权在握的人也不例外。②

分析政治权力,首先必须确定政治权力的实质。对于政治权力的实质问题,许多政治学家都做过研究。一种观念是将政治权力视为一团单一的、坚硬的、打不碎的硬块,它可以从一个人手中传到另一个人手中,不能为许多人所分享。这种看法在日常生活中较为普遍。比如,古代西方有"权杖"、"王冠",古代中国则有"传国玉玺"。谁获得了这些物品,谁就能君临天下。这可以称为政治权力的硬块说。

显然政治权力不是一团硬块。它无法像一个物体一样从一处传向另一处,从一个人传给另一个人。所谓的政治权力的交接,也只是一个比喻的说法,能够传导的、交接的、转移的只不过是权力的象征物。否定政治权力的硬块性并没有否定政治权力总是与一定的物质基础相联系这一点。因此,否认将政治权力作为一种实在物或硬块的观念,必然导致人们去找寻政治权力的可触摸的等价物,从而使抽象的政治权力具有可观察性、可度量性。正是从这一点出发,有一些人将政治权力看做是资源,从而将政治权力资源化。

这种资源化的政治权力界定,在国际政治学中比较流行。最典型的就是国际政治学中的现实主义代表人物汉斯·摩根索所提出的国际政治权力理论。摩根

---

① 哈罗德·拉斯韦尔在其著作《政治学:何人在何时用何法得到何物》中指出,政治就是人们争取影响力的活动,凡得到影响力多的便是领袖人物;得到影响力少的,就是一般大众。前者是影响人的人,后者是被人影响的人。

② 罗伯特·达尔也认为很少有比权力更复杂的事物,也很少有像权力那样经常被粗劣地简单化了的事物。参见《现代政治分析》,王沪宁等译,上海译文出版社1987年版,第30页。

索提出了9个构成国际政治权力的资源性因素：地理，包括粮食、原料特别是石油在内的自然资源；工业能力，包括技术、领导才能、武装力量在内的军事准备；具有一定稳定性和增长趋势的人口；民族特性；国民士气；外交的质量和以政府的合法性与人民对政府的支持率为衡量标准的政府质量。

这种看法在卡尔·多伊奇的著作中也非常明确。他认为："权力并不是一件事物，而是许多事物。甚至可以说，权力是我们用来表示许多不同的资源、关系与可能的一种标记或象征"，"权力是一种让我们从记忆中回想起某些事物，以便在我们的思想或情感上作进一步思考或联想的信息"。① 虽然，多伊奇也提到政治权力与人际关系的联系，但是，他在政治权力的实物化方面走得要比摩根索远得多。

多伊奇将政治权力与金钱作了类比："正如金钱是经济生活的通货一样，权力也可被视作为政治的通货。权力是一种可使带有一定程度强制性的决定较易地换取带有一定程度可靠性的支持的通货或媒介。"② 只是多伊奇觉得权力与金钱还是有些区别的：金钱可以通过标准化的计算单位来量度，如几美元、几克黄金等等，而政治权力则是通过军舰、坦克、轰炸机、战斗师这类单位来计算的。他也反对把政治学变成权力经济学。上述的关于政治权力的观念可以称为政治权力的资源说。

对政治权力的资源化理解，已经包含着政治权力是某种能力的含义。因为占有某种象征物，或拥有某些资源，实质上只是为掌握和运用政治权力提供了基础。对这一点，霍布斯也作过论述。他不仅将物质的因素，而且将社会和心理的因素一并看做是政治权力的基础，并且将这种基础的增加视为潜在权力的增长。这样，就导致一些政治学家将政治权力与某种能力结合起来分析。

比如 R. H. 陶奈在《论平等》一书中就指出："权力可以被定义为一个人（或一群人）按照他所愿意的方式去改变其他人或群体的行为以及防止他自己的行为按照一种他所不愿意的方式被改变的能力。"③ 其实马克斯·韦伯也有这种看法。他认为政治权力是"一个人或一些人在某一社会行动中，甚至是在不愿参与这种行动的其他人进行抵抗的情况下实现自己意志的能力"。④

政治权力与实力、能力的关联还与政治生活中的另一个事实发生了关系。在政治生活中，特别在规范的政治活动中，人们都是按照一定的职位去履行职责的。这样，政治权力就与职位产生了对应关系。卡尔·多伊奇对此是坚信不疑的。他认为，政治权力"是一种政府所充当和人民所赋予的象征性角色"，当一位君主、一

---

① 卡尔·多伊奇：《国际关系分析》，周启朋等译，世界知识出版社1992年版，第62页。
② 卡尔·多伊奇：《国际关系分析》，周启朋等译，世界知识出版社1992年版，第63页。
③ 彼得·布劳：《社会生活中的交换与权力》，孙非等译，华夏出版社1988年版，第135页。
④ 汉斯·格斯、赖特·米尔斯：《马克斯·韦伯文选》，牛津大学出版社1964年版，第180页。

个统治者、一个政党、一个革命团体充当了对政府制定和实施各种决策负有总的责任这一角色时,我们就说他们已经掌权。"当看门人宣告'总统到'时,我们将它视为信号,并等待这位行政首脑走进来。"多伊奇确信,权力的这种象征性角色,再加上真实可信的能力,"就能发挥着货币一样的作用"。① 其实,赫伯特·西蒙早就谈到过接受权力的问题。他并不认为一种职位就代表着一定的政治权力。只有在这一职位上的行为主体产生的支配作用得到接受时,职位与权力才具有了对应关系。得到某个职位就拥有了某种权力,失去了某个职位,原来拥有的权力就被剥夺了。上述的观念可以概括为政治权力的职位说。

政治权力的职位说对政治权力的理解本身带来了一个进步,即人们开始从比较中去观察和衡量政治权力了。这样,政治权力就具有了人际关系的含义。美国政治学家罗伯特·达尔在批判政治权力"硬块"说、"资源"说和"剥夺"说时②,充分肯定了杰克·奈格尔关于权力是关系的定义。在奈格尔看来,"权力关系,不论是现实的或潜在的,乃是行动者对结果的偏爱与结果本身之间的一种现实的或潜在的因果关系"。③

事实上,只有在社会生活中,人们才谈得上使用政治权力和服从政治权力。人类遇到的第一种权力是自然权力。自然权力发生在人类与自然界之间。人通过改造自然界,从自然界获取生活资料。这种改造首先是对自然生态的干扰与破坏,当这种"干扰与破坏"还处在自然界可以通过自身内在的作用恢复到平衡状态时,人不会感受到自然权力的作用。但是,一旦人对自然的改造变成对自然资源的疯狂掠夺,其结果必然引起自然界的"报复"与"惩罚"。这种"报复"与"惩罚"正是自然权力的表现。自然界对人类加以支配和制约,人类必须服从自然的规律,否则,自然界就会对人类加以严厉的惩罚。人在对自然界改造时,"无意"中碰上了自然权力。

自然界对人的报复,决不是针对单个人的,而是针对整个社会的。人是组成为社会的。在社会中,结成群体的人们之间的影响与服从的关系也构成了权力关系,这是社会权力。因此,社会权力既不是神授的,也不是人的本性赋予的。它根源于人类的社会生活。在社会生活中,在人与人的关系中,在社会活动中,人们之间才会有权力关系,人们才会感受到政治权力的作用。

正是从人们的相互关系出发去理解和规定政治权力,较多的政治学家才将政治权力理解为一种旨在谋求一致性的影响力。影响力被很多政治学家看成是权力的同义语。因为"影响"本身就包括关系。人们谈到社会影响时,必然要问谁影

---

① 卡尔·多伊奇:《国际关系分析》,周启明等译,世界知识出版社1992年版,第62—64页。
② 他把这些权力学说称为权力分析中的三种谬误。
③ 罗伯特·A.达尔:《现代政治分析》,王沪宁等译,上海译文出版社1987年版,第32页。

响谁,这里至少就有了两人的关系。按达尔的解释,如果 A 要求 B,无论 A 有意还是无意使 B 造成 X 的行动,B 都因为由于 A 的行动而试图去造成 X,这样,A 就对 B 施加了或者是明显的或者是暗含的影响。

罗伯特·达尔并没有完全否认政治权力是影响力的说法,但他认为"权力、影响力、权威、说服、强权、武力、强制"这些词都是"影响力术语"。他将政治权力看作为"政治影响力",政治权力只是影响力的一种特例。这种影响力的特殊性在于通过"制造严厉制裁的前景来对付不屈从,从而得到屈从"。哈罗德·拉斯韦尔也认为:权力就是参与决策,正是制裁的威胁把权力同一般意义上的影响力区分开来。权力是施加影响力的特例。

从上述的分析中可以知道,政治权力不是一种不可分享的硬块,不是几种资源因素的综合体,也不是和职位相联系的东西,政治权力是一种人们之间的关系。这种关系可以出现在个人与个人之间,也可以发生在组织与组织、组织与个人之间。政治权力关系表现为人们之间的支配与服从的关系。在现实的政治权力关系中,必然存在两方:一方是政治权力关系的支配方面,可称为政治权力的主体;另一方则是政治权力的服从方面,可称为政治权力的受体。政治权力关系就是拥有一定基础或能力的主体去影响、支配没有或缺乏基础与能力的受体之间的关系。

政治权力的运行

上述的政治权力分析只涉及政治权力的客观的、静态的方面。而在现实的政治权力关系中,不可能缺少主观的方面、动态的方面。在政治权力的研究中,人的心理的方面早已得到政治学家们的关注。很多政治学家将谋取政治权力视为人的一种天生的欲望。霍布斯在其著作《利维坦》中指出,持续的和孜孜不倦的对日益更新的权力的要求,是整个人类的共同欲望,而这种欲望只有随着死亡才会终止。过分地强调政治权力的主观欲望方面,并将这种欲望完全看做是天生的,归之于人的本性,这是非理性的。人的一切欲望本来都是社会的产物。离开现实的社会关系去讨论政治权力的主观因素,必然导致权力研究中的唯心主义倾向。

不研究政治权力关系的主观方面,真正的政治权力的运行就无法得到科学的说明。在政治权力关系中,只有在政治权力主体具有支配的欲望并将这种欲望转变为实际行动时,政治权力才能从原先的一种潜在状态变为现实的状态。

政治权力关系中权力主体产生权力行为的主观方面还包括行为的动机、行使权力的经验与技能。政治权力主体之所以会对一定的对象加以支配,必然有其目的。这种目的就构成了权力行为者的动机。任何政治权力实施以后,都会产生结果,或者是与事先的预料相一致的结果,或者是与事先的预料不相一致的结果。

政治权力主体必须在行为之前依据政治权力作用的范围、条件和主体本身的经验、技能设定现实的、可靠的目标。

经验、意志、技能是政治权力关系中具有自主性和主动性的主体的很重要的主观方面。对于一个没有多少经验的行为主体来说，他很难能做到恰如其分地使用自己已经掌握的政治资源或基础，或者是过分地夸大自己的实力，或者是过低地估计自己的实力。有时一个实力并不强、资源并不充足的政治权力主体却可以利用丰富的经验去成功地支配自己的对手；而另一个政治权力主体，虽然实力强大得多，却未能实现对同一对象的支配。

这里，意志的作用也是不可忽视的。在相当多的场合，政治权力主体与受体之间在地位、力量等方面的差距并不是很大的，主体要让受体接受某种强制、诱导、统治和控制，就不那么轻而易举；主体要让受体服从，需要有充分的信心和坚强的意志。

政治权力关系的性质在不同的时间和空间中会发生改变。一定的职位、一定的资源在某一范围内其支配作用可能导致有效的服从，而换到另外一个范围内，同样的支配作用则可能不会导致服从，甚至会出现反抗。同样，时间也是重要的因素。一定的权力关系在某个时间内所产生的结果与这一关系在另一时间内产生的结果可能大不相同。因此，政治权力不可能是绝对的，它因受到时间、空间和其他条件的限制而具有相对性。

在政治权力的关系中，主体要充分地将自己的潜在权力显露出来，就不得不考虑如下的因素：主体所具有的行使权力的经验(E)、技能(M)、欲望与意志(D)，主体具有的政治资源、基础包括职位、实力(F)以及时间与空间(TS)。现实的政治权力=f(F,E,M,D,TS)。政治权力只有在运行中才能表现出来。这一过程由若干环节组成，形成了一个政治权力运行链条：政治权力主体→行使权力的欲望、意志→行使权力的技术→权力关系的受体→权力作用的结果。这种结果又会返回到权力行使的主体那里，从而完成了权力运行的一个周期。权力运行就这样周而复始地进行下去。也有一些政治学家认为，政治权力在运行过程中还具有"交换性"、"操作性"、"手段性"这样一些属性。

公共政治权力的特点

从"政治权力"这一范畴可以进一步引申出"公共政治权力"这一派生的政治学范畴。政治权力既然是在社会生活中发生的影响者与被影响者之间的强制性的支配与服从关系，那么，这种建立在社会价值权威分配基础上的强制关系，从逻辑上来讲，就首先表现在社会的个体身上。这是一个现实社会中个人所具有的政治权力，这种权力的具体实现就是个人的政治权利。但是，任何现实的个人从一开始就都是社会关系的总和。个人是无法离开他人、无法离开社会而存在的。这样,在个人与个人的政治相互关系中必然存在对每个个体来说都是必不可少的大大小小的公共部分。这些公共部分的核心就是公共政治权力。

公共政治权力具有根源性。公共政治权力的根源在于人民。凡是在声称是实行或希望实行民主政治的政治系统中,宪法都会重申主权在民的原则。在现实的政治生活系统中,公共政治权力与人民政治权力之间的关系是辩证的。但是,从历史上来考察,公共政治权力要从个人的政治权力分化出来并仿佛"凌驾"于社会之上,必然要经历漫长的过程。一旦公共权力产生,每隔一段时间,人们还要对这种公共权力加以确认。对于这一问题,从近代开始,许多政治思想家都做了研究。其中较为著名的是英国政治思想家托马斯·霍布斯和法国政治思想家让·雅克·卢梭。

霍布斯认为:"全人类具有一种普遍的倾向,即一种至死方休、永不停息地追求权力的欲望。而造成这种情况的原因并不总是因为人希望获得比他业已获得的还要多的欢乐,或者是因为他不满足于拥有比较适度的权力,而是因为他不能确保在不获取更多的权力的情况下能很好地保住他目前已拥有的权力和手段。"[①]

正是出于这种自我保护的天性,人才在他的两项原则即欲望与理性之间作出抉择。人们为了做到相互尊重,就需要建立契约关系,但是"不带剑的契约不过是一纸空文,它毫无力量去保障一个人的安全"。因此,为保障安全的实现和契约的履行,就需要一个政府。霍布斯觉得个人和个人之间通过协议,所有的人都放弃自主而将自己隶属于一个主权者。这种放弃支配自己的权利而授权给某个人或某个众人的集会,即将权利交给这个人或这个众人的集会,又以同样的方式授权这个人或这个集会采取一切行动的时代,就是伟大的利维坦时代。

卢梭则从另一种人性假设中论证了契约关系。人天生并不是太坏的。在个人生活的地方,必然有公民社会,它对于每个人来说是一种唯一的和同时的存在。公民社会是道德人格和集体人格。为了公民社会的意志,人们依据社会公约让渡出来交由社会掌握的那部分权力、财富和自由,仅仅是对于集体具有重要意义的那部分。但也必须承认,主权者才是裁定什么是最重要事项的唯一裁判。

无论是霍布斯还是卢梭,他们都是从人的抽象本性出发来论述公共权力的产生的。公共政治权力产生的真实基础是个人与社会的相互关系。在原始社会中,公共政治权力是通过公民大会或公民代表会议,全体一致地推选道德长者或体力与勇猛都过人的人来掌管与控制社会的。原始部落的酋长和军事首领所掌管的公共权力是非常少的,他们也不会过分地去任意扩大它以至于损害个人的政治权

---

① 乔治·霍兰·萨拜因:《政治学说史》(上),盛葵阳等译,商务印书馆1990年版,第522页。

力。在这样的社会中,公共权力与个人权力是和谐统一的。

在奴隶制、封建制及其变形的社会中,公共政治权力则被无限地扩大了,而个人的政治权力则被挤压到极小的空间之中。在有些国家中公共政治权力的扩大是通过少数统治者的赤裸裸的人治造成的;在有些国家中,公共政治权力的扩大则是通过包裹着法制外衣的人治造成的。

在阶级社会中,原先是全社会共享的、为全社会服务的公共政治权力则蜕化为由经济上占据优势和统治地位的阶级、集团所垄断并凌驾于社会之上的国家政治权力。从此,国家政治权力就成为每一个企图成为统治者的阶级、集团主要的争夺对象。"每一个力图取得统治的阶级,……必须首先夺取政权,以便把自己的利益又说成是普遍的利益"[①]。

在现代社会中,由于公共政治权力是由政治系统中具有暴力特征的物质载体即国家机器来体现的,因此,一个社会的公共政治权力就成为国家政权。这样,社会的公共政治权力与个人政治权力的关系就变成国家政权与个人政治权利的关系。在一个民主制的社会中,国家公共政治权力与个人政治权力的划分则是通过各种直接的和间接的选举,建立立法机关,制定和修改法律,然后由法律来确定的。各国的宪法都对国家政治权力的范围、各种政治团体的政治权力,以及个人的政治权力作了或多或少明确的规定。同时,各个国家还会通过阶级、政党的活动甚至竞争,来确定由什么阶级、什么政党组成的政府来掌管、控制、使用公共政治权力。在有些国家中是一个阶级和它的政党来控制公共政治权力;在有些国家中则是几个阶级、几个政党联合起来控制公共政治权力。

经过社会上各种政治活动主体的相互竞争、相互协商,并最终通过政治法律制度固定下来的公共政治权力就上升为一种在全社会范围内能够存在与运行的具有组织性、规范性的力量。掌握着公共政治权力的阶级、集团、政党、政治家们,运用国家机器的强制性,确保着公共政治权力的合法性、合理性、普遍性,乃至于将其神圣化。

公共政治权力具有强制性。即使是在人类社会初始阶段上,公共政治权力也具备了强制性和组织化的特征。"部落、氏族及其制度都是神圣不可侵犯的,都是自然赋予的最高权力,个人在感情、思想和行动上始终是无条件服从的。"[②]随着社会大分工的深化、私有制的产生,阶级出现了。从此,阶级利益就侵入到社会的公共政治权力中来。

著名政治学家约翰·肯尼思·加尔布雷思指出,公共政治权力之所以能支配

[①] 《马克思恩格斯选集》第 1 卷,人民出版社 1995 年版,第 84—85 页。
[②] 《马克思恩格斯全集》第 21 卷,人民出版社 1965 年版,第 112 页。

全社会的阶级、集团、政党和个人,是出于三种情况:一种情况是通过实施惩罚或惩罚的威胁来换得权力受体的服从,这种公共权力属于应得的权力。一种情况是通过提供利益或利益许诺来赢得权力受体的服从,这种公共权力属于报偿的权力。还有一种情况是通过说服或教育培养某种信仰来获得权力受体的服从,这种公共权力属于信仰权力。①

公共政治权力具有垄断性。公共政治权力除了具有强制性、组织性的特点外,还具有单向性、垄断性的特点。所谓公共政治权力的单向性,是指这种权力对社会上的任何个人都具有强烈的支配和导向作用。个人对公共政治权力则只能服从。为了确保这种权力作用的单向性,掌握国家政权的阶级、集团会设立各种保障机构、制定各种保障措施,以防止公共政治权威的削弱。

所谓公共政治权力的垄断性是指在正常情况下,一个社会只能有一个国家,在政治斗争中获胜的阶级、集团、政党,首要的任务就是夺取国家机器,并通过国家将本阶级、本集团、本党的意志上升为国家的普遍意志。这样本来意义上的国家政权的公共性,实际上就变成了某些阶级、集团和政党的独占性。

公共政治权力具有层次性。根据公共政治权力的"公共性"的范围大小,划分出中间层次的公共政治权力和最高层次的公共政治权力。因此,一个具体社会的政治权力结构至少分成三个层次:处在最底层的是个人政治权力;其次是中间层次的公共政治权力,这种中间层次的公共政治权力既可以是地方性的,也可以是团体性的。处在最高层的是公共政治权力,也就是国家政治权力,简称国家政权。国家政权是一种掌握在社会的统治集团或领导集团手中,并对整个社会加以集中的统治、管理、服务、协调的最高层的、最强大的公共政治权力。

公共政治权力的总量

每一个现实的社会必定有政治生活系统,每一个现实的政治生活系统中必定有公共政治权力,每一个社会的公共政治权力又都必定有其存在、运行及其发展的基础。这一基础就是公共政治权力的能量或者是公共政治权力的资源。没有一定的政治能量,没有一定的政治资源,公共政治权力是无法实施对整个社会的统治、管理、服务和协调的。

影响一个国家的公共政治权力的能量总和或能力总量的因素是非常多的。这些影响因素中有些是根本的、经常起作用的,有些因素的作用比较小,也带有时间性。公共政治权力的总量主要与下列三个基本因素有关:一是整个国家真正实现出来的社会总能量的多少;二是在一定的社会发展目标下该国的国家政治能量

---

① 约翰·肯尼思·加尔布雷思:《权力的分析》,人民出版社1988年版,第78页。

在社会总能量中所能允许占有的比例;三是国家将一定比例的政治能量充分发挥出来的能力。

首先,一个国家的公共政治权力总量与这个国家所赖以生存与发展的一定社会的总能量有关。公共政治权力的总量只是社会总能量的一部分。因此,对于任何一个具体的国家来说,要使得国家政治权力总量最大化,就必须想方设法扩大总的社会能量。只有社会总能量能得到不断的扩大,政治生活系统所能分得的能量的增长才会有坚实的基础。

现代发展理论告诉我们,人类社会的历史是一个在经济、文化、政治等方面曲折上升的过程,只要科学地配置和利用资源,人类就可以获得持续发展。当一个国家要获得更快的发展时,它可以有两种战略:一是通过制度的创新,将国内已有的可供利用的各种资源科学地加以配置,以保证产生出最大限度的能量;二是对外开放,将国际上可供其利用的资源吸收到本国来,与本国的资源加以配置,从而增加本国所能自由支配的社会能量的总和。

在上述两种增加社会总能量的途径中,前一种途径是根本的,后一种途径只能是辅助的。后一种社会能量的获得,除了必须以前一种能量的增值作为手段和基础外,还必须具备其他各种条件。一国要想从世界其他国家获取自身所需要的科技、资金、设备、产品和服务,既需要有支付引进这些资源的能力,又需要有利用、消化这些资源的能力。因此任何国家都必须首先考虑独立地增加本国内部的社会总能量。

一个具体的国家独立地增加社会总能量的办法就是将自身可资利用的自然资源、人力资源、科技资源、军事资源、外交资源、制度资源等,运用某种适合的模式加以配置,从而产生出供这一国家的公民和政府所利用的能量。这些能量的形式则是多样的,可以是经济方面的、文化方面的、军事方面的、外交方面的,也可以是政治方面的。

每个国家总是将发展社会总能量作为中心任务。但是,这种发展并不意味着一直是量上的增加。一国无论怎样去吸引别国的资源,其一国范围内的能量总和达到一定的数量时,量的增长就会减慢,乃至为零。这时的发展所依赖的就不再是外延的扩展或纯粹数量的增加了,而是要求得到内涵的发展即质的提高,即结构的优化和效益的提高。因此,各国都会在不同的发展阶段上,选择不同的社会能量增长方式。

一个国家政治生活系统所需要的公共政治权力总量从其根本的来源来说,是由整个社会供给的,特别是通过体制和秩序来供给的。但是,政治生活系统并不是消极、被动地等待着社会的能量供给,政治对经济生活具有能动作用,对政治以外的全部社会生活具有反作用,正是这种能动作用或反作用,使政治生活系统对社会总能量的增减产生巨大的影响。

对于一个具体的国家来说，在各种条件既定的情况下，其可能发挥出来的社会各种能量的总和是一定的。但是，可能发挥出来的社会能量的总量与真正实现出来的社会能量的总量往往是不一致的，后者总是小于前者。一个有生命力的政治生活系统的重要标志就在于它能够通过权力配置、制度安排、规范制定、秩序保障，对物质的、非物质的资源加以直接的或间接的管理，从而有效地调控社会，最大限度地将可能的社会总能量实现出来。

其次，一国公共政治权力的总量与社会所能分配给政治生活系统的比例有关。在存在政治生活系统的社会中，政治生活系统的能量与社会总能量的比例，既不可能一直是 0，也不可能一直是 ∞。因为，当比例是 0 时，就意味着公共政治权力不得不停止运行。即使这一比例不为 0，但变得非常小时，公共政治权力的运行也会受到阻碍。

第三，公共政治权力的能量还与这一权力的实现方式有关。公共政治权力的实现主要与三个因素有关：一是公民的政治参与程度与方式；二是公共政治权力的资源结构；三是公共政治权力的纵向与横向的配置模式。

一国公共政治权力从社会总能量中所获得的政治资源能否真正发挥出来，首先取决于掌握公共政治权力的集团、阶级和政治家们能否将生活在政治系统内的公民的政治积极性调动起来，形成广泛而适度的人民政治参与。同一个社会中不同的人对政治的关心程度和参与程度是不相同的。

罗伯特·达尔曾经将公民的政治态度分为有权势者、权力追求者、关心者、不关心者这几个层次。[①] 可以将一国中的公民按其政治参与的程度分成若干层次。第 I 层次是政治权力的掌握者（the powerful strata）；第 II 层次是政治权力的追求者（the power-seeker strata）；第 III 层次是政治积极参与者（the political active strata）；第 IV 层次是政治消极参与者（the political passive strata）；第 V 层次是政治冷漠者（the political apathetic strata）。掌握公共政治权力的阶级、政党、集团和政治家们必须通过制定正确的政治路线、治国方针、社会经济发展目标，借助于大众媒介和舆论导向，开辟多种多样的参与渠道，从而将处在政治消极层面上的公民吸引到政治积极层面上去。同时，促使政治冷漠层面分化，使其中一部分人变为消极的参与者。另外，对权力的追求层面加以控制，将这一层面的政治参与限制在适度的范围内。

一国公共政治权力或国家权力资源的结构大体上分为三个部分：宪法性资源、物理性资源、操作性资源。宪法性资源是指一个国家基本法所规定和赋予的

[①] 罗伯特·A.达尔：《现代政治分析》，王沪宁等译，上海译文出版社 1987 年版，第 130 页。

公共政治权力。虽然各国的宪法到一定的时候会进行修改,但只要基本的政治制度不变或变化不大,这种公共政治权力资源的变化就会是较小的。

公共政治权力中的物理性资源指的是为保障公共政治权力的顺利行使而建立的带有强制性的组织与机构,如军队、警察、监狱、法院等。这一部分资源在公共政治权力的结构中会随着国家所面临的社会经济状况和国际关系格局的改变而发生变化。

在一国公共政治权力资源结构中,上述两个部分虽然也会发生变化,但变化的幅度不可能很大。变化最大的部分是公共政治权力中的操作性资源,它主要包括政治体制、政治规范、政治人事、国家财政等方面的权力。在公共政治权力的运行中,这部分权力资源占的比重会越来越大,对社会经济的作用也会不断加强。在不同的社会经济条件下,这部分公共政治权力的运行机制和实现方式是不一样的,相同的资源产生出来的政治产出也是大不相同的。

一国的公共政治权力要能最大限度地真正实现出来,还需要对它进行合理的配置。从横向上看,公共政治权力既需要表达又需要实施,而且,还需要将其表达与实施一致起来。意志表达的权力(即立法)、表达过的意志付诸实施的权力(即行政)、对权力的表达与权力的实施进行裁定的权力(即司法),三者既需要分立制约又需要统一协调。平行的权力不分工、不相互制约就会发生专制与独裁;平行的权力一旦对立、扯皮,就会妨碍公共政治权力的行使。

公共政治权力还会在中央与地方之间进行纵向的配置。公共政治权力过分地集中于中央会导致专制,从而使地方失去积极性;反过来,地方的公共政治权力过大,就会出现地方分散主义和无政府状态,从而削弱中央的权威。只有当中央掌握的权力与地方掌握的权力达到一定的比例,集权与分权都是适度的时候,公共政治权力的能量才能最大限度地发挥出来。

对于处于社会转型期的国家来说,它既面临着对公共政治权力资源的开发与保护的问题,又面临着对公共政治权力的内部结构进行调整,从而使已经获得的资源能够最大限度地发挥出来的问题。前一个问题主要与潜在的公共政治权力有关,后一个问题则主要与实际的公共政治权力有关。

为了研究公共政治权力的基础或资源问题,可以将公共政治权力资源分为原生资源和新生资源。对于一个处于社会转型期的政治生活系统来说,其公共政治权力资源总量在一定的时期会呈现出下降的趋势。其原因是:首先,原生的国家公共政治权力资源会有所丧失。原生的政治资源是供旧体制下的国家运行的能量。其中,有一部分的确是属于市场与社会的,应当在市场经济建立的过程中还给市场与社会。但是,原生的公共政治资源也有相当的部分即使是在市场经济体制下,也应当是属于国家的。但在社会变革过程中,这部分资源会随着简政放权的潮流而流失。

其次,在新型的经济社会基础上,公共政治权力应当具有相应的新生资源。这种新资源必须要靠新的体制与新的秩序来供给,而有利于新的政治资源增加的体制结构和秩序规范还未形成,因此,在社会转型时期,虽然社会的资源总量增加了,但是,政治资源总量却会出现下降的情况。如果不去回收一部分原生资源和尽快开发新生资源,国家权力总量就会一直处于衰弱与不足的状态。

对于国家政治权力总量不足的政治生活系统来说,要尽快增加其公共政治权力总量。对于一个处于社会转型时期的国家来说,政治生活系统只有拥有一定量甚至比较大的量的公共政治权力资源,才能保持政治稳定和社会的快速发展。一个政治生活系统必须从两个方面着手去寻找和扩大公共政治权力资源的新增长点:一是尽量扩大物质性资源;二是保护与开发自己的非物质性资源。

政治生活系统首先要开发和保护公共政治权力的物质性资源。只有有了一定量的物质性政治资源,非物质性的政治资源才能有效地发挥作用。物质性的公共政治权力资源主要指人事权力资源和财政权力资源。人事权力资源的保护与开发表现在国家要在人才培养和储备的基础上,实行一套新的人力资源开发、利用和管理的制度与操作程序。

国家必须大力开发和保护财政权力资源。国家财政是公共政治权力正常而有效地运行的重要保证,也是政治生活系统对社会调控得以实现的杠杆之一。国家政权所使用的经济手段、政策手段、行政手段同国家财政的规模密切相关。国家用来推动和指导社会经济发展的预算和公共投资与国家财政的多少直接相连,甚至中央与地方的关系也依赖于国家财政。

在现代经济体系中,国家财政的基本来源是税收,因此建立和完善税收制度成为保护和开发国家政权资源的根本性措施。对于任何一个国家来说,完善税制的基本点在于扩大一国物质性的公共政治权力的资源。借助于新的税收制度,实行分税制和分级财政,可使国家的中央财政收入在整个国家的财政总收入中占有较大的比重,从而使中央政权掌握一定的财力基础,用于地方税收返还,实施重大产业结构调整,支持落后地区经济发展。

保护和开发物质性公共政治权力资源,还需要对国内与海外的国有资产严格管理,在严防流失的同时,确保增值。国有资产的流失有许多渠道。有的流失是因为管理不善造成的,有的流失是由腐败活动和经济犯罪导致的。国有资产的流失既可以发生在国内的国有资产方面,也可以发生在海外的国有资产方面。国有资产,无论是国内的还是海外的,不仅不能任其流失,而且还都必须增值。国有资产不增值或增值的速度减慢,都不利于国家政权对社会资源的分配。

一个国家还必须开发和保护非物质性的公共政治权力资源,这主要是体制资源和规范资源。当一个社会处于转型阶段,社会、经济、政治、文化等领域实行大规模变革时,旧的体制关系必然发生松弛和解体。这时,国家政权的重要作用就在于通过对社会变革的启动、对整体与分步进展的设计、对各类相关政策的制定来创建新的体制因素。同时,还要改革政府机构,确定政府的新职能,建立政府、市场与社会之间的新关系,从而使新的体制因素衔接、配套并完善和稳定。

对于发展中国家来说,这种体制的设计和制度的改革决不像某些西方学者所断言的"必定导向无效率",只要尊重社会发展的客观规律,公共政治权力对体制的自觉设计与创新就能有力地推动社会发展。这种体制的设计与创新本身就是为国家政权积累资源。一旦形成合理、科学和制度化的体制,这种体制反过来又能向政权供给政治资源。

在社会转型时期,建立良好的秩序也能为国家政权提供必要的政治资源。在社会急剧变革的时期,社会将会发生大量的失控、失序、失衡、失范现象。各种非规范的政治行为导致社会混乱,大面积的、从低能量到高能量的腐败致使政治资源大量流失。坚决制止、防范和打击各类非规范的政治行为、经济行为和思想文化行为,制定新的行为规范,使社会得到有效的控制、协调,形成良好的秩序,不仅能为国家政权积累资源,而且还能给国家政权供给资源。

第二节 政治主体类范畴

一、政治主体

政治主体也称为政治行为主体,是指具有政治权益需求的、能够通过参与政治生活使其得以实现的行动者。首先,政治主体是有具体政治权益需求的个体、群体、团体、组织。正是具体的政治权益需求使得现实的个体、群体、团体、组织愿意去参与政治生活。具体的政治权益需求是政治行为主体展开政治行为的动力。

其次,政治主体是政治关系中的主动者与能动者。在政治生活中,人们都处于一定的政治关系之中。任何政治关系的两端归根到底都是现实的个体、群体或组织。政治主体是政治关系中主动的一端。正是政治主体的主动的行为、行动,维护着或改变着政治关系,才会有能动的政治生活。因此,政治主体是政治生活中能动性的因素。

第三,政治主体的行为、行动是受政治权力制约和作用的。政治主体的政治权益需求只有在参与到属于公共生活的政治生活之中,才能得到程度不同的实现。一旦进入政治生活,政治主体的行为、行动就和政治权力发生关联。由公共政治权力制定并维护的政治规则既支持也限制政治主体行为、行动的方向、途径和结果。

第四，政治主体在政治社会中，通常都是被组织起来的。虽然民主政治要求尊重个人的尊严、自由和权利，而且在诸如选举投票、政治问卷调查中，实际操作也是由单个个体来进行的，但是在现代政治生活中，单个的政治主体通常都加入到具体的群体、团体、组织之中，即使是政治精英，也是代表着某个群体、团体和组织展开自己的政治行动的。

政治主体的条件

虽然政治主体是现实的个体、群体、团体或组织，但是并不是任何在社会中生活的现实个体、群体、团体、组织都是政治行为主体。在人类社会生活中活动着的个体、群体、团体、组织，可能是经济行为主体、文化行为主体、狭义的社会行为主体，而不一定是政治行为主体。而且，即使某个个体或团体已经是政治行为主体，也并不等于他和他们的一切行为都是具有政治性的。具体的、现实的个体、群体、团体或组织要成为可能的和实际的政治行为主体需要具备一定的法律、资源、能力方面的条件。

首先，不同的政治系统都以法律的形式对个体成为政治行为主体及其行为作了规定。从不同的规定中也可以检验出具体政治系统民主化的程度。几乎所有的政治系统都对人们充当政治行为主体的年龄作出限制。比如有些政治系统规定，只有年满18岁才能有政治上的选举和被选举的权利，凡是不符合年龄要求的个体不能成为政治行为主体。

不少政治系统在历史上曾经规定过女性、有色人种和拥有的财产少于某个数量的个体不具有政治上的选举权和被选举权。也有相当多的现代政治系统对某些重要的政治职位的候选人的出生地和在该政治系统中居住的年限从法律上加以规定。这些规定虽然只是对政治行为主体的某些行为进行了限制，特别是以性别、肤色和财产多少为标准，但只要有这方面的规定，也都是在一定程度上对人们能够成为政治行为主体设定了条件。

另外，几乎所有的政治系统都将某些犯有严重罪行的政治个体和政治组织排除在政治主体之外。一些被监禁或被判处死刑的犯人，会被宣布剥夺政治权利。一些在法律上被明文规定要被取缔的组织和团体，如恐怖组织，政治系统也不会承认它们是政治行为主体。

其次，政治行为主体必须具备一定的资源条件。撇开那些带有歧视性的规定之外，符合上述的种种法律条件的个体、群体、团体和组织应当说都是可能的政治主体。但是，要从可能的政治主体成为实际的政治主体，仍然需要具备一些条件。

其中非常重要的是资源条件。一个个体要去几十里路外的投票站领取选票、填写选票并把选票投入票箱,他就得花钱乘公交车去,或自己开车去。如果一个抗争性群体要到距离住地不太近的某个政府部门去抗议受到的不公正待遇,也得有让群体代表到达政府部门的适当的交通工具。在网络十分发达的地区,政府希望有更多的民众对自己的公共服务做出公开的、全面的评估,它们就会利用网络公布政府实施公共服务的所有信息,也要求民众通过网络进行评估打分。个人或团体、组织要参与这项政治行动,就得有电脑,有上网的条件。

第三,政治行为主体还需要具备一定的能力条件。从可能的政治主体要成为实际的政治主体,个体、群体、团体、组织的能力非常重要。这些能力既可以是书写、识字方面的,可以是操作上的,也可以是专业知识方面的。上面所讲的要到一定距离之外的地方参加政治选举投票,要借助网络参与对政府公共服务的绩效评估,除了要有必要的资源条件外,缺乏必要的能力也不行。填写选票必须会认字、会写字;在网络上进行评估,必须会利用某种电脑软件进行操作。至于要参加政治决策咨询、对话、论辩,除了对决策程序要有所了解外,还可能需要具备一定的专业知识。

对政治主体条件的分析、研究,除了告诉人们,任何一个政治系统只有实行民主政治,才能让更多的个体、群体、团体和组织成为政治行为主体,同时,也告诉我们,要让人们不是仅仅停留在可能的政治行为主体上,而是让更多的个体、群体、团体和组织都成为实际的政治生活的参与者,就需要提供必要的条件,并通过发展教育,开展必要的政治培训,让每一个可能的政治行为主体都增强政治参与的能力,让他们都能成为实际的政治行为主体。

政治主体的类别

一个具体的政治系统中,政治行为主体类别的多少,也是政治系统政治民主化程度的标志。对于一个政治民主化程度不高的政治系统来说,其政治主体的类别是极其有限的,掌握着公共政治权力的政治力量不会允许更多的团体、集团和组织进入由它们所垄断和严格控制的政治生活。在西方的许多政治系统中,都曾有过不允许民众举行政治集会、不允许建立和开展党派活动的规定。即使是在那些标榜已经实行了高度政治民主化的现代西方政治系统中,也并不是让所有的社会个体和组织都成为政治行为主体的。

在实行高度集权和计划经济模式的政治系统中,政治主体的类别是严格控制的。一方面,限制更多的政治个体进入政治生活,在官方钦定的政治团体和组织之外,不允许建立其他任何类型的民间团体和组织;另一方面,一些本来是属于民间的、社团性的组织,则被强行纳入政府组织机构之中,使其丧失民间性。一旦这些政治系统所在的社会实行社会转型、体制转轨,政治民主化程度提升,就会涌现出各种类别的政治行为主体。

政治系统中的政治行为主体的类别划分有多种方式,传统的做法是将政治行为主体依据某个标准采用二分法确定类别,如区分为官方的与民间的、体制内的与体制外的、政府的与非政府的,等等。为了便于对各种政治行为主体的结构及其行为进行比较,可依据政治行为主体内部组织化、结构化程度的高低或松紧,区分为政治公众个体、政治精英、政治群体、政治团体、政治集团、政治组织等几大类别。

政治公众个体与政治精英在政治活动中,总是以个体的形式出现的,并且总是带有鲜明的个性特征。对政治行为主体的研究,必须从对个体个性的研究开始。公众政治个体与政治精英相比,后者受到的制约会更多。政治群体是对一类政治行为主体的统称,其中既有群众运动的行为者、群体性事件的参与者,也包括阶级、阶层的成员,民族、族群的成员。政治团体、政治集团和政治组织都是有着相对紧密的内部结构的政治行为主体类别。虽然在这三者中,政治团体的结构较为松散,但比起政治群体来,又显现出明显的组织性与结构性。政治组织则是有着严密的结构和严格的纪律的政治行为主体。

政治主体的分布

不同类别的政治行为主体以不同的方式分布在政治系统的不同层面上。公众政治个体既以分散的形式活动在政治系统的底层,同时,在现代政治系统中,他还以个体成员的形式活动在政治群体、政治团体和政治组织之中。也正因为一个政治个体会同时或在不同时间活动在不同的政治群体、政治团体和政治组织之中,整个政治系统才具有网络结构和凝聚性。

政治群体的分布方式较为繁杂。一些政治群体会以聚居的方式形成带有地域特征的民族或族群。一些政治群体会以相同的经济生活水平、职业、思想观念而呈弥散状分布在一定的阶级和阶层。一些政治群体在一定条件下会被动员起来,形成群众运动;或自发地组合起来,成为群体性事件的行动者。政治团体常常依据年龄、性别、职业而组合起来,以点状分布在政治系统之中。如政治系统中的妇女组织通常是以区域为范围,以常设机构为纽带,定期展开活动的。有些政治团体比如警察,其本身就是政治系统中的机构性团体,以部门整合的方式存在着。多数政治组织,如政党,其分布的方式通常是树状的。在政治系统中活动的全国性的政党,有中央总部,下设地方分支机构,一直延伸至基层。

二、政治社会化

政治社会化是指政治系统通过一定的渠道和方式,将既成的政治规则、政治文化内化为个体或团体的行为规范,从而让非政治主体的个体或团体成为政治主体的不同类别的结构性过程。首先,政治社会化是政治系统的基本功能,并且是维持系统生产和再生产的条件。任何政治系统,无论是结构复杂的现代政治系统,还是结构简单的传统的政治系统,都会形成一套传承既有政治规范和政治文化的渠道和方式。

其次,政治社会化有不同的类别。对于个体来说,有初步的政治社会化,有尝试的政治社会化,还有政治再社会化。对于群体、团体和组织成员来说,会有群体、团体和组织的政治社会化。

第三,政治社会化是若干要素有机结合的结构过程。由政治文化产生的政治情境、政治传承的渠道和方式、政治自我的形成是其中最主要的要素或环节。

政治社会化的结构

政治社会化的过程可能是零散的,断续的,而且不同个体或团体,其政治社会化过程也是不一样的。但是所有的政治社会化都会包含一些基本的、不可或缺的要件。政治社会化的第一个要件是政治情境。这是指接受政治社会化的对象与政治文化接触所能观察、感受、体验的,以符号、象征、故事等形式表现感性形象要素的总和。政治情境只是现实政治生活和政治文化的一部分。

政治社会化的第二个要件是政治传承的渠道和方式。这是将既有的政治情境中的行为规范和价值取向传送给正在向政治主体转变的对象的纽带。在政治传承渠道中,有些是作为政治设施的一部分而存在的,如从事政治教育的学校、专门的政治培训机构、政治性媒介;有些则是普通的社会机构和设施,如家庭、职场、普通的传播媒介,等等。政治传承方式则是借助政治传承渠道,让个体接受政治情境影响的手段。不同的传承方式对政治社会化的效果会产生不同的影响。单纯灌输式的传承会让受众产生反感,纯粹散漫式的传承效果极差,较好的手段是外在引导和主观选择的结合。

政治社会化的第三个要件是政治自我。政治社会化的目的就是有目的地塑造个体的政治自我。这是一个由内化了的政治规则、政治价值和对政治现实的感受、理解、判断所组合起来的政治心理的、政治意识的结构。

政治社会化的类别

政治社会化有多种类别。一种是以政治主体的类别来划分的政治化种类。

由于政治主体可以是个体的,也可以是团体、组织的,因此,可以区分出个体的政治社会化、团体的政治社会化和组织的政治社会化。后两种政治社会化和政治团体、政治组织的形成是一致的。

另一种是以政治社会化的深入程度来划分的政治社会化类别。对于个体来说,从孩童到成人所经历的政治社会化是初步的政治社会化。一个个体进入职业生涯,在实际生活中接受的政治社会化是深度政治社会化。一般的个体在正常情况下,到45岁左右,其政治立场、政治观念、政治价值已经稳定并固定下来。

但是,当政治系统发生事件,或出现重大变革,或者个体的政治生活遭受重大变故,原先已经建立起来的政治立场、观念和价值在这些重大事变中出现动摇和严重矛盾时,已经成为政治主体的个体甚至团体就会重新思考政治行为规范和价值取向。这种政治社会化是再度政治社会化。在一个发生社会巨大转型的政治系统中,相当多的政治个体会自觉或不自觉地经历再度政治社会化。

三、政治行为

政治行为或称政治能动行为,是指政治主体在既有的政治规则支持和约束下,所进行的为满足政治权益需求的,经过意义建构的,包含举动认定、心理动机激发和交往行动等要素的连续过程。首先,政治行为并不是政治主体随心所欲的行动,它必须在某种既定的规则体系即制度的支持和约束下,经过政治主体的选择而发生的行动过程。

其次,政治行为是政治主体能动的、有意义的行动。政治主体是在一定的意义框架下思考和论证自己的行动的,政治行为本身就内含着意义,政治行为本身就是意义的建构和重构。

第三,政治行为是具有内在要素结构的连续过程。政治行为既不完全是主观的举动,也不仅仅是向外的交往行动。它是包括内在的举动、动机的激发与交往行动的多种要素的有机结合体,而且是一个持续流动的过程。

政治行为的地位

从20世纪30年代一直到60年代,在美国以至西方其他的政治系统中,伴随行为主义政治学的流行,政治行为成为政治学研究的主要对象。从20世纪60年代开始,随着行为主义政治学的衰落,人们则对政治行为及其研究提出了质疑,有些政治学家甚至断然反对研究政治行为。行为主义政治学固然有其缺陷,但这种缺陷不在于提出要研究政治主体的行为,而在于如何去看待政治行为和用何种方法去研究政治行为。行为主义政治学在政治行为研究上至少有两点不是科学和合理的。一点是行为主义政治学家们将政治群体、政治团体、政治组织的政治行为仅仅视为政治个体的政治行为的简单累加;另一点是他们拒绝对个体的政治行为进行价值评判。

由于行为主义政治学本身存在的缺陷,再加上这种政治学是产生并流行在西方政治系统中,对西方政治系统意识形态有戒备甚至反感的政治学家们拒绝对政治行为进行研究。其实这是一种因噎废食的做法。政治生活从根本上说是由政治主体的行为、行动、活动构成的。不研究政治行为主体的行为,就无法认识现实的政治生活。许多从抽象的原则和政治精英人物的讲话出发所做的政治学研究,之所以流于空乏,显得无力,就是因为缺乏对政治主体真实的政治行为作出探索。

政治行为的结构

行为主义政治学的一个严重缺陷是否认政治行为的结构性特征。按照安东尼·吉登斯的理解,社会行为、行动或能动行为是"物质存在对世界事件进行过程的、现实或预期的、有原因介入的连续流"。吉登斯所讲的物质存在其实就是指行为主体。他所用的能动行为的概念是直接与实践概念相联的。因此,吉登斯的能动行为的连续流也就是实践的连续流。在这一连续流中,首先存在的,作为能动行为的"要素"或"部分"的是举动(acts)。要产生这种"有意图的"或"有目的的"举动,行动者必须知道这种举动能够期望去证明一个特殊的性质或结果,并且为了引起这种性质或结果必须运用相关的知识。因此,举动已经包含或重叠着认定举动的"理由"。从内在的举动到"有目的的行为"还需要动机,即"激发行动的需要"。动机则是与个体的情感因素直接联系的。

仅仅有这些因素,政治主体的能动行为还停留在内在的举动认定的阶段上。政治生活是政治关系的总和。政治主体展开能动行为的目的是要通过维持或改变政治关系来满足自己政治权益上的需求。因此,他还需要通过将内在的特殊举动意图转变为"交往举动"意图,并最终让能动行为的交往行动展现出来,并产生结果。[①]

要科学地探究政治主体的能动政治行为,就必须将政治行为看做是由主观的、特殊的举动及其认定,行动动机的激发,交往意图和意义的建构等复杂要素有机构成的连续流或过程。行为主义政治学只是对政治主体特殊的举动、动机等要素做了分析,而且还故意回避了行动意义的因素。要科学地研究政治主体的政治行为,就需要超越行为主义。

---

① 安东尼·吉登斯:《社会学方法的新规则》,田佑中等译,社会科学文献出版社2003年版,第161、163、176、178页。

政治行为的意义

在对政治主体政治行为的研究中,研究者最为重要的事情就是要关注政治行为的意义。韦伯对社会行动(social action)所包含的意义做了特别的强调,他指出,所谓社会行动,"我们指的是行动者赋予主观意义的人类行为——不管该行为是外表行为或内心行为,是举止,或仅是对他项行为之承受。而所谓社会行动,我们指的是行动的意义牵涉到了他人的行为,并且这个关系,决定了这个行动进行的方式"①。

安东尼·吉登斯也指出,"日常行为的平凡的形式可以相当正确地被称为是有意图的行为。强调这一点很重要,因为否则的话,就有可能倾向于认为常规或习惯行为没有目的"。但是有意识的能动行为就要超出这些简单的意图而具有意义。吉登斯强调指出:"社会世界和自然界的差别是后者不能将自身构成为'有意义的':它具有的意义由人类在他们实际生活过程中所赋予,并且作为人类为了自己而努力理解或解释它的一种结果",在生产社会生活的能动行为中,行动者则对意义框架进行着积极的建构和重构。②

政治行动的意义,包括政治行为的价值取向就内在于政治主体的政治行动之中。所有的政治行为、行动中都包含着政治主体主观导向的意义。在政治生活中,行动主体必须对每个行动都赋予意义,如果没有意义,政治行动就不会不存在。行为主义政治学的致命缺陷就在于将意义和价值取向从政治行动中人为地排除出去。任何漠视甚至否认政治行为具有内在意义的政治行为研究,绝不可能是科学的,它只能导致对政治行为本质的误解。

第三节 政治制度类范畴

一、政治制度

政治制度是指为保持和推动政治系统运行和发展的、决定政治系统性质的、支持和约束政治主体行为的各种正式的和非正式的政治规则、原则和规范的总和。首先,政治制度是与政治主体的行为相联系的。它是由各种行为规则、原则和规范组合而成的体系。其直接的作用是支持和约束政治主体的政治行为、行动

---

① 韦伯:《韦伯作品集》(Ⅰ),钱永祥等译,广西师范大学出版社 2004 年版,第 74 页。
② 安东尼·吉登斯:《社会学方法的新规则》,田佑中等译,社会科学文献出版社 2003 年版,第 163、167 页。

和活动。正是通过政治主体的行为、行动和活动，政治制度发挥出保持和推动政治系统运行的功能。

其次，政治制度是由不同规则构成的有层次的体系。作为政治制度元素的规则，可以是正式的，也可以是非正式的。这样就有人为创设的政治制度和习惯而成的政治制度。另外，规则、原则和规范也有不同的层次。有作为法律的原则，有作为政策的准则，有作为行动指导的规范。从而产生出来的制度有些是具体的，有些是基本的，有些则是总体的、根本的。总体的、根本的政治制度决定政治系统的性质。

第三，政治制度对政治主体的作用是双向的。如果政治规则对政治主体的行为、行动构成支持力量，政治制度则发挥出资源性功能。如果政治规则对政治主体的行为、行动构成某种程度的约束力量，政治制度则发挥出控制性功能。旧制度主义只重视制度的控制功能；新制度主义则将制度的规则性与控制性功能结合起来。

政治制度的实质

对于政治制度这一范畴，历来争议较多。这种争议在两个方面展开：一方面是马克思主义政治学家与西方政治学家之间的争议，另一方面是马克思主义政治学家内部的争议。西方学者对政治制度进行过大量的研究。一部分倾向于结构功能主义的学者将政治制度与政权等同起来，将制度视为政权作用的体系。另外一些学者进一步分析了政权的运行，认为政权在运行时可以表现为两个过程：以统治和服从为特征的权力集中过程；以自治和制衡为特征的权力再分配过程。他们以这两个过程来规定政治制度。这部分学者不赞成对政治制度按与之相联系的社会经济形态来作历史类型的划分。

还有一部分学者将政治制度与政治过程等同起来，他们在著作中尽量避免使用政治制度这一术语。如果一定要涉及政治制度，他们则把政治中的输入、输出、信息流通等的总和视为政治制度。行为主义者正是反对给政治制度赋予社会形态的特征的。

另一部分西方学者将政治制度与政党、选举联系起来，他们或者以政党的数量为标准进行政治制度分类，或者以政府中是否有在野党为标准进行政治制度分类，或者以国家中央机关内部的关系为标准分类，或者以国家的民主程度为标准分类。

西方政治学家对政治制度所作的分析研究都有一些共同的缺陷：一是回避对政治制度的社会经济形态基础的研究；二是只从政治生活的一个或某几个方面去理解政治制度。但是，西方学者在他们所作的分析研究中，还是提出了很多有益的见解。他们在分析政治制度时,分别提出了国家、政权、政党、政治过程。事实上,政治制度不是同哪一个或哪几个政治体制的组成部分相关,而是同政治体制的全部构成部分相关。

在马克思主义政治学领域中,有相当一部分学者认为政治制度应当与国家联系起来,他们将政治制度看成是实现国家政权的途径,政治制度重点讨论的是在国家中哪个阶级占据统治地位。这是将政治制度"国家化"。这部分学者单纯从法学的角度和历史唯物主义中关于"国体"与"政体"的概念出发来规定政治学中的政治制度这一范畴。事实上,政治制度与国家制度既有联系,但又不完全相同。国家制度只注重研究国家权力中阶级、政治力量之间的关系,它要回答的首要问题是:在诸多阶级和政治力量中,哪个阶级、哪种政治力量占据统治或领导地位。政治制度则主要与政治权力配置、运行中的民主问题相联系。

政治制度的构成

所谓政治制度的构成是指两方面的含义:一是政治制度的存在和功能的发挥必须依靠一定的政治机构;二是政治制度本身也有层次结构。

在关于政治制度和政治机构的关系问题上,存在两种观点:一种观点是纯规则论,认为政治制度就是政治规则的体系,不需要将政治机构加进来;另一种观点是机构载体论,认为政治制度要发挥作用,必须有政治机构作为载体。其实要让政治制度发挥出功能,离开政治机构是不行的。政治机构是政治规则的载体,有些政治机构本身就是政治制度的产物。因此,研究政治制度,必须研究政治机构。变革、创立政治制度,也必须相应地改革和创建政治机构。

在实际的政治系统运行中,政治制度是分层次发挥作用的。从制度的显露性来分层,政治制度可以区分为成文制度和习惯性制度。前者是由政治机构依据一定的程度制定出来的、通过明文阐明的政治行为规则组成的。后者则是由长期形成的政治行为习惯构成的。另外在政治系统运行中,也存在介于成文制度和习惯性制度之间的"潜制度",它由人为的不成文的规定构成。

成文政治制度,依据政治行为规则的严厉程度和遵循时间的长短,可以区分为政治原则、政治准则、政治规范。政治原则具有严肃性、统领性、长期性。政治准则是在不同政治行为领域中较为严肃的行为规则。政治规范则是对具体政治行为适用的规则。一个具体的政治系统规定的政治原则是比较少的。在重要政治活动领域中制定的政治准则也不宜太多。政治原则、政治准则和政治规范之间的界限是模糊的。

对于具体的政治系统来说,为了保证运行的井然有序和长治久安,通常会在不同层次实施不同等级的政治制度。每一个政治系统都会在整体上规定若干总体性的政治制度,并将其作为整个社会生活的根本制度。这一制度动摇了,也就意味着政治系统的性质改变了。在根本制度之下,设立管辖一些重要领域的政治制度,这是基本政治制度。

政治制度的体现

作为正式的或非正式的政治行为规则的总和,如果没有政治机构作为载体,没有公共政治权威作为保障,没有具体的操作机制,政治制度可能是空设的。政治制度要能表现出来,并在实际的政治生活中得到贯彻,就必须找到体现的方式和实施的途径。在政治生活的发展中,不同政治系统都创立了政治体制作为政治制度的表现、实现途径。

任何政治体制都是具体的。它是由体现权力配置并承担规定职能的政治机构、具体的政治行动规则和法定的政治行动程序相结合的整体。任何政治体制又都是运转的。政治体制结构总是和一定的运行机制联系着。甚至在相当多的学术著作和官方文件中,体制、机制被合为一个词语。

政治制度和政治体制之间存在辩证关系。一种总体的、根本的政治制度可以容纳多种政治体制。一种政治体制可以在几种不同的政治制度下存在。当政治制度发生改变时,政治权力的掌管者会设计并创建出与之相应的政治体制。当政治运行效率不高,或政治制度的运行未能体现出制度设计时规定的优越性时,人们就会通过改革政治体制来激发政治制度的活力。

政治制度的变迁

政治系统的运动变化、政治形态的更替决定了政治制度不可能是一成不变的。政治制度的变化通常有两种方式。一种是根本制度的变化,它所导致的是旧政治形态的灭亡和新政治形态的产生。一种是具体制度的变化,虽然对政治形态也有影响,但不会导致新旧政治形态的更替。

政治制度的变迁是通过政治规则的变革来实现的。一般地说,由正式规则构成的成文政治制度的变迁相对说来较为迅速。由政治习惯构成的习惯性政治制度的变迁因为习俗惰性的作用而显得非常缓慢。

政治制度变迁是和新制度的创设、供给相联系的。新制度创设、供给的方向可以是自上而下的,可以是自下而上的,或者是两者的结合。新制度从创设到被接纳,直至在政治系统中被推行有一个过程。

政治制度的变迁存在路径依赖的现象,即政治规则的初始选择的不同,一直会对以后的制度变迁产生影响。通常会存在三种路径依赖:一种是某种并不理想的制度或制度体系因具有稳定性而会长期存在下去;一种是某种制度和制度体系的初始选择的特点决定着制度和制度体系变迁的特征;还有一种是不同政治制度体系在变迁中会有不同的累积性变量,或不同的累积速度。

二、政治机构

政治机构是指在政治系统中负载政治规则并作为政治权力配置载体的政治组织、政治设施的总称。在政治系统中与政治制度、政治体制相联系的政治机构有两类:一类是由一定的政治主体组合而成的法定的政治组织;另一类是有一定物质附属物的法定的政治设施。与政治制度和政治体制相联系的政治组织是指符合宪法组织法规定的、以法定程序建立的、体现政治权力配置的、并有一定的编制结构的公职人员的组合,比如政党组织、军事组织、警察组织、工会组织、共青团组织,等等。由这些法定的政治组织中的公职人员构成的政治团体是制度性政治团体。

与政治制度和政治体制相联系的政治设施是指符合宪法组织法规定的、以法定程序设立的、体现政治权力配置的、具有法定的强制性职能的、有外显的物质附属物的设置,如人大、政协、作为执行机构的政府、监狱、法庭,等等。在政治设施中最重要的也是最受人们关注的是国家设施。充分发达的国家是作为政治法律共同体、公法集体社会而存在的。首先,国家是包罗万象的、囊括一切的组织,其影响遍及整个国土和国土上的居民,它是全社会的正式代表。其次,国家体现公共权力,并使其他形式的社会权力服从于自己。谁掌握了国家机器,谁就代表了整个社会,从而也就获得了一种合法的、普遍的、强制性的社会力量。第三,国家借助于法律来调节社会关系,安排社会秩序,并强制人人都遵守其规则和法令。最后,国家拥有一套专门的机构来从事社会管理,支配社会的人力资源、自然资源。

在具体的政治系统中,政治组织和政治设施分层次、分领域纵横设立,形成严密的网络结构,覆盖着整个政治系统,渗透在政治生活的各个方面,既整合着政治系统,又维护着根本的和基本的政治制度。

三、政治体制

在政治学范畴中,政治体制是现代政治学家们普遍关注的范畴。在一般意义上,制度和体制是有区别的。制度不是体制,制度是游戏的规则,体制则是参与游戏的成员组织之间交往的格局。西方的学者给政治体制下过很多定义。一种定义是将政治体制归结为国家。比如,奥鲁姆就认为,政治体制是对该领土上的居民"合法地实施暴力"的垄断组织;有的学者提出,政治体制是充当各种角色的人的总和;有的学者将政治体制看成是"为寻找解决问题的方法而共同行动的人与设置的总和";也有人提出政治体制是"结构、程序和设制的总和";而克拉克则将政治体制看成是"包括个人、领袖以及能影响政治的活动者,还包括这些人物周围使他们的行为得以形成的结构和设置,以及保证政治过程得以展开的背景环境"。①

政治体制在宏观政治分析中是十分重要的概念,它是政治生活系统中的骨架性和基轴性的部分。政治体制指的是政治生活中政治设施、政治规范、政治意识这些基本要素相互间的联系及其在运行中所表现出来的职能的总和,它一般具有结构性、稳定性与动态性的特点。

政治体制的操作化概念是国家结构和国家机构。将国家确定为一种普遍事务是政治生活发达的标志。"在政治国家真正发达的地方,人不仅在思想中、在意识中,而且在现实中、在生活中,都过着双重的生活。……前一种是政治共同体中的生活,在这个共同体中,人们把自己看做社会存在物;后一种是市民社会中的生活,在这个社会中,人作为私人进行活动。"②

在政治体制中,除了国家这一具有普遍性的组织以外,还有其他的非国家的政治组织,比如政党、各种政治集团等。无论是国家、政党,还是其他政治团体,都与一定的机构联系着。正是这些组织与机构构成了政治体制中的一个亚体制,即政治设置体制。

第四节 政治文化类范畴

一、政治文化

政治文化是政治系统中个体的政治心理、社会政治意识和制度化的政治意识形态因素以及政治社会化过程的总和。首先,政治文化是一般意义上的作为人类生活一部分的文化在政治生活中的表现。政治文化不是人类文化之外的另一种文化,它只是人类社会文化的政治性功能的体现。在传统的政治学研究中,人们

---

① H. Van Daln, L. N. Zeigler, *Introduction to Political Science*, Englewood Cliffs 1977, p. 150; G. K. Roberts, *Dictionary of Political Analysis*, N. Y. 1971, p. 5; Clark, *Power and Policy in the Third World Counitries*, N. Y. 1982, pp. 5-6.

② 《马克思恩格斯全集》第33卷,人民出版社1973年版,第210页。

关注的只是政治心理、政治意识和政治意识形态,现代政治学则将这些综合起来,将它们归结到更为广泛的文化背景和文化体系中来审视。

其次,政治文化是政治系统的重要构成因素。政治系统不仅有人的、物的、制度的、体制的因素,还有文化的因素。能够将政治主体、政治规则、政治设施、政治组织等等人的、物的、制度的、体制的因素联结起来的纽带是政治文化。

第三,政治文化有其构成和过程。政治心理、政治价值观和政治意识形态构成了政治文化的不同层次,多类别、多层次的政治社会化构成了政治文化传输、传承和创新传播的过程。

政治文化的研究

政治文化研究经历了兴起、昌盛、衰落到再度复兴的变化轨迹。首先是政治文化研究的兴起。20世纪50年代,阿尔蒙德和维巴运用设计变量、抽样问卷、分类说明等科学方法,在公民文化研究领域取得丰硕成果。政治文化研究至20世纪60年代走向昌盛。

20世纪60年代末、70年代初,政治文化研究走向衰落。其原因是西方新社会运动的兴起使传统民主制度受到挑战,行为主义政治学为后行为主义取代,与政治文化密切联系的现代化理论研究受到质疑,政治文化研究中静态孤立的局限性暴露。所有这些混合起来,出现大量对政治文化研究的批评,致使政治文化的影响渐渐变小。

政治文化研究的衰落并不是整个政治文化研究的中断,而是指就政治文化谈政治文化的研究减少了。政治文化的研究转向了对政治文化与政治社会化过程关系的研究,转向了有关在政党、舆论影响下个人政治态度变化的研究,转向了政治文化在政治选举中对个人选择的作用的研究。

20世纪80至90年代,政治文化研究在不同的基础上得到复兴。其标志是阿尔蒙德的《政治文化反思》一书的出版,该书回答了学术界对公民文化概念和研究方法的批评,并对政治文化概念作了一定程度的修正。另外,英格尔哈特从韦伯的新教伦理出发,运用大量资料重新阐释政治文化,1988年出版了《政治文化的复兴》,得出了许多新结论,使政治文化的研究再度出现复兴。

但是政治文化研究仍然不尽如人意。曾担任过国际政治学协会主席(1983年)的德国著名政治学家K.冯·柏伊姆在《当代政治理论》一书中,对政治文化实质的研究方面所存在的问题有过系统的分析和归纳。他认为:政治文化与其他领域的界限大多仍模糊不清;世界的全部政治文化模式以英美模式为衡量标准的片面做法,有待政治文化理论的进一步发展才能被克服;政治文化的调查方法具有静止的偏见,大量资源的投入与所得结果不成比例;多数政治文化研究者所得出的领袖人物和非领袖人物这两个群体都在经历相同的社会化过程的结论是肤浅的认识;政治文化理论在反对纯粹从制度上来理解政治的冲突中有很大的成绩,但却走向了极端,事实上在求得政治一致性目标问题上,文化与制度同等重要;政治文化理论对强烈的政治参与所持的怀疑态度是不正确的,事实上高度化的政治参与同民主的有效性和稳定性是一致的。K.冯·柏伊姆认为,所有这些指责都将导致政治文化研究的进一步发展,政治文化概念有望被政治理论中的辩证-批判的理论来完善。

政治文化研究之所以困难,主要有下列原因。一是文化本身就具有多义性。已有的文化概念超过140多个,其中变量太多。二是政治文化本身具有复杂性和多变性。小至个人政治文化,向上有群体的、民族的、区域的政治文化;政治文化中有精神的、物质的因素等等。三是不同的学者对政治文化研究的取向、关注的重点、运用的方法也不相同。四是具体的学者都是从身居于其中的特定政治文化系统出发来研究的。但研究对象又需要超出具体文化系统的一般性的政治文化,这是一个逻辑矛盾。

政治文化的类型

率先进行这项学术实践的阿尔蒙德最初把政治文化分成四类:工业化前的政治文化,极权主义的政治文化,英美国家的政治文化,欧洲大陆的政治文化。其中,欧洲大陆的政治文化的特征在于工业化前的和由天主教的宗教成分所决定的子系统的持续存在。虽然这里强调了价值的因素,但这种方法并不理想,因为各个类型是按照完全不同的特征构成的,并且不是以一个统一的逻辑标准为基础的。这样一个如此一般的分类,同传统的统治形态学说相比,几乎没有什么进步,只是坚持了西方代议制的民主制度、极权制度和发展中国家系统的三分法。

接着阿尔蒙德运用一套方法,对政治文化的类别做了更为深入的思考。首先,将政治文化与政治结构分离。将政治个体、团体、组织作为政治结构中的角色。它们组合为立法机关、选民、压力集团等政治结构。政治结构相互作用形成体系。再考察政治文化与角色行为、政治结构、政治体系发生的相互作用。

其次,阿尔蒙德将政治文化定义为对政治对象认知的心理取向,是内化为个体的认知、情感、评价之中的政治系统。

第三,阿尔蒙德再将政治文化与一般文化分开,将政治行为与政治态度分开,将政治态度与一般态度分开,将政治态度指向作为一般对象的体系、输入对象、输出对象、对象自身。

最后,他通过问卷设计,进行抽样调查,并加以统计,将政治文化区分为不同类型:村民文化、臣民文化、参与者文化,以及更多的混合类型。

在20世纪80年代政治文化研究的复兴中，1988年英格尔哈特以生活满意度、政治满意度、人际信任、对既成社会秩序的支持为4个关键指标对一些时段中一些国家的政治文化作了分析。他从1973至1985年间对9个欧洲国家作了200余次、涉及20万人次的访问，得出结论：不同国家4个指标的得分值不同，4个指标是相互联系的，这些文化差异在跨时度时是稳定的，这些文化差异对民主制是有影响的。

依据1970至1987年间的调查资料，英格尔哈特认为西方价值观有了变化，注重自我实现、自尊、情感、高质量生活、良好社会关系，他称这类政治文化为"后物质主义"，以区别于传统的"物质主义"。

政治文化的功能

在政治学研究中，政治文化具有重要的分析功能。一是可以运用相对精确化的政治文化来取代传统政治研究中模糊的、非量化的文化概念。

二是可以运用政治文化作为参量对政治系统加以分类和比较，比如区分为村民文化系统、臣民文化系统等。

三是可以运用政治文化将微观政治活动与宏观政治系统联结起来，政治文化的价值、态度、情感可以作为衡量个体政治行为的参量。

四是可以运用政治文化把不同层次的人类行为区分开来，分别研究个体、群体、组织、民族等不同政治主体的政治文化。

五是可以运用政治文化更好地理解政治发展。除经济、社会等因素外，考察文化因素在政治过程和政治发展中的作用。

二、政治心理

政治心理是指政治系统中与个体或阶级、民族这类政治主体的政治认知与政治行为动机相关联的主观政治情感、政治态度、政治倾向、政治习俗的总和。首先，政治心理是政治文化层次结构中非常重要的因素。它处在政治文化结构的底层，向上连接政治价值观，对政治价值评价有较大影响，但与心理和政治意识形态相距较远。

其次，政治心理具有稳定性、内生性的特点。政治心理不仅受阶级心理的影响，还受民族心理、民族习俗的影响。政治心理一旦形成就较为稳定，即使发生变化，也十分缓慢。政治意识形态的改变和政治价值观的变化，要传导到政治心理并推动政治心理发生变化，则需要较长的时间。因此，要让政治中的政治心理发生变化，需要有持久的努力。

三、政治意识形态

政治意识形态是指规范化、体系化的政治思想观念。首先,政治意识形态在政治系统中属于高层次的精神观念的因素。在政治系统中发挥作用的精神观念的因素通常有三个层次。处于较低层次的是政治心理,位于中等层次的是政治意识,居于最高层次的则是政治意识形态。

其次,政治意识形态是政治心理、政治意识的规范化和体系化。政治意识形态要经过精心加工、自觉制作才能形成。它是由政治理论、政治思想、政治价值等要素构成的完整体系。

第三,在政治系统中,总有某种政治意识形态占据主导地位。在具体的政治系统中,某些处于政治统治或政治领导地位的政治力量,总会运用自己所掌握的公共政治权力和资源推行那些能够论证它们统治或领导的合法性、合理性的政治理论、政治思想和政治价值。

政治意识形态的因素

在现实的政治生活中,通常存在着两类不同的对意识形态的理解,或存在着两种不同类别的意识形态。一种理解或类别是把意识形态看成是从某些阶级的利益出发而形成的错误认识或一整套与客观现实不相符合的政治神话和政治幻想。这种理解与意识形态的最初起源有关,也与西方的政治传统有关。另一种理解或类别是把意识形态同社会现实思想、观念的规范化、定型化联系在一起,意识形态成为与社会意识相对应的范畴。

"意识形态"这一范畴最早起源于欧洲文艺复兴时代的启蒙运动。在这一运动中,一批理论家和思想家为反对欧洲中世纪的宗教学而提倡某种"思想科学",他们认为要驱除宗教迷信、反对神学幻想,就需要寻找和创立某种思想的工具与手段。这类作为思想的工具与手段的东西就是"意识形态"。很显然,这种对意识形态的起源性理解已经包含有对意识形态中主观性、强制性、功利性等成分的批判。

这种理解或这种类别的意识形态,已经包含着消极的成分。它们后来被某些资产阶级思想家所承袭,并加以滥用,并渐渐演化成一种替资本主义制度和社会病态进行辩护的政治神话和政治偏见。对于这种意识形态,马克思和一些进步的思想家们曾经进行过批判。在《德意志意识形态》一书中,马克思明确指出,在当时的德国思想界弥漫着体现没落的封建阶级和新兴资产阶级私利的错误思想和一整套政治幻想。他把那些错误思想和政治幻想称之为当时德国社会的"意识形态",并指出,无产阶级必须在同一切反动阶级的斗争中,才能认清这种意识形态的反动性,并建立起正确的哲学思维。

西方政治学家曼海姆则从另外的角度区分了两类意识形态。一类是特定的意识形态,它"或多或少地有意掩盖真实情况"。一类是包含更广泛内容的意识形态,它是表明"一个时代或一个具体历史社会集团或一个阶级"的政治理论或思想的意识形态。①

将上面的见解加以概括,可以看出,在人类的现实政治生活进程中存在着三种"意识形态"因素。一种是掩盖政治生活真相、以虚假的东西混淆视听的政治宣传与说教;一种是代表某个阶级与集团的政治原则、立场与理想的政治观念;一种是作为系统化、规范化的政治心理、政治意识的精神观念。在现实的、具体的政治意识形态中,这三种意识形态因素又往往交织在一起。

政治意识形态的走向

伴随着苏联的衰落,一些极左的、空想的政治观念渐渐失去了作用。曾经与社会主义意识形态相对抗的西方政治理论和观念,似乎觉得胜利了,以后也不再需要这种对抗了。在这一背景下,少数西方政治学家提出了"意识形态终结"的命题。这一命题本身既包含着合理性,也潜伏着神话色彩。当这一命题只是用来否定甚至清除西方政治家的言论中和极富欺骗性的大众媒体的宣传中所充斥的掩盖严峻社会现实、美化资产阶级政治统治的成分时,它是合理的。但是,如果想用这一命题来表明资产阶级已经放弃了那一套论证自己政治统治的合法性和合理性的理论、思想和观念,断言任何政治立场、政治观念都不会对政治学的研究产生影响时,则表明现代资产阶级又在掩人耳目地宣扬另一套经过精心炮制的、更加迷惑人的政治神话。

事实上,西方的政治生活依然充满着意识形态,其主要表现是:首先,西方的某些政治学家在比较政治研究中,对发达国家的政治描述充满着有关工业化、现代化、进步、稳定、秩序的意识形态设想,鼓吹的只是政治神话。其次,比较政治学家们往往与政府、情报机构、军事部门、跨国公司相联系,受他们的利益影响,而政府、情报部门渗入并控制着许多学术研究和出版机构,并以此来操纵现代政治学的研究。第三,在西方的政治学和比较政治研究中,与政府相联系的政治学家组成了政治专业协会内占统治地位的专业权力结构。

---

① Karl Mannheim, *Ideology and Utopia*: *An Introduction to the Sociology of Knowledge*, Tr. by Louis Wirth and Edward Shils, New York: Harcourt, Brace, and World, 1936, pp. 55 - 56.

第五节 政治系统类范畴

一、政治系统

政治系统是指基于一定的生产方式之上的、与具体生态环境处于互动之中的、以形态和共同体方式表现出来的各种政治关系、政治实施和政治过程的总和。首先,政治系统和一切系统一样,在外部,与环境有着相互适应和塑造的关系,在内部,以政治关系、政治设施的方式存在和变化着的各种要素则结合成整体。

其次,具体的政治系统总是立足于一定的物质生产方式之上,其存在和运行,在时间维度上表现为一定的政治形态,在空间维度上则表现为具体的政治共同体。

第三,在具体的政治系统中,各种政治关系和政治设施按照一定的功能形成一定的结构。作为政治设施的国家则起着重要的作用。在一些非国家的政治组织和政治设施还较为弱小的政治系统中,国家通常成为政治生活的中心。

政治系统的意义

将人类的政治生活看成是一个有着一定的结构功能、处在运动变化之中、具有整体性质的开放系统,这是政治学理论研究取得长足进步的标志。一般系统观念最初是从自然科学的部分学科,特别是从生物学、物理学中产生和发展起来的。自然科学与社会科学的交叉、渗透,也使系统思想与系统方法进入到社会科学的领域。在这一过程中,社会学家塔尔科特·帕森斯作出过特殊的贡献,他充分利用开放系统的观念与方法来研究社会结构。

心理学也是广泛运用系统方法的学科。形态心理学家在自己的研究中早就接受了关于系统大于其组成部分之和并决定各组成部分的观点。心理学家还将系统方法进一步运用来研究个体性格问题。他们认为对个人性格的了解,仅仅依靠心理学是不够的,还必须将社会文化因素考虑进去,从而将个体性格看成是个人受其环境影响的动态系统。系统方法还被经济学家所接受。在经济学中,平衡是一个基本概念,而经济平衡分析的基础就是总系统与其各个分系统的关系。现代经济学的一个重要进步就是从适用于封闭系统的静态平衡模型研究转向适用于开放系统的动态模型研究。

所有这些进步,对政治学中传统的机械研究方法产生了巨大的冲击。从 20 世纪 50 年代开始,西方一批行为主义政治学家,比如,罗伯特·达尔、戴维·伊斯顿、加布里埃尔·A.阿尔蒙德,就主张运用系统思想和方法研究政治生活。其中,尤以伊斯顿的建树最为显著,他先后出版过《政治系统》《政治生活的系统分析》等重要著作。

在政治学理论中引入政治系统范畴,不仅使现代系统分析的观念进入政治学研究领域,从而让人们将政治生活看做是有机的、整体的生活,而且,更为重要的是,政治系统范畴突出了政治生活环境的意识,它让一些政治学的分支学科迅速建立起来,比如地缘政治学、生态政治学、气候政治学等等。另外,政治系统范畴的出现引发了人们政治思维上的一次革命。传统的政治学只关注国家,将国家以外的政治组织、政治团体、政治机构的功能与作用忽略了。政治系统范畴重新让人们从多元的角度思考政治生活,思考政治民主化的途径。

政治系统的特性

尽管政治生活具有系统性,但是,它并不像物理系统和生物系统那样是自然而然地形成的,它更多的是政治行为主体依据一定的自然与社会条件即内部的与外部的环境条件,通过选择合适的制度、体制,有意识地设计和构建出来的。因此,政治系统所具有的结构,是政治行为主体的活动产生出来的关系的结构,而不仅仅是纯物质成分的天然的构造。正因为如此,在生命周期上政治系统有自身的特点。对于生物系统来说,只要是同一种类,就有同样的生命周期。政治系统则不然,它虽然也要经历产生、成熟和灭亡,但不同的政治系统存在的方式和持续的时间长短是很不一样的。

政治系统具有自身的特性。首先,政治系统具有整体性。所有的政治系统都是由相互联系的要素或成分有机结合而成的整体。政治系统中的最基本的成分是政治主体、政治机构、政治设施、政治文化。政治行为主体通过政治活动形成各种政治关系,这些关系又负载在各种政治机构和政治设施上,它们的运动和变化构成了政治过程。因此,政治系统就其本质来说是各种政治关系的总和。政治系统离不开内部的各种关系,但是,系统本身要大于这些关系的总和,系统的性质是由系统整体来确定的,是通过根本的制度表现出来的。

其次,政治系统具有结构性。政治系统内的各种关系并不是零乱无序的,它们是按照一定层次、等级、隶属关系组织起来的。不同政治系统之间的区别在于政治的基本组成部分的结构方式不一样。尽管各种政治系统的基本组成部分大致上是相同的,但是,只要这些要素的结构方式不同,其功能就不一样,政治系统就会发生质的变化。政治系统内部的结构包括政治主体结构、政治权力结构、政治规则结构、政治文化结构,等等。

第三,政治系统具有开放性。政治系统的开放性应当从两个角度来分析。从它作为社会生活的一部分来看,它与社会的经济生活、文化生活是交织在一起的,并且同政治生活之外的系统时刻进行着物质的、信息的、能量的交换,因此,政治系统是一个相对的开放系统。而从它与其他的政治系统的关系来说,它却是一个主权实体,它具有自己的特殊目标、特殊的意识形态、特殊的制度,因此,在这种情况下,特定的政治系统又具有相对封闭的特性。

第四,政治系统具有功能性。政治系统的功能可以从四个方面来考察:一是适应功能。任何政治系统都要从外部汲取它所需要的资源,加工之后为自己使用并把产品提供给别的系统。二是目标功能。任何一个政治系统总要确定明确的目标并调动资源来达到这些目标。三是维持功能。政治系统总是要保护自己,时刻对付突然的变化和外来的干扰,以保持系统的平衡状态,使之继续生存下去。四是动力功能。政治系统还需要经常保持一种能够刺激行动的后备原动力,以便持续发展。

政治系统的维度

人们可以从动态即变动性与静态即稳定性这两个角度,来分析政治系统内部的结构功能。政治系统的静态结构在空间上表现为一个个并列着的政治共同体。政治系统的动态功能则在时间上表现为一个个依次出现的政治形态。政治形态和政治共同体构成了人们研究分析具体政治系统的两个重要维度。

从时间的维度上来考察、分析政治系统,人们可以认识政治系统的动态性、变迁性、上升性。政治系统处在运动中,其运行和发展,会经历不同的由具体的政治制度和政治体制所构成的政治形态。这些不同政治形态的更替就构成了具体政治系统历史变迁的轨迹。人类政治生活的发展,正是通过政治形态从低级向高级的上升体现出来的。

从空间的维度上来考察、分析政治系统,人们可以认识政治系统的整合性、静态性和并列性。政治系统正是通过一个个政治共同体的方式而存在的。在国际政治学中,政治共同体是分析的出发点。如果将处在一定地理位置上的主权国家或具有独立主权的地区看做是一个政治系统整体,作为这一整体的平面投影便是这一国家或地区的版图。人们通常使用的世界地图所描绘的正是在制图时间段内存在的众多政治共同体的静止并列状态。我们在讨论英、美、法三国的关系时,其前提就是将这三个国家看成是既相互分立又相互关联的政治共同体。地球上同一时期存在和运行着的众多政治共同体构成了国际政治或全球政治的超大政治系统。

政治共同体范畴尽管比较多地强调具体政治系统的整合性或凝聚性,但事实上,任何一个政治共同体都不可能是具有绝对同质性的一团硬块。政治共同体中存在着相当多的异质成分。如果将政治共同体中与其所确立的政治制度相符合的成分称为"制度部分",那么共同体中与制度部分相对立的成分则可称为"反制度部分"。每一个政治系统中掌握着公共政治权力的国家总是要借助于各种形式和手段,来论证现行政治制度的合理性、合法性,增强政治行为主体对现行的政治制度、政治体制、政治价值的认同感,反对和控制"反制度部分",从而保证政治系统的凝聚力。

二、政治形态

政治系统总是处在不停的运动之中,从而在政治生活历史的时间坐标上呈现出政治系统形态的多样性。政治共同体与政治形态的关系是复杂的。在人类的政治生活史上,依次经历过所有政治形态的政治共同体几乎不存在。一些政治共同体只经历了一种政治形态,有些政治共同体则经历了几种政治形态。在同一历史阶段上,并列着的政治共同体,甚至同一共同体中的不同部分,可能分属于不同的政治形态。

政治形态是指与一定的物质生产方式相联系的、以一定的政治制度和政治体制为内容的、标明政治生活前进性的政治系统类型。首先,具体的政治形态总是建立在相应的物质生产方式的基础之上的。如果区别不同的物质生产方式的范畴是经济形态,那么政治形态与经济形态是相互关联的,在一定的经济形态之上,会建立起相应的政治形态。

其次,政治形态是标明政治生活前进性的重要范畴。它将政治共同体的存在与变化同人类的政治生活的历史发展联系起来。纵观人类的政治活动史,人们可以看到在一定的地理位置上,在一定的历史年代,一些政治共同体产生出来了;而在同一地理位置上,在同一年代中,另一些政治共同体却烟消云散。如果我们仅把目光停留在一个个政治共同体的产生、并列和消失上,那么,政治生活就会变成大大小小的灭亡了的和存在着的政治共同体的堆积,政治发展的基本线索就会模糊不清。但是,一旦我们将人类历史上出现过的和现今仍存在着的形形色色的政治系统中的根本的东西即在价值的权威分配中起着统治与支配作用的政治行为主体找出来,并将具有相同的生产关系基础的行为主体所支配与统治的政治系统归为一类,就可以将众多的政治系统划分成为数不多的几大类型,每一个类型都分别与经济形态相一致。这样产生出来的政治系统类型即为政治形态。

第三,政治形态的内容是具体的政治制度和政治体制。政治系统的历史演变是通过新旧政治形态的更替实现的。政治形态是具体的政治制度和政治体制的统一体。政治系统的性质是由其总体的、根本的政治制度决定的。政治制度又是通过政治体制的结构和运行体现出来的。

政治形态的类型

每一种政治形态都是与社会占统治地位的生产关系相联系的。正是在占统治地位的生产方式的支撑下,代表这种生产方式的政治行为主体才有可能取得分配社会各种价值的支配地位和权威地位。按照人类生产方式进步的顺序,历史上出现过生产资料的原始共有制、奴隶主占有制、封建地主占有制、资本占有制和人民占有制等生产方式类型;与此相适应,也分别出现过原始平等的政治形态、奴隶主占统治地位的政治形态、封建地主占统治地位的政治形态、资本家占统治地位的政治形态、人民民主的政治形态。

这几类政治形态只是从历史上曾经有过的和现在仍然起着作用的种种政治形态中概括出来的规范类型。每一类政治形态所具有的特征也都是从大量的、具体的政治形态中概括出来的共性的东西。它与具体的政治系统的历史类型的关系是一般与个别的关系。个别总是要多于一般,因为个别中还具有自身的特殊性。因此,历史上存在过的和现实中存在着的具体的政治形态的个性要远比理论上的概括复杂得多。

同时,无论是在历史上有过的还是在现实中存在着的政治形态中,都有可能出现介于两种规范的政治形态之间的过渡性的形态。比如旧中国是半殖民地半封建社会,其政治系统的类别,既不完全是封建地主占统治地位的形态,也不是资本家占统治地位的形态,它是处于这两种形态之间的、特殊的、过渡型的政治形态。尽管历史上存在过的和现实中存在着的政治形态都不可能与理想的、规范的形态完全相符合,但是,通过具体的研究,概括和确定每一种规范的政治形态的特征仍然是必不可少的,它可以为人们认识和研究具体的政治形态提供参照系。

政治形态的变迁

对于一个具体的政治系统来说,它究竟采取何种政治形态,这既不是先天命定的,也不完全是由人们的主观决定的。政治形态的选择和构建是客观社会条件与政治行为主体相互作用的结果。它体现着历史决定与人的能动选择的有机统一。政治形态变迁的最深刻的根源在于物质生产方式的发展,政治形态变迁的直接推动因素是政治制度和政治体制的变革。

当物质生产方式的发展还没有引起生产资料的占有方式的根本改变,与此相适应,政治体制的变革只是引起具体政治制度的变化时,政治系统就会依然保持原有的形态类别不变。当作为政治系统存在和运行基础的物质生产方式的变革导致新的生产资料占有方式的出现,与此相适应,政治体制的改革已经触动了根本的政治制度,这时,政治系统就从旧的形态类别转换到新的形态类别。从总体上看,政治形态的变迁是遵循着从低级形态到高级形态逐步上升规则的。

政治形态变迁并不死守线性规则。在历史进程中,某些政治系统会出现从后一种形态类别跳过一个甚至几个类别,一下子上升到更高的形态类别的现象。比如,对于某些政治系统来说,它可以不经过奴隶主占统治地位的政治形态而直接进入封建地主占统治地位的政治形态;而另外一些政治系统则可以从半殖民地半封建的过渡型政治形态,越过资本家占统治地位的政治形态而进入人民民主的政治形态。政治形态变迁中的这种"跳跃性"是存在的。不承认这种"跳跃性"就会死守机械的、形而上学的政治观。但是,也决不能过分地夸大这种历史的"跳跃性"。这种政治形态变迁上的"跳跃"是很少的,而且需要具备很多的条件。同时,政治形态变迁过程中的任何一次在相对短时间内实现的"跳跃",都需要有相对漫长的、艰辛的生产方式的追赶性发展来补充。这也正是在一些政治系统中之所以出现革命容易建设难的原因所在。

三、政治发展

政治发展是指政治系统在物质生产方式发展的推动下,采取一定的方式,从低级的政治形态向高级的政治形态上升,政治关系日益民主化、法制化、和谐化的过程与趋势。首先,政治发展的原动力是人类物质生产方式的进步和发展。政治发展的表现形式是政治系统的形态类别从低级向高级上升的趋势。

其次,政治发展需要通过一定的方式来实现。从人类政治生活的变革和发展的经验中,可以概括出政治发展的主要方式是政治改良、政治革命、政治变革。人类并不能随意选择政治发展的方式。不同的政治发展方式都有其运行的合适条件。不同的政治发展方式常常是在交叉或混合中发挥作用的。

第三,政治发展是一个永无止境的过程与趋势。不同的政治系统都从各自情况出发,追求不同的政治发展目标。虽然在现实的政治发展途径上出现了西方的尝试和发展中国家的试验,也产生了对政治发展前景不相同的看法,但是,人类的政治发展是存在共同理想的。这种理想就是追求公共政治关系的民主化、法治化与和谐化。

政治发展的衡量

在政治发展的评价方面,传统的观念和现代观念不同。一般都认为现代政治生活与传统政治生活相比,前者体现了政治发展。其实政治发展中既有传统的成分,也有现代的成分,不能把传统政治等同于不发展,把现代政治等同于发展。另外,在政治发展的评价上,西方政治家和政治学家的观念也与站在发展中国家立场上的政治家和政治学家的见解不同。前者认为西方的政治生活已经创造了政治发展的典范,其他的政治生活都属于不发展。这种把某些政治系统的状况等同于政治发展的观念是十分荒谬的。

不同政治系统的政治发展起点是不一样的,不同政治系统所追求的政治发展的目标也是不同的,因此,衡量政治发展的指标和因素也必然是多种多样的。在尊重各个政治系统发展自由的基础上,人类应当提出政治发展的一些基本的衡量标准。这些标准并不是只对某些政治系统适用,而是具有全人类共同追求的成分。一个政治系统的发展,必然是政治约束更加法治化、政治决策更加民主化、政治状态更加和谐化。

政治发展的方式

导致政治发展的方式是多种多样的。通常认为政治发展的方式有三种类别。一类是政治改良。政治改良因为不对政治关系和政治结构做根本性的改革,而常常被激进的政治家视为阻碍政治发展的手段。其实只有消极的政治改良才会产生这种作用,积极的政治改良也是推动政治发展的手段之一。

另一类是许多政治家讴歌的政治革命。其实人们只注意关心政治革命带来的积极影响,而对过激的政治革命造成的破坏因素常常视而不见。政治革命的确是政治发展的推动器,但是,任何一次大的政治革命,不但需要有许多条件,而且运用暴力的政治革命会在一定程度上造成生产力的巨大破坏。在发动和管理政治革命的过程中,争取和平的方式是减少代价的重要途径。

在现代社会中,特别是在20世纪80年代以后,政治变革成为人们关心的政治发展的重要方式。政治变革是在保持政治形态类别不变,但又能让政治生活发生巨大革新的政治发展方式。从正在进行的政治变革来考察,政治变革也有两种模式:一种是激进政治变革,另一种是渐进式的政治变革。这两种模式都各有其优点和不足。关键是具体的政治系统究竟采取哪一种政治变革的模式,是由许多具体条件决定的。

在现实的政治发展中,上述三类政治发展方式往往都不是孤立起作用的。在政治革命前和革命后,都会伴随程度不等的政治改良。在政治变革中,既包含有政治革命的成分,也有某些政治改良的因素。只有依据政治系统的状况,将不同的政治发展的方式交叉或混合使用,才能真正推动政治生活的发展。

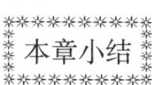

政治学理论知识体系在形式上表现为由一套存在着层次结构并且有着内在

逻辑关联的、经过琢磨加工的范畴构成的体系。可以说每一种政治学理论都有一套具有一定数量、一定层次结构和一定排列顺序的范畴体系。由于不同时间和不同空间上的政治主体在实践和理论方面存在较大的差异性，历史上保留下来的和现实中流行的政治学范畴是形形色色、多种多样、纷繁复杂的，不仅粗精交杂、真伪难辨，而且在排列上也前后相混、关联交错。如何将政治学范畴精挑细选、分门别类、有序排列，一直是政治学基础理论研究中倍受关注的课题。政治生活的变动性和政治学研究的创新性决定着政治学理论范畴在数量、层次与关联等方面的相对性。任何一个政治学的研究者都不能声称自己选择、分类建构的政治学理论范畴及其体系是最恰当的。每一个研究者设计构造的政治学理论范畴及其体系都只是为同行和后来者提供一个质疑、批判和修改、完善的起始框架。

本章给出的政治学理论范畴及其架构与本书将全部政治学知识分为微观、制度和宏观三大模块是一致的。在微观政治学知识模块中，基本的政治学范畴是政治关系、政治主体。在既成的政治关系网络或背景上，经过政治社会化，不断形成政治主体，政治主体的行为又不断生产和再生产出政治关系。政治关系、政治主体、政治社会化和政治行为构成了微观政治学中最重要的逻辑关联。

在制度政治学的知识模块中，基本的政治学范畴是政治制度和政治文化。政治学说到底是研究受约束的公共权力的运用。政治主体的行为是受政治制度和政治文化约束的。政治主体也会在与政治制度、政治文化的矛盾冲突中进行政治制度的创新并改造政治文化。政治制度、政治机构、政治文化构成了制度政治学中最重要的逻辑关联。

在宏观政治学的知识模块中，基本的政治学范畴是政治系统与政治发展。政治生活作为人类最为高贵、最为理性的生活实践是趋向整合性、系统化的。政治系统又总是在曲折中以不同形态的更替展现出政治生活发展的轨迹。政治系统、政治形态和政治发展构成了宏观政治学中最重要的逻辑关联。

关键概念

政治关系　政治权益　政治权力　政治主体　政治社会化　政治行为　政治制度　政治机构　政治体制　政治文化　政治心理　意识形态　政治系统　政治形态　政治发展

研究与思考

政治学基本范畴可以分成哪些主要类别？

什么是政治关系？如何理解政治关系的形成、情境、表现和内容？
什么是政治权益？政治权益的特点是什么？政治权益如何实现？
什么是政治权力？如何理解政治权力的实质、运行、特点与总量？
什么是政治主体？如何理解政治主体的条件、类别与分布？
什么是政治社会化？如何理解政治社会化的结构与类别？
何为政治行为？如何理解政治行为的地位、结构与意义？
什么是政治制度？如何正确看待政治制度的实质、构成、体现和变迁？
如何理解政治机构和政治体制？
什么是政治文化？如何理解政治文化的类型、功能？
如何理解意识形态的因素和当代意识形态的走向？
何为政治系统？怎样理解政治系统的意义、特性和维度？
何为政治形态？如何理解政治形态的类型与变迁？
何为政治发展？如何衡量政治发展？政治发展有哪些方式？

※※※※※※※※※※
相关知识
※※※※※※※※※※

政治学范畴和理论的演进与发展

在当代政治学理论中，政治系统、政治体系、政治决策都是重要的理论和范畴。从20世纪50年代至20世纪90年代，这些理论和范畴一直处于修正、完善和发展之中。

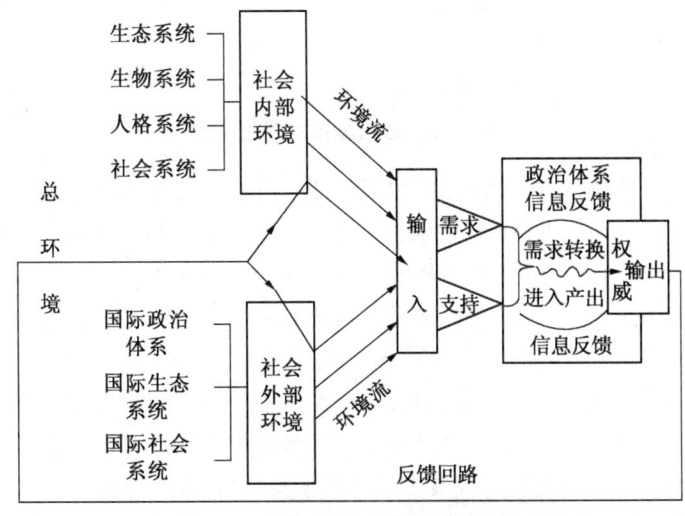

图8-1　一个动态的政治体系的刺激-反应模式

1957年,美国政治学家戴维·伊斯顿发表了"政治体系分析的一种研究途径"一文,它在很大程度上受惠于生物学、物理学和心理学中发展起来的系统分析。在该文中,伊斯顿在来自著名的刺激-反应模式的观念基础上勾画了"政治体系",刺激-反应模式被用于人和动物的试验中,试验主体被给予一个刺激,它们对此作出反应。在心理学中,这一观念是由"斯金纳之盒"(Burrhus Frederic Skinner)来说明的:一个本来没有的刺激,一间房子/盒子中的人/动物作出反应。通过改变刺激,可以记录下与之相应或相关的不同类型的反应。这里的要点是不需要知道盒子内发生了什么,因为通过重复的刺激和反应可以把结果间接地记录下来。

1965年,伊斯顿在《政治分析的框架》一书中,运用两个模型来说明他的政治系统分析途径和政治体系的政治理论和范畴。一个模型图是一个动态的政治体系的刺激-反应模式,另一个模型图则是一个用盒子表示出来的政治体系的简化模式。其实伊斯顿本人并没有描述"盒子"即政治体系。他只是简要地提到了他所讲的盒子"内"的转换过程和处理压力。他强调的是环境或情境的影响产生政治系统的输入即刺激-挑战,并论述政治系统输入和输出之间的联系。而政治体系的简化模式图中的盒子即政治体系则完全是空的。

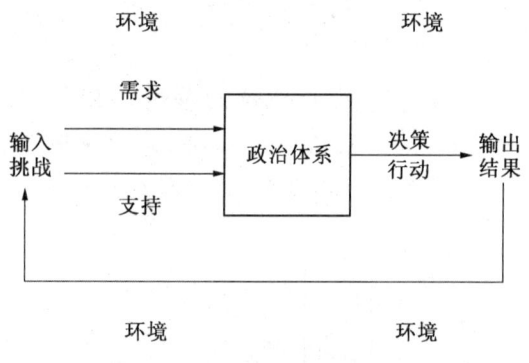

图8-2 政治体系的简化模式

正是受这一简化的政治体系模式的启发,约翰·奥尔森等发展出了"垃圾箱模式"(garbage can model),以便描述政治决定实际上是如何作出的。奥尔森的观点首先是在1972年发表在《行政科学季刊》(Administrative Science Quarterly)上的论文中阐述的。这个观点立即被视为本学科的一个重要突破。自那以后,奥尔森及其美国同仁,名列被引用最多的国际政治学作者行列。"垃圾箱模式"及与此相关的许多问题满足了一种重要的需求,尤其是在研究组织和政策决策的政治学家中间。其思想认为,所有的政策决策都是不可预测的个人冲动和或多或少偶然群集的产物。从垃圾箱模型图中可以看出,从"垃圾箱"中出来的完全独立于进去的。

早先的模型过于严格而不够现实。但现在有了一条途径来描述组织行为,强

· 324 ·

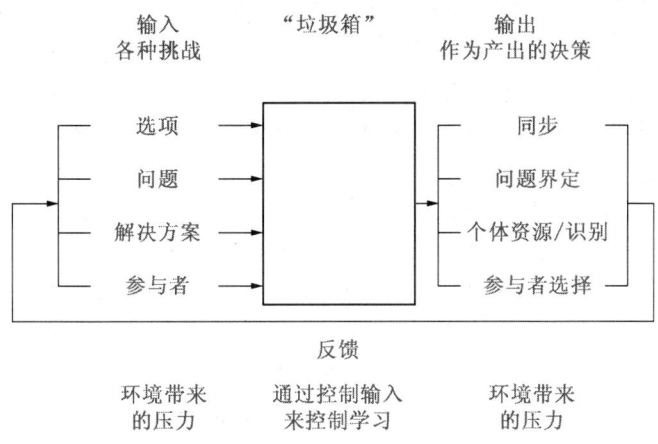

图 8-3　"垃圾箱模型"的简化和直观化

调决策中的模糊、有限理性和不确定性。一些术语如适当性逻辑表明了理性逻辑的对立面。不以逻辑为基础的决策理论是令人怀疑的,它要包括一项决策被作出之前必须存在的条件的清晰标准。换言之,并不存在"准确的"决策过程逻辑,而只是一种研究途径逻辑。这一论题显然是与赫伯特·西蒙和詹姆斯·马奇从20世纪50年代末发展起来的传统思想有关。在这一传统中,我们也能发现渐进调适的科学和渐进主义等概念。这些思想表明,研究的演进不应看成是一种以重大和突然的跃进为特征的活动,而是一种小步的稳步发展。更受到强调的是要求富有成效以及合理、正确的表述,而不是要求严格的经验论证和理论的正式发展。

拉希和约翰·奥尔森于1992年在《挪威政治学评论》上的一场有趣的辩论为"垃圾箱模式"能否视为一种理论提供了重要的看法。通过评论奥尔森早期著作的一些方面,拉希在结束其文章时指出了这一模式作为一种实际使用工具的弱点:"垃圾箱……作为一个政治学模式是成问题的……它是含糊不清和'前理论的',它包含了适合于在理性制度主义的框架内进一步发展和澄清的一系列要素。"在其答复中,奥尔森根据新制度主义研究途径的发展澄清了"垃圾箱模式"的要点:"'垃圾箱'思想集中于政治过程中或然性的角色……因此,制度分析的焦点是政治生活中的结构要素以及结构是如何影响行为、思维方式和变迁的。"奥尔森强调了"垃圾箱模式"是与基于制度主义的模式相反的。政治机构影响我们的行动。机构学习、认同的建立和政治/组织的长期形成是我们预测决定将会如何作出的诸因素。因此,"垃圾箱模式"是对缺乏机构的社会决策过程的一种描述。若机构学习是完善的,我们就可以不要"垃圾箱模式"而直接从输入推导出输出:个人将像机构所规定的那样作出他们的决定。

不管是伊斯顿的模型或是"垃圾箱模式",还是新制度主义,都没有产生一个定律、理论或假设。马奇和奥尔森也相当清楚地作了说明,在与现有各种理论的简化作比较时,"新制度主义最好看成是寻求可供选择的观念,它们以一种理论上有用的方式把经验智慧的微妙性简化了"。

(资料来源:斯坦因·U.拉尔森:《政治学理论与方法》绪论,上海世纪出版集团2006年版。)

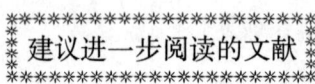
建议进一步阅读的文献

要对政治学研究中的范畴及其类别作进一步的了解,可阅读安德鲁·海伍德的《政治学核心概念》(天津人民出版社2008年版)中的内容。

要对政治学研究范畴作进一步研究,可阅读K.冯·柏伊姆的《当代政治理论》(商务印书馆1990年版)第三章中有关政治学范畴的内容。

第九章　政治学理论范式

【学习要点提示】
政治学理论发展的源泉与动力
　　政治学理论发展的实践源泉
　　政治学理论发展的认识动力
政治学理论范式的实质与争论
　　政治学理论范式的实质
　　政治学理论范式的争论
理论范式演变的影响因素与轨迹
　　理论范式演变的影响因素
　　理论范式演变的主要轨迹
政治学理论研究范式的类型
　　实证主义理论范式
　　诠释主义理论范式
　　批判主义理论范式
政治学理论范式转换的实例分析
政治学理论范式的区别与统一
　　不同理论范式的区别
　　不同理论范式的统一

　　政治学理论知识,特别是由一系列范畴构成的体系,是人类认识、解释、预测和反思政治生活的意义图景、工具和指南。人们研究政治学就是要不断地修正、改善和创新指导人们行动的意义图景和工具指南。这种对政治学理论知识的修正、改善和创新的源泉和动力是两个。一个是政治生活实践。政治生活中的矛盾是人们的政治生活的理想与现实政治生活的现状的差距。政治生活的理想是政治生活的理论赋予的。正是从政治学理论中推演出、延伸出政治生活的"应有"。但人们在现实的政治生活中,观察和体验的只是"实有"。"应有"的政治生活和"实有"的政治生活的矛盾,实际上就是政治学理论与政治生活现实的矛盾。通过政治生活实践,人们不断地解决这一矛盾。旧的矛盾解决了,新的矛盾又出现了,又需要有更进一步的政治生活实践来解决。

仅仅看到政治生活实践推动政治学理论发展的一面,对政治学理论发展源泉和动力的认识并不完全。政治生活实践不会自动地、径直地推动政治学理论发展。从政治生活实践的发展到政治学理论的发展,中间还需要有一个重要的纽带,这就是政治学理论研究的范式。在实际的政治学理论研究过程中,政治学的研究者们必须对研究的目标取向和研究的功能指向做出认真思考。理论研究范式就是帮助研究者在选择和确定自己研究活动的目标指向的有效工具。作为研究的目标方向和思维指向的政治学研究范式是通过回答研究目的、研究对象、理论构建的方式、研究中价值的地位等基本问题表现出来的。对于这些研究中的基本问题的不同回答,逐渐产生出实证主义、诠释主义、批判主义三种主要的研究指向范式。

虽然在人类研究政治学的漫长发展过程中,这三种研究指向范式的因素一直发生着作用,但是,只是到了近代,人们才开始对研究的指向范式展开认真的分析。从这些主要研究模式在现实政治学研究中占据主导地位的时间先后来看,实证主义范式较早地被人们意识到,并发挥出巨大影响。随着人类对科学认识过程和知识创造发展的本质的认识不断深化,诠释主义的和批判主义的研究范式也渐渐地在政治学研究活动中发挥出日益增大的影响作用。

在实际的政治学研究中,研究者可以依据研究的目标选择适当的研究范式。任何一种研究指向范式都有其优点,也有其缺陷,因此,要真正达到研究的目的,最好的策略就是在偏重某种研究范式时,也要考虑以其它的研究范式作为补充。

第一节 政治学理论发展的源泉与动力

一、政治学理论发展的实践源泉

政治学理论发展的最终的源泉和动力在于政治生活实践。政治学科学研究中的认识主体与认识客体间的能动反映关系必须借助一个重要的中介才能实现,这一中介就是政治实践。虽然政治学科学研究的最深层的客体是政治生活中的规律,但是,政治生活中的规律不可能孤立地存在。离开了政治行为主体的行为、活动,政治生活内在的关系和矛盾就显现不出来,政治生活运行的规律就不能被认识主体所发现和把握。因此,只承认政治学科学研究中认识主体和认识客体间的关联还是不够的,还需要找到与认识主体和认识客体之间的认识关系相对应的,但又超越它们的关系。这种关系就是政治行动主体和政治行动客体之间的实践关系。

政治生活实践具有多种类型。人类的政治实践是人类改造客观世界实践的重要组成部分。由于政治生活是人类广义社会生活中最为复杂多变的领域,因此,政治实践也是人类社会实践中最为复杂的部分。政治实践是政治行为主体依据一定的目标展开的对既定政治关系、政治结构和政治制度发生不同程度直接影响的活动。人类的政治实践具有多种多样的形式和类别。以政治实践与政权关系来划分,有争夺政权的实践,有维持政权的实践;以政治实践的剧烈程度划分,有对抗、冲突、暴力式的实践,有合作、协商、和平式的实践;以政治实践的主要参与者来划分,有民众(草根)政治实践、利益集团政治实践、政党政治实践;以对政治状态的改变程度来划分,有革命的政治实践、改良的政治实践、改革的政治实践,等等。这些不同形式和类别的政治实践活动对政治学科学研究的影响是不同的。革命的、冲突的、夺取政权的、政党的和民众的政治实践,往往是政治学科学研究首要关注的议题。对这类政治实践进行研究,是过往的政治学研究的重点。但是,从 20 世纪 70 年代开始,人类的政治学研究的目光更多地转向了以社会治理、政治合作、政治协商、政治变革为内容的政治实践。

政治生活实践也具有多种层次。人类的政治生活原先是以民族国家为单位的,世界政治组织包括联合国都只是供国家之间对话、协商的平台。联合国也不像它的名称那样,真的把全球国家的政治实践都联合起来,它充其量只是一个各国政治首脑和外交官辩论的场所。因此,人类的政治实践有一个从狭小空间和微观层面向更大的空间和宏观层面逐步发展上升的过程。伴随人类政治实践层次的提升,政治学科学研究的认识主体也会在政治生活的微观层面选择政治行为主体及其行为作为认识客体,在政治生活的中观层面选择政治结构和制度及其运行、变化作为认识客体,在政治生活的宏观层面选择政治共同体、政治形态的变迁和政治发展作为认识客体,再向更大的范围,就要以政治的结构、格局、发展作为认识客体。

政治生活实践之所以能成为政治学科学研究中认识主体和认识客体间关系的中介,是因为政治实践的本质在于它是政治行为主体对政治行为客体的改造。政治行为主体通过程序性、实质性活动,解决政治生活运行中发现的矛盾,分配和再分配利益和权力,改变政治行为主体间的关系,形成适合社会经济、文化发展需要的政治结构和政治制度。当这些既作为政治行为主体活动的约束,又作为他们活动的资源的既成的政治结构和政治制度还显示出优越性时,政治行为主体的活动就具有协调、改良的性质。如果既成的政治结构和政治制度的优越性已经丧失,政治行为主体的活动就具有变革、革命的性质,通过政治实践,新的政治结构和政治制度就会逐步产生出来。

政治生活实践是政治行为主体依据一定的目标开展的包括对既定的政治关

系、政治结构和政治制度产生作用的现实活动。政治行为主体的实践活动有明确的目标,这些目标是和行为主体的个体利益、个体所在的群体利益联系在一起的。在政治实践活动中,行为主体不仅有明确的目标,而且有实现这些目标的计划、手段。政治行为主体会利用一切能够调集的资源为实现预定目标而努力。尽管政治实践的最终结果可能会和预定的目标有出入,甚至有较大的差距,但是,任何政治实践活动都会对既存的政治关系、政治结构、政治制度产生不同程度的影响。在政治实践活动中,政治行为主体的利益是现实的,政治行为的手段是现实的,政治资源的运用也是现实的,活动的影响也是现实的,因此,政治实践具有直接现实性的品格。

正是政治生活实践活动的这一品格,使它成为政治认识的源泉。因为政治行为主体只有在与政治关系、结构、制度发生现实作用的过程中,才能形成对政治生活的感受和经验。只有通过对现存的政治关系、政治结构、政治制度的作用,其中的问题、矛盾、冲突才能暴露出来。也只有通过这种直接现实的实践活动,一些支撑和引导政治行为主体活动的理论才能得到评价。虽然在绝大部分情况下,政治实践的行为主体不是政治学科学研究中的认识主体,但是,政治行为主体在直接现实的政治活动中所取得的感受、经验、思考以及活动本身的性质、规模和行为过程将成为政治学科学研究中认识主体的研究的第一手资料的直接来源。有时,政治学研究中的认识主体也会大量地引用有关部门的统计资料和别的研究人员提供的资料。但是这些统计资料或已有研究收集的资料,其最初的直接来源依然是政治实践活动。

政治学科学研究中认识主体要把自己的认识活动与政治实践活动联系起来,必须借助于一套中介装置。这套中介装置就是科学研究方法,它是由课题研究的规划、程序、视角和技术有机结合起来的体系。不同的政治学研究人员会依据研究课题的性质、规模,选择合适的研究程序、研究视角、研究技术,并将这些程序、视角、技术运用到对政治实践活动的直接现实资料的收集、分析上。如果政治学研究人员在认识中能遵循科学研究行为规范,坚守科学精神,并熟练地运用政治学研究的科学方法,他就能顺利地获得真实、完备的第一手资料,并从中发现政治生活运行中的某些规则,得出正确的结论。

政治生活实践活动除了上述的直接现实性的品格外,还有一个重要的品格就是它还具有客观普遍性的品格。正是这一品格使它成为检验政治认识结果的标准。对于政治认识主体从能动的反映中获得的政治认识,其正确性如何,认识本身无法解决这一问题。认识是客观被反映到主观,但是,对认识正确性的检验则是相反的关系,必须主观作用于客观。这就是实践的过程。凡是由主观认识设计出来的行动方案,在实践中达到了预期的结果,就说明依据主观认识作出行动设计是正确的。当然有时主观设计的方案在实践中并没有达到预期的结果,可能不是主观认识,而是实践的程序、工具、手段出了问题。这说明,实践检验并不是简单的预期目标和实际结果的比照。而且,一个人的实践是有限的,一群人的实践也是有限的,一个时代的人的实践还是有限的。因此,从严格意义上讲,具体的实践既不能驳倒一个政治认识,也不能完全证实一个政治认识。因此,作为一个原则和标准,政治实践对政治认识的检验是一个历史过程。

二、政治学理论发展的认识动力

政治学科学研究的认识论除了要解决政治认识的来源和结果的检验标准外,还需要回答政治认识发展的动力及其前景问题。要回答这两个问题,仅仅靠政治学研究的认识论是不够的,它还需要政治学研究的知识论来帮助。这后一方面的内容将在讨论政治学研究的知识论基础部分阐述。在这一部分,我们仍然着重探讨政治学研究的认识论对政治认识的动力和前景的说明。

首先,人类的政治实践活动本身就是推动政治学研究中政治认识发展的因素。政治实践不仅对既成的政治关系、政治结构、政治制度产生直接现实的作用,而且,由于政治实践总是预先设定由一定的政治认知假设支撑的行动目标,政治实践的结果就必然会对预先设定的目标加以对照,这种对照其实是行动结果与支撑假设的已有政治认识的对照。如果行动的逻辑、程序都是正确的,行动的结果对社会政治生活运行也是有利的,只是与预先设定的目标不一致,即与已有的政治认识不一致时,那么需要改变和发展的是原有的政治认识。每一次重要的政治实践都是对已有的政治认识的考验,也都是对政治认识发展的推动。

其次,人类的政治实践活动本身是发展和上升的,这就使政治实践更成为推动政治学研究中政治认识完善的力量。人们在政治实践中所做的一切都是受利益驱动的,任何政治实践都是以人们的政治利益追求为基础的。只要人们追求自身的与自己所在群体、组织的政治利益的愿望和要求没有消失,并且这种追求总是在不断上升,政治实践活动就不会在原有的水平上重复,它一定会从低级走向高级,从简单走向复杂。政治实践活动的上升与发展,会给政治学研究中的认识主体提供更多、更新的体现直接现实性的第一手资料,从中就可以概括出更新的结论,或者修正原有的政治认识,或者得出完全崭新的政治认识。这些都会推动政治认识的发展。

人类的政治认识能否实现完全把握人类政治生活所有规律,从而使人成为自己的政治生活的主人,对这一问题有各种回答。一种答案是绝对否定的。这是一种相对主义的不可知论在政治学研究上的表现。不少政治学研究人员本身就持有一种哲学不可知论,他们认为客观世界就是不可知的,作为其中的政治领域也是无法认识的。一种答案虽然也是否定的、消极的,但其依据却是另样的。他们认为政治学研究很难达到科学化、民主化的程度,所以人类就很难完全认识政治生活运行的规律。这种否定性的回答将政治认识的发展寄托在研究方法的进步上。还有一种回答是人类完全有可能实现对政治生活运行规律的完全认识。这种政治认识乐观主义的依据固然有研究方法上进步的因素,但主要的还是政治实践的发展所决定的政治认识发展的潜力和可能性。首先,政治实践活动的上升、发展是无止境的;其次,政治学研究的方法的完善也是无止境的;最后,政治学科学研究者的认识能力的发展也是无止境的。

在谈到政治认识和政治实践的关系之后,有必要强调政治经验的重要性。在政治学研究的政治认识和政治实践之间其实还有一个重要的环节,也是被人们轻视的环节,就是政治经验。这里讲的政治经验不全指一个人因为长期参与政治决策和管理,从而对政治运行、程序、技术很熟悉。政治经验是指政治实践中政治认识中主观的和客观的两个方面有机结合起来的形式。政治实践主要体现政治认识中的主观见之于客观的一面,政治认识则是政治认识中客观转化为主观的一面,主观与客观相结合的一面则是通过政治经验被稳定下来。

这一点对于政治学的科学研究至关重要。政治学研究不可能完全像自然科学和工程科学研究那样,设计出许多其条件被严格控制的实验,因为在政治生活中的行动者和活动者都是具有人格尊严、其行动受到法律保护、具有基本权益的公民,对他们的行动和活动不能设计严格的条件,更不能在违背其意愿的情况下,观察、测试和记录他们的行为、行动、情感。政治生活中的行动主体都在政治实践,他们本身具有政治生活经验,他们行动或活动的结果,所形成的政治现象、事件和过程,所建立的政治组织、政治体制、政治结构等等,以经验资料、经验证据和经验案例的形式凝聚着政治认识中主观与客观的结合。

抓住政治现象、事件和过程,政治结构、政治体制、政治制度这类政治实践形式,从与政治行动主体的对话、访谈中,从对政治主体行动的参与观察中,从对个案的分析中,政治学研究者就能获得政治经验资料。从这些政治经验中,可以思考政治认识主体与政治认识客体的关系、政治生活中存在的规律和法则。

政治认识的前进性和上升性,是通过一定的逻辑和形式表现出来的。政治学研究的产品,除了增强人们的政治思维能力外,就是积累起大量的政治学理论。运用何种方式来获取政治研究的资料,如何处理政治学研究中主观与客观的关系,怎样组织政治理论范畴,并将它们组合和排列起来,这就是政治学理论研究的组织、思维路径和分析框架问题,它构成了政治学研究的范式。政治学研究及其理论的发展,除了实践的源泉外,政治认识的进步和理论研究范式的变换,也是极其重要的推动力量。

第二节 政治学理论范式的实质与争论

一、政治学理论范式的实质

托马斯·S.库恩在《科学革命的结构》中所创造的科学发展的范式理论对于自然科学进步具有很大的影响。同时,这一理论也渗透到社会科学中来。在20世纪60年代以后,社会科学的许多学科在构建自身的理论体系时,都谈到了库恩的范式思想,政治学界也不例外。究竟怎样来评价范式理论?原本同科学史相联系的范式概念能不能不加修正就在社会科学领域使用?这些问题已成为人们迫切需要探讨的问题。

首先,库恩的科学研究范式概念本身在定义上就有较大的含糊性,无论是在《科学革命的结构》一书中,还是在《再论范式》的论文中,库恩都没有给范式下一个明确的、总体性的定义。有人统计,库恩先后在21种意义上使用过范式概念。有时库恩将范式看成是"一种哲学",有时又认为范式是"问题的坐标",有时则把范式视为"工具的来源",或"统理知觉的组织化原则",有时库恩又把范式与认识论结合起来,认为范式是看待事物的一个新方式。如此众多的内涵规定必然导致人们在使用这一概念时产生许多歧义。

总括起来,库恩的研究范式通常有如下的含义:一是指由一系列重大的科学成就所构成的,在一定时期内规定科学发展方向的指南;二是指包含一种图景、思路与看法的"形而上学的假设";三是指特定时期某个科学共同体所恪守的信念;四是指一套特定的符号、模型与范例。所有这些含义,相互之间并不是一致的,存在着明显的差异与矛盾。因此,社会科学如果原封不动地使用范式概念,就会陷入到一片混乱之中。

其次,社会科学如果简单地搬用库恩的范式概念,就有可能在价值问题上出差错。一般来说,自然科学本身不带有价值与功利特征。因此,与自然科学相联的范式理论也不具有价值与功利的取向。但社会科学则不同,社会现象、社会过程总是带有强烈的价值与功利性质,以此为研究对象的社会科学总是要直接或间接地表明自身的价值取向。

其三,在自然科学中,对于一定的学科来说,在一定时期内,是可以形成一种科学家们公认的、占统治地位的理论范式的。但是在社会科学中,由于价值、功利等主观因素的渗入,尤其是实践的多样性,因而产生出来的理论是多元的;如果严格遵循库恩的范式要求,则会妨碍社会科学中思想的自由争鸣与学术上的民主讨论。

二、围绕政治学理论范式的争论

在政治科学理论的建构过程中,政治学家们在有关理论范式问题上也进行过认真而激烈的争论。争论的问题主要集中在两个方面:一是在政治科学的研究中究竟有没有理论范式?二是在政治科学研究中究竟出现过哪些理论范式?

有些政治学家不承认在政治科学的理论发展中已经存在某种理论范式。比如,沃林就认为,在政治科学的理论变化中,至今还没有出现像库恩所描述的那种占优势地位的理论,也没有出现库恩所说的学科革命。但是,沃林承认,即使现在的政治科学还没有出现像牛顿力学那样的经典范式,但已经有了某种指导性设想的结构,即反映政治学界的意识形态范式,例如自由民主学说、集体主义学说、保守主义学说、世界冲突与世界秩序学说。

再比如,比尔兹利认为,在政治科学领域中,过去与现在都没有确立过库恩所规定的那种范式。他对阿尔蒙德断言自19世纪80年代以来,政治学已经显示出某些类似范式的理论的见解持否定态度。但是,他也像沃林那样相信,政治科学在将来的研究中,一定会出现理论范式。直至20世纪80年代下半期,也还有相当多的政治学者不承认本学科中理论范式的存在,最多只认为已经出现了某种以行为主义方法为标志的库恩式的范式。

也有相当多的政治学家不仅承认在政治科学的理论领域中存在着范式,而且对具体的理论范式的出现及演变过程作了说明。比较有代表性的观点有以下几种:

一是查尔斯·梅里亚姆,他曾设想政治学史经历了四个阶段:19世纪中叶以前的演绎阶段,19世纪下半叶的历史与比较阶段,20世纪初的有权衡的观察阶段,1925年以来的心理分析阶段。

二是罗戈夫斯基,他认为在政治学的研究中有过四次科学革命:20世纪30—40年代发生的关注心理学的研究和强制性的研究取代正式的研究与法律假设的研究的革命,50年代发生的行为主义理论与方法的革命,60年代发生的由帕森斯的社会模型引发的研究政治文化、政治制度理论的革命,70年代发生的有关冲突与战略、集体选择、合法性研究的革命。他特别强调,在90年代,合理选择的理论已在美国政治学界占据主流地位。

三是J.唐纳德·穆恩,他在《政治学手册》中认为政治学研究有两种对立的逻辑。政治学中最流行的方法论模式是自然主义的模式或科学模式,这一模式旨在根据自然科学的方法论原则来构筑政治学,它也可以被称作实证模式;与实证模式相对立的是政治学的释义模式,所坚持的是人文科学在方法论上的独特性。

第九章 政治学理论范式

这几种划分各有侧重，但都比较细致地分析了每一种范式的构成要素。熟悉西方政治学研究现状的人并不难察觉，不同的政治学研究者实际上总是至少在上述一种范式中展开自己的研究的。当然每一类划分之间不乏重叠，每一具体的范式在政治学学科中的影响力强弱不等，但其共同之处则是政治科学中研究范式的观念已普遍存在。

政治科学中的研究范式是一个科学社会学的释义，研究范式是为了组织相关的概念、理论和实践模型而建构的。研究范式指的是理论的逻辑模式，它是由理念、要素、要素的结构方式等组成的。任何一种理论都有其逻辑模式。

政治科学的研究范式必须具备三大特征：一是广博性，二是适当性，三是建设性。所谓政治学研究范式的广博性是指范式本身能较好地整合假定性、描述性、规范性和工具性这四大理论因素。假定性理论涉及的是对人的本质的认识和对制度建构的设想；描述性或解释性理论涉及的是对政治生活实际观察所获得的经验事实的概括；规范性理论涉及的是研究中的社会伦理原则和坚持观念的进步性；工具性理论涉及的是研究用途与手段。政治学研究范式的适当性是指范式本身具有容纳多元价值、整合各种理论因素以及指出通过什么途径接近研究对象的功能。也许，在政治学研究中建设性具有独特地位。政治学研究范式的构成意味着理论体系的根本性变革，是观念形态的转变，其结果将导致政治科学图景的彻底改变。虽然一个新范式并不提供及时的解释政治现象的合理性，可能需要几十年的时间才能有所发展并成为经验上进步的科学研究纲领，但构建一个新范式不应当为了意识形态化了的政治哲学的利益而抛弃科学理论应有的标准，重要的批评和创新总是建设性的：没有一个更好的理论，就构不成反驳。因此，一个政治理论范式既要有攻击其他范式内核的要件，更应有自己的理论内核。没有建立在理论内核上的努力，这只是与政治科学无涉的意识形态预言，而政治科学的研究范式所提供的则是对政治现象的解释和预测。

总之，在科学哲学的方法论意义上，库恩的范式及范式转换理论本身的确有些缺陷。库恩认为科学革命是突发的、非理性的视觉变化，这一命题甚至惨死于拉卡托斯之手，但将范式的基本内容理解为一个学科内范围最广的共识单位，同时以特有的观察角度、基本假设、概念体系为理论工具，形成一个科学社会学意义上的理念共同体，表示科学家看待和解释现象的基本方式，对这一点却是普遍认同的。当然，由此出发，对科学认识活动中存在着解释现象时的优势（或称为支配、主导）研究范式的转换也被普遍理解为一个经验事实。所以，与其说库恩在《科学革命的结构》一书中论证了范式理论，不如说他发现了科学认识活动中存在一种被称之为"范式"的现象。执着于这样的把握，似乎可以绕开枝节的争论而在分析和建构政治科学理论体系时注意政治科学中的研究范式问题。

政治学研究没有统一的范式或模式,只有相对处于优势或暂时居于支配地位的研究范式,各种研究方式都有其合理性和局限性。这不仅是客观的事实,而且也是一个需要强调的重要观点。其实仔细比较分析这些研究范式类型的差异后,从元理论这一质的角度,把政治理论的研究范式区分为规范性的、实证性的和理性的三个更具一般性水平的类型,是本书的基本观点。但这样的辩证性陈述仍是必要的:政治科学的这三种研究范式都只是强调政治现象的某一侧面,它们对于全面地认识政治生活是必不可少的;尽管这几种研究范式使用的基本假设、概念和研究方式各不相同,不过在实际研究过程中,三者又是相互联系的。

第三节 理论范式演变的影响因素与轨迹

一、理论范式演变的影响因素

所谓政治学研究范式是指政治学研究社群的成员依据他们所持的认识论和知识论立场,在实际的研究工作中所采取的功能指向和目标方向。[①] 每一个政治学研究者要从事实际的科学研究,无论是自觉的还是不自觉的,他总是要遵循一套认识论和知识论的立场,并且总要基于一定的立场,选择与其相适应的功能指向和目标方向。同样,作为政治学的研究者,他们所从事的科学研究活动总是建立在一定的认识论和知识论的基础之上,不同的研究者总是坚持这种或那种认识论立场,也总是维护着某种知识论的假设。正因为所持的认识论和知识论立场和假设不一样,他们在做具体研究时,确定的研究目的、功能指向是不一样的。这种研究上的指向模式的差异,也会影响他们对研究的策略取向和理论建构的框架范式的选择和确定。

不同的政治学研究的范式可以依据对一些基本问题的不同回答来加以区别和辨认。这些基本问题可以分为四类:一类是关于政治学研究的目的,一类是关于政治学研究的对象,一类是关于政治学研究的推理方向,还有一类是关于政治

[①] 有些论述社会科学研究方法的著作和教科书把研究取向称为研究范式。其目的是想借用科学哲学家库恩关于自然科学理论的演变、发展论述中的科学研究范式的概念来说明社会科学研究取向的变化。但库思所讲的科学研究范式是指具体的科学研究团体在学术研究中所依据的一套假设、方法和理论的总括,它是一种理论框架。比如物理学理论发展中就经历过牛顿理论范式和爱因斯坦理论范式,等等。这种具体学科知识构建的理论范式和这里所讲的科学研究的思维取向、推理途径虽有联系,但并不相同。也有的阐述方法论的著作将研究的指向模式称为研究取向。但研究取向指的是研究者采用的研究策略、观察视角。本书把研究者对研究目标的思考、对研究活动功能指向的思考称为指向模式或简称为研究模式。

学研究中的价值地位。

第一类基本问题是政治学研究的目的。它涉及到政治学研究者对两个问题的回答。一个问题是政治学研究的目标是什么,是为了发现政治生活的法则和运行模式去研究的,还是为了发现人们在政治生活中如何建构意义,或者是为了改变现实的政治生活去研究的。另一个问题是依据什么标准来检验政治学研究所获取的知识的真伪,是依据与现实相符合、逻辑上没有矛盾为标准,还是依据能让别人读得懂并能够转化为行动标准为标准,或是依据改变现实政治生活的实践为标准。

第二类基本问题是政治学研究的对象。它也涉及到政治学研究者对两个问题的回答。一个问题是政治世界、政治生活的基本特征是什么,另一个问题是作为政治行为主体的人的基本特征是什么。这里至少有三种答案。政治生活世界是完全外在于人的具有稳定模式和法则的客观现实;或者是由人的有意义的活动构成的、具有不同情境的、被人们理解的现实;抑或是充满冲突,人们能够通过主动的活动加以改造的现实。

对于政治行为主体来说,他的本性又是什么,对此也有不同的回答。一种回答是人是追求个人利益的、具有理性思维的、服从于外在法则的行动者;一种回答是人是创造政治生活意义的行动者;还有一种回答是人是充满创造性、能动性的改造政治现实的行动者。

第三类基本问题是政治学研究的理论建构方式。它涉及到政治学研究者对三个问题的回答。一个问题是政治学理论和政治常识是什么关系,另一个问题是什么才算政治学研究中的好证据,还有一个问题是在建构理论时选择的理论表述方式和推理方式。对第一个问题的回答有下面几种。一种回答是常识不同于科学,不具有有效性;另一种回答是常识就是人们对政治生活意义的普遍理解,它是人们平常交流的工具,理论中包含着常识;还有一种回答是政治生活中的常识常常包含错误的信仰,有权者常常运用常识将权力的配置运用与政治生活的真实情况隐藏起来。

在第二个问题上也存在三种答案。一种答案是从观察得来的,其他人也能复制的证据就算是好的证据;另一种回答是镶嵌在流动着的、政治社会互动之中的证据才是好证据;还有一种回答是并不是所有存在的事实都是有用的,只有符合行动者价值的事实才是有效的证据。

对第三个问题也有不同的回答。一种回答是政治学理论应当是运用演绎推理方式,将因果法则与观察到的特定政治事实相连结,最后得出由概念、判断和推理构成的带有公理性的符号体系,这种理论包含的规律是放之四海而皆准的真理;也有人认为政治学理论应该是由证据和理论交织在一起,证据的陈述是表意性的,充满具有内在连续性的丰富的细节描述,再配上演绎的推理;还有人认为好的政治学理论应当包含对现实的批判,对未来发展的愿景,从现实走向愿景的变迁计划。

最后一类基本问题是政治学研究中价值的地位与作用。它需要回答的问题是政治学研究者在研究时能否让价值介入,如果价值会介入研究过程,研究结论的公正性又会怎样。对这一问题也有不同的回答。一种回答是,如果价值介入到研究过程之中,研究的结论将是不可靠的。因此,在政治学研究中必须自觉地祛除价值。另一种回答是人不可能没有价值判断。政治学研究是价值非常敏感的活动,因此,政治学研究者不可能进行无价值的思考。它必然会依据自己的价值偏好看待政治问题。还有一种回答是,研究者固然无法避开价值,但是,这并不妨碍公正的研究,也不会影响研究结论的科学性。

二、理论范式演变的主要轨迹

今天人们所讨论的政治学研究的各种研究范式的要素,其实在政治学知识产生的时候就已经以潜在的或萌芽的状态存在着。因为在人类的认识和思维结构中,本来就包含着对客观世界的客观描述、主观理解和主动改造的成分。当人类的智力发展到能够对自己创造的政治生活作出分析和探究时,他们就会在研究活动中自觉或不自觉地采取客观阐述、主观理解和批判改造的指向模式。

但是,要在政治学知识领域中将上述几种研究范式独立地发展起来,在各种研究的范式之间划分出明确的界限,这就需要经过漫长的历史演变。古希腊的智者虽然早在2500多年前就已经热衷于政治论辩,并且他们之中的佼佼者写出了政治学的论著,但是,对政治学研究的方法作独立的、深入的研究,还是在法国哲学家孔德提出了科学研究的实证主义之后。19世纪40年代孔德写出了六大卷的《实证哲学讲义》,其中列出了有关实证主义的基本原则。其后英国哲学家约翰·穆勒在《逻辑体系》中又对这些原则作了阐释和修正。直至今天这些原则依然为主张实证主义研究指向模式的人们所遵循。由于实证主义的研究原则与自然科学的理性思维是一致的,当20世纪30年代美国的行为主义政治学家们主张在政治学研究中引入自然科学研究方法时,实证主义的研究范式就自然而然地在政治学研究领域占据了主流地位。

虽然以行为主义面目出现的政治学研究中的实证主义研究范式在西方政治学研究领域中曾经占据过统治地位,行为主义政治学的实证主义的研究范式强调了研究对象的客观性,但是,这种范式明显地忽视了政治活动中的人的主观方面,否定了研究者所持价值的作用,也忽视了人类改造政治生活的能动性。这些缺陷使不少社会科学研究者觉得"实证主义不再是一个清楚的标示性概念,相反地,对许多人来说,明显得很,做一个实证主义者显然并不是一件好事"[①]。

虽然政治学的实证主义研究范式内含着较大的缺陷,但由于这种研究范式在自然科学研究中备受推崇,而不少政治学者又特别推崇自然科学的研究方法,因而这种研究指向模式依然在政治学研究中占据极大的市场。不少学者仍然坚持认为,科学只有一个逻辑,这就是实证主义的逻辑,政治学要成为科学,就必须遵守这一逻辑。

一些政治学研究者则从社会科学理性的角度来看待人类的政治生活,将政治学的研究视为探索和建构人类有意义的政治行动。将世界看做是人们共享的意义体系,将研究看做是解释其中的意义,这种观念在古希腊就存在了。古希腊神话中就有一个叫做何米斯(Hermes)的神,其职责就是向人沟通神的欲望,将神的行为中模糊不清的地方弄明白。后来从何米斯那里发展出诠释学(Hermeneuties)[②],其含义是:研究者的工作就是通过阅读文本以揭示其中隐藏的意义。研究者将自己的主观经验带入文本,从文本中吸收或进入文本内容所提出的整体观点,然后发展出文本各个部分和整体的关联性。所以,文本中包含的真实的意义并不是显现在表面,并不是一目了然的。只有透过详尽的研究,思考其中包含的信息,寻找各部分和整体的关联,文本中的意义才能被明白、清晰地揭示出来。

由于坚持政治生活是人类有意义行动的总和,研究者对政治生活的研究不是从抽象的假定和抽象的法则出发,而是要从日常经验或常识出发,去探索人们政治行动的意义和理由。一个好的政治选举的研究报告,如同一张选举活动的示意图,其中勾勒出的是人们在日常政治选举中所关心的事务、特定人物的特定活动、人们政治论辩的方式、选举的种种类型、投票者的行动理由,等等。其中既包含理论,也有证据,理论和证据交织在一起。

虽然诠释主义研究范式强调了政治行为主体的主观性,并将研究的重点移向了人们对政治行为意义的探索上,但是,对现实政治生活的阐释是依研究者的个人价值及经验的变化而变化的,同一文本,不同的人去阅读,揭示出来的意义是不一样的。而且,研究政治生活,也不完全是消极地描绘现实政治生活的意义,人类的主观能动性主要表现在要创造符合人们要求的更美好的政治生活上。显然,要实现这一目标,就需要超越诠释主义的研究范式。

---

① 乔纳森·藤纳(Jonathan Turner,1992)转引自劳伦斯·纽曼(W. Lawrence Neuman)的《社会研究方法:质化与量化取向》,朱柔若译,台湾扬智文化事业股份有限公司2002年版,第124页。

② 诠释主义其实并不是一种独立的哲学派别。它是对许多相类似的哲学观念的一种总称。事实上有许多不同的哲学流派和思潮都阐述过与诠释学相同的观念,如建构主义、现象学、认知社会学、质化社会学等等。

实证主义研究范式关心的是客观描述政治生活的法则，它要求的政治行动只是调整、改良。诠释主义研究的范式关心的是政治行动的意义，它对通过政治行动改变政治现实的要求没有明确的立场。政治生活中充满矛盾、冲突、变革和革命。政治学研究要发挥积极作用，就必须为政治行动提供依据和说明。政治学研究中的批判主义的指向模式正是在这种要求下发展起来的。

真正对批判主义的研究范式做出说明的政治学家是卡尔·马克思。他批判了旧的哲学的局限性，认为旧哲学的目的只在于解释世界，而新的哲学不仅能够解释世界，而且能够改造世界。依据这种理解，马克思创立的新型政治科学，其根本任务是在认识政治生活存在与发展规律的基础上，批判旧的政治形态和旧的政治制度，努力建设一个更为自由、民主，真正符合人性和人道的政治形态和制度。虽然马克思在自己的著作中没有专门论述政治学研究的批判主义取向，但是，他对资本主义社会政治生活所作的深刻分析，已经为人们提供了这种研究的指向模式的范例。当然，马克思的政治学研究过程和研究成果中不仅仅包含着批判主义模式，还包含着强调研究社会政治生活的客观规律、从日常经验中理解政治生活意义这些实证和诠释取向的因素。

在马克思之后，作为实践的批判主义以落后国家的被压迫阶级、被压迫民族的革命运动方式获得了巨大发展，但作为学术的批判主义研究模式一度处于低潮。20世纪三四十年代在西欧的德国，一批年轻学者组建了福兰克福学派。二战中为了躲避法西斯纳粹的迫害，这一学派中的许多人离开德国，到了英国、法国，最后又来到美国。他们将批判主义研究模式带出了西欧，扩散到北美和其它地区。其中有代表性的人物是西奥多·阿多诺(Theodor Adorno)、埃里克·弗洛姆(Erich Formm)、赫尔伯特·马尔库塞(Herbert Marcuse)、冯·哈耶克(F. A. Hayek)。他们又高举批判主义的大旗，以批判和质疑现存社会制度和社会秩序为研究任务和兴趣，将批判主义的研究范式运用到政治学研究中来。

诠释主义批评实证主义在政治学研究中忽视社会系统、忽视甚至反对人道主义的倾向，批评这种研究取向无法面对和处理政治行为主体理解政治生活的能力，也无法面对和处理政治生活中活生生的人们在行动中所表达的意义。批判主义赞赏诠释主义对实证主义的批评。但是批判主义还认为，实证主义的欠缺主要在于错把研究中得到的规则视为千古不变的律条，而忘记了所研究的现实的政治生活只不过是人类政治发展过程中的一个特殊阶段而已。

批判主义也不赞同诠释主义，认为这种研究范式只把人们的研究视线引向短期的考虑、局部的情境、微观的层面，从而不去关注宏观的、广阔的、长期的社会政治演变和发展，只是消极、被动地对现实政治中的有意义的行动和共同意义的形成感兴趣，而没有主动地帮助人们行动起来改变现状，建设一个更美好的政治生活。

第四节 政治学理论研究范式的类型

一、实证主义研究范式

实证主义研究范式是把在自然科学研究中通用的逻辑与原则移植到政治学研究领域中来所形成的特定的研究目的、对象、方式的总和。在自然科学研究中,研究人员通用的逻辑是演绎推理的逻辑,其原则是发现自然现象和过程中不变的通则,其方式是广泛地运用严格实验和精确测量的方式。将这一套研究取向转移到政治学研究领域后所形成的政治学的实证主义研究取向,在研究目的、对象和方式上就产生出特殊的规定。

政治学实证主义研究范式认为政治学研究的目的是发现和记录人类政治行为的普遍法则,了解人类政治生活存在和运行的模式。人类的政治生活是在人们的主观意识之外,不依赖于人们的主观意志而存在的,在客观外在的政治生活中必定存在普遍的法则,人们研究政治生活就是要发现和寻找这种法则。虽然政治生活天天在变化,会出现许许多多的复杂的政治现象、事件和过程,人类无法知道变化着的政治生活中的每一件事,但是人是地球上的具有最大求知能力的生物,人们有责任,也有能力尽量地发现和记录政治生活的法则。

政治学实证主义研究范式对研究目的的规定也同时规定了对研究成果的对错加以鉴别的标准。在实证主义看来,政治学的研究成果即政治观点、理论,其对还是错,是需要在开放的状态下公开、公正地加以检验的。检验研究成果对错的标准有三个。一个是研究成果内部具有逻辑上的一致性。即是说形成的政治学理论和记录具有内部的自洽性,不存在前后的逻辑矛盾。理论完善的要求是逐步消除内部逻辑上的不一致。另一个检验标准是概念、观点和理论必须和观察到的事实相一致。实证主义相信研究者耳闻目见的观察事实,这些事实是通过实验与问候语实验获得的,或者是通过完全外在的、参与式观察得来的,或者是通过随机抽样的问卷调查获取的。这些借助于各种观察手段得到的事实是客观、可靠的。概念、观点、理论只有和观察到的事实相一致,才是对的,否则它们就是错误的。实证主义研究范式在研究成果鉴别上还有第三个标准,就是研究的结果可以复制。对于相同的政治现象、事件和过程,肯定会有许多人同时在研究,他们研究的结论可能会不同。对于相互冲突的研究结论,必须让它们在一个开放的、竞争的状态下得到检验。凡是正确的结论,都可以在相同条件下得出相同的结果。凡是不可能复制的研究成果则不具有正确性。这一标准还可以保证研究者在研究中保持诚实,不会为了抢先得出研究结果而乱凑资料、不负责任地编制虚假结论。

实证主义的政治学研究范式对研究对象有特殊的认知。政治学的研究对象既包括整体政治生活,也包括在其中活动的人。在这两方面,实证主义都有自身的看法。对于持实证主义研究模式的研究者来说,政治学的研究对象是不依任何人的主观意志为转移的实在,人们对政治生活实在的认识是纯客观的。现实存在的政治生活有两个基本的特性。一是客观的政治生活是有规则的。这种规则性表现为所有的政治生活都是有秩序的,其运行都是有模式的。二是客观政治生活的规则是不变的。政治学实证主义研究取向坚持认为,虽然政治生活的细微的、局部的方面在变化,但是人类的政治生活的基本结构和模式是稳定的。虽然人们在一定时期只能对政治生活的某些方面和局部进行研究,但是人们对政治生活运行和发展规则的认识是累积性的。整体性的政治生活的规则不会因时间的流逝和空间的转换而改变。人们今天在一定时间和地点发现的政治生活运行法则,到明天甚至更为久远的时候仍然有效。人们在某个地区发现的政治生活规则,对于其它地区也是适用的。

在对待政治人的认识上,坚持实证主义研究范式的研究者也有自己的立场。他们认为,政治人与经济学家所说的经济人并无多大差别。他们都是自利的、寻求快乐的、以外在因素为基础进行活动的理性人。

政治生活说到底是人的生活。人的行为与政治生活的关系在政治学研究中占有重要的位置。虽然每个政治人都有自己的不同于别人的利益追求,但是,实证主义研究范式强调政治人的行为是服从于政治生活内在的因果法则的。虽然人的本性是自利的,并且是理性的,但在政治生活中,人们的行为不可能是随心所欲的,它总是受到客观因果法则的支配和控制。这也不是说,人只是在因果法则支配下以机械方式行动的机器人、傀儡。政治生活的因果法则只是一种有较大概率的因果关系。它只适用于大多数人、大多数情况,它能较为精确地预测在大的群体中政治生活变化的趋势。因果法则无法预测每一情境中特定个体的特定行动。因此,承认在政治生活中人们的行动受规则支配,并不否认人的行动的某种特殊性和自由程度。

实证主义的政治学研究范式在有关政治思维的逻辑推理方面有特殊的立场。这些立场表现在对下列三个问题的回答上。在回答政治学理论和政治常识是什么关系时,持有实证主义研究取向立场的人将政治学的研究与日常人们的思维分割开来。他们认为政治学研究应当使用一套专业性的概念和词汇,而不能与人们日常生活中的词汇、概念相混淆。一些极端的实证主义者则要求科学研究"要毅然拒绝使用科学领域以外的概念"。涂尔干曾在《社会学方法原理》一书中指出,要从事科学研究,就要将自己从一般人心智的谬误概念中释放出来。① 与此相对应,坚持实证主义研究取向的人也看不上政治生活中的常识。他们认为常识是片面的、零碎的、松散的,不能作为科学研究的证据。科学研究的证据必须是经过研究者整理过的、通过客观观察得来的经验事实。

在回答什么才算是政治学研究中的好证据时,实证主义研究模式的答案是只有那些可以观察的、客观的、确定的、一目了然的事实才能充当研究的证据。对于坚持实证主义研究模式的人来说,经验事实是在人们的观念和思想之外存在的。人们凭借感觉器官或作为感觉器官延长的工具对外在的客观事实进行观察。如果对于同样的经验事实有不同的意见,则可能是观察时不专心,或者是使用的测量工具不当造成的。因此,对于经验事实必须准确、精确地测量和观察。

实证主义研究范式也不赞同将个别人观察的结果简单地作为研究的好证据。个体观察的结果终究带有个别性。当观察主体之间发生交互影响,并且借助这种交互性,主体间对某些特定经验事实产生了共同享有的主观承认时,经验事实就会成为研究的好证据。

实证主义研究范式也不同意凡是累积性的经验事实就一定是支持理论的好证据。因为一个古典的有关天鹅是白的逻辑归纳推理已经告诉人们,找再多的白天鹅也证明不了天鹅是白的命题,因为只要见到一只黑天鹅,就足以将原先累积性的证据所证明过的结论驳倒。因此,在利用经验事实作证据时,而同类事实量很大时,也只能采取谨慎的做法,声明到目前为止,还未发现负面的证据,所以某个结论可能是正确的。

实证主义研究范式对建构理论时选择的理论表述方式和推理方式有自己的一套见解。它认为政治学研究建立的理论应当是表述政治生活法则的。这种普适性的法则建立在一定的因果关系的基础之上。其规范的形式是:Y 是因为 X 造成的。这种政治生活中的法则的具体运用必须依据严密的逻辑推理。研究者运用演绎逻辑将放之四海而皆准的因果法则与政治生活中观察到的经验事实加以连结,从而找出具体的操作结论。实证主义研究模式相信政治学研究的最终结果是形成一套可以付诸实用的由公理、定理和推论构成的如同自然科学一样的系统。

最后,坚持实证主义研究范式的研究者坚决反对将个人的偏好和价值带入政治学研究过程之中。实证主义研究模式致力于将政治学变成一门价值中立的科学知识体系。政治学的科学研究是客观的活动,它不受人类的政治活动和社会文

---

① 纽曼(W. Lawrence Neuman):《社会研究方法:质化与量化取向》,朱柔若译,台湾扬智文化事业股份有限公司 2002 年版,第 128 页。

化因素的支配和影响。它也超越于个人的偏好、偏见、价值之上。为了确保政治学科学研究的科学性,政治学的科学研究社群已经形成了一套研究规范体系,政治学研究者持续社会化的结果,是将这些研究规范内化为自觉的行动。在政治学科学研究社群所共建共认的研究规范中,关键的一条就是研究者必须从事"不偏不倚"的"价值中立"的研究,对研究的现象、过程、人物,都必须采取冷冰冰的旁观与超然的立场,在研究中,不带入丝毫的个人主观见解和喜好。政治学科学研究的规范也包含着相当详尽和细致的科学研究的鉴别。

二、诠释主义研究范式

如果说实证主义的政治学研究范式的特点较多的是偏向客观性的话,那么,诠释主义研究范式的特点则更多的是趋向于主观性。实证主义研究范式主张将客观和主观割裂开来,诠释主义研究范式则主张将客观主观化。

政治学研究中的诠释主义对科学研究的目标有独特的见解。对于持有诠释主义范式的政治研究者来说,他研究政治学的目标是试图通过对自然状态下政治行为主体建构政治行动意义的考察,来获得对社会政治生活的理解。诠释主义关注的是政治行为主体的有意义的行动。这种研究取向不赞成把人们的政治行动和活动仅仅看做是外在的、可以观察的、有人从外面给其附加意义的,而应当将其视为具有社会性、主观性的有意义的行动。政治行为主体的行动是社会行动,这种行动所具有的意义并不是原本就有的,而是行动主体被纳入到社会脉络之中,在政治群体和组织中,在共享的意义体系中才获得了它的意义。政治行为主体的行动并不是纯客观的,而是带有主观意义的,并且在和他人的政治活动发生关联时进行意义交流。

诠释主义研究范式在回答究竟依据什么来检验政治学研究所获取的知识的真伪这一问题时,不同意实证主义研究范式的观点。实证主义研究范式认为,只要依据程序,通过实务将某种对政治生活的解释复制出来,或依据政治解释将某种政治实体生产出来,这样一个有关政治生活的解释就被检验为真。诠释主义研究范式认为,如果研究得到的有关政治生活的解释,能够帮助研究者进入被研究者头脑中的政治生活的意义框架,能够让他人对政治生活有更为深入的了解,被研究者也觉得解释看得懂、说得通,那么,这种研究得到的解释就是真的。

政治学研究的诠释主义研究范式,对政治学研究对象也抱有与实证主义研究范式不同的认识。持有诠释主义范式的研究者并不认为社会政治生活是在我们的意识之外独立存在,也不是等在那里让人们去研究。事实上,政治学研究者面对的对象是人们经验到的、并赋予其意义的、变动着的现实政治世界。现实的、我们所直接接触的社会政治生活是建立在通过人们的互动建构起来的意义基础之上的。外在的人类政治行为只是表示政治生活意义的模糊指标。研究政治生活，必须从外在的符号走进基本的、内在的、有意义的经验生活。

对于采取诠释主义研究范式的研究者来说，他们不能苟同实证主义研究范式关于所有政治行为主体都共享相同的意义体系的假定。在他们看来，个人可能是以相同的方式感受政治生活，也可能以不同的方式感受政治生活。如果强迫人们都以某种特定方式感受政治生活，或先以某种方式感受政治生活，再将这种感受方式强加在其他人身上，这种研究就不是科学的。必须承认人们通常总是以不同的方式感受政治生活，从而不同的人就会得出截然不同的政治生活意义，也就是说政治生活的意义体系是弹性的。

与研究对象相关的另一个问题是作为政治行为主体的人的基本特征。对这一问题的回答也让实证主义与诠释主义对立起来。实证主义认为，研究者应当站在政治生活外面，寻找政治生活的客观法则。但坚持诠释主义研究模式的人则认为，人们置身于一个通过社会互动而创造的具有弹性意义的意义体系之中。人们使用这些意义去理解政治生活，从而使他们的政治生活充满意义。人类的政治行动可能具有一定的模式和法则，但这种模式和法则不是外在于人的行动，而是存在于不断构建的意义体系之中，在人们的互动创造的惯例之中。

政治学的诠释主义研究范式还以特殊的方式解决政治学研究中有关政治常识、政治证据和理论表述方式及推理方式的问题。采取诠释主义研究模式的人并不认为常识是不重要的或不中用的，相反，他们觉得政治常识非常重要。正如科学家煮蛋，虽然其中存在着水加热、蛋内部成分变化这些物理过程、化学过程，但没有一个科学家是运用物理法则、化学法则来煮蛋的，多数人在多数情况下，都是凭经验和常识来做事情的。在政治生活中，人们无时无刻不在使用常识，人们主要是靠常识来指导他们的日常政治行动的。正是在政治常识中，蕴含着指导人们进行政治互动所需要的意义。

政治学的科学研究必须依赖好的证据。持有实证主义研究范式的研究者通常总把观察到的一目了然的、客观的、不受主观价值影响的事实作为好的证据。但对于坚持诠释主义研究模式的人来说，观察到的事实未必是可信赖的、确定的证据。比如，在选举辩论时，一个人伸出手，将五指张开，这一事实究竟是什么？实证主义者认为，这一事实是完全客观的、一目了然的。但是，对于采取诠释主义研究取向的研究者来说，必须依据特定的情境和经验来理解其中的意义。他的行动可能是同意某个候选人提出的政策建议，可能是反对这种政策建议，也可能是对选举厌倦了，正在叫一辆出租车准备离开，或者他刚洗过手，手上有水为了晾干手上的水珠。总之，这个人举手的事实是有多种意义的，是不确定的。

在诠释主义者看来,所谓政治生活中的事实就是有稳定内容的行动。它并不是客观的、中立的、一目了然的。因为它处在特定的情境、经验的脉络之中,隐藏在人们的意义体系之中。在变动的政治生活中,作为研究者证据的事实就是人们的行动。这种行动依赖于一定的情境和意义,只有将它摆回到包括特定情境、当事人的经验等因素构成的脉络之中时,才能得到合理的解释。而且,对于已经发生的行动和人们对它的陈述,解释也必然是多种多样的。因为人们可以从不同的角度,带有不同偏好和价值,从情境中所透露出来的种种线索,来赋予事实和人们对事实所作的陈述以不同的意义。有些坚持诠释主义研究模式的人称这种由特定的情境和经验等因素构成的脉络为括弧法。因为研究者在面对某个行动或陈述时,需要将隐去的特定情境和经验补充到括弧中,才能对其中的意义再加以合理解释。

诠释主义者在构建理论时,通常采取的推理方式是归纳的,而阐述则是表意性的。坚持诠释主义研究范式的人试图通过自己的研究成果向读者展示研究对象所理解的政治生活的世界。比如,在研究某个利益团体时,研究者就会告诉读者:组成这一团体的成员们个人的经历、经常性的活动内容、与其它利益团体的关系、在参与相关政策辩论时的策略和目标。通过这种详细的描述,并概括出利益团体的活动规则,读者就认识了利益团体。诠释主义研究范式借助于一种符号式呈现方法,以讲述故事的手法,描述政治生活中特定人群的行动。人们读诠释主义模式的研究报告时,如同在阅读一本小说,其中充满了具有连续性的细节描述。但是,诠释主义研究模式不仅仅在讲述,而是在描述的同时,形成概念、理论,借以揭示日常政治生活中的人们所形成的生活规则、意义、价值和诠释他们经验的框架。详尽的描述和概念、理论、证据交织在一起,形成一个统合的整体。

在论及研究者的个人价值和偏好能否介入研究过程的问题时,诠释主义研究范式的观点是确定的,他们认为实证主义者过分强调排除价值、标榜价值中立,并不表明他们真的不坚持任何价值。他们只不过是排斥其它的研究价值,而坚持实证主义所承认的价值。在实际的政治学研究过程中,研究者不可能没有价值偏好,关键是研究者必须时刻保持清醒的头脑,时刻需要反思哪些研究结论是与研究者个人的观点、偏好、价值有关的。

三、批判主义研究范式

政治学研究中的实证主义范式和诠释主义范式的共同点在于,它们都是以机械对立的观点看待研究活动中的客观和主观。只是前者过度地偏向客观化,而后者过度地偏向主观化。政治学研究中的批判主义取向试图将研究活动中的客观

第九章 政治学理论范式

与主观有机结合起来。

批判主义的研究范式首先表明了自己对政治学研究目标的看法。这一研究范式认为，政治学家之所以要研究政治生活，其目的在于改变不能令人满意的政治现实。坚持批判主义研究取向的人不是以保守的态度而是以革新的立场观察、描述和理解现实政治生活。他们的研究采取的不是规则取向，也不是意义取向，而是行动取向。在批判主义者看来，在现行的政治理论和观念中存在许多骗人的教条和神话，让人们产生出对现实政治和理论的迷信。政治学研究就是要揭示政治生活的真相，打破种种流行的教条和迷信观念，给人们以力量，采取行动变革政治生活。

持有批判主义研究范式的研究者认为，其它的政治学研究取向尽管也向人们展示政治生活的规则和意义，以便认识和改变现存的政治关系，但是，他们只希望在一定的既定框架内，由政治精英们做出改良，这是远远不够的。必须通过研究，调查政治现实，揭示隐藏在政治生活最深层的真相，让社会政治生活底层的草根阶层在了解、理解后的学习中，破除对流行的错误理论和观念的迷信，激发起剧烈的行动，解决政治精英们不可能提出也不能解决的问题。

正是把激发社会底层行动，从宏观上改变政治秩序作为政治学研究的目标，赞同批判主义研究指向范式的人，会以和其它研究取向非常不同的方式来处理自己的研究成果。他们不是简单地把调查研究的报告递交给予他们研究资助的机构，也不是单纯地投递到专业学术刊物争取发表，而是会将研究报告交给大众媒体，会到社会底层组织人们讨论，会组织社会政治生活中的活跃成员，以实现社会民主和正义为由，发起政治制度和体制改革的行动。

正因把发起实际行动作为政治学研究的根本目标，政治学研究的批判主义范式坚定地认为，只能以不断和发展着的政治实践来检验政治学研究所获取的知识的真伪。批判主义研究范式重视作为改变政治生活现状的行动的实践，把实践作为检验政治学研究所获得的理论知识好坏、真伪的标准。在批判主义研究取向的赞同者看来，政治学知识和理论的功用就在于正确描述人们在政治生活底层的处境，充分利用他们自身的经验，启发他们对自己的历史角色和责任的了解，从而开展改变政治现实制度和秩序的行动。由于政治知识和理论是在行动的实践中，在研究者和研究对象政治实践的互动中获致的，因此，政治知识和理论也只有在生动的政治实践中获得检验。因为政治知识和理论是通过实践不断得到修正和完善的，因此，对它们的实践检验也必须是动态的，带有过程的性质。

政治学研究的目的又是通过选择和认识研究对象体现出来的。批判主义研究范式以客观辩证的态度看待政治生活世界。坚持批判主义研究取向的研究者承认政治生活世界是客观存在的，它不是一个完全主观的意义世界。但是，政治生活世界是不断受到经济、文化以及其它各种因素影响作用的结果,它是历史的、变动的。政治生活世界有其表面形式和深层结构。在其表面形式上,常常存在一些容易误导人们的现象、事件。表面形式背后是不易观察到的、与权力和利益相联系的深层结构。在这一结构中存在的是社会政治关系的差别、紧张、矛盾、冲突,以及由此而引发的变迁。现实的政治生活就是一个具有内在结构、充满矛盾,在历史中变迁发展的客观世界。

社会政治生活内在的矛盾和变迁又是不均衡的,有时激烈、深刻,有时缓慢、平淡。这就会造成人们对政治生活世界认识的困难。在政治学研究中,会出现某些不正确的政治知识、理论、意识形态,它们会让人们对政治生活产生虚幻的、扭曲的看法和见解。政治学科学研究的任务就是揭示政治生活的真实结构,让人们从错误的教条和观念中走出来。要做到这一点,就需要认识现实政治生活的层次性。除了要让人们知道,从表面形式的层次到深层结构的层次,是需要花费功夫、付出巨大努力外,还要让人们明白,如果只站在现实政治生活之外考察、描述,不动手去改造它,人们是无法获得真知的。如果只站在政治生活的微观层次,只对那里的人际互动作考察,只是把互动者理解的各种意义陈列出来,不把它们摆到政治生活的宏观层面,从动态的、历史的、系统的角度去寻找变革的行动方案,人们也还是无法获得真知的。

政治生活世界说到底是由人的活动创造和延续发展的。因此,在论及政治生活世界时,还必须对政治行为主体的基本特征做出说明。持有政治学批判主义研究取向的研究者将作为政治行为主体的人看做是具有巨大潜力的创造者。批判主义研究取向既不同意将政治行为主体看做是只受客观因果法则支配的、没有任何自由的存在物,也不同意将政治行为主体看做是不受任何控制的、随心所欲地赋予政治生活意义的存在物。从根本上讲,政治行为主体有适应力,有创造力,有未发挥出来的巨大潜力,他们能够改变政治生活的现状。

但是,当政治生活中存在种种错觉、迷误、教条时,政治行为主体的巨大潜力就不会被激发出来。在种种幻觉、迷信的笼罩下,在痛苦的生活处境的压迫下,人们无法去实现改变现实、创造理想的政治生活世界的梦想。要让政治行为主体的潜力表现出来,关键是要破除陈旧的思想和观念。

政治学研究的批判主义范式对构建政治学理论也提出了独特的见解。任何政治学理论的构建都必须有充足的证据。日常政治常识能否充当证据呢?批判主义的回答是:常识不可忽视,但常识需经分析、加工,才能作为研究的证据。批判主义研究范式不赞同在研究政治时抛弃或远离人们持有的政治常识,但也不赞成随便使用政治常识。批判主义研究范式倾向于把人们日常形成的政治常识看成是错误意识,其表层笼罩着一层幻觉、迷信的面纱。但是,政治常识又很重要,

第九章 政治学理论范式

因为它对人们的政治行为有很大的影响。政治学研究不能轻易回避大量存在并发生作用的政治常识。因此,要利用政治常识,就只有揭开其表层面纱,去除表面的迷误,使其深层的关联性显露出来。

在政治学研究中,研究者必须依据政治常识的上述的结构特性对其加以处理。在对政治常识处理时,仅仅靠感官的小心、仔细的观察是不够的,因为观察排除不了各种政治错觉、幻觉和盲目崇拜。只有依靠理论去挖掘常识提供的表面关系后面隐藏的矛盾、冲突、与历史的关联、与未来的联系,才能有利于构建新的政治学知识和理论。

当讨论到政治常识能否作为政治学研究的证据这一问题时,其实已经接触到对研究证据好坏的假设。持有批判主义研究取向的学者选择站在实证主义研究模式和诠释主义研究范式的中间的立场。批判主义研究范式不赞成将经验事实视为脱离人的主观意识和价值作用的纯客观独立的东西,也不赞同将其看做是完全由人的主观性创造并通过协议形成的共识意义组成的东西。经验事实的确是在人的主观认知之外客观存在的,但是经验事实只有摆入一个由价值、理论和意义的框架内才能得到解释。

坚持批判主义研究范式的学者并不认为所有的经验事实都能成为好的理论研究的证据,只有那些与研究的课题有密切关联的关键事实才有可能成为好的证据。因此,对于研究者来说,对经验事实的正确选择就非常重要了。批判主义研究模式喜欢把政治学理论看做是一张地图,它引导研究者到关键的地方去寻找相关的经验事实,在找到事实后,再指导研究者去正确地解释,从而保证理论与事实的有机联系。

批判主义研究范式也明确地规定了政治学理论的目的以及在建构时选择的推理方式。实证主义研究取向构建的政治学理论关心的是独立于人的行动之外的客观政治生活世界中的不变的法则。政治生活世界虽然是由人们的行动创造的,但是,在进行政治学研究时,它被异化了,它成为在人之外、与人对立的存在物。构建政治学理论的任务就是让人了解政治生活世界中的人对其无能为力,只能听其支配的法则。诠释主义研究范式把政治生活世界完全视为人的主观创造。构建政治学理论的目的是为了阐释政治生活意义,并通过不同阐释之间的协议来取得共享的意义。批判主义研究取向则不同。它认为需要透过种种错误表象揭示政治生活世界深层的矛盾,同时还需要了解人们在现实政治生活中的不良处境,并提出美好政治生活的愿景,引导人们通过行动来改变政治生活现状。因此,构建政治学理论的目的不仅在于解释现存的政治生活,更在于要通过变革来改变现存的政治生活秩序。

正是从政治学理论构建的特殊目的和功能出发,批判主义研究范式不把研究的重心放在发现不变的政治运行法则上,也不放在对现存政治生活意义的理解上,而是探究政治生活深层的矛盾与冲突,分析人们不良的现实处境,建立关于完善的政治生活的理想,努力发展出政治行动的理论。因此,批判主义研究模式在构建政治学理论时运用的是规范的、演绎推理的逻辑方式。

对于研究者的个人价值和偏好能否介入研究过程的问题,批判主义研究范式的立场是,所有的政治学研究,都是从这种或那种价值取向入手的,研究者总是从一定的道德观点出发来展开对事实和问题的分析的。坚持价值中立的人要求研究者不带任何观点去研究,其实这一要求本身就已经是一种观点了。政治学研究的客观性与研究的价值性并不是对立的。政治学研究的客观性并不等于研究的价值中立性,研究的客观性是要求研究者在解释和利用经验事实时,不扭曲,不歪曲,不故意夸大,也不有意缩小,如实地反映,如实地解释。而要做到客观如实,就离不开正确的价值引导。

对于批判主义研究范式来说,其政治理论研究的价值是鲜明的,即不是为了单纯地描述和解释政治生活而做研究的,知识是一种现实力量,将知识构建起来,传授给人民,他们就会认识自己的处境,就会为实现美好的政治理想而改革现存的政治秩序。正是这种建设美好政治生活的价值,促使研究者不畏艰难,不怕压力,坚决为寻找真理而奋斗。

第五节　政治学理论范式转换的实例分析

西方政治学理论在20世纪30年代到60年代这一时期的发展,提供了不同政治学理论范式转换的实例。20世纪30年代以前,在西方政治学理论领域中占据统治地位的政治学理论范式是以旧制度主义途径、规范样式表现出来的诠释主义范式,另外产生着巨大作用的是强调革命性批判和建设的批判主义范式,这些曾经占据过很长时间统治地位的诠释的和批判的理论范式,在20世纪30年代以后,则被以行为主义为研究途径的实证主义的理论范式所取代。

政治学中的行为主义是"二战"之前政治学研究中的"科学主义"的延续。"行为主义"这一名称是20世纪30年代美国芝加哥大学的一些教授们创造出来的。1949年,该大学的一些政治学家向"国家科学基金会"申请资助,他们所要申请的是关于社会科学方面的研究课题。由于当时美国的上层具有强烈的反共、反社会主义的倾向,这批学者害怕基金会的官员有可能把"社会科学"同"社会主义"混淆起来而不予拨款,因此,他们便用"行为科学"来代替"社会科学"。这本来是灵机一动想出的一个名称,但后来却成为政治学理论研究中的一种极有影响的思潮。

第九章 政治学理论范式

其实,在芝加哥的教授们还没有想出"行为主义"这一名称以前,行为学派早就开始活动了。1908年,在英国和美国分别出了两本书:一本是英国学者格雷艾姆·沃拉斯所著的《政治中的人性》,另一本是美国学者阿绪尔·本特利所写的《政府过程》。这两部著作后来被称为行为主义的经典之作。沃拉斯认为,在欧美,人们重视的是对代议制政府的研究,而很少去研究人,他干脆把这种政治学叫做死的政治学。

阿绪尔·本特利被称为行为主义学派的伟大先驱者。1890年,他到霍普金斯大学学习经济,在头两年中就念完了三年的课程,在毕业班上名列第四。不久他就到德国柏林大学和弗赖堡大学当研究生。后来由于父亲的银行倒闭,他不得不回到美国。1895年,他在霍普金斯大学获得了博士学位。本特利只在芝加哥大学当了一年讲师,后来就一直做新闻工作。正是利用当记者须到图书馆查阅大量资料的方便,他运用这些资料写了在20世纪30年代才被人们重视的著作《政府过程》。尽管这本书写于1908年,但是在前20年中,它并未引起人们的注意,被埋在旧纸堆里20多年。在30年代,当这部著作引起人们的重视以后,本特利又于1941年到哥伦比亚大学做客座教授。任这个职务并不是很长,后来他负责过果木种植工作,还参加过印第安纳州的进步党运动。

本特利不是那种传统政治学所认为的政治哲学家,因为他根本瞧不起一般原则。他说过:"心灵作为行动者仍然是那个老的自我行动的灵魂而只去掉了它的不灭……心、官能、智力商数或者不作为管行为的行动者的其他东西是骗人的玩艺儿,而用脑子代替心灵就还要坏些。这类字眼是用一个名称来代替一个问题。"[①]从这里可以看出本特利是一个像孔德一样的实证主义者。他倾向于把人们的思想看成是人群共同体利益的合理化反映。他从这一思想出发,反对把国家、政府看成是一个形而上学的实体。本特利指出,所有存在的就是政府本身,政府恰恰是由表现在政府中的群体和利益集团的活动组成的。

本特利的学说有两个基本的组成部分。一个是他将政府的活动过程看成是由压力、对抗、冲突以及利益集团相互的争斗所构成的动态过程。群体只不过是"许多人参加的行动方式"。所有的群体都有自己的利益,这是一种集团利益。一切政府都是集团利益在形成、联合、相互排斥、对抗、竞争时进行调整的过程。或者说,政府从来就是一个在不同利益集团之间加以调停并使各方妥协的过程。他尖锐地指出,在美国的国会历史上,所有的记录都充满了"秘密妥协"和交易。

本特利政治学说中的第二个主要因素是他坚持将政府视为"活动",也正是这一点,使他成为行为学派的奠基人。在本特利看来,政府并不是由担任一定官职

[①] 转引自伯恩斯《当代世界政治理论》,曾炳钧译,商务印书馆1990年版,第505—506页。

的人或长官构成的,也不是由法院、议会这些合乎法律的机构构成的,相反,它是一个庞大的活动网。正是这种活动的规模和性质决定了政府的权力。比如,没有一个独裁者只要有了职位或登上了统治的宝座就能自然而然地获得绝对的权力。事实上,只有独裁者加上军队,才可能出现真实的统治。在本特利的头脑中,一个政府要能实施统治,最重要的是在政府中应当有代表对立利益的集团存在。

本特利所研究的行为或活动,并不是行为主义心理学家所说的个人行为,他反对在政治学的研究中过分重视个人的心理方面,他所看重的是人们的集体行为或活动。因为在他看来,一个人一旦离开了群体,离开了利益集团,他在政治生活中就会变得无足轻重。人们的群体活动可分为两类:一类是"可感触"的活动,这是一种实际的、明显的或已在进行的活动;另一类是"潜在的"活动,这是一种还未表现出来的但作为群体的一种可能的要求在以后会出现的活动,或虽然已经有了变化但却处于隐蔽状态的活动。

在20世纪30年代本特利的著作引起人们的兴趣之后,在政治学领域中研究政治行为或政治活动的人多了起来。一些思想家把政府看成是一种活动形式,而把政府的治理过程作为敌对的集团相互施加压力和相互争夺利益所造成的结果。韦尔斯莱女子大学的沙茨施奈德、哈佛大学的基将政党作为压力集团,作为在争取特权与利益的斗争中不同方面的代理人和经纪人来研究。还有一些人研究了投票行为。斯蒂芬·贝利认为,美国国会制订法律是一种欺骗、讨价还价以及平衡政府内外敌对压力的过程。约翰·张伯伦在《美国的赌注》以及爱德华·彭德尔在《民主制度的政治》中,把政治制度视为调整政治生活中各方面关系的过程。卡尔·多伊奇则把活动的概念推广到对国际关系的研究上。

行为主义实质上代表了一种与传统的政治学说不同的政治观。美国著名的政治学家罗伯特·达尔讲过,政治学中的行为主义与人的实际行为,与他们赋予他们行为的意义有关。行为主义根据观察到的和可观察的行为来谋求解释政治现象。

行为学派的作用是在西方传统的政治学研究框架和方法上打开了一个缺口,但对传统的政治学进行有力攻击的却是分析学派。分析学派也是坚持反对把政治学理论变成政治思想史的一种政治学思潮。这一学派的特点是只坚持政治理论上的批评,他们并不认为对传统的政治学理论评价的目的是要用另一种理论来与之抗衡。对于分析学派中的大多数人来说,政治学研究决不是要用某种统一的原理来限制政治科学的发展,在政治学中,不可能有、至少是现在还不可能有一种类似17世纪物理学中的万有引力定律那样的具有普适性的定律。

当然,并不能就此下结论:分析学派不要理论。分析学派并不是一概否定理论,他们只是不承认在政治学中存在某种单一的理论,理论应当是多样的。正因

第九章 政治学理论范式

为如此,分析学派特别不同意传统政治学中的历史主义学派的观点。这种学派把历史上的各种理论都看成是同一理论整体中的环节,各种理论都是同质的;如果有差别的话,也只是研究的方面或研究的方法以及所用的资料不同而已。

分析学派关心的是理论的正确性,特别是当前的理论以及历史上的那些著名理论是否正确,而不去问这种或那种理论究竟处在什么样的时代背景上。因此,属于分析学派的政治学家们很少去关心政治理论的历史演变,他们唯一承认的是每一种政治理论都必须经受经验调查和逻辑分析的检验。人们去阅读分析学派的著作时可以看到,对政治概念的分析、解释是他们研究的主要内容。甚至在某些分析学家的著作中,到处充斥着图表、系数、统计指数和代数公式。演绎法成为政治分析学派的主要方法。

政治学中的分析学派与现代西方哲学中的一个流派逻辑实证主义有着密切的关系。这一属于科学哲学的派别,一般认为是在 20 世纪 20 年代由维也纳学派创立的。给这种哲学奠定基础的是鲁道夫·卡尔纳普、奥托·纽拉斯以及汉斯·赖辛巴赫等人。这批哲学家在第二次世界大战中为了逃避法西斯的迫害,大多数成了难民,纽拉斯移居英国,卡尔纳普和赖辛巴赫来到美国。

实证主义哲学有一个基本观点即哲学的唯一任务是对语言加以分析和澄清。如果要追根溯源的话,逻辑实证主义最早的创造者要数孔德,但现代西方哲学中的逻辑实证主义要比孔德更为彻底。孔德只是说,一切有价值的知识都必定是从科学中产生,逻辑实证主义者则认为,凡是不能与宇宙中的实体事物具有"一一对应关系"的东西,都是没有意义的。分析学派想把世界上的一切东西都转化为物理学和数理逻辑以内的东西。他们的注意力不是放在别的地方,而是专注于命题中字句的排列,并经常采用数理的形式。

美国政治分析学派的代表人物有罗伯特·达尔、费利克斯·奥本海姆、查尔斯·林德布洛姆等人。达尔是分析学派的一个极为重要的带头人。他的较早的一本著作是对麦迪逊的民主理论进行分析。达尔将麦迪逊的民主理论分解成十项假设和一些推论,然后再对每一项假设的前提加以分析。随着前提的正确性发生问题,假设和推论也就站不住了。通过分析,达尔的结论是,麦迪逊的民主理论体系不是可以合乎逻辑地解释的。

在斯坦福大学和特拉华大学任教的奥本海姆博士也是政治分析学派的重要人物。他主要致力于政治学中定义、分类和方法的研究。他认为,政治学家的任务不在于发展新的理论,而在于为检验现有理论的正确性提供一套标准。在奥本海姆看来,并不是所有的政治学说都具有同等的价值,只有那些经受了严格的分析和检验的学说才是可以相信的。奥本海姆的方法是演绎的,而且他喜欢用一套数学公式来阐释自己的观点。

在《控制与不自由》的论文中,奥本海姆进行了如下的分析:参议员B想支持一个普遍军训法案,即要作X。但他所在的选区的多数来信(A)表示反对,这一参议员决定改变原来的想法,不作X。这种改变就是B对于A来说不自由,B受A的控制。"这样,如果事情是,假如B要作X,A将因B作过X而惩罚B,那么,结果是'不自由'(A、B、X)而可能是通过劝阻的'控制'(A、B、$\tilde{X}$)。另一方面,如果B作了X,A因B作过X而惩罚B,那么,结果只有'不自由'(A、B、X)但没有'控制'(A、B、$\tilde{X}$)。"[①]

分析学派有着浓厚的相对主义色彩。他们不去研究一种理论的好与坏。用奥本海姆的话来说,相对主义是一种认识论上的理论,它不承认有任何东西可以表明本来是好的或坏的,或者不好也不坏。在他看来,道德价值和认识论完全是两码事。伦理上的偏好是来自感情,而不是来自客观真理的知识或见解。相对主义要比绝对主义好。因为,绝对主义总是坚持一种见解:要么是自由派,要么是保守派。他们只承认一些价值,而否定另一些价值。相对主义则不同,一个相对主义者可以毫无矛盾地偏向歧视或平等,表示不宽容、宽容或过分宽容。

和分析学派联系在一起的是数学和物理学中的可以运用到社会科学中来的一些理论和方法,主要有博弈论、场论、控制论。控制论是马萨诸塞理工学院的数理逻辑教授诺伯特·维纳创立的,他在一个意思是"舵手"的希腊字的基础上生造了"Cybernetics"这个字。博弈论是由匈牙利的高速计算机专家、后来成为普林斯顿大学高级研究所数学教授的约翰·冯·纽曼创立的。场论则是物理学上的一个较老的概念,"场"表示一个完整的格局或单位。将物理学上的场论引入社会科学则成为社会科学场论,其发明者是库尔特·卢因,他生前是马萨诸塞理工学院群体力学研究中心的所长。卢因认为每一个个人或群体都有一个"生命空间",这一空间则是社会科学家要处理的场所。

如果说心理行为学派只是在政治学的传统理论体系上打开了缺口,政治分析学派只是一味地批判而没有什么建树的话,那么,现代西方政治学中的体系学派则是属于有积极成果的一个派别。政治学中的体系学派的代表人物是芝加哥大学的大卫·伊斯顿。同现代西方政治学中的其他学派一样,体系学派也对政治学中的历史主义学派进行了批判,而且在许多的批判中,大卫·伊斯顿的批判是最为激烈的。

伊斯顿认为,政治学的发展在20世纪已走向衰落了,其标志是亚里士多德、洛克和其他西方政治思想传统上的伟大人物们曾经实践过的政治理论早已让位

[①] 转引自伯恩斯《当代世界政治理论》,曾炳钧译,商务印书馆1990年版,第500—501页。

于政治思想史。政治理论已经被削弱为一种历史分析的形式,它"像寄生虫一样"依附于过去的思想。政治理论早已放弃了它本来应当具有的"创造性地建立评价依据框架"的作用。同时,由威廉·邓宁、查理·麦基尔韦恩、乔治·萨拜因所代表的政治学上的历史主义也放弃了建立关于政治行为和政治制度运转的系统理论的任务。

伊斯顿指出,政治学从古希腊诞生以后,经过很长时间的发展,大概到黑格尔和马克思的时代才告结束。政治学在这一段发展中,一直注重对实际事务和社会政策进行评价。但是,到了 20 世纪,政治理论就不再去分析和建立新的价值理论了,而只是去传播当代和以往政治价值观的含义以及它们的内在统一性和它们的历史发展状况。

在体系学派看来,放弃政治价值的创造对人们观察和认识现实的政治生活是有害的。因为无论是经验的还是理论的研究,在问题的选择、结果的解释等方面,都不可避免地要发生在一个价值框架之内。把建立政治价值观的任务丢开,就不能为研究政治生活的学者提供探索道德观念的必要知识。但是,体系学派之所以在政治价值问题上对历史主义学派提出批评,并不是说萨拜因这些人一点也不谈政治价值,而是他们老是将理论与价值混为一谈,把政治理论史等同于政治价值论。事实上,政治理论包括两方面:一是政治事实,另一是政治价值。历史主义没有把政治事实同政治价值区分开来。

伊斯顿觉得在建立系统理论或一般理论上,政治学远远落后于社会学。他希望政治学的研究能够产生出一种大的完整思想。这种大的完整思想就犹如经济学上的边际效用原则、生物学上的达尔文学说、物理学上的爱因斯坦相对论。伊斯顿认为在政治学中,已有的某些理论总是过于狭隘,从而不能为整个学科提供完整的概念结构。

以伊斯顿为代表的体系学派所要寻找的是一个广泛的理论纲领,凭借这一纲领,研究者就可以得到指导,研究的结果也可以进行衡量和检验。当然,伊斯顿所要的大理论决不是僵硬的模式,而是"一套运用的假设",它将具有一定的弹性,并且是不断变化的。体系学派试图从"若干假设"出发,先从中演绎出"较狭义的论断",然后再从这些狭义的论断中,演绎出"能够经验证明的"具体论断。

体系学派也赞成价值上的多元化。伊斯顿认为,如果一种学说不能提供一系列的判断来作为评价政治制度及其政策的标准,那么,这一理论就没有任何价值。在政治学的理论研究中,研究者必须在经验中考察各种政治价值。研究者总是有感情的,这种人人皆有的情感必然影响研究者的价值判断。政治学家也必然要选取自己所喜爱的价值。因此,在进行价值评价时,好的研究者必须把政治上的价值判断同他所建立的总体理论联系起来考虑。

以行为主义为代表的实证性理论范式,在经过一段时间的发展后,开始转向理性的理论范式。这种新的理论范式又称为"后行为主义"。

从20世纪初就出现的政治学研究中的种种学派,虽然在许多问题上存在分歧,但是,它们都是在反历史主义这面共同的旗帜下进行政治学上的创新的,因而,不论是行为学派、分析学派还是体系学派,都把自己的学说称为"行为主义"。这种广义的"行为主义"在20世纪60年代成为西方政治学中占主导地位的思潮。当时的美国政治学会会长罗伯特·达尔1961年在《美国政治学评论》上发表文章时,用一种沾沾自喜的口吻写道:行为政治学在争取被接受的战斗中已经得胜,将来与对手只会有些零星接触了。但事实上,人们对行为主义从来就没有真正地臣服过。许多政治学家认为,人类的政治生活和政治行为是无比复杂的,想单单借助于某些自然科学的方法就把所有的政治现象都分析得十分透彻,这是不现实的。政治生活说到底是人的一种生活,因而,对政治生活的任何分析都无法离开人的主观体验。

由于人类政治行为的构成因素和影响因素是非常多的,并不是任何因素都可以用一定的数字来测量的,人的政治行为也绝不是按照某种数学公式来进行的。行为主义者想将政治学的研究朝着更加精确化的方向推进,应当说这种努力是值得肯定的。但是,由于政治现象过于复杂,能作量化的大多是一些表面的、浅层的因素,因而,行为主义所作出的政治分析以及所构筑的一般理论体系都不大可能反映现实政治生活的真正本质。

此外,相当多的现代政治学家都抱有政治相对主义,他们对政治价值包括政治规范并不太重视;而且,行为主义者对历史主义曾经探讨过的一些政治生活中的重大问题普遍表现出不屑一顾的态度,这些都使他们无法对发生在20世纪五六十年代的一些重大事件做出及时的和正确的说明。

在对行为主义的批评中产生出西方政治学界所说的"后行为主义"。这场批评运动是由一些政治学界的年轻人发起的,但"后行为主义"的名称却得自于大卫·伊斯顿这位在当时声望极高的老政治学家。后行为主义其实是政治理论研究在更高层次上的复兴,是一种政治学中的新的理性主义。

这种新的理性主义并不是重新回到历史主义。因为加入这一思潮的政治学家们不是简单地反对对政治生活作科学分析,也不是完全拒绝在政治学研究中采用统计学、相关分析这类行之有效的工具。事实上,大多数的后行为主义者精通统计学,都擅长使用计算机。与20世纪60年代以前的政治学家不同的是,这批年轻的学者们主张用科学的方法来研究和解决政治生活中的重大问题。现代西方政治学研究中的理性主义比较注重集体选择、公共政策方面的课题。

作为政治学中的理性主义复兴标志的是1971年约翰·罗尔斯的政治哲学著

作《正义论》的问世。对于罗尔斯的《正义论》,达尔有过评论,他认为,这一著作的出现,犹如在沙漠中发现了一块绿洲。达尔指出,在西方政治学中,严格的科学分析并没有完全取代道德和政治哲学;即使是在英国和美国的政治哲学最为消沉的时候,严肃的政治哲学与政治道德价值讨论仍在进行。达尔认为,不管人们对《正义论》采取何种态度,它都给人耳目一新的感觉。他比较公正地指出,没有明显的理由证明经验的或科学的取向与规范的取向本质上是不相结合的,它们能够相互取长补短,不了解经验取向的分析所提供的事实,政治哲学容易变得不切题,甚至愚蠢;不关心政治哲学家(无论是古人还是今人)提出的若干基本问题,经验分析就会有退化到钻牛角尖的危险。

政治学中的理性主义不仅重视政治哲学和政治道德的研究,而且还特别注重讨论政治理论与社会目标以及政治行为的关联。在理性主义者看来,政治研究不能仅仅满足于提出某些模型或公式,而应当去研究和弄清社会的目标、社会迫切的经济问题与政治问题,并试图找出解决的方案。因此,有一部分理性主义政治学家转向政策科学研究,他们探讨政治决策的程序,并用自己的知识去影响政治家,从而使政治统治者的政策制定更为科学化。

一些理性主义者提出,要粉碎行为主义者所建立的使政治分析远离政治生活的"沉默的栅栏",使政治科学真正涉及政治危机并满足人们对它的需要。不少政治学家还指出:认识就是承担行动的责任,行动就是参与社会改造。作为科学家的知识分子有义务把知识贡献给现实生活,知识分子组成的组织,如专业政治协会或大学,都应加入日常的政治斗争。

西方政治理论在理性的范式取得发展以后,又再一次向规范的范式转换。当然这种转换不可能是重复原来的规范理论,而是产生出更为新颖的规范理论,这就是新制度主义政治学理论。无论是广义的行为主义还是理性主义,它们都包含着某些共同的特征:

首先,它们将政治生活看做是整个社会生活的一个组成部分,反对将政治组织同社会的其他部分分离开来作为专门的研究对象。

其次,它们对政治行为做了简化性的处理,主张将政治生活看成是由许多个别政治行为所产生的影响的累加,而反对把政治的现象视为政治组织的结构和各种适当的制度、规则所导致的结果。

第三,它们更多地认为政治行为主体都是一些具有理性的人,他们都是为了实现自我的利益,在行为之前总是经过计算的;人的政治活动决不是他们对社会既定义务和责任产生反应的结果。

第四,它们认为政治就是对社会有价值的东西进行权威性分配,因此,在全部政治生活中,处于核心地位的是政策的制定和资源的配置,它们忽视甚至反对去研究人们是如何通过对诸如符号、仪式、典礼等意义的阐释和规定来组织政治生活的。

以詹姆斯·马奇和约翰·奥尔森为代表的政治学家对行为主义和理性政治学作了批判,并在此基础上提出了政治学理论研究中的新制度方向。他们认为在政治理论的发展历史上,传统的政治学家们对政治机构、政治制度、政治价值非常重视。传统的制度学派认为,在现实的政治生活中,政治机构,特别是国家,是一种独立的政治力量。包括国家在内的政治机构起着理解和组织政治生活的巨大作用。但是,在行为主义者和理性主义者那里,国家等政治机构的作用被大大地贬低了。在伊斯顿等人的眼中,政治机构只是外部力量的附属物,政治活动主要是阶级、种族、文化、宗教、地理、人口等等这些外部背景因素的反映,政治本身对这些外部背景不可能起多大的作用。

传统的政治制度理论将政治机构看成是维护政治制度、有自主行动的客观力量,由政治机构所维护的政治制度则是指导、决定和修正政治行为个体的因素。但行为主义和理性主义却认为,作为政治生活整体的组织及其代表的政治机构并不是自主活动的力量,他们将政治生活中处于宏观层面上的集体简化为微观层面上的政治个体行为的总和,认为全部政治生活主要取决于个体的互动行为。

传统的政治制度理论将人们的政治行为置于由政治规范、政治规则、政治期望、政治传统构成的政治制度结构之中,正是这些既定的政治制度结构严格地制约着政治活动单个人的目标与意志。行为主义与理性主义则认为,人们的政治生活是受功利主义支配的,每个政治行为主体都是从自身的利弊得失出发来考虑行动的,任何政治事件都是行为主体理性计算的结果。在整个政治生活中,人们总是从这种功利主义出发,选择解决社会问题的最优化方案,从而形成有效的历史过程,而且功利主义与实证主义高精致度的叠合所形成的商业工具理性主义就是现代政治文化的逻辑、公共权力的心脏。

传统的政治制度理论也研究政治决策,但他们将政治决策的首要功能看成是对政治行为主体进行政治教育、改进政治价值方向的工具。在他们看来,政治决策的过程主要是培养人们的政治目的感、方向感、认同感和归属感的过程,因此,他们比较重视决策中政治符号、仪式、典礼等因素的象征作用。而行为主义和理性主义却将政治决策仅仅视为一种政治控制,而把政治符号、政治典礼、政治仪式只看成是政治家行使权力、操纵民众的工具。

新制度学派并不要求人们重新回到传统的制度理论上去,他们充分肯定了行为主义和理性主义对政治理论发展所作出的贡献。行为主义和理性主义重视对政治环境特别是社会的经济、文化、阶级、宗教等背景因素的研究,也重视对个体政治行为的考察。但是,无论是行为主义还是理性主义,都未对人类的政治行为、政治的社会背景、政治制度结构这三者的关系作出正确的解释和规定。

第九章 政治学理论范式

行为主义者和理性主义者没有正确处理好人类的政治行为与政治制度的相互关系。他们对人类政治行为的研究基于一种错误的假设,即认为微观的、个体的行为与宏观的、集体的行为是等值的。行为主义者和理性主义者将人的行为的影响因素分为两类,一类是有计划的,另一类是随机的。后一类的行为影响因素如同噪音,它将被消除掉。因此,作为集体的政治行为其最终的结果,也就是统计学上的结果,则是与单个行为一致的。而且,经过这种统计上的处理,人的政治行为不可能是反常的,从而只要政治家们选择共同的和最优的政策,历史的进程总是有效的。

这种假设忽视了微观层面的政治行为与宏观层面的集体政治行为之间的复杂关系。

首先,从个体的政治行为到集体的政治行为需要经过一个中介,即政治制度结构。这一结构是由政治行为、政治规范、政治角色、政治建筑物、政治档案等等组成的集合体。政治制度结构规定了一个社会的政治责任和政治义务,个体的政治行为必然受到政治制度结构的制约。任何一个政治个体不可能只从自己的自身利益、个体的政治期望和价值观出发来选择和决定行为。相反,政治行为个体只能去适应政治制度结构规定的价值、规则、规范,并力求使个人偏好与既定的社会政治责任、政治义务统一起来。

其次,在大多数行为主义者和理性主义者看来,所谓政治就是谁得到什么和如何得到。按照这种工具主义的模式来思考政治,政治行为通行的公式就是:行动就是选择,选择就是对自身利益的预测,象征符号则是对选择与预测加以组织。这种政治行为的动机模式是不科学的。事实上,政治生活是人的生活的一个重要组成部分,人通过政治生活不断地完善自己,同时个人通过自己的政治行为去推动整个社会的完善。人们不都是出于功利的考虑才去从事政治活动的。政治生活本身是一种教育活动,是人们去发现、阐释和表达生活意义的过程。

行为主义者与理性主义者也没有处理好社会生活的背景与政治制度结构之间的关系。他们将政治生活看成是一个有着特定环境的系统,并且认为政治生活的特性与变化是由这一环境背景决定的,而政治则不构成对环境因素的影响。大量的现实政治表明,这种观点是片面的。在社会生活中,政治制度结构是具有自主性的角色。在政治制度机构中占有重要位置的国家,不仅受社会环境的影响,而且也对社会经济、文化、阶级、宗教等方面产生巨大的作用。官僚机构、立法机关、法院,不仅是各种社会力量斗争的场所,而且也是界定和捍卫利益的重要力量。政治制度结构中的政治机构具有极大的自主性,其规范行为主体的制度结构则对政治活动的方向与结局具有制约性。完善的政治制度结构是社会发展的重要资源。

新制度学派在研究人类的政治行为、政治制度结构、社会生活背景相互间的复杂关系时,特别强调制度因素在建立政治秩序中的作用。首先新制度学派提出了政治发展中的历史无效与暂时性无序问题。行为主义者与理性主义者除了强调社会的政治秩序是由理性强加和由权力强加的以外,断言政治发展中的历史有效性与秩序的持久性。所谓历史的有效性,指的是任何政治生活系统总是迅速地和不可抗拒地走向最优的结局。所谓秩序的持久性,指的是通过公共选择对重大政治事件实行最优安排,就能克服越轨与功能失调,保持必然的秩序。

但事实上,存在着没有均势、耗费时间过久、产生的结局不是最优的状况。这种状况就是历史的无效性。制度学派认为,只有承认这种历史无效性,人们才能学会通过政治制度结构进行调整,从而避免政治发展中的无效状况。另外,在政治生活中,常常出现的并起着作用的可能是一些暂时性的、非重大的因果联系,这时建立的秩序只能是暂时性的。新制度学派认为,只有承认政治生活中存在大量的非重大的因果联系,承认某些秩序的暂时性,才能利用制度进行有效的调整,从而保持政治生活的有序性。

新制度学派主要强调三种政治生活的秩序:一是内生的政治秩序。他们认为行为主义者和理性主义者的错误是将政治秩序排除在政治制度结构之外。而事实上,政治机构和政治制度在运转的过程中,通过多种方式对社会价值的分配、偏好的分配起着强有力的影响与调节作用。因此,政治制度结构对个人的政治兴趣、政治偏好的影响,政治制度结构对权威声望的控制,可以产生出内生的政治秩序。二是规范的政治秩序。新制度学派认为,虽然自利的意识渗透到政治生活之中,但是,绝大多数人的行为并不是建立在通过精心计算而确认可以得到回报的功利主义的基础之上,而是建立在合乎社会政治制度所规定的规范的基础之上。正是这些包括在现行的政治制度结构之中的行为规则、规范引导出政治生活的秩序。三是象征性的政治秩序。新制度学派注重政治生活中符号、仪式、典礼、故事的作用。他们认为这些具有精致性和利于传播的政治符号系统渗透在政治生活之中,它们帮助人们理解政治生活,并借此形成某种政治的内聚力。政治生活中的象征符号促进人们的政治信仰趋于一致,共同的政治典仪使人们的行为趋于一致,从而形成政治生活的有序化。

第六节　政治学理论范式的区别与统一

一、政治学不同研究范式的区别

政治学的研究发展到今天,逐步形成了三种相互并列的研究范式,即实证主义范式、诠释主义范式和批判主义范式。这三种研究范式分别代表着人们在研究和论证由自己创造的、自己又生活于其中的、但又需要探索才能认识的政治生活的三种不同方向和方式。作为政治关系总和的政治生活并不是天生就存在的,也不是由人之外的造物主或其他神秘的主体和力量制造的。政治生活由人类创造并和人类共存亡。正是人创造了自己的政治关系,并通过人类的繁衍,世世代代地生产和再生产着这种只有人类才享有的政治关系。但是人类自身创造和发展的政治关系和人类本身却构成了主观和客观的关系。人类只有在正确处理这种主观和客观关系的过程中,才能对自己创造和发展的政治关系有正确的认识。

政治生活和人类、政治关系和政治行为主体,本来都是浑然一体的。但作为科学研究,人却需要把和自己本来是无法分开的政治关系暂时与自己分开,使它成为自己观察、分析、理解和改造的对象。人类自己和政治学研究的对象即政治生活的这种只能在思维中存在的主观和客观的关系是形成三种政治学研究取向的基础。这种思维上的主观和客观的关系会在人类的分析和论证过程中"分裂"为三种方向:趋向于客观的思维方向,趋向于主观的思维方向,趋向于主客观连接的思维方向。

人们在观察和分析政治生活时,思维方向一旦趋向于客观,就会形成实证主义的研究范式。其特点是把历史和现实的政治生活从具有主观能动性的人这一边移开,让它成为人的对立物。政治生活不再是人亲手创造的、和人不可分离的、人对它非常熟悉的关系,而成为在人之外坚固存在的、仿佛有自身生命的东西。这是政治生活的异化。人在被异化了的政治生活面前,必须不带任何愿望、偏好和价值取向,运用认识方法和手段,寻找确定的、一目了然的经验事实,去发现放之四海而皆准的、永不变化的法则、规律。在这一研究取向的主导下,人们的政治学研究是以"客观规律"为导向的。

人们在观察和分析政治生活时,一旦思维方向趋向于主观,就会形成与实证主义研究取向相反的诠释主义取向。其特点是忽略政治生活的客观性,将人的主观能动性显现出来。人们必须从特定的愿望、偏好和价值出发研究政治生活。眼见耳闻的经验事实并不是一目了然的,它必须摆进历史的、经济的、文化的、心理的特定情境体系中才能得到解释。人们共同关注的政治生活世界并不是客观的,而是在经过协议后具有共享意义的世界。在诠释主义研究的向模式下,政治学研究是以"主观意义"为导向的。

当人们观察和分析政治生活时,思维是趋向于将主观与客观结合起来,产生出来的就是批判主义研究取向。其特点是兼顾政治生活的客观与主观,将客观性与主观性结合起来。研究者不能不以某种理想、偏好、价值取向为研究的出发点。人们见到的都是被扭曲的、误导的政治现状。在被种种思想、意识形态掩盖的政治生活表层背后,是充满矛盾、冲突的政治生活深层结构。政治学研究就是要让知识给人以力量,不满足于现状,努力设计并实施改革政治秩序的行动。在批判主义研究取向下,政治学研究是以"变革行动"为导向的。

虽然人们研究政治生活的总体目的是为了促进政治生活的正常运行和发展完善,但在实现这种研究的总体目标的过程中,研究者会面临不同的任务和要求,需要选择不同的研究模式。应当说,每一种研究模式都是人们认识政治生活不可缺少的思维方向和方式,不存在谁对谁错、孰好孰坏的问题。问题是不同的研究模式具有不同的特点和目标导向,对于不同方面、不同课题的研究,应当选择合适的研究范式。

二、政治学不同研究范式的统一

虽然政治学的三种研究范式因对待主观和客观关系的立场不同而在研究和论证的方向和方式上产生出差异,但是,这三种研究的范式都包含着人们力求反映、理解和改造现实政治生活的因素。正是这一点使它们可以而且必须有机地联结起来。任何一种研究取向都是认识政治生活整体过程中的一个阶段和环节,只有把它和其它的研究取向有机结合起来,和其它的认识阶段、环节结合起来,才会形成认识政治生活的完整过程。

人类要能正确地认识、研究政治生活,首先就必须将政治生活作为对象置于自己的面前,否则人们便没有东西可以观察、分析。这就要求研究者必须承认作为研究对象的政治生活世界是客观的,不以研究者的主观意图、偏好和价值取向为转移的。政治生活运行本身也必然存在不以研究者的主观意志为转移的规则、规律。这些规则、规律并不是显露的、一目了然的,它需要通过确认经验事实之间的因果联系才能被发现出来。政治学研究的结果所获得的知识、理论,只是描述客观规则、规律的逻辑形式。

在这一研究的阶段和环节上,人们把创造和发展政治关系的人的主观能动性暂时撇在一边,单纯地去考虑政治生活世界中的运行规则。但是,一旦将这种暂时的思维中的加工"处理"固定化,政治学研究中的客观与主观的"割裂"就会永久化。基于这种客观和主观的割裂,人们采取的只有相对意义的研究和论证政治生活的思维方向和方式也会被绝对化。这两种情况都会导致人们对政治生活研究的片面性。人们仿佛觉得政治生活是一个不需要人的主观性参与其中的、自身有生命的、能够自动运行的存在物。研究者仿佛觉得人们的愿望、偏好、价值取向对冷漠的政治生活世界是不起作用的,无能为力的。

研究者一旦意识到这只是政治学研究的一个阶段和环节,政治学研究要进行下去，还必须进入第二个阶段和环节，研究者就会将目光转向创造政治生活的主体即人的主观方面。在这一阶段和环节上，政治生活世界的客观方面开始让位于其主观方面。人是带着个人的、群体的愿望、偏好、价值取向来观察、论证政治生活的。每个人头脑里都有一个有关政治生活的意义框架，人们之所以能在一起进行政治沟通、交流，就在于他们通过协议，有一个共享的意义世界。

如果人们仅仅停步在这一研究的阶段和环节上，将它与其它的研究阶段和环节分离开来，政治生活中的主观理解和产生的意义就会被绝对化，政治生活将成为不同意义的世界，人们愿意怎样理解政治生活，就能赋予它完全不同的意义。这种对政治生活意义的理解也仅仅停留在主观的思维中，因为理解的目的和赋予政治生活意义的目的都不是为了改革政治秩序。

人们知道了政治生活是存在客观规则的世界，也知道了政治生活是人们赋予主观意义的世界。仅仅将现存的政治世界的规则和意义描述出来是不够的。人类经济、文化生活的发展要求政治生活也向前发展。因此，政治学研究还必须以变革行动为导向。当研究者意识到对政治生活的客观规则和主观意义的探寻是为了设计变革现状的行动时，政治学研究就会进入另一个阶段和环节。在这一研究阶段和环节上，已经被描述并赋予意义的政治生活世界变成否定性的，人们不再满足现行的政治结构、制度和秩序，试图立足现实、追溯历史、面向未来，设计可行的政治变革行动。

对政治变革行动进行设计的研究，同样不能与探寻客观规则和寻求意义解释的研究分割开来。如果不联系对政治生活运行发展的客观规则的研究，设计出来的政治变革行动必然缺乏客观依据，最终不可能实现。如果不联系人们对政治生活主观意义的理解，不了解人们对政治发展的要求和愿望，设计出来的政治变革行动则必然缺乏实施的动力，最终也不可能实现。

政治学研究的三种指向范式共同构成了完整的政治学研究过程。按照人类认识发生和发展的逻辑次序，通常人们的研究总是先从客观入手，从客观再转向主观，最后将客观和主观连接起来。但是，以辩证的观点来审视，这种从客观到主观再到主客观联接的顺序也不是固定不变的。如果把客观、主观、主客观连接看着是节点，那么人们的研究可以从其中任何一个节点出发，向另外的节点转移。同时，政治学研究是不断深化的过程。一次循环通过三个节点，不等于研究就完全结束了，要让政治学的研究深入下去，这种循环就会周而复始地进行。

政治学理论处在持续的变革和发展中。政治学理论变化、发展的源泉是政治

主体的政治实践。政治认识的发展、政治学理论的论争和政治学研究范式的转换则是推动政治学理论发展的重要动力。

人们对政治学研究的范式存在不同的理解。虽然库恩曾经提出过自然科学理论发展的范式概念，但它对理解政治学理论的变化和发展不一定完全适用。政治学应当研究出适合于自身理论发展的研究范式概念。

可以把政治学理论研究的范式区分为实证主义、诠释主义和批判主义这三个更具一般性水平的范式类型。不同研究范式所使用的基本假设、概念和研究方式是各不相同的，但是每种范式都只强调了政治现象、过程的某一侧面。在实际的研究过程中，只有将三种研究范式结合起来，才能提高我们的研究水准。

库恩的科学范式　社会科学研究范式　实证主义研究范式　诠释主义研究范式　批判主义研究范式

政治学研究的指向范式与哪些基本问题有关？
实证主义研究范式的特点和缺陷是什么？
诠释主义研究范式的特点和缺陷是什么？
批判主义研究范式的特点和缺陷是什么？
三种主要的研究范式之间存在什么关系？

1. 自然科学研究的范式

政治科学研究中的范式（Paradigm）概念来源于科学哲学。多数政治学家对政治理论研究范式问题的重视，应归功于美国著名科学哲学家托马斯·S.库恩的《科学革命的结构》（Thoms S. Kuhu, The Structure of Scientific Revolutions, 1962.）一书。在这本篇幅不大的小册子中，库恩对传统的科学观提出了挑战：既不同意归纳主义的科学观，也不同意波普尔的否证主义科学观，而主张动态地从历史的角度探讨科学发展的规律，他提出了科学革命的范式变革规律。拉丁文称知识为scientia，从而science（科学）革命也即是知识革命，这当然包括政治知识的革命。

第九章　政治学理论范式

1947年库恩接到一个邀请,要他作关于17世纪力学起源的演讲。为此,他研究了亚里士多德在《物理学》中对运动的论述。但库恩发现,像亚里士多德这样的大学者,在谈论力学时错误百出,根本没有为伽利略等人提供有用的东西。对此,库恩开始有点迷惑不解。后来,他突然清楚了:里士多德与伽利略对力学的研究完全是两种思路,他们见到的完全是两个不同的物理。库恩的这种见解又被当时流行的"格式塔"心理学所加强。格式塔心理学认为在不同的条件下,人的视觉与知觉会发生整体性的变化。格式塔心理学家常常用一种两可图形的实验来证明他们的理论。比如存在一种典型的黑白两可图形:当人们以黑色为背景时,看到的是一只杯子;当人们以白色为背景时,看到的则是两张相对的面孔。库恩由此领悟到,人在认识过程中,可以从一种知觉世界转移到另一种知觉世界。

库恩把这种知觉世界的转换运用到对科学史的研究上来。他以燃烧理论的发展为例进行了研究。最早出现的是燃素说,这种理论认为燃烧就是物体中的燃素的释放;而相反的理论则认为燃烧是物体与氧气的结合。实际上,这是化学发展中的两种不同的理论范式。经过15年的艰辛探索,库恩终于在1962年提出了自然科学研究与发展的范式理论。

库恩运用范式理论阐述了自然科学发展的一般图式。他认为科学的发展过程是从科学到常规科学,再到科学革命,然后又出现新的常规科学,如此循环往复,形成一个个周期。

处在科学发展周期起始点上的是尚未形成科学范式的科学。前科学具有一些特征:各种理论和假说相互排斥,没有哪一种理论占据统治地位。"在任何一门科学的早期发展阶段,不同的人对同样一些领域的现象,尽管未必都是同样一些具体现象,却会做出全然不同的描述或解释。"[①]比如对电的研究,在富兰克林提出电流体理论以前,一些电学专家把吸引看成是电的本质,而另一些电学专家则将排斥视为电的本质,还有一些专家将电看成是由非导体发射出来的"以太"。这种混乱状态就表明电学还处在前科学时期。

科学发展周期的第二阶段是范式处于统治地位的时期。当一门科学经过努力产生出有代表性的科学成就并且已为科学团体所承认时,就会形成以这些科学成就为基础的理论研究范式。这门科学也就变成为常规科学。库恩指出,常规科学是严格根据一种或多种已有的科学成就所进行的研究,某一科学共同体承认这些成就并将它们看成是在一定时期进一步开展研究的基础。像牛顿的力学、富兰克林的电学、哥白尼的天文学就属于常规科学。

在常规科学时期,科学的发展是受范式限制的。一切科学活动都是在范式的

---

① T.库恩:《科学革命的结构》,上海科学技术出版社1980年版,第4页。

指导下进行的,科学研究就是运用范式去消除疑点、解决问题,"常规科学即解难题"。① 这种科学范式对研究的限制既具有积极作用,也具有消极作用。积极作用在于可以帮助科学家将研究工作限制在一个比较狭小的范围内,从而使研究易于深入;消极的方面是把科学研究限制在过小的范围中,当出现反常时,就会阻碍科学的进步。

科学研究周期的第三阶段是科学革命时期。常规科学时期人们的研究只是解难题,这固然对科学发展有作用,但是缺少新颖之处。科学研究应当不断地揭示意料之外的现象,因此就要发明新理论。这种创新是以反常为前提的。反常就是运用原有的范式无法解决难题。这就意味着原有的科学理论范式出现了危机。在库恩看来,危机就标志着占统治地位的范式已经变形,旧的范式越来越无法应付日益增多的反常,更换旧的科学范式的时机到来了。

在危机阶段,有一些固守旧的范式的科学家往往不承认旧范式的过时,而是认为有些人不会应用现成的范式来解决问题。就像一个本事不大的木工,他打不出好家具,不是怨自己技术不行,而是责怪工具太差。天文学就是一个好的例证。托勒密的地心说利用均轮与本轮来解释行星的运动。后来发现这种解释与实际的天体运动并不相符合。但信奉这一理论的天文学家却不怀疑此理论的局限性,而是想尽各种办法把地心说修改得越来越复杂,从而严重地变形。这就表明更换旧范式的时机到来了。

科学发展周期的第四个阶段是一种范式取代另一种范式的革命时期。库恩认为科学发展并不是一个平稳的累积过程,当科学研究的旧范式陷入危机以后,就会出现科学的革命。库恩之所以要把科学研究的范式更替说成是革命,是因为在他看来,科学的这种质变与政治革命有许多类似的地方。政治革命是因政治危机而引发的,其结果是用一种新的政治制度来代替旧的政治制度。而科学的进步也是旧范式遇上危机,其结局也是产生新的研究范式,因而也是一种革命。

库恩指出,科学革命就是科学家世界观的改变。"当范式改变时,这个世界本身也同它一起改变。"② 在一次科学革命以后,科学家们在他们以往观察过的领域中看到了新的东西,他们会感到是在完全不同的世界里工作。当哥白尼的日心说取代托勒密的地心说以后,太阳成为了宇宙的中心。地球围绕太阳转动,日月星辰的运行也都能得到满意的说明。因此,对天文学家来说,在哥白尼的日心说占统治地位以后,他们感受到的是另一个新的世界。

库恩认为,科学研究范式的变更是科学家世界观的革新,对于信仰旧的研究

---

① T.库恩:《科学革命的结构》,上海科学技术出版社1980年版,第29页。
② T.库恩:《科学革命的结构》,上海科学技术出版社1980年版,第91页。

范式的科学家来说,他们很难适应这种革命。有些在旧范式下生活习惯了的科学家不会接受这种革命。比如普利斯特就从来没有接受过氧气学说,威廉·汤普逊虽然在电学方面有很大成就,但他从来都是以力学模型为基础来解释电的现象。所以,普朗克讲过,一种新的科学真理与其说是靠它的反对者信服或者同情而获得胜利的,不如说是因为他的反对者死了,而成长起来的新一代是熟悉它的。①

库恩还指出,科学研究范式的更替、科学革命的发生又往往不容易为人们所认识,其原因是,一次科学革命以后,科学教科书就会重写。在新的教科书中,人们只把科学革命的结果写进去,而不会把科学革命的过程写出来,因而科学革命本身就被掩饰掉了,"革命是无形的"。

既然科学的进步是以革命的方式进行的,因此,科学家就需要有科学的思维方式。库恩认为,优秀的科学家应当具备两种类型的思维:一种是发散式的思维,另一种是收敛式的思维。在科学革命时,一个科学共同体,就必须解放思想,勇于抛弃旧的研究范式,放弃用一种已经习惯了的模式来看待世界,转而用新的与原先不相容的方法去研究理论,这时需要的就是发散式思维。但是,一旦一种新的范式已经成熟,新的科学世界观已经建立起来,科学进入常规时期,这时就不能怀疑新的范式,而应坚定不移地相信新的范式。在研究工作中应遵循新的科学世界观,以便解决难题,推进常规科学的发展。这种思维方式就是收敛式思维。库恩认为,科学家必须学会在科学发展的不同时期训练不同的思维方式,并且在二者之间保持"必要的张力"。

(资料来源:T.库恩:《科学革命的结构》,上海科学技术出版社1980年版。)

2. 社会科学范式的功能

塞缪尔·亨廷顿(Samuel P. Huntington)在其著作《文明的冲突与世界秩序的重建》一书中,对社会科学特别是政治学中的理论范式的功能及其建构提出了自己的见解。亨廷顿将理论范式比作地图。他引证约翰·刘易斯·加迪斯的话说:"寻找穿过所不熟悉的领域的道路,一般需要某种地图。像认识本身一样,制图学是使得我们了解自己在哪儿和可能走向哪儿的必要的简化。"一个理论范式就如同一幅地图,它们"都是一个抽象",省略了许多事物,歪曲了一些事物,模糊了其他事物。然而,如果我们想要充分考虑地对世界进行思考,并有效地在其中活动,某种简化现实的图画、某种范式是必要的。如果没有这样的思想产物,就只有一团乱七八糟的混乱。我们需要理论范式这样一幅地图,就在于它既描绘出了现实,又把现实简化到能够很好地服务于我们的目的。

---

① T.库恩:《科学革命的结构》,上海科学技术出版社1980年版,第125页。

亨廷顿在谈到如何看待理论范式的作用时指出,不少人拒绝理论范式,他们认为人们只是根据具体的客观事实来行动,根据是非曲直来处理每一个个案,因此,无论是对政治生活的认识还是采取行动都不需要范式来指导。但这种想法其实是自己欺骗自己。因为,事实上"在我们的头脑中隐藏着一些假设、偏好和偏见,它们决定我们如何看待现实,留意什么事实和怎样判断它们的重要性和价值"。理论范式的功能就在于,能够理顺和总结现实,理解现象之间的因果关系,预期和预测未来的发展,弄清我们应该选择哪条道路来实现我们的目标。

(资料来源:塞缪尔·亨廷顿:《文明的冲突与世界秩序的重建》,新华出版社1999年版。)

建议进一步阅读的文献

要对政治学研究范式作进一步研究,可阅读 R.H.奇尔科特的《比较政治学理论:新范式的探索》(社会科学文献出版社1998年版)中有关政治学范式的内容。

后　记

阐述政治学基础理论问题是我们的兴趣,也是我们愿意在学术社群中分担的一份责任。本教材的著述保持了我们在《政治学基础理论的观念——价值与知识的论辩》(中山大学出版社2002年版)一书中所持有的学术观点,即现代政治学要能真正成为实现善治的知识依赖,就必须首先回归基础理论的研究。

几年来,学术界诸位同仁对我们这项研究的关注、称赞和建议,使我们这项研究完善了许多,在此我们深表感谢!

将政治学基础理论研究转化为一本研究性的教材,并不会因为我们已经比较熟悉这项研究而变得轻松和简单,因而这本教材的著述还只是一次尝试,内容陈述、体例安排、文字表达等方面存在的错误和疏漏,尚祈方家读者指教纠正。

严　强　孔繁斌
于南京大学